王天恩 著

悖论问题

上海人民出版社

目录

导论　悖论和描述

古今中外,各种奇异悖论层出不穷,它们震撼了人类认识的既有基础,挑战着人类的理性思维,甚至指向人类理性的根基。

自古以来,悖论就被称作"难题"甚至"不可解命题"。"悖论"的奇异,就在于根据正确的前提,通过正常的推理,竟得出与人们的直觉和日常经验直至基本概念和理论相冲突的结论,而且这种冲突表现为逻辑上自相矛盾的形式,甚至构成矛盾等价式,令人惊诧不已。

悖论之所以如此令人惊诧,就因为它们以各种方式深入涉及悖理性。悖论就像一面镜子,让人类理性得以面对奇异的悖理性,呈现出人类理性的奇异镜像。

一　人类理性的奇异镜像

几乎每一个哲学发展的重要时代,都可以看到对悖论问题的特殊关注。而当今时代,我们则可以看到这种对悖论问题关注的特殊。由于深入涉及悖理性,悖论的确是一个易进难出的特殊话题。

从形式上看,悖论可以像寓言故事,也可以是极为艰涩的哲学基本问题。它们可以是文字游戏(verbal game),作为人们茶余饭后的谈资。

从内容上看，悖论的话题一层有一层的内容，一节有一节的意义，可以从开始的寓言式涵义，直到关于人类思想性质理解的哥白尼式颠倒。

因此，走进悖论对于人类理性至为特殊。走进悖论，将是理性的一种特殊的经历。悖论研究涉及不同层次，走近悖论容易，走进悖论也不是太难，但走出悖论迷宫却绝非易事。悖论之所以是个易进难出的话题，因为它们可以是日常语言表达的有趣形式，同时却可以涉入人类理性的根基。而且，悖论的艰深与其说在本身的理解上，不如说在其成因涉及人类思想及其本性的根本理解。

在每一个具体的历史阶段，走进悖论意味着走进不可能。走进死胡同，表明此路不通，但悖论却往往表明相反的方向可能是对的。悖论本身表明某种不可能，但却常常意味着对可能性的某种"背书"。这种奇异的不可能，自从由文字游戏进入逻辑学，就一直搅得很多逻辑学家不得安宁。

随着研究的深化，悖论逐渐溢出逻辑学，这使我们可以经由形象的途径理解悖论，比如从奇异的"科赫曲线"，甚至从不可能图形走进悖论，走进神秘的悖理性。

反观人类生活和认识，悖理性普遍存在，甚至司空见惯。在生活中，随处可见悖理性表达，甚至可以看到悖理性谜语。悖论可以像谜语，甚至有"悖论是谜语"①的悖论观。毫无疑问，悖论可以用谜语的方式表达，而且，悖论还不是一般意义上的谜语，它以表达的悖理性，将谜底与人类理性的根基密切联系在一起。

表达的悖理性给生活带来幽默，而如不可能图形那样形象的表达，则作为描绘，一方面深层次涉及艺术创新，给我们带来深入理性的独特艺术美感；另一方面由描绘到描述，由形象到抽象，不仅让我们得以更轻松地走近悖论，而且得以走进悖论的深处，通过悖理性描述—探描述的悖理性与悖论的重要内在关联，并由此深入到悖理性规定，深入悖论的奥秘。最后可以通过悖理性描述和悖理性规定，理解悖论与悖理性"行为"的关联，不仅走进悖论问题，并且走出悖论，带着自嘲，通过悖论走向人类知识迷宫，走进人类理性的一个个更深层次。

---

① Roy Sorensen, *A Brief History of the Paradox: Philosophy and the Labyrinths of the Mind*, Oxford University Press, 2003, p. 37.

由于集中体现了悖理性,悖论研究也是一个非常特殊的领域;悖论问题是关于人类理性的特殊问题。悖论问题的特殊之处,首先在于悖论本身只是一个"苗头",一个"症候",一个"征兆",一个"信号",它们所表征的是我们的概念、观念、理论甚至包括逻辑基础在内的问题。正因为如此,"一个悖论的意义从来不在这一悖论本身,而在它作为一个征兆的预示。因为一个悖论表明我们关于一些基本概念或系列概念的理解有关键缺陷,以至这些概念在极限情况(limiting cases)下失效(break down)"①。而且,悖论表征所涉及的基础越深,越可能是重大理论问题。

由于到目前为止,悖论成因的研究尚待进一步深入,我们对这些信息的解读可以说仍然比较零碎,对于解悖方案的研究因而还远未达到系统的程度。由此带来的悖论理解和解决现状,有人甚至用"不幸"来表达:"不幸的是,一个悖论深度的适当评估往往必须等候其解决方案。"②

悖论的这一特殊之处,还表现在悖论问题的研究大概是一个在还没有弄清问题成因的情况下,试图解决甚至消解问题的一个奇特研究领域。这一方面说明悖论问题应当是深刻的哲学问题;另一方面说明悖论问题的有效研究,有赖于新的哲学领域的开辟,甚至悖论问题的研究本身就是一个新的哲学领域。随着人类认识的不断深化,悖论的意蕴呈现层次性扩展。深入了解悖论的基本成因,并在此基础上制定基本的解悖方案,事关人类认识向更高层次发展的理论基础。

悖论问题的特殊之处,还在于悖论在人们心目中截然不同的地位。一方面,作为"苗头""症候"和"信号",悖论的遭遇的确"不幸"。在古希腊,悖论曾经被贬得很低。麦加拉学派的悖论就被西塞罗认为是"牵强和尖刻的诡辩","连锁悖论"(sorites para-dox)则被认为是"非常恶意和强词夺理的论辩风格"而被人不屑一顾。在中世纪,悖论在基督徒看来仅仅是"烦心之物"。"对于说谎者悖论,基督徒们都是同样的态度,就像他们对于圣物箱中的一只蚊子;他们好奇的是这讨厌的东西怎么进来了,而不是好奇

---

① Jon Barwise and John Etchemendy, *The Liar: An Essay on Truth and Circularity*, Oxford University Press, 1987, p. 4.

② Doris Olin, *paradox*, Acumen Publishing Limited, 2003, p. 20.

于这一造物本身。"尽管亚里士多德的逻辑在中世纪一直占统治地位,但他在《辩谬篇》("Sophistic Elenchi")中关于说谎者悖论的解释,也没有太大影响。即使在 20 世纪,欧布里德(Eubulides)的悖论仍被看作"精巧但没有价值的论据"(very vicious and captious style of argument)。①直至今天,对悖论作否定的理解仍大有人在。德国小说家托马斯·曼(Thomas Mann)仍然拒绝甚至憎恨悖论,认为"悖论是精神平静的毒花(poisonous flower of quietism),是腐败内心彩虹般的外表,是所有坠落中最严重的坠落"②。

另一方面,悖论从当初的文字游戏开始,一直在变得越来越重要。在古希腊,虽然悖论一开始就与哲学联系在一起,但此后主要作为文字游戏为人们所玩味。自亚里士多德之后,悖论主要在形式逻辑领域作为逻辑谬误研究,以致整个中世纪,悖论研究都主要局限于形式逻辑。因而在 18 世纪之前,由于悖论的影响主要局限在常识和逻辑领域,哲学领域不仅没有产生多少重要的悖论,而且盛行的是一种否定性传统。直到康德的纯粹理性批判揭示理性的二律背反,并将这种理论理性的二律背反解释为理性精神的常态,悖论才在更深层次回到哲学。集合论悖论的出现,使人们心目中的悖论不再只与语言游戏相联系;哥德尔不完全定理的提出,使悖论研究更添无限理论魅力。而 20 世纪初对逻辑的强调,则将逻辑悖论的地位提升到了"富有启示的异常"(instructive anomalies)③,以至哲学家们对于古代人们轻蔑悖论很是吃惊。

其实,无论是古希腊还是古代中国,人们很早就从悖论中获得教益。"早在古希腊,剧作家就在挖掘利用悖论之矿。"这还只是在悖论艺术价值的开发上,而从悖论的性质看,更大得多的价值当在人类认识中。在巴门尼德那里,虽然"不存在否定的真理"等主张被极力避免,因为这类主张本身就是否定性的,但也可以提出一些与"不存在否定的真理"相近的悖论,让学生从中获得颖悟。④在东方哲学中,悖理性常常作为至理,成了阐明更深刻道理的独特方式,正像我们在辩证法中所看到的那样。

① Roy Sorensen, *A Brief History of the Paradox: Philosophy and the Labyrinths of the Mind*, pp. 88, 197, 89.
② Thomas Mann, *The Magic Mountain*, Trans. H. T. Lowe-Porter, McGraw-Hill, 1955, (Vintage Books-Edition, 1969.), pp. 221-212.
③ Roy Sorensen, *A Brief History of the Paradox: Philosophy and the Labyrinths of the Mind*, p. 89.
④ Ibid., pp. 5, 93.

虽然直到今天,大多数研究者对悖论的态度与中世纪的研究者几乎没有太大的不同,但是与中世纪完全不同的是,说谎者悖论不再只是学者们的烦心之物。在数字时代,悖论甚至以20世纪更有趣的方式走进了大众电影。在《星际迷航》(Star Trek)中,在机器人领袖诺曼(Norman)面前,船长和哈利马德对诺曼说了这样的话:

> 船长柯克:"哈利告诉你的一切都是谎言。记住,魔鬼告诉你的一切都是谎言。"

> 哈利马德:"我正在说谎。"

听到这样的对话,机器人诺曼立刻短路。

这个电影情节不是意味着悖论的客观化甚至实在化理解,也不仅仅表明悖论与客观现实活动的实际关联,而是典型地表明悖论关乎人类理性。在悖论面前,机器人不仅不能照见人类理性的奇异镜像,而且只能短路。正因为如此,悖论在人们心目中才居有这么复杂的地位。

不管在人们心目中居有什么样的地位,悖论一直都在"折腾"着人们,尤其是一些名家大哲。中世纪大多数研究者因说谎者悖论而睡不香,就像一个书店老板因账目对不上而睡不着。书店老板不会认为账目不平衡暗示算术基础有问题①,而悖论却往往让人感觉问题不在账目本身。

悖论问题的特殊之处,更在于人们常常用相互矛盾的方法研究自相矛盾的悖论。悖论的一个标志,就是不同的思想家用相互矛盾的方法予以"解答";悖论的一个更突出的标志,则是同一个思想家用矛盾的方法"解答"它。而且,普遍存在这样一种现象:几乎引用于消解悖论的任何工具,都使它成为其他悖论的主题。②不仅以矛盾的方式对待和处理悖论,而且消解悖论的工具又成为悖论的根源,这正表明悖论所揭示的是理性的处境。也正因为如此,悖论才不仅可以很有趣,甚至可能对理性发出嘲笑。在其名剧《彭赞斯的海盗》(The Pirates of Penzance)中,英国剧作家和诗人威廉·吉尔伯特(William Schwenck Gilbert)曾以一种哲理的方式对悖论作了诗意的表达:

---

① Roy Sorensen, *A Brief History of the Paradox: Philosophy and the Labyrinths of the Mind*, p. 196.
② Ibid., pp. 299, 173.

悖论的方式多么离奇有趣！

在常识中她快乐地嘲弄！①

这是理性的自嘲，而对理性的自嘲，正是悖论独有的品格、境界和层次。在这种自嘲中，我们可以领略到理性的力量和荣耀："高傲的人们啊，就请你们认识你们自己对于自己是怎样矛盾的一种悖论吧！"②理性的自嘲就是人类的自嘲，悖论正是人类灵性发展带着自嘲式的反思，不断走向更高层次的一个个节点。

悖论与理性的这种深层次关联，的确不仅可以让逻辑学陷入困境，甚至可以令人不安。悖论研究可能揭示我们最深处根深蒂固的原则和信仰的缺陷、混乱或不融贯。③然而有一件事情显然更为重要，那就是知道这种缺陷、混乱或不融贯的根源。正是通过揭示这种缺陷、混乱或不融贯的根源，悖论才可以那么富有教益，那么至关重要。一个悖论的解开，甚至可以导致哲学知识和人类理性本身理解的增进。只有依靠理性自身，才能理解人类理性，也许这本身就隐含着悖论，但这正是人类理性的处境。这是悖论最耐人寻味的特殊之处，也是悖论问题需要特殊处理和研究，需要把悖论研究与人类理性、与悖理性深层次关联起来的集中体现。

二 悖理性和悖论问题

人们关于一些典型悖论的研究，的确让人联想起"西西弗斯的巨石"。哲学史上的确有类似"西西弗斯的巨石"那样的问题，那都是一些基本问题。这些问题在人类认识这个背景中不休滚动，日益彰显自己不竭的意义。悖论史上也有类似"西西弗斯的巨石"那样的悖论，比如"说谎者悖论"（liar paradox）。两千多年前人们就开始讨论说谎者悖论，这一悖论似乎是永"滚"永新的，似乎确实对人类认识具有永恒的意义。

作为悖论的典型形式，说谎者悖论总是以一种怪诞的有趣，掩盖着寻常至理。悖

---

① From Doris Olin, *paradox*, p. iv.

② 帕思卡：《思想录》，何兆武译，商务印书馆 1986 年版，第 196 页。

③ Doris Olin, *paradox*, p. 1.

论在一开始就与哲学问题密切联系在一起,而一些古老的哲学问题由民间传说和神话演化而来,最初的悖论在某种程度上也都是以文字游戏的方式在民间流传的。由于只是生长在语言层次,18 世纪以前,悖论一直被人们视为某种茶余饭后的闲谈,就是自然而然的。近代以来,数学和哲学的发展虽然使人们日益清楚地看到,悖论不仅不是休闲话题,而且是深入人们认识深层的认识现象,但直到集合论悖论的出现,人们才真正发现悖论是那么意义重大。

集合论悖论的数学背景和性质,特别是其语形学特质,使说谎者悖论显得不再只是语言游戏,而是深入涉及人类认识——更确切地说是人类描述——的重大问题。这也是在悖论研究史上,几乎总是遭遇这种"尴尬"的原因:人们常常认为某些悖论已经解决,而过不多久往往又发现它们还具有更深含义。时至今日,人们仍然认为对"罗素悖论"(Russell's paradox)并没有给出一个根本的哲学解释,澳大利亚逻辑学家斯莱特(B.H. Slater)20 多年前提出来的问题依然如故:

> 罗素、策墨罗、冯·诺伊曼等人的集合论理论的确不能说"解决了"罗素悖论。他们的各种"应急"措施,还是叫做"躲避"悖论的措施更为恰当。但是,哲学家们目前似乎还远远没有使这种局面得到改善。……集合论排除这些概念也是不妥当的。我们首先必须探究这些概念的深刻含义,然后才可能合理地对待它们。[1]

尽管如此,人们关于悖论一直有一个信念:只要把某个典型悖论的根源分析清楚了,就可以理解所有的逻辑悖论,由此,我们可以根据同样的办法来解决所有逻辑悖论。[2]分析悖论的根源,也就是寻求悖论的成因。

关于悖论的成因,历来众说纷纭,但有一个认识应当是公认的,那就是:悖论是貌似简单的超级难题。悖论是一些普通人容易理解,但却耗费着一代代杰出思想家智力的难题。从早在古希腊时代"悖论"的提出到现在,很多大思想家都试图解决悖论问题,人们也提出了不少解悖方案,但关于悖论的成因,至今还没有一个为大家所公认的认识。

---

[1]　B. H. Slater, "Sensible Self-Containment", in *Philosophical Quarterly* 34(135), pp. 163-164.

[2]　杨熙龄:《奇异的循环——逻辑悖论探析》,辽宁人民出版社 1986 年版,第 98 页。

关于悖论研究，早在 20 世纪中期，美国数学家和数理逻辑学家克林(S.C. Kleene)对前半个世纪的现状有一个总结。在谈到说谎者悖论等悖论时，他写道：

读者可以自己试行解决这些悖论。自从这个问题提出以后有半世纪的时间始终没有一个一致赞同的解决(答案)。[1]

20 多年后，到 20 世纪 70 年代，在新版《大英百科全书》的"数学基础"条目中，他仍然认为：

现代悖论在古代的原型就是"说谎者"悖论。……公元前四世纪的欧布里德斯提出：有一个人说："我现在说的这句话是谎话。"这句话，如真，即假；如假，则真。至今没有一个人能够使大家信服地明确指出悖论的推理中有任何谬误，从而解除悖论。[2]

这种认识其实非常普遍，"说谎者悖论被古代和中世纪作家们所广泛讨论，但对于任何一个试图给出令人满意的真假总体解释的人，仍然是一个严重的问题。"[3]应当说，尽管不断有人以各种方式声称说谎者悖论已经解决，但克林所说至今依然是事实。

在关于悖论成因的迷雾中，人们所能隐约感觉到的最深刻印象之一，当是美国数学家霍夫斯塔特(Douglas Richard Hofsdater)极力凸显的那个"怪圈"：逻辑悖论导向奇异的恶性循环，或推理的两难循环，用自己的嘴咬住自己的尾巴构成循环。霍夫斯塔德在其《哥德尔、埃舍尔、巴赫》一书中，把悖论与由自我指称导致的怪圈联系了起来："在这些悖论中似乎都存在一个共同的'嫌疑犯'(culprit)，这就是自我指称，或'怪圈'(Strange loop)。"[4]它不仅存在于数学和思维中，也存在于音乐和绘画中。在巴赫(Bach)的"音乐的奉献"和埃舍尔(M.C. Escher)的"绘画的双手"(见封面)等作品中，就有非常形象的表现。在新的世纪之交，这个"怪圈"更激起了人们关于悖论问题研究的热情。

---

① S.C. 克林：《元数学导论》上册，莫绍揆译，科学出版社 1984 年版，第 40 页。

② 转引自杨熙龄：《悖论文献访求漫记》，载《国外社会科学》1984 年第 12 期。

③ Borchert, D.M. (ed.), *Encyclopedia of Philosophy*, 2nd edition, Thomson Gale, 2006, vol. 3, p. 541.

④ Douglas R. Hofstadter, *Gödel, Escher, Bach: An Eternal Golden Braid*, Basic Books Inc., 1979, p. 21.

悖论问题的研究虽有起落,却一直是学术研究的一个热点课题。由于悖论问题的特点,悖论研究向来既有学理专深的一面,又有影响广泛的一面。

由于涉及直觉和日常经验,悖论是很多人感兴趣的话题,但悖论问题还需要非常专业的基础研究。正如陈波教授所说:

> 悖论是一种特殊形式的思维魔方,尽管人人都可以玩,但若要真正解决某些悖论,还是需要相应学科领域内的专家。①

揭示悖论的成因,必须从最基本的悖论概念开始,在哲学层面对悖论问题进行深层次探索。关于悖论概念,历来所指甚广,从极为宽泛到非常严格,几乎可以排出一个连续系列。有的所谓"悖论"只是认识误区,类如"壶算悖论"②实为代数迷雾,不是任何意义上的悖论。即使真正涉及悖论问题的命题,含义也有很大差别。人们把宽泛意义上使用的"悖论"称为非典型悖论;而把严格意义上的悖论称为典型悖论。典型悖论和非典型悖论的区别主要在于,典型悖论可以合乎逻辑地推出矛盾等价式。

"悖"意谓"混乱"和"相违"。西文"Paradox"原意为"令人难以置信",由古希腊文"Para"和"doxa"构成。"Para"意为"在外","doxa"是"信念""相信"的意思。"悖论"的希腊文原意也有"无路可走"的含义,引申为"四处碰壁,无法解决的问题"。"Paradox"也有一说来自希腊语"para+dokein",意为"多想一想"。总之,在古人看来,悖论是一种耗费人们心思的难解问题。

悖论作为一种导致矛盾的命题,亚里士多德称之为难题,中世纪哲学家称之为"不可解命题";近现代科学家一般都称之为"悖论"或"佯谬";哲学家则称之为"二律背反"(antinomy 一词在英文中也是悖论)。我国最著名的悖论之一蕴含于"矛与盾"的寓言,在这一典型情景中,"以子之矛,攻子之盾"成了悖理性最为简洁、形象的揭示。虽然"矛与盾"的故事在我国几乎人人皆知,但作为悖论问题的深入研究,深入分析这个家

---

① 陈波:《悖论:思维的魔方》,《中华读书报》2007 年 7 月 18 日。

② 壶算悖论基于这样一种算法误区。据说玛丽莲·梦露在珠宝店花 1 万美元买了一枚戒指,因为不称心,第二天回到珠宝店退了又重新挑选了一枚价值 2 万美元的戒指,换完拿着就走。店员要求她再付 1 万美元的差额,梦露吃惊地说:"昨天我支付了 1 万美元,对吧?今天又交给你 1 万美元的戒指。加起来一共 2 万美元,有什么不对吗?"

喻户晓的典故太重要了。

《韩非子·说难》记载了这样一个悖论：

> 楚人有鬻盾与矛者，誉之曰："吾盾之坚，物莫能陷也。"又誉其矛曰："吾矛之利，于物无不陷也。"或曰："以子之矛，陷了之盾，何如？"其人弗能应也。夫不可陷之盾与无不陷之矛，不可同世而立。①

对于这个楚国人来说，叫卖时夸自己的盾坚不可摧，"坚固到任何矛都刺不穿它"，或者夸自己的矛锐不可当，"锐利到任何盾都能刺透"，这都没有问题，问题在于他卖矛又卖盾，这样夸完自己的盾又夸自己的矛，当好奇人问"那拿你的矛去刺你的盾，会是什么结果？"只能无言以对。这不是因为他的矛刺他的盾会自相矛盾没有结果，而是他所描述的这种矛和盾的性质关联在一起必定陷入自相矛盾。

因此，悖论常常指"荒谬的理论或自相矛盾的话"。由于基本观点不同，有人把悖论理解为"似是而非、但隐藏着深刻的思想或哲理的假命题"。有人则相反，把悖论理解为"深刻的、似非而是的真命题"；而把悖论看作"佯谬"，就是人们试图表达其看上去"错"其实是"对"的特点。

由于"悖论"概念所指宽泛，悖论定义也极为复杂。在日本数学学会编的《数学百科辞典》中，悖论是这样定义的：

> 一个论证能够导出与一般判断相反的结果，而要推翻它又很难给出正当的根据时，这种论证称为悖论（paradox）。特别是，如果一个命题及其否定均可用逻辑上等效的推理加以证明，而其推导又无法明确指出错误时，这种矛盾便称为谬论（antinomy）。但是，在实用中并未将"悖论"和"谬论"严加区别，而把它们当作同义词使用。②

而在《韦布斯特字典》中，关于"paradox"则是这样定义的：

> 这是两个原则之间的矛盾，而这两个原则都被判定为真。③

---

① 《韩非子·难一第三十六》
② 日本数学学会：《数学百科辞典》，科学出版社 1984 年版，第 6 页。
③ 转引自杨熙龄：《奇异的循环——逻辑悖论探析》，第 84 页。

正因为这些观点所反映的不同寻常的特点,悖论具有一种越来越吸引人的奇异魅力。

悖论的迷人魅力,在于吸引人、迷惑人又折磨人。走进悖论迷宫,人们几乎无一例外地总是"被一步一步地引上繁花似锦的小道,遵循着一条无懈可击的推理思路往前走,结果却忽然发现自己已陷入矛盾之中"[①]。英国逻辑哲学家斯蒂芬·里德(Stephen Read)对这种情景作了经典展开:

> 悖论既是哲学家的惑人之物,又是他们的迷恋之物。悖论吸引哲学家就像光吸引蛾子一样。但同时,悖论又是不能忍受的。我们做出的各种努力必然是为了消除悖论。哲学家是巫师,其任务就是拯救我们,使我们摆脱这个恶魔。[②]

为了摆脱这个"恶魔",许多思想家付出了毕生精力。据说甚至有人因为发现悖论构成对某一学派理论的冲击而被投入海中而死;也有人为了研究悖论废寝忘食、积劳成疾而亡。如果这些都属于传说,那么,英国著名哲学家罗素(Bertrand Russell)因研究悖论而劳累至极,再没有完全恢复,则确是事实。

古往今来,众多杰出思想家都被悖论所吸引,足见悖论的重要性。而更为重要的,是形形色色的悖论凝聚而成的悖论问题。之所以说"悖论问题",是因为在具体悖论的研究中,人们关于悖论本身有完全不同的看法。有的不仅肯定悖论的存在,而且对其大加赞赏;有的则不仅认为悖论本身没有什么意义,甚至认为不存在真正意义上的悖论。但悖论研究的对象不仅是具体的悖论本身,更是这样一个事实:不论你怎么看待悖论,哪怕是否定悖论的存在,关于悖论问题的研究仍然有重要意义。只要存在"悖理性",就存在关于悖论问题研究的价值。由此,我们也可以看到一个关于悖论研究的合理致思:将一些所谓"非典型悖论"包括在内的悖论问题的整体研究。

从悖论到悖论问题,关于悖论的研究就推到了一个更深的层次。在这个更深层次上,我们可以看到一些更深入的问题:

悖论是语言甚至思维的痼疾,还是认识的枢机?

---

① 马丁·加德纳编,《从惊讶到思考——数学悖论奇景》,李思一等译,科学技术文献出版社 1986 年版,第 1 页。
② 斯蒂芬·里德:《对逻辑的思考——逻辑哲学导论》,辽宁教育出版社 1998 年中文版,导论。

悖论是理性的"癌变",还是认识的生长点?

悖论是要消除的肿瘤,还是待挖掘的宝藏?

悖论研究要做的是解悖还是掘"贝"(悖)?

……

从"悖论问题"入手,无疑拓展了悖论研究的广度和深度,在更高层次看到悖论的性质。已经给人们带来两千年困惑的悖论,绝不仅仅是扑朔迷离的语言策略,悖论问题有着至今人们都没有充分意识到的深层哲学意蕴。

三　悖论问题是深涉描述的哲学问题

悖论是迷人的:它们使人困惑,时常萦绕心头。只有哲学问题,才具有这样的品性。悖论问题不仅不是一个单纯的逻辑问题,而且是一个关乎整个哲学的重要问题。

悖论问题是哲学问题,这在许多悖论研究者那里有越来越深刻的认识。在悖论研究专家多丽丝·奥林(Doris Olin)看来,悖论不仅是哲学问题,还是哲学问题中最引人注目的,因为当我们努力通过辩论和抗辩的迷宫,会感觉到答案就在那儿,关键性的洞悉就在道路的下一个拐弯处。如今,哲学家们感兴趣的大多数悖论不只是智力谜题。它们激起实质性的哲学问题,而关于它们的解决方案,则提出了增加哲学知识的期望。[①]而美国著名哲学家和逻辑学家尼古拉斯·雷歇尔(Nicholas Rescher)甚至认为,哲学立场(position)可以通过排除一定数量这类命题集合解决悖论的不同途径来划分。[②]这些得自悖论研究前沿的观点,不仅认识到悖论问题是哲学问题,而且意识到悖论之于哲学的特殊重要性。悖论是理解哲学——特别是一些涉及不同逻辑观的哲学——的最好场域之一。

在悖论问题的研究中,有一个现状和一个要求特别引人注目。这一现状就是时至今日仍少有对悖论作统一处理的研究;这一要求就是对悖论在科学理论发展过程中的

---

① Doris Olin, *paradox*, p. iv.

② Roy Sorensen, *A Brief History of the Paradox: Philosophy and the Labyrinths of the Mind*, p. 6.

作用机理进行全面、系统的探索。这一方面表明对悖论问题需要从哲学层面做更深入的研究;另一方面意味着悖论问题的研究需要在哲学基础理论上有所突破。它们共同指向一项重要而迫切的任务:从哲学层面对悖论问题作出具有突破性的探索,找到关于悖论问题的成因及其认识意义的哲学说明。

在蕴含悖论成因的更深层次,一些典型悖论涉及重要的哲学基本概念。这些悖论具有重大意义,它们晓示着深化理解某些哲学基本概念的重要进路。在这个意义上,各种各样的悖论就像一面面不同的镜子,照见我们深化哲学研究的通幽曲径。

在语形悖论的研究中,有的解悖理论(如迭代理论)能在某种程度上解决语形悖论的问题,但不能用于语义悖论。这表明经典解悖方案并没有从哲学根本上理解悖论,而经典解悖理论的这一根本局限,则与其主要着眼于"语句"有关。

悖论研究由数学转向哲学,从对语形悖论的研究转向以语义悖论的研究为重点,揭示了语义悖论中所存在的许多更具认识论意义的根本性问题,使悖论问题的研究朝着哲学深层迈出了重要一步。这重要一步的标志性成果,就是情景语义学的主要着眼点由"语句"转向"命题"。

从"语句"到"命题"的转向,使情景语义学方案成了第一个符合 RZH 标准的解悖方案。本书正是由此从自己提出并长期致力、系统研究的描述理论出发,看到悖论问题研究的一个引人入胜的思路:从着眼于"语句"到着眼于"命题",悖论问题的研究朝着哲学方向迈出了重要一步,接下来自然而更关键的一步,则应当是再从"命题"走向"描述"。

描述是命题,但不是所有的命题都是描述。描述性命题是这样一类命题,它们的真值(真或假)不仅由其意义决定(如重言式命题),而且由命题内容的事实决定。因而,描述与命题的内容相关,即使这内容就是描述本身。命题内容的事实包括经验的和逻辑(包括数学)的两类。也就是说,描述是对经验的或逻辑的事实有所断言的命题。逻辑实证主义者认为数学和逻辑命题几近同义反复,数学和逻辑全无任何描述性内容。这与逻辑实证主义排斥逻辑和数学命题有关,他们把逻辑和数学理解为语法性的。逻辑实证主义者把维特根斯坦(Ludwig Wittgenstein)的意义标准作为自己的标准,认为维特根斯坦把数学和逻辑学命题还原成了没有任何描述性内容的重言式。在他们看来:"一切逻辑命题都讲同样的事情。这就是说什么事情也没有讲。"①正是由此,逻辑实证主义者认为只有经验科学命题才是真命题。关于这个问题,只有从唯物辩证法的高度,从概念、规定和描述的辩证性质出发,才能在哲学层面有一个更深入的理解,从而对悖论问题做出更富有成效的探索。悖论的重要哲学意蕴,正在于悖论的描述成因与描述的哲学意蕴之间的深刻关联。

本书正是试图从描述的角度对悖论问题进行深入的哲学探索,通过对逻辑悖论、哲学悖论和科学悖论等作统一处理的研究,达到对悖论的统一哲学说明,进一步揭示悖论在科学和哲学理论发展过程中的作用机理。

由于从哲学层面研究悖论问题,本书所说悖论不限于形式逻辑悖论。它更是一个哲学概念而不只是一个逻辑学概念。在自然科学、社会科学和人文学科中,我们都可以看到不少悖论。这些悖论所反映的远不仅仅是单纯的逻辑问题,而是更与描述有关。从描述入手研究悖论问题,不仅可以使悖论研究进一步深入到哲学层面,而且可以由此得到一些具有普遍哲学意义的观点。

毫无疑问,悖论问题与逻辑密切相关,但悖论问题远不只是逻辑问题。有的逻辑学家认为,不解决悖论问题,形式逻辑就会破产。悖论动摇了逻辑原理和数学基础。在悖论中,形式逻辑三大定律全部失效。"在这个貌似一句蠢话的悖论面前,形式逻辑的根本大法:同一律、矛盾律和排中律一古脑儿失效。"②可见悖论问题不仅仅是个逻辑问题,它关系到形式逻辑甚至整个逻辑的基础。悖论问题和整个人类认识密切相关,它涉及人类描述的深层。

从归根结底的意义上说,悖论问题是涉入描述的哲学问题。悖论所涉及的不是本体论的问题,它所讨论的不是客观世界本身的存在方式;悖论所涉及的也不仅仅是传统认识论的问题,它不是产生于思维的本性或客观实际与主观认识的矛盾的体现。悖论问题涉及人类描述,意味着更深地涉入人类的自我纠缠,因而也就意味着加深了认

---

① 维特根斯坦:《逻辑哲学论》,商务印书馆 1985 年版,第 65 页。
② 杨熙龄:《奇异的循环——逻辑悖论探析》,第 6 页。

识的难度。在谈到悖论研究和探索时，人们有时会用类似"搏斗"这样一些语词，可见这一领域思考的艰难程度。这种艰难还不只是消解悖论意义上的，悖论研究从单纯地消解悖论进到了与悖论共处，甚至由悖论为"癌变"的"误诊"，进一步深化到了悖论的开发利用。

在悖论问题的研究中，人们越来越清楚地认识到，解悖方案不能停留于消极地消解悖论甚至压制悖论，悖论是回避不了的。加拿大多伦多大学著名逻辑学家、悖论研究家汉斯·赫兹贝格(Hans G. Herzberger)的感受，颇具代表性：

> 从近年人们同语义悖论进行搏斗的一段历史中，我想引出一条教训：那就是种种压制悖论的新技术，似乎不可能提高我们对一些根本问题的理解。当一个语义悖论被击败，第二个新的悖论已经在原地出现了。[①]

这不是人和世界的搏斗，而是人和人所面临的最强劲的对手——人和人自己的"搏斗"。这里所谓人和人自己的搏斗可能有许多含义，其中重要的一层是：悖论是一个虽然感觉很困难，但不少人很容易认为很简单的东西。人面对一个容易把复杂的东西想得简单化的自己。这就需要把简单的东西复杂化的哲学思维。

悖论问题极为复杂，从只把最严格意义上的说谎者悖论(语义悖论)和集合论悖论(语形悖论)视为悖论，到把一些近乎诡辩的悖理性问题纳入悖论，构成的是一个连续系列。严格的逻辑悖论有着这样的一种"奇异循环"：如果(是)这样，就应当(是)那样；如果(是)那样，就应当(是)这样。但只把语义循环和语形悖论定义为悖论，则会有很多涉及经验事实和行动的悖理性问题涵盖不进去，这些悖理性问题具有与严格的逻辑悖论一样的形成机制，只是具有不同的形态。而这些不同形态的悖理性问题又都具有重要意义，应该纳入同一个领域进行研究。而且，要对悖论问题进行全面系统的研究，就应当把这些不同类型的悖理性问题进行分门别类的系统探讨，从而深入这个"奇异怪圈"的核心。

在古代被叫作"难题"，在近代被称为"不可解命题"的"悖论"，20世纪以来，又被叫

---

① 杨熙龄：《奇异的循环——逻辑悖论探析》，第63页。

作"奇异的循环"。它之所以奇异,一方面是"因为造成这一循环的原因至今未明,或者说至今没有能使大家信服的解释"[①];另一方面则是因为涉及我们描述、表达甚至思维的前提或立足点,把我们自己无可避免地卷入了一个大漩涡。悖论问题是人们不能不管又不能摆脱的问题。你可以把它判定为"没有意义",但你不能把这个没有意义的问题搁置不管,因为这"没有意义"本身也是一种意义。这就是悖论问题的真正奇异之处。它的奇异在循环,它的奇异更在不可摆脱。一切意在摆脱悖论问题和消解悖论的努力,都将被证明是一种无谓的退缩。就像你不能一句"什么都是没有意义的"来否定一切意义,因为你这句话本身就意味着某种意义。

在人类生活中,在人类描述中,悖论现象应当出现得非常早。可以想见,只要人们对这个世界有信仰,就可能存在悖论现象。因为信仰本身就与悖论联系在一起,它很容易使人走向反面:什么都不可信。什么都不可信可能是人类生活中最早出现的悖论现象。只是因为它在人类意识中藏匿得太深,人们很难自觉地意识到其悖。几乎可以说,自从人类有了成熟的信仰,就有了真正意义上的悖论。只是由于越来越清澈的逻辑空间,人类基于形式逻辑的理性思考比非理性的信仰更容易遇到悖论问题。

事实上,人类思考本身必定遇到悖论问题。然而,不是因为悖论现象的出现才使人们意识到悖论问题,而是只有当形式逻辑达到一定的系统程度,人们才能发现悖论问题。正因为如此,悖论这种并非偶然所得的神奇现象,虽然在中国和印度等古代文明都同样出现,比如中国古代早有"言尽悖",印度古代早有"一切语皆妄",但却在古希腊最早被发现。也正因为如此,人们常常把悖论看作是单纯的逻辑问题,从而长期掩盖了悖论问题的哲学问题本性。直到用逻辑方法解决"罗素悖论"受挫,人们才对此有所警觉。

自从用形式逻辑方法消解"罗素悖论"的努力失败,人们的注意力又回到古老的"说谎者悖论",仍然以它为悖论研究的主攻目标。但"说谎者悖论"在逻辑领域"攻克"的无望,使逻辑学家们转而请求哲学家们的支援。因为在人类认识发展过程中,悖论

---

① 杨熙龄:《奇异的循环——逻辑悖论探析》,第7页。

问题成了越来越深刻的哲学问题。

就逻辑悖论而言，无论是较纯粹的形态，如那些古希腊和中世纪出现的悖论，以至于十九世纪末至二十世纪最初三十来年中所出现的，可说和太专门的数学或数理逻辑技术并无太大关系，即使是纯数学上的悖论，如微积分悖论、康托悖论、斯各伦悖论、哥德尔悖论，以至于"停机问题不可解"的证明，等等，与其说是数学问题，还不如说是哲学问题更恰当些。事实上，应该把这些悖论看作纯粹的哲学问题。①

而另一方面，哲学家们也应当意识到悖论问题的重要性。从悖论在哥德尔证明不完全性定理中的作用和地位，我们可以清楚地看到在推进哲学的进一步发展过程中，研究悖论问题的极端重要性。而至少到目前，这一点还没有引起哲学界的足够重视。

关于悖论问题的哲学研究，的确是一个不能说没有人进行，但确实迄今又没有真正系统进行的研究领域。一个令人难以置信的历史事实是：逻辑悖论研究贯穿整个 20 世纪，30 年代前和 70 年代后两度形成热潮，但一般解悖方法论研究却一直处于极其薄弱的状态。雷歇尔在不久前出版的《悖论：根源、范围及解决》一书中就此写道：

在逻辑学、数学和哲学的专门文献中，对各种不同类型的悖论的讨论可谓众多。但是这些多种多样的悖论都被单独地、孤立地处理，为每个悖论提供满足其自身需求样式的解决方案。迄今还没有对悖论及其解决方法这一主题做统一的全面处理的尝试。②

这个"令人难以置信的历史事实"的成因，与其说因为没有人"对悖论及其解决方法这一主题作统一的全面处理的尝试"，不如说因为开展这种哲学研究的准备还不充分。

雷歇尔的这本《悖论：根源、范围及解决》，当是这方面的一部重要著作。这本书所揭示出的"预设在澄清悖论构成的前提方面所具有的重要功用"，真正是在哲学上涉入

---

① 杨熙龄：《奇异的循环——逻辑悖论探析》，第 147—148 页。

② Nicholas Rescher, *Paradoxes: Their Roots, Range and Resolutions,* Open Court Press Company, 2001, p. 5.

了悖论的成因。作为一种较实用的语用学倾向的典型表现,书中提出的"似然性"(plausibility)和"认知优先性"概念及其在悖论研究中的运用,对于探索悖论在认识中的作用具有重要意义。但即使是这本书,也很难说是悖论问题哲学研究的正面探讨,因而在解决严格的逻辑悖论方面进展不是太大。它还主要是一种从一般解悖方法论角度进行的悖论问题的哲学研究。正如作者在该书开宗明义指出的:

> 本书的目标完全是方法论的。它最关心的是处理悖论的一般方法,各种特殊的悖论只是作为(一般方法的)例证,而没有更多的特殊学科目标。其所讨论的目标就是提供把握悖论问题的一般方式。①

关于悖论问题的哲学基础理论层次研究,至今仍远远不足。由于悖论问题哲学研究的这种现状,悖论研究被认为成了当代学术研究最为"纷乱"的领域之一,而且有越演越烈之势。其最明显的表现,就是悖论问题的研究正如阿尔伯特·维瑟(Albert Visser)在其《语义学和说谎者悖论》一文中所说:"悖论散发着很强的魅力,许多哲学家或逻辑学家费心思考它们,这些思考大多数是相对独立进行的。关于悖论的文献众多但零散,重复而又缺乏关联。"②在某种意义上,这也以另一种方式表明了悖论问题哲学研究的迫切性。

悖论问题的哲学研究,不仅对悖论研究,而且对哲学研究都至关重要。人们关于悖论研究的历史,也越来越清楚地表明了这一点。在人类认识史上,悖论问题的研究经久不衰,此起彼伏。自从说谎者悖论发现以来,悖论问题的研究经历了三个大的高潮。继古希腊和中世纪两次高潮后,20世纪初以来的第三次高潮已经涌动了整整一个世纪。自哥德尔不完全性定理和塔斯基语言真理论发表后,悖论问题的研究发生了重大转向。悖论不仅被"看作哲学的原子,因为它们构成训练有素思辨的基本出发点"③,而且关于悖论的研究指向更深层次的哲学问题。

---

① Nicholas Rescher, *Paradoxes: Their Roots, Range and Resolutions*, p. xv.

② Albert Visser, "Semantics and the Liar Paradox", in D. M. Gabbay and F. Guenthner(eds.), *Handbook of philosophical logic*. Volume Ⅳ, second edition, Springer Science+Business Media Dordrecht, 2002, p. 617.

③ Roy Sorensen, *A Brief History of the Paradox: Philosophy and the Labyrinths of the Mind*, p. xi.

悖论问题不仅指向语言描述中出现的具体问题,更指向人类知识的基础,指向描述和规定的关系,并最终指向规定。哥德尔不完全性定理所导致的结果,就是这一点的片断展示:数学家们从悖论的研究中退场,逻辑学家和哲学家登场,悖论研究动机从数学上的转向哲学上的。由此,悖论研究的重心从逻辑—数学悖论转向语义学悖论,即从以形式为主转向以内容为主的研究,也就是从描述转向描述与规定关系的更深层次。而悖论解决方案,也由于这一转向走向了异彩纷呈。解悖方案对于哲学上解决方法的要求,既表明了这种转移,又进一步说明悖论问题远不只是一个数学甚至逻辑问题,而更是一个哲学问题。

悖论问题之所以不光是个逻辑问题更是一个哲学问题,还因为悖论不仅是逻辑形式上的两难,它们更涉及深层次哲学问题。或者是逻辑哲学问题,或者是描述的哲学问题,或者是人类学哲学问题……悖论问题不仅是当代逻辑哲学研究的前沿课题,而且是哲学研究的重大主题。正如数学家、逻辑学家哥德尔(Kurt Gödel)就集合论悖论所说的,集合论悖论"是很严重的问题,不过不是对于数学而是对于逻辑和认识论的严重问题"[①]。悖论既有纯数学、纯逻辑的,更有深深涉入经验的。悖论可以涉及任何领域,从抽象的逻辑,到形象的绘画。由此也可以清楚地看到,悖论问题绝不是一个逻辑形式上的两难问题,它涉及哲学的深层。

悖论问题是重要的哲学问题,在人们对解悖方案的要求上也可以看得很清楚。解悖方案的第二个要求,即要求有哲学上的解决方法,解答为什么前提或原则表面上无懈可击,实际上却深藏漏洞。

在20世纪逻辑悖论研究的高潮中,罗素悖论的提出、哥德尔不完全性定理和塔斯基语言层次论的确立,使这一高潮达到了它的第一个顶峰;而后美国哲学家和逻辑学家克里普克(S. A. Kripke)的《真理论纲要》又把逻辑悖论研究推向了另一高峰。其间流派纷呈,富有成果,但说到悖论问题,人们仍普遍认为至今并没有真正解决。当前的研究进展和现状也表明,悖论问题的哲学研究亟待深入。

---

① 哥德尔:《什么是康托尔的连续统问题?》,载《数理哲学译文集》,商务印书馆1988年版,第143页。

四　悖论问题的哲学研究

关于悖论研究，英国学者麦基(Bryan Magee)曾批驳了8种流行理论，认为它们既没有充分解释悖论的成因，更没有提出合理的解悖方法。这些流行的观点有一个共同特点，那就是试图把悖论抽离它们的深刻哲学意蕴：

（1）认为悖论是无足轻重的问题，也很容易排除，因为它们是从语言的误用（例如语义含糊和语言缺乏含义等）中产生的。

（2）认为悖论对于集合论和数学基础说来，可能至关重要，对语言哲学说来也可能如此，但对一般哲学家说来，没有多大意义。

（3）认为依靠形式逻辑的有效论证，即可解除这些悖论。

（4）认为若干悖论促使我们去修正关于"集合"和"类"的素朴概念。

（5）认为有些悖论使我们有必要明确区分"对象语言""元语言""元元语言"，等等。

（6）认为需要改变思维和语言习惯。

（7）认为"自我涉及"(self-reference)在逻辑上和语言上是不正当的用法（应该禁止）。

（8）认为悖论可以分为完全不同的两类：语义悖论和逻辑数学悖论。[①]

麦基对这些观点的批驳也许没有晓示一个既定的方向，但他认为"我们所需要的不是避免悖论的某些方法，而是对于悖论的一个总的理解：一个哲学上的解释"[②]。这已足以表明悖论问题的研究应当走向悖论的哲学深层。

现代语言分析哲学家普遍认为，悖论是因语言表达层次出现混淆而导致的自相矛盾。把悖论归因于语言的误用显然是短视的，因为悖论事实上也可以是描述的转折。这种转折是因为既定描述与作为其前提的规定相冲突，从而促使人们反思既定的规定

[①②]　杨熙龄：《悖论文献访求漫记》，载《国外社会科学》1984年第12期。

和描述。因此,由语言的误用解决悖论问题被认为是一条绝路是理所当然的。换句话说,所有这8种理论,都或多或少没有把悖论问题看作是哲学问题,从而不可能对悖论问题有一个真正的解决。对这8种理论的批驳,本身就是立足于对悖论问题的哲学研究。

关于悖论问题的哲学研究,虽然到目前为止还远不充分,但自从人们开始对"说谎者悖论"进行深入的探讨,这种研究就已经开始。因此,关于悖论问题的哲学研究,我们还得从人们对这个最为古老且最为典型的悖论的探讨说起。

"说谎者悖论"被看作是所有"悖论"的"老祖宗",被认为是一个"最纯粹"形态的悖论。这个在人类认识史上出现得最早的悖论,以最简洁的形式构成了一个"一步即成的奇异循环"(one-step strange loop),但同时也是被公认为最难解决的"悖论"之一。正因为如此,人们才认为解释了说谎者悖论,就解释了所有悖论。

说谎者悖论起源于希腊克里特岛(Κρήτη;Crete)是有其必然性的。正是克里特岛,不仅孕育了古老的米诺斯文明(Minoan civilization),而且是希腊文化乃至整个西方文明的摇篮。而最早有关说谎者悖论的记载,应当是《圣经》里的这样一段话:

> 有克里特人中的一个本地先知说:"克里特人常说谎话,乃是恶兽,又馋又懒"。这个见证是真的。

> One of themselves, even a prophet of their own, said, The Cretians are alway liars, evil beasts, slow bellies. This witness is true. [①]

《圣经》的这一记载,说明这个悖论流传之广,只是《圣经》没有对这一悖论展开论述。《圣经》中所提到的这一先知,就是公元前6世纪古希腊哲学家埃庇米尼得斯(Epimenides)。据古希腊传说,埃庇米尼得斯居住在克里特岛上。在他年幼时,一天在山上玩累了,跑进一个山洞休息,不料一下睡着了,而且一睡就是57年。当他一觉醒来,发现自己已经成了一个精通哲学和医术,并能预知未来的大学者。此后,克里特岛人都称他为先知。这位先知生性好辩,喜欢和别人讨论难题。一次在和人讨论克里特岛人是否诚实的问题时,埃庇米尼得斯曾说出这样一句话:"所有克里特人都说谎,他们

---

① 《新约全书·提多书》第一章,见《新旧约全书》。中国基督教协会印发,1989年版,第245页。

中间的一个诗人这么说。"这句话被看作是"说谎者悖论"的原始形式——"埃庇米尼得斯悖论"。它的玄机在于:埃庇米尼得斯有没有说谎? 人们发现这句话的含义可以是非常特别的,因为从这句话的真,可以推出它的假。只是反之不然。因为由它为假只可推出并非所有克里特岛人都是说谎者,而不能由此推断此话为真。由此可见,"埃庇米尼得斯悖论"的"悖"还悖得不彻底,因而被称为"半截子悖论"。公元前 4 世纪,古希腊哲学家欧布里德将埃庇米尼得斯的话简化为:"我正在说谎",从而构造出真正意义上的"说谎者悖论",使这一悖论成为一个完整的悖论。

如果"我"说的是真话,那么,"我正在说谎"就不是事实,因此他就不是在说谎;但是如果他说的是真的,则这句话又是假的。由这句话的真可以推出其假,从这句话的假又可以推出其真,无论如何,都不可避免地陷入自相矛盾。

这个悖论的最简洁表述形式,则是它的一个翻版:

本语句为假。

说谎者悖论的这一简要形式,最明确地表达了这类悖论的一个标准形式:由 P 可以推导出非 P,由非 P 可以推导出 P。意在说谎,却所说恰好为真;意在言真,却所说恰恰为假。这个自相矛盾的逻辑循环,这个最"简单"的悖论,自从被发现以来,激发了众多思想家越来越复杂的思考。

"本语句为假"中的"本语句"指该语句本身,由此可以推出两个相互矛盾的命题:

如果"本语句为假"是真的,那么"本语句为假"又是假的;

如果"本语句为假"是假的,那么"本语句为假"又是真的。

由其真推出其假,由其假推出其真,而且形式是那么简洁明了,因而"说谎者悖论"这个悖论的最古老也是最凝练的形式,成了悖论研究的经典样板。这个样板悖论的更神奇之处还在于,即使不太了解悖论,很多人也能非常简单地得到消解的不同途径和方法,只是无一例外地都被人们认为没那么简单。

关于"说谎者悖论",人们有两种完全相反的观点。一种观点认为它是真正意义上的悖论;另一种观点则认为它不是真正的悖论。认为说谎者悖论是真正意义上的悖论的观点,又有两种截然相反的主张:一种主张认为它体现了某种特殊类型的真理,根本不用回避;另一种主张则认为它是谬误,应当设法消解。认为说谎者悖论不是真正的悖论的观点,也有两种不同的看法:一种看法认为导致"悖论"的语句是命题;只是有的认为是"真命题",有的认为是"假命题"。另一种看法则认为这种语句根本不是命题,有的认为这种语句"没有意义",有的则认为这种语句"非真非假"。

从古至今,人们对说谎者悖论做了翻来覆去的研究,得出各种不同的结论。关于说谎者悖论的理解如此之多,却迄今没有任何一种观点得到公认。一方面,由于这种现状,人们怀疑人类理性是否能走出悖论"怪圈";另一方面,也正因为如此,说谎者悖论才具有这么大的吸引力。说谎者悖论以各种不同的方式在各个不同的时代一再出现,引起站在各种哲学立场上的大哲学家们的关注。

饶有兴味的问题是:这个大难题放在德国古典辩证法大师黑格尔(G.W.F. Hegel)的神秘头脑中会是什么样的情景? 关于说谎者悖论,黑格尔曾这样写道:

有一种论辩叫做说谎者的论辩。如果有一个人承认自己说谎,那么他是在说谎还是说真话呢? 要求作一个简单的回答;因为真理被认为是简单的、一方面的东西,因此另一方面便被排除了。如果问他是否说谎,他应当回答"是"还是"否"呢? 如果说,他是说真话,那么便与他的话的内容相矛盾;因为他承认他说谎。如果他说"是的"(他说谎),那么他说的又是真话了;因此他既不说谎,又说谎——同样情形,如果他说真话,他便与他所说的相违反了。然而因为真理是简单的,还是要求作一个简单的答复。一个简单的答复是不能有的。在这里,两个对立的方面,说谎与真话,是结合在一起的。(我们看到了直接的矛盾),这个对立面的结合,曾经在各个时代以各种不同的方式一再出现,并且引起人们经常注意。克吕西波,一个著名的斯多葛派,就曾经对这个题目写了六部书。另一个人柯斯的斐勒塔,便是由于用心研究解除这种两难困境的办法,操劳过度,因而得了痨病死去。与这事完全相似的事情就是我们在近代看到人们用尽气力钻研化圆为方的问题——一个几乎永垂不朽的问题。它们在不可通约的数目中间寻找简单的比例;这个混乱就在于要求给予一个具有矛盾的内容的问题一个简单的回答。……承认自己说谎的人是否说真话:他同时既说真话而又说谎,而真理就是这个矛盾。

但是一个矛盾不能是真的；矛盾是不能进入通常观念的。……意识中出现了矛盾，出现了对立物的意识；矛盾可以毫不费力地在意识面前指出来，——矛盾出现在感性事物、存在、时间之中，它们的矛盾必须加以揭露。这些诡辩并不是一种矛盾的假象，而是有实在的矛盾存在。在上面的例子中预先给你两条路，要你作一选择；但是例子本身便是一个矛盾。①

我国著名悖论研究专家杨熙龄先生把黑格尔的观点概括为7个要点：

（1）真理决不是简单的、一方面的东西。一个真的概念不可能保留其某一方面的含义，而排除其另一方面的含义；

（2）真理就是这个矛盾：既是谎话，又是真话；

（3）通常观念认为矛盾不能是真的。这种观点不正确。矛盾，才是真的；

（4）从看去"无矛盾"的事物中，应该揭露其矛盾；

（5）看去是"诡辩"，实际上反映了真实的矛盾；换言之，黑格尔认为这个悖论就是我们现在说的"辩证矛盾"；

（6）不可能用简单的"是"或"否"来回答这个问题；

（7）这个悖论曾经在各个时代，以不同的形式一再出现，并且引起人们经常的注意。②

在某种意义上说，关于悖论的哲学研究始于黑格尔。在黑格尔的辩证法中，我们可以看到对悖论问题的哲学而不是单纯的形式逻辑探讨。如果从描述的角度看辩证法，的确可以把悖论看作就是辩证矛盾。更耐人寻味的问题是：在当代哲学中最具代表性的哲学家维特根斯坦那里，说谎者悖论会被怎样思考？说谎者悖论也不可避免地引起了维特根斯坦的关注。虽然他最终似乎没有就悖论问题说出个"所以然"来，但一些只言片语却的确耐人寻味，富有启示。事实上，早在维特根斯坦还是曼彻斯特大学工程系研究生的时候，就对"悖论"产生了兴趣。当时，罗素的《数学原理》一书已经出版，罗素在书中发出解决"逻辑悖论"（"罗素悖论"）的呼吁。维特根斯坦马上响应罗素

① 黑格尔：《哲学史讲演录》第2卷，贺麟、王太庆译，商务印书馆1983年版，第121—123页。
② 杨熙龄：《奇异的循环——逻辑悖论探析》，第105—106页。

的呼吁,提出了关于"罗素悖论"的解决办法,并在不久后托人转交给罗素。不过,罗素做出的反应却令他感到十分遗憾,这位数理逻辑大师并不认为他的解法有什么新颖独特的地方,只觉得这个年轻人胆量不小。①

维特根斯坦对说谎者悖论的看法与黑格尔有相似之处,他在《数学基础评论》一书中写道:

> 当有人这样说:"我正在说谎。——所以我不是在说谎。——所以我正在说谎。——如此这般。"因此产生的矛盾有危害吗? 我的意思是:根据通常规则,一个命题产生其矛盾命题,或者反之,在这样的情况下它会损害我们语言的可用性吗?②

黑格尔和维特根斯坦的思路似乎都在试图表明:在人们的描述中,"自相矛盾的真理"似乎更全面地反映了客观世界在主观世界中的形象(反映),或者说更符合人类主观反映客观的特性。只是在黑格尔那里,这种主观性被客观化了,而在维特根斯坦那里,"自相矛盾的真理"则更全面地表现了人类描述的形态。从描述的深层研究悖论问题,正是关于悖论问题的研究越来越清晰地晓示的方向。

随着探索的不断深入,悖论研究经历了一个从语形学到语义学再到语用学的发展过程。以塔斯基(Alfred Tarski)为主要代表的经典解悖方案都倾向于压制和排除悖论,而且排斥自然语言,因此势必产生一些特设性后果。这显然与从哲学层面探索悖论问题的要求不相符合。但塔斯基却在悖论的研究中不仅涉入哲学层面,而且有涉及关键问题的探索。他在谈到说谎者悖论时说:

> 在我看来,低估这一个悖论和其他悖论的重要性,把它们当作诡辩或者笑料,从科学进步的角度看来是十分错误和危险的。事实是,我们在这里处于一种荒谬的境地,我们被迫断言一个假句子。如果我们认真对待我们的工作,我们就不能容忍这个事实。我们必须找出它的原因来,也就是说,我们必须分析出悖论所依

---

① 参见张学广编著:《维特根斯坦:走出语言囚笼》,辽海出版社1999年版,第21页。

② Ludwig Wittgenstein, *Remarks on the Foundations of Mathematics*, Third Edition, eds. G. H. von Wright, Rush Rhees and G. E. M. Anscombe, trans. G. E. M. Anscombe, Basil Blackwell, 1975, p. 120.

据的前提来；然后，在这些前提中我们必须至少抛弃其中一个，而且我们还必须研究这将给我们的整个探讨带来什么样的后果。①

塔斯基的这段话有两个要点：一是悖论的重要性（即使以压制和消解悖论为目的的塔斯基都不否认悖论的重要性）；二是"悖论所依据的前提"。

在现代语义悖论研究中，克里普克和赫兹博格（H. Herzberger）等把悖论归之于语言的不完善性，从而诉诸一种元语言层次，而这种元语言层次在自然语言中并不存在。这虽然给悖论问题的研究晓示了一个方向，但由于没有从描述和规定的层次探索悖论问题，从而没有能够真正从根本上触及悖论问题的成因。"语境敏感"解悖方案看到了悖论不是产生于语言而是"一种特定的素朴理论"，实际上在某种程度上触及了悖论的描述成因。只是这类理论虽然提及"情景语义学"方案，却把研究指向"情境"，从而只局限于语言学层面，没有深入到描述和规定本身，因此也未能更有成效地对悖论问题进行研究。但这些理论由于涉及描述特别是规定所处的具体条件，因而推动了悖论问题研究的语用学转向。

最近雷歇尔提出的"认知优先性"概念，就是一种较实用的语用学倾向的典型表现。他的探索虽然在解决严格的逻辑悖论方面意义不是太大，但他的研究对于探索悖论在认识中的作用具有重要意义。这与国内悖论研究的主要进展具有重要关联。

国内悖论研究主要集中在逻辑学界，集中于逻辑悖论，就悖论在科学理论发展中的作用方面做出了富有成效的探索，正提出对悖论在科学理论发展过程中的作用机理进行全面、系统、深入研究的要求。这些探索都指向悖论问题研究的描述方向，即从命题进行研究。

命题不仅是静态的，而且作为描述的结果，总是在一定程度上抽离了具体条件；而描述作为一种活动，作为一个过程，则是活生生的。悖论在命题中成了枯死在标本中的特殊组织，而在描述中，则可以通过展开可能的折叠，还原悖论问题的具体形态。

悖论研究从语形到语义再到语用学的发展，反映了从对描述形式到对描述和描述

① 塔斯基：《真理的语义学概念和语义学的基础》，涂纪亮主编：《语言哲学名著选辑》，肖阳译，生活·读书·新知三联书店 1988 年版，第 254 页。

对象的关系,再到描述活动本身的关注的进展,这也是一种从描述的纯形式到描述活动具体内容发展的过程。自觉地从描述出发对悖论问题进行探索,应当是一个水到渠成而且具有重要意义的研究走向。

关于悖论描述成因和解决方案的研究,具有双重意义。一方面,对悖论问题的描述论研究不仅有利于在哲学层面深入探索悖论,而且对于人类描述本身的研究具有重要理论意义。另一方面,悖论问题广泛存在于自然科学、社会科学和各人文学科中,这表明从哲学而不仅仅是从逻辑学探讨悖论问题,不但具有重要理论意义,而且对于科学和社会的发展,对于人类认识能力的提高都具有重要理论价值。

描述本身是一个不断发展着的事物现象,它有特定的性质和发展规律。描述论就是对描述的反思。其基本问题是在一定条件下主体怎样以及能在什么程度上描述客体及其过程;其主要内容则是描述的性质、规则、原则和方式等。

作为特殊的描述,悖论具有非常重要的意义。悖论问题在人类认识中具有非常独特的地位,悖论常常是理论创新的重要契机。在认识发展过程中,悖论的特殊性质并不根源于客观对象本身,而是根源于我们的已有相关描述系统,归根结底根源于我们的一些基本规定。正是悖论揭示了特定认识阶段,我们关于相应领域描述的局限性,它使我们不得不检视相应描述和相关规定,从而带来基本规定的修正甚至描述和规定系统的更新,带来理论或知识体系的构变,即通过描述的扩展带来理论创新。悖论也由于涉及人们对对象的已有描述,涉及已有描述的矫正而涉及描述本身,涉及人类描述的不断发展和合理化。

事实上,悖论不仅不是需加清除的描述痼疾,而且是描述"贝壳"中的"珍珠"。正是在这个意义上,与其说悖论是"形式逻辑的最优美的产物"[①],不如说它是人类描述最优美的产物。悖论是人类语言"贝壳"中的描述"珍珠",或者人类描述"贝壳"中的"珍珠"。

作为规定纽结之网,描述系统是具有人类学特性,因而有自己边界的系统。正因

---

① 杨熙龄:《奇异的循环——逻辑悖论探析》,第135页。

为如此,在人类描述中,不是出现悖论不可思议,而是相反,如果不出现悖论,那才不可思议。人类描述中没有悖论,就太失色了。思考和理论导致悖论不仅不是坏事,而应当被视为发现了宝藏。只有描述上的纯粹形式矛盾才是什么意义也没有的废话。悖论问题的描述研究,不是一个消解悖论的过程,而是一个发掘悖论宝藏因而有时理应主动建构悖论的过程。

很多悖论都是可以消解的,不少悖论随着人类认识的发展而因时过境迁,变成佯谬。但真正的悖论(如说谎者悖论)到目前也没有真正消解。现在推出的一些单纯逻辑意义上的消解方案,不是压制和回避悖论,就是把它们圈禁起来,或被视为知识的肿瘤甚至癌症。几乎所有的"治疗"办法,即使不伤害正常的知识机体,也至少遮蔽了悖论的巨大价值和意义。因此,系统深化悖论的哲学研究至关重要。

关于悖论的哲学研究,目前仍较为零散,而具体深入到悖论由以产生的人类活动的层次,揭示悖论形成的人类活动根源,则需要相应于人类活动本身的深入系统研究,而描述活动正是涉及悖论成因的人类活动领域,因而悖论问题的解决有赖于关于描述的系统理论研究。

各种各样的悖论很多,方方面面的悖论研究也不少。从各种角度消解悖论,对大多数悖论来说也不是特别困难,只是始终有些悖论悬而未决。说谎者悖论"是实质性的,难以消除","这些悖论基本上没有公认的解决方案"①,而且有些涉及描述及其基础的思维和理性甚至人性的悖论总是找不到令人满意的解决办法。更耐人寻味的还在于:明知很多悖论意义重大,但一些最典型的悖论却反而看不出有多大意义,甚至被认为毫无意义。

由于人类认识的发展,一些具体科学中的悖论展示出了推动人类认识发展的作用,但一些更为典型的悖论却反而意义不明。

由于科学的发展,一些悖论变成了佯谬,甚至谬误,但那些更为典型的悖论却因

---

① William Poundstone, *Labyrinths of Reason: Paradox, Puzzles, and the Frailty of Knowledge*, Penguin Books Ltd., 1991, p. 18. 威廉姆·庞德斯通:《推理的迷宫:悖论、谜题及知识的脆弱性》,李大强译,北京理工大学出版社 2007 年版,第 22 页。

此带上了语言游戏的色彩。"悖论是一个远比前人所能想象的更具普遍性且深刻得多的概念。"①悖论隐藏着人类许多难题的密码，悖论问题也许最适合"功夫在诗外"这句话了。悖论问题的研究更多是对它们由以生长起来的土壤的研究，这个土壤则是作为描述结果的知识，更确切地说，悖论问题的土壤就是描述。

　　本书研究建立在描述理论研究的基础之上，第一章通过对描述及其性质的系统探索，着力于规定及其性质、类型和层次以及描述和规定的交织，还有这种交织基础上形成的新的逻辑内容等研究，为把悖论问题作为哲学问题研究而不仅仅是从哲学的角度研究悖论，为不可或缺的理论前提提供基础性工作。

---

① William Poundstone, *Labyrinths of Reason: Paradox, Puzzles, and the Frailty of Knowledge*, p. 23.

第1章　描述的规范性

　　描述和规范向来被看作是一对相对的范畴,但从作为使描述本身得以进行和成立的前提性规定中,可以清楚地看到描述的规范性。即使在所谓"客观"的描述中,也有主观规定的因素。任何描述都具有规范的性质,"描述"和"规定"是人类认识中合理的相对范畴。

第一节　描述和规定

　　由于向来被看作是主体对对象的客观写照,描述(description)本身似乎没有什么可追问的。然而,通过对作为其前提的规定(stipulation)的考察,我们会发现任何规定都具有明显的人类学特征。描述与规定的内在关联以及由此而相应具有的人类学特征,在更深层次反映了人类知识的本性。

一、从悖理性看描述与规定的内在关联

　　在认识论意义上,描述可以定义为主体对对象的语词—符号说明(verbal account)或形象摹写(verbal portrayal)。它既不是照相式的描绘,不是形象绘画或象征性的标

示;也不是纯粹的主观表达,不是情绪的表达或愿望的表达。正是由于作为主体对对象的语词—符号说明或形象摹写,描述绝不是不成问题的。无论在日常生活还是严格的学术探索中,一些描述的悖理性都充分表明了这一点。

在日常生活中,我们常常会说到这样一类话而不觉得有什么不妥:"不是办法的办法""什么都不可信",等等。在语言的实际使用中,这样的表述总是有其意义,甚至并非可有可无,只是作为严格的描述,它们涉及一些极为重要的问题。

从语言的日常使用看,"不是办法的办法"似乎是一种十分自然的说法;但从描述的角度看,这种表述却明显相互矛盾。在日常生活中,我们可以用它表明这样的意思:不是办法,但是作为办法来使用。或者在没有办法的情况下,把它权当一种办法。只是严格追究起来,这里涉及"办法"的定义或规定:"不是办法的办法"到底是办法还是不是办法?

同样,"什么都不可信"似乎本身并不存在任何相互矛盾之处,但这类描述也深藏着悖理性。说"什么都不可信",也就是说不相信任何东西,然而"不相信任何东西"也仍然是一种信仰:什么都是不能相信的。当有人说"什么都不可信"的时候,事实上他正在表达一种信仰,并且还可能企图让别人相信它。

类似的例子不仅出现在日常生活里,而且可以在严格的学术研究中看到。譬如作为一种极端的哲学观点,"一切都不可知"这一描述也存在同样的问题:既然一切都不可知,那人们又怎么知道"一切都不可知"这一点本身的? 这方面一个更直观的例子就是所谓"证明悖论",这个悖论认为必须得出结论:我们不能真正证明任何东西。而且我们已经证明了这一点。[1]这种情况甚至出现在一些科学家的思考之中。量子理论的主要创始人之一尼尔斯·波尔(Niels Borh)在谈到量子力学时,就曾提到"没有定律的定律"这一说法。意思是量子理论会得到这样一条定律:不存在经典物理学中的所谓"定律"了。[2]这里则涉及"定律"的定义或规定:"没有定律的定律"本身是不是"定律"?

---

[1]　Robert M. Martin, *There Are Two Errors in the the Title of This Book: a Sourcebook of Philosophical Puzzles, Problems and Paradoxes,* Revised and Expanded, Broadview Press, 2012, p. 115.

[2]　约翰·惠勒:《物理学与质朴性》,方励之译,安徽科学技术大学出版社1982年版,第45页。

如果说，这还只是一些浅显或不严格的表述，那么，我们在人类认识的深层可以找到更耐人寻味的例子。后现代哲学中的"非哲学"（non-philosophy）概念就最为典型。正像"什么都不可信"也是一种信仰，即使以对哲学的否定形式出现，"非哲学"也仍然是一种哲学。"非哲学"并没有也不可能"逃离"哲学，正像同为后现代哲学家的雅克·德里达（Jacques Derrida）所说："并不是像有的人所想象的那样，可以轻而易举地'走出哲学'。那些以为自己已经这样做了的人事实上并没有做到这一点，正是在整个谈论的过程中，他们常常为自己声称已被摆脱的形而上学所吞噬。"①而当美国当代那么有影响的哲学家理查德·罗蒂（Richard Rorty）声称"应当放弃整个认识论事业，即放弃就知识说任何普遍的（或'深刻的'，或'哲学的'）话"②时，则在表达了一种深刻思想的同时，在某种意义上也无疑打了自己的嘴巴。

众所周知，这种逻辑上自相矛盾的现象，最集中地表现在典型悖论之中。"理发师悖论"（barber paradox）和"说谎者悖论"代表着两类最能说明问题的典型例子。

"理发师悖论"是罗素本人为使"罗素悖论"更易理解提出的，被看作是"罗素悖论"的通俗"版本"。1918年，罗素因反对第一次世界大战被关进监狱，理发师悖论正是在监狱中琢磨出来的。

> 一个叫萨维尔的西班牙村庄中有一位理发师，这位村庄中唯一的理发师立下了这样一条规矩：他只给村庄中那些不给自己刮胡子的人刮胡子。这个规矩给理发师带来了这样一个麻烦问题：该理发师应不应该自己给自己刮胡子？这是一个让理发师处于两难境地的悖理性问题。如果理发师不给自己刮胡子，那他就是不给自己刮胡子的村民，按照规矩就应当给自己刮胡子；但如果理发师是给自己刮胡子的，那他就是自己给自己刮胡子的村民，按照规定就应当不给自己刮胡子。

当这位西班牙理发师给自己作出这项特殊的规定："给并且只给本村庄中不给自己刮胡子的人刮胡子"，他（她）就将自己置于一个特殊的地位：他（她）本人给还是不给

---

① Jacques Derrida, *Writing and Difference*, Routledge & Kegan Paul, 1978, p. 284.
② Christopher B. Kulp, *The End of Epistemology*, Greenwood Press, 1992, p. 194.

自己刮胡子？这看上去的确是一种真正的两难。而说谎者悖论的极端形式——"我正在说的这句话是假话"则似乎陷入更简洁的自相矛盾：如果这句话要是假的，那么它就必须是真的，即当且仅当这句话本身是真的，它才可能是假的。关于这些悖论产生的根本原因，人们认为至今仍然没有完全弄清楚。这不仅意味着悖论问题还谈不上真正解决，而且表明其中必定隐含着重要的未解之谜。

事实上，这种包括典型悖论在内的悖理性表述，都是一些特别的描述：不无意义但包含自相矛盾的结果。在所有这类描述中，似乎都隐藏着某种我们至今仍不甚了了的问题。如果只是逻辑悖论，我们似乎可以留待逻辑学家们去研究，但遍及包括生活在内的所有领域，人们就不能不问：这种现象究竟意味着什么？

关于这个问题，我们可以在一些著名哲学家那里找到一些关注和思考。在其《哲学研究》中，维特根斯坦曾涉及这种情况。他写道：

> 有一样东西，人们既不能说它是一米长，也不能说它不是一米长，那就是巴黎的标准米。但是，这当然不是赋予它任何特别的属性，而只是标示它在用一把米尺进行测量的语言游戏中的特殊作用。让我们想象像标准米那样存放在巴黎的色样。我们把"棕褐"定义为密封保存在那儿的标准棕褐色的颜色。这样一来，无论说这个色样是或不是这种颜色都将毫无意义。①

在维特根斯坦的这席话中，我们看到描述似乎另有条件，而且我们对此并不十分了了，甚至没有引起太多的注意。以至连赫赫有名的逻辑学家和哲学家克里普克都认为："这似乎是一个十分'不寻常的特性'，实际上却为任何棍子所具有。我认为他一定错了。"②这不能不说是人类认识史上一个耐人寻味的"事件"。

对于存放在巴黎的国际米原器，我们无疑可以用其他方式描述其长度，但我们的确不能说它是还是不是一米长。在这里，我们仍不甚了了的问题似乎与"国际米原器"密切相关，它是我们描述长度的一种规定。一遇到这个规定本身，我们描述长度的米制方式似乎就走到了某种边界。

---

① Ludwig Wittgenstein, *Philosophical Investigations*, the Macmillan Company, 1953, p. 25.

② Saul A. Kripke, *Naming and Necessity*, Basil Blackwell, 1980, p. 54.

如果说，维特根斯坦在这里还只是涉及一个简单的事实，那么，在埃德蒙特·胡塞尔(Edmund Husserl)那里我们则可以在更深层次看到这一问题的性质。当谈到真理时，胡塞尔认为否定真理是荒谬悖理的，因为它无异于说："存在这样一个真理，那就是不存在真理。"①也许这不是一个严格意义上的悖论，但它也绝不是　个简单的悖论，而是甚至比有些严格意义上的悖论更深入地揭示了一个复杂的描述问题。当你说"不存在真理"时，事实上你是以存在真理为前提的。在这里，我们至今仍不甚了了的问题则似乎与"我能够说出真理"紧密相联。它也是与"不存在真理"这一描述有关的一种规定，只是不像"国际米原器"那样明摆在桌面上，那样显而易见。

在上述两种情况下，我们都可以依稀感觉到似乎接触到了描述的边界。描述似乎具有某种边界，在这种边界地带，相应的描述失去了意义，或者说出现某种"失范"。走到这个地步，我们不能再往前走了。而且，这种描述的边界与描述所涉及的某种规定密切相关。正是这些规定圈定了相应描述的适用范围，使这些描述不能运用于这一规定本身，更不能超出这一规定。我们既不能说国际米原器是一米长或者不是一米长，也不能问午夜是几号？中午是上午还是下午？黎明(黄昏)是白天还是黑夜？0是正数还是负数等等。而当我们说"不是办法的办法""什么都不可信""一切都不可知"和"不存在真理"等时，则似乎意味着我们的描述已经超出相应的规定，走出了其合法或有效边界。事实上，我们在开始时所提到的所有问题也都是由此造成的。

"不是办法的办法"就涉及"办法"的规定。"一切都不可知"则是以可知为隐含前提的。当你说"一切都不可知"的时候，事实上你已默认认知是可能的。总之，当我们说"不是办法的办法"、"什么都不可信"、"一切都不可知"及"不存在真理"等时，就涉及与它们具有内在关联的"办法""相信""知"和"真理"等有关规定。"没有定律的定律"涉及"定律"的规定；它涉及一种不同于以往定律的新定律。"非哲学"则涉及"哲学"的规定，它是一种不同于以往哲学的新哲学。哲学之外没有更高层次的规定可以用于规定"哲学"本身，即便如罗蒂的"后哲学文化"，也仍然在哲学之中而不可能在哲学之外。

---

① Edmund Husserl, *Logical Investigations*, Routledge, 1970, p. 103.

而在作为这种现象最集中表现的典型悖论中,我们则可以更清楚地看到这一问题的特殊重要性和引人入胜之处。

与"不存在真理"的描述一样,"我正在说的这句话是假话"之所以构成悖论,与这一描述本身所隐含的"所说为真"这一隐含规定密切相关。而理发师悖论则涉及更复杂的规定与规定之间的关系。关于理发师悖论所涉及的复杂关系,我们在后续讨论中再详细分析。

当然,悖论的成因还有比这更复杂的内容。这里对于我们来说最为重要的是:我们已经身临描述的边界,正是描述的边界使我们看到描述与规定的内在关联,并在那里清楚地感觉到由描述与某种规定之间的内在关联造成的至今仍不甚了了的问题。要进一步揭示描述与规定的内在关联及其重要性,从而对描述的边界等有一个清晰的认识,必须深入探讨描述与规定的关系。

二、描述以规定为前提

在与描述内在相关的意义上,规定可以定义为人类为描述或谈论对象所做的关于量和质、方式和方法等的规范性设定。规定既可以是对某一事物所做出的量和质的规范性标准,也可以是关于事物存在和性质的预设和定义;既包括日常生活中度、量、衡等的规定,也包括科学和哲学中一些明确作出的或隐含的预设(presupposition)。我们前面谈到的"米原器"和"色样"等都是这种规定,这是显而易见的。所有被称作"公设"(postulate)的"公理"(axioms),经验科学中的实在性、规律性和可知性预设以及哲学中的"终极预设"(the ultimate presupposition)等也都是这样的规定,只是由于预设的复杂性,这类规定不像"米原器"那样简单明了。

预设是所有规定中最复杂、最重要的一类。作为与描述具有内在关联的规定,预设是描述中所包含的使其具有意义的先决条件。如断言"不存在真理"的预设是"这句话是真理"或"我可以说出真理"。只有当这个预设为真,"不存在真理"的断言才可能是有意义的。

预设也是人们缺乏系统研究而又迫切需要深入认识的概念之一。预设概念首先在语言学中使用,后来被引入哲学研究。在语言学中,预设通常被定义为话语(utterance)含意的一种不言自明的设定。在语言哲学中,预设通常被看作是话语的前提条件,至于这种条件具有什么样的性质,至今仍然是语言哲学没有真正解决的问题。从描述的角度看,这些预设都是一些前提性的规定。作为前提性规定,预设在描述中具有非常特殊的地位,特别是隐含预设。隐含预设作为描述的前提,往往就成了典型的语言描述海洋中的暗礁。

关于隐含预设作为描述的前提,最有利于说明问题的是麦加拉学派提出的"有角者":"你没有失去的东西你仍然拥有,你没有失去角,所以你有角。"严格地说,"有角者"并不是真正意义上的悖论,但它是以隐含预设作为描述前提的范例,也是最好理解作为描述前提的隐含预设的典型例子。在这里,"丢"和"失"是以"拥有"为前提的,不拥有的东西谈不上丢和失。虽然这些规定与"米原器""色样"等不完全一样,但它们具有一个重要的共同之处,那就是它们都是构成一定描述活动的规则的基础。

在我们的认识中,规则和规律似乎是泾渭分明的。在日常生活中,所有的游戏都必须有规则,规则赋予游戏以意义,所有的游戏规则都必须建立在一定的规定基础之上。在社会生活中,我们也常常必须做出某些规定;所有的法律和规范都是建立在这种规定基础之上的规则的典型形式。但规定并不仅限于生活领域,即使在对于自然的描述中,思维中的规定都无所不在。如果这一点在经典科学中表现得还不是很明显,那么在相对论和量子理论中则是再清楚不过了。事实上,只要有描述的地方就有规定。因为描述是在规定的基础上进行的;任何描述都建立在一定的规定基础之上,都意味着某种相应的规定。从主体方面说,解释的相对性是由于解释包含了主体的相对设定。逻辑作为认识手段,本身就包含了主体的设定;当人们对感觉经验进行逻辑整理时,也要做出相应的规定。在美国哲学家戈德斯坦(Rebecca Goldstein)的悖论定义中,"一个描述""潜在地指向自身"明显意味着作为描述前提的规定的存在:"从技术意义上说,悖论是推理的灾难,借助这种推理,心灵(mind)被逻辑本身驱使得出自相矛盾的结论。其中许多是自指类型的;麻烦出自一些语言学组分——一个描述、一个句子——潜在地指向自身。"①

　　无论在日常生活还是严格的认识活动中,规定都可能具有比作为描述前提更广泛的用处,因而不一定总是作为描述的前提存在,但作为主体对对象的语词—符号摹写,任何描述都必须有一定的规定作为其前提。为了描述温度,我们规定了在一个标准大气压下水的冰点为零度,沸点为一百度的摄氏标准等;为了描述时间,我们不仅规定了时、分、秒,而且规定了各种历法;不仅用年、月、日计时,而且根据一定传说或历史现象规定年代划分的起始标准,比如国际通行的纪年体系公历纪元,就是以传说中耶稣基督的生年为年代划分的起始标准。在中国封建社会,则往往以皇帝即位年号计年。为了描述物体的长度和重量,我们必须确定长度和重量单位。长度单位的国际正式规定最初是以通过法国巴黎的子午线,从赤道到北极距离的一千万分之一为一米,后改用国际米原器。国际米原器是用铂铱合金(90％的铂和10％的铱)制成的一根标准米尺,保存在巴黎的国际度量衡局。在那里,还保存着用90％的铂和10％铂铱合金制成的一个圆柱体,它的重量就是一公斤的标准重量。这些都是国际通用的标准原器。虽然涉及复杂的条件系统,但它们所代表的规定都是简单明了的。在描述的意义上说,它们所涉及的是最简单、最明确的规定。

　　规定可以是明确的,如我们在所有规则中所看到的;明确的规定往往表现为规则,定义是典型的明确规定;规定也可以是隐含的,如我们在某些隐含的预设中所看到的;隐含的规定往往表现为假设或预设。预设的一个最为重要而又为人们所忽略的性质,是它可以无意识获得,因而可能是隐含着的。科学中的公理清楚明确,但"不存在真理"这一描述所包含的预设却是隐含着的。越是抽象的、具有普遍性的规定,越具有预设的性质。我们在讨论认识论问题时的最大预设之一,就是我们(人)可以认识。在这个预设的前提下,讨论人类能不能进行认识是没有意义的。因为讨论这一问题本身必须有一个预设,那就是我们可以进行认识,否则我们的所有谈论都没有任何意义。而在一般的认识活动中,这一预设往往是隐含着的,它常常作为认识本身的前提,存在于

---

① Rebecca Goldstein, *Incompleteness, the Proof and Paradox of Kurt Gödel*, W.W. Norton & Company, Inc., 2005, p. 49.

大多数人的自觉意识之外。

在人类知识中,规定构成了一个系统,它具有不同层次。最表层的是一些明确的规定;最深层的是未经审视,甚至还没有发现应当加以审视,但却作为一种不能动摇的基础的隐含规定。无论是数学、逻辑学还是哲学和经验科学,都涉及一些深层预设。

隐含规定的一个最为生动的例子之一,应当是牛顿力学中的伽利略参照系。伽利略参照系并不存在,它只是一种隐含的预设,是科学理论中的典型隐含规定。这种隐含规定不同于类似"国际米原器"这样的明确规定。作为明确规定,"国际米原器"是最能表明规定性质的例子。由于甚至不像温度和历法那样依据自然现象规定,"国际米原器"的规定性表现得最为典型。这类规定更明显地建立在主体认识目的和实践需要的基础之上。

明确的规定随处可见,但由于司空见惯,人们往往没有把它们真正当一回事,至少是没有充分关注这种规定对于描述,进而对于人类认识的深长意味。而隐含规定则处于人类认识活动的深处。由于深藏不露,人们往往没有注意到它们的存在。这样,它们一方面像水下桥墩,默默地支撑着人类的描述和认识,另一方面也像水下暗礁,在一些领域给人类描述和认识带来不小的"麻烦"。由于没有意识到这些隐含规定的存在,人们在描述中往往会因"触礁"而搁浅。"我正在说的这句话是假话"和"不存在真理"等描述所导致的困境,都是描述与作为其前提的隐含规定相冲突造成的。而人们之所以为这种现象所困扰,则由于描述主体对作为描述前提的隐含规定缺乏意识。隐含规定不仅常常带来事物性质理解上的困难,而且常常造成描述"触礁"而不自觉,从而导致种种悖论。在"暗礁"遍布的自然语言中,这种情况会不时发生;而在人类知识的构筑过程中,这种情况则必定会发生。只是"暗礁"对于行船是潜在威胁,悖论对于认识却可能是福音。这与悖论的形成机理密切相关。

作为描述的必要前提,规定可以来自命名,也可以来自定义和假设,甚至来自个人潜意识和集体无意识。命名可以是简单地贴上一个标签,也可以是对对象特点的概括反映。定义和假设则不仅可以是有意识的,而且可以是无意识的。后者大都源自深层预设及我们对前人知识和观念的继承。有些规定是我们在社会化过程中,作为自然而然的东西理所当然地接受的。隐含规定甚至可以来自明确规定的历史沉积。有些本来是明确的规定(如一些机制复杂的约定),可能在时间的长河中逐渐被淹埋得如此之深,以至后人认为它们是理所当然、毋庸置疑的。它们有的正像深海中的"暗礁",在海面上根本就感觉不到它们的存在。

隐含规定虽然可能不是通过有意识的认识活动获得的,但作为描述的前提,规定本身总是一种不同于描述的认识活动。不管在什么情况下,对于相应的描述而言,规定和描述是人类认识活动中两个相续的阶段,二者处于不同层次。规定总是处于基础层次,总是相应描述的准备。正如维特根斯坦谈到命名时所指出的:

> 命名和描述并非处于同一层次:命名是描述的准备。至此,命名还不是语言游戏中的一步——在象棋中,把一个棋子放在它在棋盘的位置上还不是走出一步。我们可以说:到一个东西被命名时为止,还没有做任何事情。除了在语言游戏中,它甚至还没有得到一个名称。这也是当弗雷格说一个词只有作为一个句子的部分时才有意义的意思。[1]

这再形象不过地表明,作为两种处于不同层次的认识活动,描述在规定的基础上进行,规定是描述的必要前提,属于人类认识活动中内在相关的两个重要环节。

规定和描述是处于不同层次的认识活动,而且也是两种不同的思维形式。规定是根据主体认识的需要所做出的相对主观的设定,而描述则是在这种设定的基础上对对象所做出的尽量客观的语词摹写。在对语言游戏的研究中,维特根斯坦已经不仅注意到规定的重要性,而且论及规定和描述的关系。接着上述关于米原器和色样的讨论,他指出:"我们可以这样说,这个色样是语言的一种工具,它用来规定颜色。在这个语言游戏中,它不是某种描述(Darstellung)出来的东西,而是描述的一种手段。"[2]把规定比作描述的工具或手段,非常形象地揭示了规定的主观性。相对于描述而言,规定更具主观色彩。但是,正如描述不会是纯粹客观的,规定也绝不是纯粹主观的。作为严格描述的前提,规定总是具有自己的客观根据。

---

[1] Ludwig Wittgenstein, *Philosophical Investigations*, p. 24.

[2] Ibid., p. 25. 重点号为引者所加。

作为描述前提的规定具有两个基本的要素,一是客观根据,二是主观需要。规定正是在客观根据和主观需要的张力中形成的。一方面,描述总是对一定对象的描述,不管对象的客观实在性如何,作为描述对象本身,相对于描述主体来说总是客观的。而要作为描述的前提性基础,相应的规定必须具有客观依据,否则描述就不可能是真正关于客观对象的。另一方面,任何描述都出于主体的需要,作为描述前提的规定也总是在一定程度上相应以主体的需要为转移。为了清晰地通讯,关于时间轴涉及国际公约,"这些规定(stipulations)完全是任意的"[①]。这些规定的作出具有一定程度的主观任意性,但却有认识目的和实践需要的根据。

规定的客观根据和主观需要,使其相应具有一定的客观性和十分明显的人类学特征。规定的客观性使其具有合规律性特点,而规定的人类学特征,则使其具有主观性、相对性和合理性。正是规定的合规律性特点,使人们自觉不自觉地放大了基于这些规定的描述所具有的客观性,从而忽视甚至没有看到其与人类学特征相联系的主观性、相对性和合理性及其所带来的认识后果。

规定具有相对性,这种相对性是其人类学特征的集中体现。这也是任何描述都包含假定或规范的观点基于这样一个基本事实的原因:人类用以描述的东西都具有特定的人类学特征。由于人类把自己当作唯一的主体,或者说当人们谈论知识、认识等时总是隐含着一个假定,即都是谈的人类的知识和认识,因而其人类学特征被视同知识或认识本身所具有的特征。

由于用的总是"缺省主体"而不自觉,由于没有比较,就造成了下述假象:似乎人们完全可以原原本本地展现至少一些或大部分对象,即存在所谓纯粹客观的描述。事实上,其所用以描述的概念和符号等的人类学特征,决定了其描述结果的同样特性,从而也决定了不可能有纯粹的客观描述。即使人们看世界都会由于视觉的人类学特征而只能看到具有相应特性的对象,而比单纯的"看"要复杂得多、人性得多的"描述",就更加只能展现具有人类学特征的结果。

[①] Robert M. Martin, *There Are Two Errors in the the Title of This Book: a Sourcebook of Philosophical Puzzles, Problems and Paradoxes*, Revised and Expanded, p. 27.

三、规定的超越和描述的发展

对描述和规定之间关系的分析,使我们能够更好地理解描述的边界以及与之相联系的描述的发展机制。如上所述,由于任何描述都必须在相应规定的基础上进行,描述总是有一定的规定作为其前提。当描述涉及作为自身前提(使该描述本身得以成立的前提)的规定时,该描述就会出现意义相对丧失的现象,就会面临描述的边界。上述分析使我们可以更清楚地看到,所谓描述的边界,就是作为描述前提的规定为该描述的意义和适用范围所圈划的界线。或者说,作为描述的前提,规定决定了该描述的意义和适用范围,正如一个学科的基本概念决定了该学科的领域一样。当这一描述将这种规定本身作为对象或超出这种规定时,该描述便会失去原有的意义和不再适用。这种使描述具有意义和使其保持在适用范围之内的界线,就是描述的边界。

在数学中,公式应用的条件事实上暗含着某种规定。比如正数数系的规定、有理数数系的规定、无理数数系的规定等。因此,在公式适用的范围之外应用公式,往往会导致数学描述超出自身的当下规定,从而导致失范甚至悖论。如数学中的"$-1=1$悖论":

$$-1=(\sqrt{-1})^2=\sqrt{-1}\sqrt{-1}=\sqrt{(-1)(-1)}=\sqrt{-1}=1$$

其中的$\sqrt{-1}\sqrt{-1}=\sqrt{(-1)(-1)}$依据公式$\sqrt{a}\sqrt{b}=\sqrt{ab}$得到,这个公式中的$ab$必须大于或等于零,而$-1$超出了这个应用范围。

所谓超出应用范围,就是超出了规定具有合理性的具体条件。正因为如此,规定是有条件的,有的规定在一定条件下合理,因而有意义;有的规定在一定条件下不合理,因而没有意义。如数学中">"的规定是以所涉及的是两个实数为条件的,在复数范围内就没有意义,因为两个复数无法比较大小,">"不能成立。"$1=2$悖论"的得出就是因为超出了零作为除数的隐含规定:

设$b=a$,那么$ab=a^2$,两边同时减去b^2可得:

$ab-b^2=a^2-b^2$,因此$b(a-b)=(a+b)(a-b)$。两边同时除$a-b$得$b=a+b$。

由于 $b=a+b$, $a=2a$, 故 $1=2$。

由此可见,一方面,任何具体描述都是有边界的。描述的边界决定于作为描述前提的相应规定。描述涉及作为其前提的基本规定就面临自身的边界,从而导致描述失范。如果描述本身与作为自身前提的规定相矛盾,就会造成悖论。因为我们在做出描述时,实际上就接受了这么一个规定:我们的描述可以是真的。否则我们的描述就没有任何意义。如果看不到讨论认识的真理性问题时都是以存在真理为隐含前提的,就会陷入胡塞尔所提到的上述困境。另一方面,规定不仅决定了以其为前提的相应描述的适用范围,而且决定了相应描述的意义。由于作为描述基础的规定决定了该描述所处的定义域,规定改变,定义域相应改变,描述的意义也随着改变。数学公式是否有效受定义域控制,定义域改变会使不可解方程变得可解;带根式的方程,根式取值不限正负,不可解,只取正值,则可解;定义域变化也可使没有意义的式子变得有意义。一个数被零除就超出了除法的规定。它在除法中是没有意义的,除非是在超出一般的除法规定的情况下。实数域内 1 除以零(1/0)没有意义,在复数域内 1 除以零则等于无穷大($1/0=\infty$)。

由此足见,描述的意义与作为其前提的规定密切相关,它是相对于规定而言的。描述的意义也只能相对于作为其前提的规定而言。因而,一方面,如果一个描述超出了作为其前提的规定,该描述就会失去其本来具有的意义;另一方面,超出原本规定,可能意味着规定的改变,因而可能意味着对原来规定的超越。当超出自身规定的描述具有超越原本规定的意义时,则往往构成了描述的发展。

涉及作为自身前提的基本规定,相应的描述就会失去意义;而超出作为自身前提的规定,则会使相应的描述失去确定性,失去自己的前提。如果既存规定的突破把描述带入一个更高的层次,就构成对原本规定的超越。在"不是办法的办法"的表述中,后一个"办法"就超出了我们关于前一个"办法"的一般规定。当我们说"不是办法的办法"时,实际上是游弋于"办法"定义(规定)的边界。后现代思潮中的所谓"非哲学",正是对包括现代哲学在内的以往所有哲学的共同根基刨根问底的结果。"非哲学"开始于传统哲学的限度,它把思辨视点首先放到传统哲学的任务和目的上,认为那种以对真理的终极关切,以奠定知识基础为目的的哲学观已经到了该终结的时候了。由于思辨视点正对的是前此一切哲学的立足点,因而很自然地便把在这一立足点之上建构起来的哲学的对立面看作是"非哲学"。现代哲学理论基本上都是建立在抽象和概括的基础上的,其认识以概念为基础。这里包含着对事物的统一性、概括的有效性和合理性等隐含规定。这些基本规定甚至都没有明确的确定程序,属于最深层的,甚至根植于人们无意识深处的规定。以这些基本规定为思辨视点,往往就能得到与建立在其上的哲学不同的视界。①这就构成了对原有规定的超越,并促成了描述的发展。事实上,人类认识中的任何一次哥白尼式的革命,都意味着对相应领域基本规定的超越。这种对基本规定的超越,就表现为相对条件的改变。

规定不仅具有相对性,而且具有合理性。规定的合理性也是其人类学特征的集中体现。描述物体的温度无论用摄氏标准还是华氏标准,描述年代无论以公元纪年还是干支纪年和皇帝年号纪年,描述物体的长度和重量无论用公制、市制还是英制,都不仅有其相对性,也有其合理性。而且其合理性往往也是相对的。公历作为阳历的一种,有比较方便的纪年和计年、月、日方法,以其相对的合理性赢得国际通用历法的地位。农历作为阴阳历的一种,根据太阳的位置把太阳年划分为 24 个节气,便于农时,在农业社会得到普遍运用,但它采用天干地支搭配的纪年方法,60 年一轮,周尔复始,不仅不利于大尺度纪年,而且"子丑、寅卯……"地轮起来也十分复杂,不很方便,其相对的不合理性显而易见。相对于人们的日常习惯,十进制比其他进制更合理,因此在日常生活中得到普遍运用,如果人脑采用二进制算法,恐怕连人们的日常生活都会受到严重影响。但二进制符合计算电路开和关的简单现象,在冯·诺意曼计算机中,只有采用二进制才能使机器计算成为可能。而同样在冯·诺意曼计算机中,机器计算必须采用二进制,但对于数据贮存和处理来说,最具合理性的则又既不是十进制,也不是二进制,而是十六进制。这种在我国日常生活中曾被采用并给人们带来诸多不便的进制,在这里却显示出了自己的合理性。

---

① 详见王天思:《理性之翼——人类认识的哲学方式》,人民出版社 2002 年版,第 109—110 页。

关于有形东西的规定的合理性是显而易见的，但关于无形的东西如一些深层预设和人的信念等的合理性就不那么明显。当我们没有意识到某种规定是一种规定时，关于它的合理性便更无从说起。而当我们把规定看作是纯客观存在，因而不可移易时，则不能用合理性而只能用客观真实性衡量。——这常常是我们在描述和认识对象时陷于迷误的重要原因，甚至是禁锢我们思想的藩篱。这也充分说明，从描述的研究出发，对隐含规定的合理性的探讨是一个至为重要的课题。

从描述的观点看，我们就能清楚地感觉到谈论认识的合理性就有了合理的根据。在一种纯客观的真假标准面前，不可能有合理性的位置。只有当涉及具有主观性的规定时，当一些描述本身被看作是一种认识结果时，才不仅存在一个是否客观真实的问题，还存在一个是否合理的问题。

规定以及描述的合理性是一个随着人类实践的发展而发展的过程。冷、热由于不是相对于一个确定的规定，因而是不定的。同样的气温既可以称为冷，也可以称作热，全看相对于什么而言。但温度就有了确定的规定，无论摄氏还是华氏，都有明确的具体条件设置。这里所反映的日常描述和科学描述的区别，不仅涉及描述的合理性问题，而且涉及描述合理性的发展。从罗马数字到阿拉伯数字，从十进制、二进制、十六进制的并存，可以更清楚地看到人类描述及与之具有内在关联的规定的合理化进程及性质。

人类从原始的屈指计数和结绳计数发展到现代数学和逻辑学，其关键就在于采用了符号体系，并在规定和描述方面使这种符号体系不断合理化。这方面，罗马数字和阿拉伯数字的分别采用给人们留下了深刻的印象。在中世纪的欧洲，由于采用罗马数字，人们要读到大学毕业才能学会除法。当时即使是造诣极深的专家，要完成百万数的除法也必须付出毕生精力。然而自从引入阿拉伯数字，情况就完全不同了。用阿拉伯数字运算，即使亿万数的除法，一个小学生都能轻而易举地完成。由此可见规定的合理性和规定合理化的极端重要性。

规定的合理性和合理化就意味着描述的合理性和合理化。规定和描述的合理化不仅是一个不断发展的过程，而且具有以人类实践需要为转移的性质。也许我们能在一定程度上说，"天干地支"不如公元纪年合理和方便，但我们却绝不能笼统地断言十进制、二进制和十六进制哪一种更优越。规定和描述的合理性是相对于人类实践的需要而言的,也只能相对于人类实践的需要而言。规定的合理化不仅表现为更好地满足实践的需要,更表现为人类描述和认识的深化。规定的合理化是一个永无止境的过程,描述对既有规定的超越也永无止境。在更高层次的新的规定的基础上做出超越原有规定的描述,是人类描述发展的基本方式。

人类描述的发展,或者说人类描述以及作为其前提的规定的合理化,在人类文明进步过程中具有决定性的意义。在某种程度上说,其重要性可以与基因优化在人类进化中的意义相比。事实上,描述及作为其前提的规定的合理化是人类文明进步的重要过程。这也正是深入系统地研究描述和规定的更大意义所在。深入系统地研究描述和规定的关系,不仅关乎人类文明进步的规律性认识,而且是关于描述本身研究的重要基础性工作。在研究描述和规定的基础上,我们就能对描述的性质甚至描述规则等重要内容做出系统探讨。

第二节　描述及其性质

从描述和规定的探索可以清楚地看到,描述绝不是一种用不着深究的简单活动,而是十分耐人寻味的复杂过程。作为一个完整的过程,描述具有一些非常重要的性质。本节仅就描述的两个较为隐秘的性质做一探讨,以晓示其与悖理性的关联。

作为对客体的语词—符号摹写,狭义的描述就是一种摹写活动,但作为一个完整的过程,描述绝不是一种简单的摹状,而是无一例外地涉及三要素:指称(referring)、规定(stipulating)和摹写(describing)。正是作为前两个要素的指称和规定,涉及描述的两个重要而隐蔽的性质。

一、描述活动的指他性和描述自指

描述必须有对象,从而必定有所指。正如名词的指称就是名词所指的对象,描述的指称即是描述所指的对象。但作为一种活动,描述的指称具有与名词的指称不同的性质。

描述活动具有一个不为人注意但十分重要的性质,那就是任何描述活动都不可能把自身包括在所指之内。英国著名小说家劳伦斯·斯特恩(Lawrence Sterne, 1713—1768)的小说《香迪传》(Tristram Shandy)中记载的一个故事,形象地说明了这一问题。在这部实验性的心理小说中,劳伦斯首次打破了传统小说的叙述方式和结构,摒弃钟表时间顺序的创作方法,以一种全新的小说文本描述人物的内心世界。小说充满长篇议论和插话,并出现乐谱、星号、省略号甚至空白页等。在小说中,主人公香迪谈到自己的一个经历:他用两年时间描述自己生活中头两天的经历,当这两天的经历描述完以后,他描述这两天经历本身又构成了自己需要描述的经历,这样,香迪发现自己永远描述不完自己的经历。

受主人翁对自己经历的描述这一故事启发,罗素提出了耐人寻味的"香迪悖论"(paradox of Tristram Shandy),但这个故事却具有另外的重要含义。让我们拿自己做一个实验,就能有清晰的感受。当我们试图把自己所有过去的经历完整无遗地描述出来时,我们的自我描述会越来越跟不上。我们会发现,我们描述一件事所花费的时间,可以越来越比亲历一件事花费的时间更多。当我们认为自己已经描述完以前的经历后,刚刚完成的描述本身这一经历却还没有描述。当接着描述刚才的描述经历时,此刻的描述经历又没有被描述。因而,我们的描述总是落在我们的经历之后。这种自我描述活动后滞的现象表明:我们对事件的描述永远不能超过描述者正在描述的瞬时。描述活动的这一性质,与其说证明我们永远不能满足预测未来所需要的准确的初始条件,因此也就无法预测未来,不如说表明当下的描述活动永远是指他的,不可能指向当下的描述活动本身,即自我描述的对象不可能是当下的描述活动本身及其结果,也就是描述不能超过作为实际活动过程的当下瞬间。

描述活动的这种指他性归根结底源自意向活动的相应指他性。人类所有的意向活动都具有这种指他性,这比描述活动的指他性本身更容易理解。不用说描述当下的描述活动本身,即使思维正在思维着的思维,事实上都是不可能的。当你说"我正在想

我正在想什么"时，事实上你正在想的是你正在想你正在想什么。当你说"我想我到底是谁？"时，事实上你正在想的是"我正在想我想我到底是谁？"描述结果总是逃逸出描述所指。正是在这个意义上，我们可以感受到维特根斯坦这段话的深刻性：

> 我能够知道别人正在想什么，但我无法知道我正在想什么。说"我知道你正在想什么"是正确的，而说"我知道我正在想什么"是错误的。①

事实上，描述活动的这种指他性就是意向活动的相应指他性。像所有意向性活动一样，描述活动也是指他性的。只是描述活动更为间接，不像人们的想象那样几乎没有边界，人们似乎可以想象任何情景，甚至是完全不可能的情景。如果说，意向活动的指他性还会由于意向主体具有似乎能无所不包地想象，从而使人们往往觉得似是而非，那么描述作为一种更具客观性的活动，这种指他性就是确定无疑的。

其实，描述的自指具有两个层次的含义，这两个层次都各具重要意义。而两个层次的混淆，正是悖论中自我指称问题的迷雾之源。它是一个必须加以深入考察的问题。

作为一种现实的活动，描述及其结果总是在时序上后于该描述的指称活动。这一事实表明：描述活动中所指不能自我包含。由于描述活动的特殊性，所谓描述的指他性，具有两个层次的含义。一个层次是描述作为活动的指向。这是指当下的描述活动不能自我包含的性质，也就是说，当下的描述是一种指他性的活动，它不能把自身作为对象。另一个层次则是描述作为命题的指称。描述不能指向自己当下的活动，这是一个重要的描述事实；而描述作为命题的自我指称，则不仅是另一回事，而且那是另一个具有特殊意义的描述现象。这两个不同层次含义很容易混淆，不仅在人们的意识中，在实践活动中也是如此。

描述和描述活动两个层次混淆的情景，在我们的实践活动中常常会遇到。当我们编制一本书的目录时，我们常常会遇到这样的情况而见怪不怪。严格说来，一本书的目录无疑是该书的内容之一，但我们却不能在一个目录中包括该目录本身，否则我们

---

① Ludwig Wittgenstein, *Philosophical Investigations*, p. 222.

就会走进一个无限循环。如果我们把目录看作是对书的描述，那么这种描述似乎不能包括该目录自身在内。在这里，事实上很容易发生描述和描述活动两个不同层次的混淆。描述活动本身不存在自指的问题，涉及自我指称的只是描述。作为对书的目录的描述活动，我们不可能把目录本身包括在目录之中，这不是因为描述活动自指，而是描述活动本身的性质。这一点恰恰就表明，当我们说描述自指不合法的时候，事实上在实际的描述活动的意义上是有道理的，但这与描述的自我指称，却是两个不同层次上的问题。从描述本身看，一本书的目录包含目录本身，则涉及目录的自我指称。在描述上不仅能自我指称，而且这种对描述的自我指称具有更高层次的意义。在绘画和哲学思辨中，这种情景则更为耐人寻味。

以视错觉画著称的著名荷兰版画家艾舍尔(M.C. Escher)不仅是一位怪才，而且是一位用图形写论文的哲学家。他的许多画都源于悖论、幻觉和双重意义，自相缠绕的怪圈是他画中一个经常出现的主调动机。在其作品《画廊》中，可以得到这样的结论："世界"难以自圆其说。波普尔有过与《画廊》类似的考虑，他把科学家比作在自己的房间里给自己房间画地图的人，他必须把他正在画的地图也包括在这张地图之内。"他的任务不可能完成，因为他必须把他画地图的最后一笔也画在地图里面。"①在这里，将描述活动的当下瞬间包括在描述之中永远不可能，也就是作为一种实际的活动，描述不能指向自己当下的活动，但作为这种活动投影的描绘(描述的特例)——不可能图形则不仅可以自我指涉，而且正是通过这种自我指涉及，产生了一种新的另一层次的描述。

二、描述的规约性

由于描述是在规定的基础上进行的，要描述，必须先规定。在复杂的描述中，有许多规定的纽结。离开了这些规定的纽结，人类复杂的描述就不可能进行。当遇到人类

① K. Popper, *The Open Universe: An Argument for Indeterminism*, Hutchinson, 1982. p. 109.

以一定方式不可能完成的描述,或者一定的描述方式使某种描述因为太烦琐而不合理的时候,人们往往用规定来解决。这种规定可以是另一种描述方式,也可以是将另外一个描述作为解决这一描述问题的纽结。比如无穷小数"0.333 3……",由于其无穷,所以不可能就这样描述下去。不断描述下去也不可能把这个小数整个写出来。通过改变描述方式,人们用1/3这样一个整数比很简洁地描述了这个数字。有时候,描述方式的改变可能不能满足人们的需要,比如文字描述就不能满足计算的需要。如果不改变描述方式,而必须用小数描述,那就在"0.3"的"3"上加一点,表示3是循环的,从而以"0.3̇"完成这个数字的描述。这就是加一个规定。这个规定就是用另外一个描述做成的:"数字上面加一黑点表示该数是循环的。"当然"0.333 3……"也是一种加规定的办法,但"……"含义太多,计算也不方便。

总之,描述通过"打结"成规定结成描述之网,成就了一个复杂的描述和整个描述体系。在这些复杂描述体系中,很多规定纽结在体系中有明确定义,但有的规定则不是在体系内部能清楚定义的。但不管什么样的规定,都不能在其基础上建立起来的关系体系内得到证明。这正是哥德尔不完全性定理的哲学基础。即使在形式化体系中,也总存在至少一个不能在体系内部证明的规定,而在非形式化的描述体系中,则可能存在更多的规定"暗礁"和"沙滩规定"。它们可以在特定的描述中导致悖论,也可以使一些精美的理论系统成为"空中楼阁"。

悖论之所以在数学、逻辑学和语言学中表现得那么特殊,正是因为这些学科的发展更明显地涉及"规定",尤其是数学。在某种意义上说,数学的发展就是数学规定的发展。甚至各种不同的数字(阿拉伯数,罗马数字等)就是从规定开始的。所以数学家特别注重定义。在逻辑和数学等形式科学中,规定更为明显,更容易被人看到,因为这些形式科学更具主观色彩。而在经验科学中,悖论的表现就不像在形式科学中那么典型。因为经验科学涉及客观经验事实,规定看上去不像在形式科学中那么明显。在那里,似乎更多的是纯粹的客观存在和纯粹的客观规律。但不管在什么认识领域,越是深层次的描述和规定活动,越具有主体性。一个集合是一个任意性质的外延,作为以一个性质来定义的产物,集合就是分类的结果,就是最简洁意义上的概念。因此,集合论悖论最典型地反映了概念描述造成的悖论。

在人类描述中,最深层的规定是未经深究,但却作为一种不能动摇的基础的隐含规定。如科学和哲学活动中的一些预设和设准等,越是深层次的活动,越可能是在无意识中进行的。

作为描述的前提,规定可以是一个自觉的过程,也可以是一个不自觉的过程,如时空规定。在我们的描述活动中,大多数情况下规定都是不自觉的,不是描述当下进行规定,而是不自觉地采用了已有的规定。由于这些规定在描述中常常是以"默认"的方式随时采用,它们往往并不为描述主体所自觉意识。有些规定深潜在意识深处,有些则深藏在文化传统甚至我们的思维方式之中。因而,在具体的描述过程中,更多的是自觉不自觉地采用某种规定。正是规定的这种潜移默化的社会过程,使描述具有社会性,具有社会性所特有的规约性。

描述的规约性与人类需要密切相关,而人的需要又与人类学特性相联系。作为描述前提的规定具有一个基本的要素:基于主观需要。正是基于主观需要,使规定相应具有基于人类自身特性的性质,使描述具有规约性。所谓描述的规约性,就是指由于描述必须以相应的规定为前提,必须建立在相应的规定之上而具有这样一种性质:它们总是包含约定俗成或明确设定的标准,而这些标准又总是具有典型的人类学特征,正是在共同的人类学特性基础上约定俗成的。由于人是一个在生成和发展的存在,在描述和规定的人类学特性中,最基本的特性之一正是规约性。

和人一样,智能机器可以推理,甚至可以描述(特别是数学描述或符号描述),但和人不同,目前的智能机器还不能自主规定,它们的活动建立在人的规定的基础之上。规定是人类的事情,只有人类才能做出规定。谁做出规定,知识的标准就是谁的,就带上谁的特性。但人和智能机器相比,最大的不同还在于人是一个类的存在。正是作为一个类,作为一个类进化,人类才不同于被一个个制造出来的智能机器,人类的描述和规定活动才具有规约性。

第 2 章　作为描述前提的规定

在人类实践和认识活动中,"规定"是一个如此稀松平常的概念,以至由于太日常化,让人感觉与严格的学术相去甚远,其本身似乎也不是一个很严格的规定。而与此几乎相反,"规定性"却是一个如此严谨的概念,由于其客观得近乎神秘而太学术化,与日常生活几近绝缘,以至我们甚至很难对它做一个寻常的理解。

正是在"规定"和"规定性"之间,我们可以感觉到一种重要张力。这种张力在黑格尔的"思维规定"中形成了人类认识特别是哲学研究的重要生长点。而对于这一在哲学史上具有重要转折性质的生长点,至今仍未引起我们的足够关注。

第一节　规定和思维规定

关于规定的研究,经历了一个耐人寻味的过程:从主观规定(也与道德法律规范相联系)到与事物本身的属性相联系的客观规定性。

"规定性"同时也是一个十分耐人寻味的概念。一方面,它被理解为"事物自身的限定",在这种理解中,"规定性"是纯粹客观的。另一方面,"规定性"概念有时又被理解为"规定",在这种理解中,"规定性"又无疑具有"规范"概念所具有的主观性。当规定性被看作就是规定时,二者都意指事物自身的限定。考察规定和规定性的含义或用法,梳理二者的关系,对于作为描述前提的规定从而对于悖论形成的研究来说,是一项前提性的工作。

当规定被理解为"规定性"时,通常用以表示"事物自身的限定"。但事实上,即使具体的个别事物,也有它的限定,也不能认为关于一类具体个别事物有自身的限定。而在实际认识中,我们必须更多地借助抽象概括得到概念,作为抽象概括的产物,它们在任何意义上都不应当是自身限定的。规定性是事物本身的客观特性,还是在某种程度上与人为的主观规定有关? 为了回答这个问题,必须从"规定"开始,对"规定性"进行深入分析。

一、规定和规定性

说到"规定",首先联想到的就是一个文种。作为一个文种,规定是规范性公文。一般是领导机关或职能部门为贯彻政策、进行管理而提出原则要求、执行标准和实施措施。这是人们观念中最具主观性的规定概念。这类规定似乎与不以人的意志为转移的客观规律没有直接的联系。而事实上,即使这种主观意义上的规定,也与客观事物的规定性密切相关。它们构成一个连续系列,都是我们在思维中规定的对象。

无论在什么语言中,规定都是一个典型的家族相似概念。在汉语中,"规定"的含义很丰富,包括规范、规则、定义和预设等。英语中与中文"规定"对应的词则有 stipulate, prescript, provide, determinate 等。

作为名词,除了 stipulation, prescription, determination 之外,还有 rule, regulation,与之相关的还有 norm 等。stipulate 是最为通常意义上的"规定",prescript 相对比较特殊,主要用于指令、法令、处方等。其形容词具有约定俗成的,由于长期使用而获得的惯例等含义。

作为动词,最广义的规定是 determinate,指通过构成要素定义一个概念。其动词意义上的名词是 determination,作为规定行动的结果——规定结果的,则可以有很多,比如 norm(规范),term(条款),concept(概念)等。

在认识领域,规定所涉及的含义就极为丰富和复杂。规定不仅存在于一切社会和日常活动,特别是道德和法律等活动中,而且以定律、原理、规定性等形式,存在于科学和哲学领域。

规定的广泛存在,一方面决定了关于规定的研究是一个复杂的课题,另一方面也说明这是一个有待哲学进入梳理研究的领域。事实上,关于规定的相关研究在哲学领域已经非常深入,只是还没有与一般意义上的规定完全联系起来,因而没有系统化。哲学中关于规定的研究,集中体现在"规定性"的探索中。关于规定性的研究与一般意义上的规定联系起来,将得到关于规定的一些更深层次的认识。这一点,在黑格尔关于形而上学的思辨中能清楚地看到。黑格尔从规定角度关于哲学的一些最基本概念的思考,已经为这些最基本概念的理解提供了共同的基础。

在一些哲学教科书的表述中,规定性是指"决定一事物是其自身而区别于他事物的特性",而事物的基本规定性就是质的规定性和量的规定性。任何事物都具有质的规定性和量的规定性。当人们把质定义为"事物内部固有的规定性"时,由于对"规定性"本身没有给以基本的规定,有一个问题肯定不可避免:规定性是主观的还是客观的? 我们都知道事物具有质的规定性,但离开抽象的"规定性"本身,我们都很难说清楚"质"究竟是什么东西。

李秀林教授等主编的《辩证唯物主义和历史唯物主义原理》给"质"的界定是:"质就是一事物成为它自身并区别于他事物的内部所固有的规定性。特定的质就是特定的事物存在本身,质和事物的存在是直接同一的。某物之所以存在,之所以是它自己,并与他物相区别,就是由于它具有自身的质的规定。"[1]在肖前教授主编的《马克思主义哲学原理》(上册)中,给"质"的界定也是:"质是使事物成为它自身并使该事物同其他事物区别开来的内部规定性。"[2]

作为"事物自身的限定",作为"决定一事物是其自身而区别于他事物的特性","规定性"应当是客观的,但作为人类意识中的存在,任何事物的特性事实上都是该事物与他事物的关系性质,都是该事物与他事物相互作用所表现出来的效应,人正是作为 agent[3]

---

① 李秀林等:《辩证唯物主义和历史唯物主义原理》,中国人民大学出版社 1995 年版,第 169 页。

② 肖前主编:《马克思主义哲学原理》(上册),中国人民大学出版社 1994 年版,第 217 页。

③ Agent 确切理解应是起作用的有效原因(an active and efficient cause),哲学上一般指具有自主行为能力的实体(an entity which is capable of action),有代理人、中介、因素、行为者、动作者、动因、作用力等基本含义,中译有"主体""行为者""行动者""代理人"和"施事者"等。由于在具体使用情景中任何一种统一的理解都有不确,而对其含义的理解又很关键,在此还是先用原文。

参与这种相互作用,才得以感知到这种效应,否则我们永远不可能感知外部事物,也无从谈论外部事物。因而,在人类意识中,一事物的发展事实上总是不仅与他事物有联系,而且任何特性都是与他事物联系在一起,因而在客观上不具有"区别于他物"的可能性。作为抽象概括的结果自不待言,即使具体个别事物特性的发展,事实上也是与其他事物相互作用的效应或表现出来的性质,而不是严格意义上的该个别事物本身的性质。因而,不存在抽象概括意义上的具体个别事物的自身限定,即使一个具体的个别物体区别于别的物体存在的根本特性,比如像"广延性"那样的自身的时空限定,也与其运动状态有关。而物体的运动状态,比如"速度",也是一种与他物的关系。作为人的最根本的规定性,马克思关于"人的本质……是一切社会关系的总和"①是最典型的例子。作为决定人之所以为人而区别于其他事物(如动物)的特性,人的规定性就是一切社会关系的总和,而人的社会关系正是人与他人、他物之间的关系。这是作为一个类的人的规定性,而不是个别的具体的人的规定性。个别的具体的人的规定性则是他和具体的个别的他人、他物的关系的总和。

在这个规定中,"人"的规定性仍然是一个类的规定性,而不是具体的个别的人的规定性。单个的个别客观存在物不存在抽象的规定性,即不存在所谓具体的个体的规定性,比如,人的规定性不是张三的规定性。抽象的规定性都是指一个类的性质。这个类的性质可以运用于这个类的所有个体,但不能说事物只有成为对象性活动的对象才具有规定性,只有进入对象性活动才能成为对象。得以区别于动物的人的规定性不是单个的具体的人的规定性,更不是张三区别于"花花"(一头具体的猩猩)的规定性。因此,(抽象的)规定性不是指的客观对象本身的性质,即不是指的"事物自身的限定",而是指的根据客观对象进行的规定的结果。

舒远招教授对教科书关于"规定性"含义的质疑是有道理的,他认为这是人们在采纳黑格尔的思想时,在具体理解上出现了一点小的偏差,把"事物本身所固有的规定性"这个提法,简单地与"事物的本在的规定性"这个提法等同起来了。因为"在黑格尔

---

① 《马克思恩格斯选集》第 1 卷,人民出版社 1995 年版,第 44 页。

那里,这种规定性应当是概念所具有的颠倒了的说法。如果是这样,那么黑格尔的‘事物本身所固有的规定性’则就是指的概念的规定性,指的概念的内涵而不是对象事物本身所固有的东西"。因此他建议不再用"内在规定性"这样的描述性词语来界定质,而径直采用"事物本身所固有"或"事物自身所固有"这样的描述,把"内在规定性"这个词,仅仅运用到对本质的规定上。因为"对事物的质是不能讲规定性的,只有对事物的本质才能讲规定性。‘事物本身所固有的规定性’只在概念论中才具有意义"①这一观点,无疑出于对黑格尔哲学的深刻理解。在这个意义上也有理由认为,"规定性"之所以亦称"规定",是因为本来所说的是"规定",只是由于要赋予相对具有主观色彩的"规定"概念足够的客观内容或客观性,才在"事物本身所固有"的意义上使用黑格尔的"规定性"概念,以使其所表达的是对象事物的客观和根本属性。

质既可以是抽象的类的规定性,也可以是个体事物的规定性,但质主要是就一个类的性质而言的,抽象事物概念的质都不是指作为一个个体的个别的东西的质。由于具体事物的共同特性都是抽象概括的结果,即使一类事物中个别事物决定是其自身而区别于他物的特性本身也是抽象概括的产物,个别事物本身不存在抽象概括意义上的质,具体个别事物的质是我们的抽象认识赋予的。由于我们使用的主要是抽象概念,因而我们所谈论的事物的"质",主要是抽象概括意义上的质。而抽象概括意义上的质和具体个别事物本身的性质不是一回事。

与质的规定性不同,量既可以是抽象的类的规定性,也可以是个体事物的规定性。但量是事物外在的规定性,而且,这种规定必须建立在度、量、衡等标准规定的基础之上。因而不是完全属于事物自身的限定。

其实,从我们的思维进行规定的角度看,即便是量和质之间,也并没有一个绝对的界线。甚至关于质和量的规定性本身,也与我们的规定有关,本身是规定的结果。当我们说没有客体就无所谓主体的时候,就是在规定的意义上说的。不是说被标以"客体"的对象不存在,而是在"客体"这个规定中,没有对对象的客体规定,就没有(无所

① 舒远招:《如何理解"质是事物的内部规定性"》,载《林业科技大学学报》2008年第4期。

谓)主体,特别是把具体事物规定为客体的时候。在这个意义上说,规定性可以具有两个含义,一是作为具有规定能力的性质或功能作用;二是这种规定能力作用的结果,即被这种作用所规定的性质,被规定的性质。

规定性既是辩证唯物主义理论中的一个至为重要的概念,同时也是一个一直没有予以深入研究的概念。随着中外相关研究的推进,关于规定或规定性的研究已经成为哲学基础理论研究的一个亟待探讨的课题,对于在这方面有丰富成果的辩证唯物主义来说更是如此。

二、描述、规范和规定

在哲学领域,规定问题的系统研究最早是由道德规范开始的。事实上,即使在道德哲学中,"规定主义"(prescriptivism, stipulationism)和"描述主义"(descriptivism)、规范理论(normative theory)和契约理论(contracting theory)长期争论不下,早就表明必须对规范本身进行深入的研究。

黑尔的伦理思想以"普遍规定主义"著称,他认为道德判断的"主要功能是调节行为,而只有把它们解释为具有祈使力量或规定力量,它们才能调节行为。……无论借助何种推论(不管这些推论是多么不严格),我们都无法从一组在任何情况下也不含蓄地包含一种祈使句的前提之中,获得一种对'我该做什么?'这一问题的答案。"[1]因而,他最关注的是陈述句和祈使句及其区别。

黑尔认为:"陈述句被用来告诉某人某事是事实,而一祈使句却不然——它被用来告诉某人去使某事成为事实。""如果一组前提中不包含至少一个祈使句,则我们就不能从这组前提中有效地引出任何祈使式结论。"[2]黑尔的规定主义道德哲学,被认为具有功利主义倾向。事实上,这种倾向更应当是从人的需要出发的体现。

---

[1] R.M. Hare, *The Language of Morals*, Oxford University Press Inc., 1952, p. 50. 黑尔:《道德语言》,万俊人译,商务印书馆 2005 年版,第 47 页。

[2] 黑尔:《道德语言》,第 8、30 页。

无论是规定主义道德哲学还是描述主义道德哲学，都与规定问题的深入研究密切相关；无论是规范理论还是契约理论，都以规定问题的研究为基础或都指向规定问题的研究。当代道德哲学把描述主义的解释看作是认知主义的，把规定主义的解释看作是非认知的，正呼唤对它们的共同哲学基础——规定问题的研究。事实上，描述主义和规定主义既是认识论或知识论的，也是价值论或伦理学的。

　　关于规范，著名逻辑学家和哲学家冯·赖特(G. H. Von. Wright)做了较系统的探讨，他把规范(norm)区分为"rule""prescription"和"direction"以及次一级的"customs""moral principle"和"ideal rule"。[1]杨国荣教授则从更基础的依据出发，将规范分为认识领域的规范、道德领域的规范、审美准则、法律规范、宗教戒律、礼仪规范、习俗中的规定和技术规程等。[2]这些探索虽然主要是从作为规定的"规范"进行研究，主要限于道德规范和法律规范，但已经深层次地涉及规定问题的哲学研究，不仅从规范探索涉及规定的一般性质，而且更为重要的是：从真、善、美统一的深度，客观上探索了做为哲学基础理论的规定。

　　规定和规范是两个处于不同层次的概念，它们之间具有重要区别：一方面，作为"规定"家族成员的规范更多具有主观约定的性质，而作为家族总体概念的规定则不仅具有主观约定的性质，还有与客观规定性的密切联系，因为它还包含更多具有客观性的其他家族成员。另一方面，由于同样的原因，规范是社会性的，而规定则既具社会性，又可以具有个体性。作为具有约定性质的规定，毫无疑问既具有社会性，也具有个体性，但不同的规定具有不同的普遍性程度；有些规定甚至可以是个别的，因为任何规定都具有规定性。与此不同，规范必须是社会性的，只涉及自身的规定不能被归为规范这一点本身就说明，规范只是规定的一种形式，规范只是"规定"家族中的一个成员，是规定的一种。作为规定的一种，规范具有某种局限性。在内涵(理论深度)上说，规定包含规范，而从外延(指涉广度)上说，所有规范都在规定的范围之内。这也正是家族相似概念不同于传统概念的基本特征，家族成员的有些特征，与整个家族之外的其

---

[1]　G. H. Von Wright, *Norm and Action—A Logical Enquiry*, Routledge and Kegan Paul, 1963, pp. 15-16.
[2]　杨国荣：《论规范》，载《学术月刊》2008 年第 3 期。

他家族特征相联系。因而本书"规定"一词的英文采用"stipulation"而不用"prescrip-tion"，以强调其在思维中作出规定的性质。与规范相比，规定具有不同的约定性质，事实上，规定可以与对象的内在"规定性"相联系，也正因为如此，规定晓示了一条走向共同哲学基础的通幽曲径。

关于规范的研究既实质性涉及一般意义上的规定，又基本局限于社会行为规范的领域之内。这种研究不仅阐明了规范的约定性质，更着力于探讨规范的客观根据以及二者的统一。的确，中国哲学中的"理"更能体现规定的统一规范和法则的性质，但规范毕竟主要与行为有关，它主要指自觉地设定甚至是有意识制定的规定，因而不仅不能包含像预设那样一些可能是隐含的规定、无意识的设定，特别是不能包含对象的一些类似自然法则那样的规定性，比如"伽利略坐标"或"时间""空间"等一些甚至被视为具有某种先验性质的逻辑设定。

三、规定性和思维规定

具有规定能力意义上的规定性是思维的特性。就我们意识中的对象而言，思维可以根据事物与其相互作用的效应规定对象的性质。而对象被规定则使对象具有某种规定性，这个"规定性"意指被规定的性质或特性。

作为被规定的性质，规定性既可以是主要由主观自生的概念(如"金山""飞马"，这跟"非存在"的问题密切相关)，也可以是"自然规律"。尽管在通常的观念中，自然规律是客观存在于外部世界的，但任何规律都不仅作为认识结果而具有主观的成份，而且作为对事物特定相互作用的描述，都必须通过主观描述呈现。正是在这个意义上说，一方面，任何规定都具有主观性，主观性并不仅仅是像社会规则那样的规定才具有的性质；另一方面，即使像社会甚至游戏规则，任何规则中的规定又都具有特定的客观根据。规定性是主体根据对象的性质和特点作出的某种程度的设定。而规定性的确定程度，或者说一个表示确定程度的词的使用，应当更与思维过程中的规定而不是"客观属性"相关。

关于"规定性"的研究,我们可以在黑格尔和马克思主义经典作家那里找到大量成果。黑格尔辩证法,特别是马克思的哲学革命中所蕴含的关于规定的丰富思想,还有"规定"和"规定性"本身,毫无疑问都是值得深入探讨的专题。而从与道德法律规范相联系的主观规定到与事物本身的属性相联系的客观规定性,本身就预示着从主要着眼于规定形式的研究向同时着眼于规定内容研究的重要走向。

由于人类活动可以区分为实践活动和认识活动,广义的规定也可以相应划分为行为规定和思维规定两大类。行为规定用于规范人们的社会行为;思维规定则用于规范人们的思维活动。由于活动性质的不同,思维规定远比行为规定更为复杂。一方面,人们最熟悉的是道德规范和法律规定,这都是以显性为根本特征的行为规定,行为规定的意义本身就意味着明白知晓。而思维规定则可以与此完全不同,越是处于深层的思维规定,越是隐含着的,因此人们最不了解的规定就是思维规定。另一方面,在思维活动中,一些行为规定也具有思维规定的性质,越是在活动难以绝然两分的领域,越是如此。而作为描述的前提,所有规定都是思维规定。本书所说"规定",一方面在没有具体上下文说明的情况下均指思维规定,另一方面只是在强调时才用"思维规定"。

思维规定是一个像类意识那样复杂的系列过程,从人们在思维中对自己与外部对象相互作用生成的意识现象进行(逻辑)整理,形成概念和范畴的过程,一直到思维过程中一些属于直觉或无意识过程的逻辑设定。在最自觉的一端,一个对象被提及(refer to),然后给它下一个定义(definite),这是一个典型的思维规定过程,即我们的思维对对象的规定;而在相对的另一端,可能我们设定并用于思维过程了,却没有任何意识。要思考一个对象,思维首先必须对对象进行规定,不管是逻辑形式的还是经验直觉的。在更深层次上,这些思维规定就是思维过程中的一些基本信息单元,它们既可以是对一个个别事物的规定,可以是对一类事物的规定,也可以是对认识和思维对象所必须,但不是任何意义上的纯粹客观外部事物的规定,甚至可以是根据特定思维需要自然使用的隐含逻辑预设。

由于传统哲学的既定观念,思维规定并没有引起人们的足够关注,直到康德开启知性探索,思维规定才在黑格尔的逻辑学中得到系统的研究。思维规定作为一个基本概念,在黑格尔逻辑学中具有基础性的重要地位。恩格斯则不仅直接论及思维规定,而且曾指出知性思维规定的性质,以"知性的思维规定的对立性:两极化"[1]深刻揭示了知性思维规定与二分法的关联。作为知性思维规定的典型形式,二分法规定与悖论成因密切相关。

第二节　涉悖思维规定的主要类型

根据规定的性质,可以作出关于规定的各种相对的分类,基本的有有限规定和无限规定、经验规定和逻辑规定、定性规定和定量规定、相对规定和绝对规定、具体规定和抽象规定、知性规定和理性规定等。对于悖论问题的研究来说,最需要研究的主要是前三类。

一、有限规定和无限规定

由于不可避免的相互粘连和不可公度性,思维规定之间往往具有非常复杂的关系。有限规定和无限规定似乎是根据量对规定的分类,但深入考察就会发现其中隐藏着质的规定和量的规定之间的复杂关系。

毫无疑问,有限规定是量的规定,而关于无限规定,则不是那么简单。与是否属于量的规定一样,由于是相对区分,有限规定不存在大的问题,对于我们来说,无限规定却非同寻常。无限规定涉及无限大和无限小,但无限规定的全部奥秘都可见于无穷大。无限规定是思维海洋中的"百慕大三角"。

由于"无限"概念的神奇特性,曾经一度,哲学家和数学家们都唯恐被无限概念卷入悖论。直到 19 世纪末,德国数学家康托向无穷宣战,成功地证明了:一条直线上的点可以和一个平面上的点,也可以和空间中的点一一对应。一厘米线段内的点,与太平洋面上及整个地球内部的点"一样多"。由于几乎全部数学都建立在集合论的基础

---

① 《马克思恩格斯选集》第 4 卷,人民出版社 1995 年版,第 319 页。

之上，康托关于"无穷集合"的探索成果被罗素称赞为"可能是这个时代所能夸耀的最巨大的工作"。但"无穷集合"所内含的"无限"是不是真实存在，隐含着一些重要问题。欧文·科皮(Irving M. Copi)不仅认为不存在真实的、严格意义上的无限，而且认为"康托的追随者忘记了这一点，因此陷入矛盾之中"①这一工作涉及"形的无限"的规定。"形的无限"虽然使神秘的"无穷大"变得多少有点清晰，但同时却也带来更明显的困惑。

在人类认识中，存在形形色色的无限性问题。无限规定涉及数的无限和形的无限。形的无限可以出现在日常生活中，当我们端着镜子面对另一面镜子时，就会看到一幅"自我相照，对影无限"的情景。如果说，这种无限只是像我们极目所见的地平线那样感性，因而不足为怪，那么，雪花的周长无限面积有限，以及能够"填满空间"的"病态的"曲线——科赫曲线等，则无疑会带给我们理性的惊讶。无论在经验还是逻辑领域都是如此。

在逻辑领域，无限性问题比比皆是。一致性问题的困难似乎和经验归纳证明的困难一样，都源于可能性的无限性。只是在逻辑领域是逻辑的可能性②，而在经验领域则是经验的可能性。就逻辑的可能性总是包含经验的可能性而言，欧氏几何则是二者重合的典型领域。关于一致性问题的困难的根源，归根结底还是逻辑的可能性的无限性。

在哲学领域，"二律背反"是由无限引起的悖论，在这个意义上，这个概念在数学和哲学中的含义是一样的。③也正是在哲学中，我们才能找到理解无限性问题的可能和具体途径。

关于"有限"和"无限"的正确理解，只能在思维规定中得到。只有在规定中，我们才能真正达到对"有限"和"无限"的思维规定理解。如果思维规定受着二分法造成的"固定的对立的限制"，它们就只能是有限的。而只能在有限规定中活动的思维，正是知性。

通过从知性角度对"有限"和"无限"进行考察，黑格尔进而从辩证规定或理性规定

---

① See Irving M. Copi, "The Burali-Forti Paradox", in *Philosophy of Science* 25(1958), p. 281.

② Ernest Nagel and James R. Newman, *Gödel's Proof*, Routledge, 2005, pp. 17, 19.

③ Ibid., pp. 17-18.

角度,对它们进行了深入研究。正是通过思维的无限性的讨论,黑格尔从规定的角度对有限和无限进行了独特的探讨。正是在规定的意义上,有限和无限的奥秘显露了平常面目。

"有限"和"无限"具有规定的性质,从规定的角度理解"有限"和"无限",是对其辩证法理解的具体化。"无限"是规定中的"奇点",它的确隐藏着规定的奥妙。同时也只有通过规定的研究,才能解开无限之谜。有限规定和无限规定是两类不同的规定。有限规定中的许多派生规定或者说许多派生关系,在无限规定中不能成立。形式体系中的"无限"(如自然数)是规定,经验世界中的无限(如时间、空间)也是规定。它们的存在也许具有质的不同,但概念的内涵则无疑具有同样的性质。从这两种不同的"无限"规定入手,当是深入探索"有限"和"无限"规定性质的重要途径。

把"无限"看作思维规定,关于"无限"的诸多神秘性质也就变得更好理解。从思维规定的角度理解"无限",由无限规定的性质就可以清楚地看到:无限的规定是质的规定而不是量的规定,作为质的规定,"无限"和"有限"相对,而不是与具体的有限量相对。如果作为质的"无限"规定与具体的量相比较,就会出现悖理性。"雪花曲线"的有限面积和无限周长,"谢尔宾斯基垫片"的面积无限小、周长无限大,"门格尔海绵"的面积无限大体积无限小,希尔伯特的"部分可以等于全体",还有"康托悖论"等,都是由此形成的。

在关于规定的研究中,无限规定和有限规定得到了真正的理解,而无限规定及其与有限规定的关系,则必须在关于规定的进一步研究中,才能真正展开。

二、经验规定和逻辑规定

从规定对象的性质看(以规定的质为根据),规定有逻辑的和经验的两个基本类型。逻辑的规定由形式化的内容构成,主要包括逻辑的和数学的。形式科学规定一般都是逻辑规定。经验规定由经验内容构成,主要包括日常生活概念、科学和哲学中的一些基本预设等。经验科学规定一般都是经验规定。经验规定具有确定性,而数学和逻辑规定则不仅具有确定性,而且还具有精确性。因而经验的规定和逻辑的规定具有与此相应的不同特点。逻辑的规定是抽象的,往往可以形式化。逻辑规定可以是明确的,也可以是隐含的。逻辑的规定具有数的(符号的)、形的和语词的几种基本类型。所有这些规定都表现为概念甚至理念的形式。而经验的规定是具体的,它们可以是清晰的,也可以是模糊的。一般而言,实证科学中的经验规定是清晰的;日常生活中的经验规定则是模糊的。

逻辑规定不具有直接的现实性,其可能性是无限的。它只管抽象形式而不管具体内容,只保证前提和结论之间的逻辑关联而不管前提和结论本身的真假。

逻辑规定是抽象的结果,形式就是抽象得到的规定。形式是有层次的,数学是最具形式性的层次,而逻辑形式和时间空间形式以及系统等形式则更与实证科学的更具体形式相联。比如时间和空间形式就是对一切存在的事物共性抽象概括的结果。因而形式也是一个连续系列,而这个连续系列与内容之间的关系是区间式的,正是更典型的太极图式关系。绝对的抽象是最典型或最极端的形式,那是抽离了所有具体条件的纯形式意义上的绝对。而对事物共同特性的抽象所得到的概括结果,则可以是更具形式的,比如"时间";也可以是更具内容的,比如"水果"。时间和空间是事物存在的形式,而"水果"则更多的是包括苹果、葡萄、樱桃等具体内容的事物。由此可见,一方面,形式是本质,内容是现象;另一方面,形式是抽象的结果,内容是实际存在的具体个别事物。

三、定性规定和定量规定

事物的区分有二分法和多分法,其结果属于定性规定的范围。

定性规定和定量规定是两种基本的规定方式。定量规定在量子领域起着重要作用,也带来了量的描述问题。定性规定带来的问题则更多,无论经典科学还是现代科学,无论在哲学还是日常生活中,都广泛存在。其中最重要的一个问题,就是在二元(二分法)规定中,事实上是包含着两极区分的两个方面的,无论是正面的还是反面的规定,如"精确"和"不精确"及"反训"。"不精确"这个概念的含义是不精确,但"不精确"这个概念却应该是"精确"的。如果这个概念本身"不精确",那么,就不能用它去概括地描述各种事物。因此,"精确"中包含着"不精确";"不精确"中包含着"精确"。概念包含着"相反的"或"矛盾的"含义。中国人把这叫作"反训"。[①]

概念的规定多为二分法规定,二分法规定在两种情况下是必要的和不可避免的(不说是否合理):一种是在日常生活中,人们在表达和交流时对一些对象只要简单的区别就足够了,不用多分如"大小""多少""长短"等。另一种是在终极抽象情况下,不可能多分,只能两分。如"有限""无限""整体""部分"等。因为多分必须是在量的区分或具体事物的区分中才有意义。抽象的质的区别往往只能二分,而在终极的抽象的质的区分中只可能进行二分。

关于量的规定和质的规定特别是二者的关系,黑格尔对此作了深入的阐述。他首先阐述了量的规定性的性质。"像经常出现的那种仅在量的规定里去寻求事物的一切区别和一切性质的办法,乃是一个最有害的成见。无疑地,关于量的规定性精神较多于自然,动物较多于植物,但是如果我们以求得这类较多或较少的量的知识为满足,不进而去掌握它们特有的规定性,这里首先是质的规定性,那么我们对于这些对象和其区别所在的了解,也就异常之少。"[②]

量是扬弃的质。被扬弃的质既不是抽象的质,也不是同样抽象的有,而是中立于任何规定性的量。"我们曾经首先提出存在,存在的真理为'变易',变易形成到定在的过渡,我们认识到,定在的真理是'变化'(Veränderung)。但变化在其结果里表明其自身是与别物不相联系的,而且是不过渡到别物的自为存在。这种自为存在最后表明在其发展过程的两个方面(斥力与引力)里扬弃其自己本身,因而在其全部发展阶段里扬弃其质。但这被扬弃了的质既非一抽象的无,也非一同样抽象而且无任何规定性的'有'或存在,而只是中立于任何规定性的存在。存在的这种形态,在我们通常的表象里,就叫做量。我们观察事物首先从质的观点去看,而质就是我们认为与事物的存在相同一的规定性。如果我们进一步去观察量,我们立刻就会得到一个中立的外在的规

---

① 杨熙龄:《奇异的循环——逻辑悖论探析》,第101页。

② 黑格尔:《小逻辑》,贺麟译,商务印书馆1980年版,第221页。

定性的观念。按照这个观念，一物虽然在量的方面有了变化，变成更大或更小，但此物却仍然保持其原有的存在。"[1]

在量和质的关联中，黑格尔阐述了一与多的规定。一与多是一种非二分法的二分。一是量的规定，多是质的规定。从"一"到无限就是从量的规定到质的规定的连续系列。在"一"里，质的规定性达到自在自为的特定存在。过渡到扬弃了的规定性，即质，过渡到作为量的存在。[2]与一和多的规定相联系，还有二分法规定和多分法规定。二分和多分与二极思维和三极思维密切相关，其中蕴含着黑格尔辩证法的丰富思想。

黑格尔三极思维是如何可能的？三极思维是对二极思维产物反思的结果，虽然在某些领域只能进行二分，因而不可能进行三极思维，但在二分法产物的基础上却可以通过对这种二分性质的分析，得到超越二分产物绝对化甚至实在化的三分思路。这种三分思路与二分法是不同的，它们不在一个层次上。三分思维是针对二分法的，只有在二分法及其产物的基础上才有三分，而不是与二分并列的三分。与二分并列的三分不是可以归结为二分，就是一种根据统一的三分。而作为二分法及其产物基础上的三分，则具有超越二分局限的重要意义。这也正是黑格尔着重致力于探索的领域。

"无限"之所以与诸多认识难题密切相关，甚至直接导致悖论等认识困境，就因为无限本身已经不是量而是质的规定了。无限是量的规定过渡到质的规定的典型形态。把无限这种质的规定应用于量的描述，往往导致悖理性。就如把量(质)的规定"米"用于描述巴黎的米原器的量的描述一样。在这里，量的规定和质的规定的内在关联是许多悖理性难题的内在根源。

第三节　涉悖思维规定的层次

作为一个系统，思维规定具有层次性。思维规定的层次性，也是作为其发展结果的历史形态。任何规定都是在一定条件下做出的，因而规定所涉及的条件的层次就决

---

① 黑格尔：《小逻辑》，第 217 页。
② 同上，第 214 页。

定了规定本身的层次。根据规定的抽象程度,从规定构成及涉入作出规定的人类理性的程度,在一般规定的基础上,可以区分出更深层次的规定,这里主要讨论 4 个层次:否定概念的规定、涉及思维边界的规定、涉及活动前提的规定(言说本身的基本规定)和涉及理性本身的规定。

一、涉及否定概念的规定

辩证法的玄机蕴含着许多精妙的方法,否定的规定也是一种规定的方法,比如冯友兰先生所说的"负面方法",先把不是什么说清楚了,剩下的就是是什么了,也就是说,剩下的就是规定,这也是规定的一种方式。因而就有了肯定的规定和否定的规定。由于规定大多是肯定的,否定的规定一般都是一些特殊的规定。

涉及否定概念的规定最常见的是否定概念。否定概念和肯定概念总是相辅相成的规定,否定概念总是包含肯定概念,例如"真"与"假"构成相辅相成的规定。规定因为是相对的,所以意味着两个"分界面"。如果把这两个分界面对立起来,就可以造成自相矛盾。这也就是说,规定是在对立面的统一中成立的,至少二分法规定是如此。《墨辩》关于"知"的两个方面的区分就是一个形象的例子。

关于"知其所不知"的矛盾。《墨辩》上说:

知其所知、不知,说在以去,取。[经]

知:杂所知与所不知而问之,则必曰:"是所知之,是所不知也。"取、去俱能之,是两知之也。[说]

陈孟麟先生在其《墨辩逻辑学》一书中对这段文字作了这样的今译:

知道他所知道的,也知道他所不知道的,这叫取和去。

混杂着他所知道的和不知道的东西去问他,一定回答:"这是我所知道的,这是我所不知道的。"既然知道他所知道的(取),又知道他所不知道的(去),所以叫两知。[①]

---

① 陈孟麟:《墨辩逻辑学》,山东人民出版社 1979 年版,第 257 页。

杨熙龄先生认为,知道自己有所不知,即自己"知道"的事中间也包括自己"不知道"什么事,这是个矛盾;《墨辩》中用规定所知为"取",所不知为"去",从而区别了"知"的两个方面,以解除矛盾。[①]

由于否定概念和肯定概念总是相辅相成的规定,否定概念总是包含肯定概念。例如"真"与"假"构成相辅相成的规定:

> "真"以"假"为自己存在的前提。只有有了"假","真"才有存在的条件。"假"也以"真"为自己存在的前提。形式逻辑在真假两概念间划了一条不可逾越的界线。真就是真,假就是假,这是必要的第一步。但"假"这个概念却要比"真"多了点什么,假话虽是假话,却是真的假话。"假"中已明显地、不可避免地包含着"真"。这是形式逻辑无法控制的。这样形式逻辑的法则本身走向了自己的反面,它要严格"区分",刚把双方分开,双方却立刻联接在一起了。因为"假"也是一种"真":真的"假"。[②]

二分法区分就意味着规定的两极结构。所以在描述中,这两极在逻辑上是可以转化的。比如"真的假"是假,但包含真的含义,因而也是真。假本身也是真的。但这里显然是把描述运用于作为其前提的规定,造成规定和规定之间因粘连而发生冲突。这样会失去意义,使描述失范。只有在说一个具体的对象而不是就"真""假"概念作抽象的描述时,才可以在不同含义(不同规定)上这样使用"真""假"概念。如说"某人说'这个事不是真的'是假的",改写成"某人说'这个事是假的'是假的"。这两个"假"所指不同,含义不同,是两个不同的规定。这里是因所指不同而有区分,而所指不同,正是使用的问题。

二分法规定有一个重要特点,那就是否定的概念既是肯定概念的否定,同时又是在肯定肯定概念的条件下对肯定概念的否定。也就是说,否定概念是以肯定概念为自己的前提的。所以,不仅描述必须以规定为前提,否定概念(否定的规定)也必须以所否定的概念为前提。比如"非概念"这个否定概念既是"概念"的否定,同时又是在肯定

---

① 杨熙龄:《奇异的循环——逻辑悖论探析》,第165页。
② 同上,第109页。

"概念"的条件下对"概念"的否定,即"非概念"是以"概念"为前提的,"非概念"必须以"概念"为前提。

否定概念所包含的否定的规定必须以所否定的概念为前提,这与描述以规定为前提相比,二者在逻辑上是有区别的。前者只有当规定本身是理性所不能摆脱,或者说是理性本身的前提,或者规定的否定也是规定的行为时,才存在与肯定概念的冲突。换句话说,只有当否定式规定本身以被否定的规定为前提时,才构成两个相对规定之间的冲突。而这里的前提不是关于思维规定形式,而是关于思维规定内容意义上的逻辑前提。

二、涉及思维边界的规定

所有描述与作为其前提的规定的否定表达,都必定导致描述与作为其前提的规定的冲突。与此不同,并不是所有的否定的规定都与规定之间的冲突有必然联系。只有当这些规定处于思维的边界(理性的极限处)时,这样的冲突才会发生。比如"可知""可证""可形容""可判定"等。这些"可"是针对思维活动(理性)本身而不是某个具体的认识行为的。也就是说,这里的"可"指称思维活动中所有的对象,所有的可能性,因此涉及思维的边界。

事实上,这些否定式的规定是一些全称判断的省略形式。比如,"不可知"事实上就是"我们不可能知道任何东西";"不可证"事实上是"什么东西都是不可证明的",等等。所以,这些没有明确指称的判断,事实上就是一些全称描述的省略形式。或者说,这些不需要明确指称的判断,本身都是一些伪装的全称描述。实际上,这些判断是可以明确指称的。当指称明确为具体对象时,就不再是伪装的全称描述了。而在没有明确指称的情况下,它们的默认指称就是全称。

只要"不可知""不可思议"这样一些规定是全称判断,它们就必定以所否定的规定为自己的前提。这些否定的规定之所以必须以被否定的规定为前提,则是因为这些规定是我们思维活动本身的前提。任何思维活动都是以这些规定为(隐含)前提的,都是在这些规定的前提下进行。思维的前提就决定了思维的边界，涉及思维自身前提就涉及思维的边界。这种规定不是导致描述失范，就是导致描述对其原先前提的超越。"不可知"事实上意味着已经有所知；"不可思议"正是思议的结果。因为"知"和"思"都是我们思维活动本身，或者我们思维的特性。由于所涉及的是思维中可能存在的所有对象，而所指包括思维中可能存在的所有对象，也就意味着涉及思维的边界。

规定就是思维的规定，由于思维对象大多是具体的、有限的，一般规定都是有边界的规定。但由于人类认识总是向未知领域无限深入，因而总会有规定位于思维的边界处，从而形成无边界的规定，而这些无边界的规定，正好构成了思维的边界。因此，规定本身也有无具体边界的和有具体边界的两类。无具体边界的规定是没有其他具体规定作为其边界的规定。如"宇宙""无限"，等等。有具体边界的规定则是有具体规定构成其边界的规定。

规定是有条件的，这些条件就构成了规定的边界，圈定了规定的域。

三、涉及活动前提的规定

规定既是活动的产物，又是活动本身的要素，当涉及活动的前提时，就会形成一种特殊的规定。由于作为活动的前提，这类规定几乎无一例外都是隐含着的。因此，如果对这些规定的存在缺乏自觉的意识，就会引至一些活动的悖理性。人类活动有言说、行动和思维，因而作为活动前提的规定就相应在三种类型。

关于作为言说前提的规定，可以从说谎者悖论中找到最为形象和典型的例子。让我们将说谎者悖论的简洁形式作一推展：

我所说的是假话——我所说的话没有意义——我（人）说话没有意义——人不能说出有意义的话。

这样一来，就把作为该言说前提的规定显露了出来。在一般情况下，一个正常人总是想说出有意义的话，因而作为"本语句为假"的前提的规定不是这句话本身，而是"我说话是要表达意义"，而其隐含的预设则是：所言为实，而且在描述和规定的交织中，还可以看到更深层次的隐含预设——我能说出而且正想说出有意义的话。人说话是有意义(真值)的,就像做出描述以理性能做出有意义的判断为前提性规定。

由于言说是人类的重要活动,因而作为言说前提的规定具有特别重要的意义,尤其在哲学领域,因为哲学涉及言说的边界。维特根斯坦关于不能言说的我们只能保持沉默,正是以悖论的方式道出了哲学在边界处言说的处境。在其著名的《逻辑哲学论》一书中,维特根斯坦十分明确地认为,凡是能言说的就能说得很清楚,而对于不能言说的我们就只能保持沉默。维特根斯坦是真诚的,但悖论仍然客观存在。一方面维特根斯坦说:"对于不可说的东西我们必须保持沉默";而另一方面他又正就这不可言说的东西言说着。显然,在这里我们看到的是越出了言说本身的边界。

规定可以是一个概念,一个命题,也可以是一个行动的含义。比如藏东西的行为,具有明确的行为目的,但如果规定与这种行为目的相冲突,也可以造成悖论。因而无论规定与实践还是悖论与实践都具有内在关联,这是两个重要话题。

规定的实践关联是根本性的。一方面,作为行动含义的规定本身就是行动;另一方面,所有的规定都直接或间接地与实践联系在一起,都是为了实践中的实际使用。

悖论的实践关联也可以是直接的。一方面,涉悖规定(涉入与描述或其他规定的冲突构成悖论的规定)如果是行动规定,悖论本身就是直接与实践相关联的,就是实践的;另一方面,描述本身就是一种特殊的实践,而且所有使用中的描述都与实践或直接或间接地联系在一起,尤其是在隐含规定中。

在隐含规定中,最为典型的是涉及行动的规定。很多——如果不是所有——涉及行动的悖论的涉悖规定都是隐含规定。在"此地无银"这一涉及行动的悖理性标示,涉悖规定是隐含在行动目的之中的,那就是藏东西的目的是不让人知道。由于"此地无银"这一言说(描述)与这一隐含规定相冲突,因而造成与行动目的相反的结果。

四、涉及理性根基的规定

规定虽然可以在活动中形成,但总是作为理性的活动在思维中进行。而且人的有些规定是在无意识状态下进行的,典型的比如一定具体条件下不可能不是如此的抽象普遍性逻辑预设,以及作为理性活动前提的理所当然的基础等。

规定一般是理性从外部进行区分的结果,但规定也可以是涉及理性本身的。对于人类认识来说,涉及理性本身的规定是一些非常特殊,又极为重要的规定。人的所有思维活动都是相对于人的理性而言的。当人的思考涉及自己的立足点时,就会涉及自身,如果以否定的方式涉及,就会导致"怪圈"的出现。这里的涉及自身并不是指具体的自我指称,而是思考和描述涉及自己的立足点,从而使思考和描述自我卷入,使思考和描述通过自身活动的立足点构成一个循环。

当涉及人类理性及其特性的规定的否定时,如果由此造成对理性及其特性本身的否定,那肯定使理性活动本身失去了意义基础。因为任何思维(理性)活动都不可能否定思维(理性)活动本身,而只能证明(表明)其存在,比如说"不可判断"和"不可描述"等。当这些判断为全称判断,从而指称所有对象时,那就等于是对理性及其特性本身的判断,而理性对理性及其特性本身的否定是没有意义的,因为你的否定活动本身正是在证明、在肯定理性存在这种能力。

当规定不涉及理性本身时,否定的规定则是有意义的,不会像造成无意义的描述那样造成无意义的规定。当规定涉及理性本身时,就会造成悖理性现象,导致涉及理性本身的悖论。

当规定不是否定地涉及理性本身,则意味着规定达到了一个新的层次,毫无疑问具有特殊意蕴。涉及理性本身的规定可能导致悖论,但同时这种规定也具有更重要的意义。在哥德尔不完全性定理的证明中,我们可以看到与理性相关的否定的规定更深刻的意义所在。由否定的规定所构成的悖论,甚至可能成为我们理论的重要构成部分。像"可判定性"这样一类特殊规定,往往是深深涉入人类理性的,在全称描述中,其否定概念——也就是否定式规定几乎无一例外地会涉及悖理性。

人们认为,人的思维本身存在这样一个"怪圈",它使思维不自觉地回到自己的起点。因此,哥德尔不完全性定理使我们不是放弃逻辑的一致性,就是接受不可判定性。这种"奇异的循环"或者"怪圈",归根结底根源于人的自身相对性。当涉及人类理性或

"思"的否定性规定会造成描述与作为其前提的规定的冲突,或规定和否定规定之间的冲突时,是不是就会导致这种描述不合法,从而没有意义了呢? 这里应当有两种不同情况:

一种就是上述情况,恰如笛卡尔的"我思故我在"。"我思"可以怀疑一切,唯独不能怀疑自身,因为"我思"的怀疑活动本身就证明了思的存在。任何思维活动否定思维活动本身,结果正好相反,只能证明(表明)其存在。"人不可能思考""不存在思维"。当"判断"为全称判断,从而指称任何对象时,那就等于是对思维及其特性本身的判断,说"不可判断"也就等于说"思维不能作任何判断";同样,说"不可描述"也就等于说"思维不能作出描述",而说"一切都不可知"则等于说"理性不可能认知",等等。这些规定涉及我们理性本身的前提,任何理性都是以这些规定为(隐含)前提的。"不可知"事实上意味着已经有所知,"不可描述"也正是一种描述。因为"知"和"描述"都是我们理性活动本身的特性。这样的描述如果有意义,也只是表达了不同的意见。如"什么都不可信"就是相信什么都不可信。正如人抓住自己的头发不可能把自己提离地面,理性无论用什么方式都不可能否定自身。这样做的结果不是没有意义,就是一种不寻常的意义的表达。

语言是为人所用的,而且语言的使用不一定非得以逻辑为基础,达到通过逻辑才能达到的目的。因而语言中规定的非法使用,有时候也是人类语言的一种特殊用法。而且,在特殊的语境中,即使在逻辑轨道上,也可能会有特殊的含义。更不用说对理性思维产品或其部分的否定了。这种否定的结果,可能不仅没有否定原先的意义,而且还可能构成了更高层次的意义。"非概念"本身仍然是一个概念;而"非哲学"则可以是具有更高层次的另一种哲学,等等。

另一种情况是,规定不涉及理性本身时,否定的规定则是有意义的。人们在描述活动中之所以会造成无意义的描述,是因为描述将自身作为自己的前提。而规定不可能构成这样的逻辑循环,通过否定的规定不可能得到这样无意义的结果。杨熙龄先生曾经谈到了这个问题,虽然没有进一步深入,但已经开始从规定(主要是概念规定)的角度考虑问题。事实上,即使否定的规定涉及理性和描述,有时也不仅不是没有意义

的,而且具有特殊的意义,如涉及"不可证明"这一否定的规定的可证明悖论:

　　考虑这样一个命题:

　　我正在讲的不可证明。
　　• • • • • • • • • •

　　假定这个命题可以证明,那么它一定是真的,用它自己的话说,也就是它不可证明;这将跟我们的假定相矛盾。

　　假定它可以证明将引出矛盾,因此这命题不可证明。换句话说,这命题是真的。这样,我们也就证明了这命题。

　　所以,这命题既可证明又不可证明。

　　……所以,只要限于考虑给定系统中的可证性,我们也就不会因此而产生矛盾。①

　　而在哥德尔不完全性定理的证明中,我们则可以看到涉及理性本身的否定的规定更深刻的意义。由否定的规定所构成的悖论,甚至可能成为我们理论的重要构成部分。当卡尔·门格尔(Carl Menger)告诉哥德尔"维特根斯坦离谱地说不可判定性证明的唯一用途是'logische Kunststücken'(逻辑小窍门或戏法)"时,哥德尔回复道:

　　就我关于不可判定命题的定理而言,你引用的段落很清楚地表明维特根斯坦没有理解它(或者他揣着明白装糊涂)。他将其理解为一种逻辑悖论,而事实上正好相反,它是数学中绝对无争议部分(有穷主义数论或组合数学)中的数学定理。②

其实,哥德尔不可判定性命题既不是"逻辑小窍门或戏法",也不是悖论,而是可能涉及悖论的规定。像可判定性这样一类概念是深深涉入人性的,在全称描述中,其否定概念也就是否定式规定几乎无一例外地会涉及悖理性。

　　从哥德尔定理我们可以看到,越是高深抽象的理论,离人性中心越近。这只能从规定进而描述的角度,从人类学特性得到解释。在可证明悖论和哥德尔不完全性定理中,我们会感觉到我们游弋在理性的边缘。的确,我们在相对论、量子论等有点近乎"神秘"的科学领域,特别是在深奥的哲学领域,也会有一种走进我们理性边缘的感觉,但那更确切地说是我们(我们个人,不是人类)理性能力的边缘。而在艾舍尔的画里,

---

① 沈有鼎:《两个语义悖论》,《沈有鼎文集》,人民出版社1992年版,第218页。

② 转引自 Rebecca Goldstein, *Incompleteness, the Proof and Paradox of Kurt Gödel*, p. 118。

尤其在哥德尔的不完全性定理中，我们(不是我们个人，而应当是人类)则的确是走进了理性的边缘——我们深深感受到那种"剑走边锋"的感觉。在那里，理性依靠自己的"边锋"游走在自己的极限处，这里我们也可以看得很清楚，在科学和哲学理论中，我们感觉到的是我们在这个世界的极目所见；而在悖论中，我们感觉到的则是我们自己的理性在理性自身中的极目所见。在对世界的极目所见中，我们清楚地知道世界不会在我们的极目之外消失，而在对我们理性的极目所见中，我们则清楚地看到一种可能：我们理性"作茧自缚"的奇妙结构。

在卡夫卡和哥德尔那里，都有一种爱丽丝漫游奇境的性质，一种已经进入一个奇特世界的感觉，在这个世界中，事物会变成其他东西，包括它们自身的含义。①

当规定涉及做出规定的人类理性时，我们就进到了处于一定发展阶段的人类理性的边界。在人类理性的这种边界处作出的规定，就必定具有不完全性。这正是人类规定不完全性的根源，当然也是形式系统不完全性的根源，从而正是哥德尔不完全性定理的根据。

规定具有不完全性，而人(包括人的理性)作为一个有限的存在，总是使出自己的浑身解数去思考与自己的理性基础有关的问题，从而必定遇到悖论。这类悖论不是理性处于一定发展阶段的人所能消除的，除非他不描述。因此，在人类理性发展的特定阶段，有些悖论是不可能消除的。它们也不用消除，因为在某种意义上说，这正是人类理性(思维)的本性使然，而且对人类认识和描述来说，这些悖论尤其意义重大。它们不仅涉及"实在""描述"和"规定"等基本概念，而且深深涉及规定的合理性和合理化。只要把它们放到描述和规定的交织之中，就能对它们有一个更到位的理解。

---

① Rebecca Goldstein, *Incompleteness, the Proof and Paradox of Kurt Gödel*, p. 170.

第 3 章　描述和规定的交织

　　我们只能根据我们作为 agent 与最切近的外部事物相互作用所形成的感觉经验，进行描述和规定，试图得到关于尽可能大的整体的某种程度把握。这远不是能够以把握整个世界本身为最终目的，而是因为这种"某种程度"的把握可以为我们更到位地认识身边的局部事物提供一定的整体观照，以更有效地认识和把握身边的具体事物。在这个意义上，我们对身边最切近的事物的把握是最确定的，而对离我们越远、层次越高的事物整体的把握，越是大体上的、不准确的。但这一点往往并不妨碍我们利用其所提供的整体观照，因为虽然我们关于整体的解释可能并不确切反映这个整体的"本来面目"，但作为整体观照，其作用却是不可或缺的。也正是在这个意义上说，在我们的认识中，越是远离具体事物的更高层次整体，我们得到的把握越可能是不确切的。因而，关于确定性的观念正好得反过来。与我们作为 agent 的关系越切近，相互作用越具体的事物，越是相对确定的、可靠的，只是这里的"确定"和"可靠"也同时是就人的需要而不仅仅是客观世界的外在标准而言。

第一节　"颠倒"的人类理性世界

　　在人类描述中，不仅规定的性质和事物本身的性质可能完全不同，而且认识越是抽象,对象与其描述越常常不是一回事。

一、描述和规定的性质与事物本身的性质

两面镜子相照,在绘画的形象描绘中表现为一个无限的系列;而在实际情景中,作为实物的两面镜子相照,只是光的相映,它会终止于光的波长的物质层次,而且,这种情景建立在牛顿平直时空规定的基础之上。这是一个表明对象与其描述之间不同的形象例子。正像不可能图形所反映的都不是事物本身,而是规定和描述的性质。牛顿的时间和空间概念就是规定,它们不是人类"认识之镜"所照见的真实世界镜像。

这种时间和空间规定,建立在人类感觉特性——主要是视觉特性的基础之上。这里的规定意味着:人们在自己的感官特性的基础上,建立起空间是平直的、时间是均匀流逝的规定性,并认为那就是世界本身存在的真实方式,甚至本来目面。在这种绝对时空规定的基础上进行描述,就建立起了经典物理学。思维规定基础上的描述是一个交织进行的过程,理论体系正是描述和规定交织的产物。这一描述和规定的交织结果也不是世界本来面目的写照,只是它在一定条件(低速运动)下,能得到可以看作是完全确定的实践回应。

在这里,牛顿的时间和空间概念就是思维规定,就是我们打向未知领域的"地桩"。正是在这些"地桩"的基础上,我们建立起自己的知识体系甚至信仰系统。怀疑和动摇这些"地桩",就等于怀疑和动摇我们在一定认识领域的知识根基和信念基础。因此可想而知,一方面,一些基本规定具有很强的保守性;另一方面,根据规定本身的性质,它们恰恰是需要随着认识的发展不断更新的。规定的保守性来自其形成的因袭性,归根结底来自规定本身的基础性,或确切地说是规定的支点性质。

规定的基础性不是指落到传统意义上的最终的实处,而是就相对支点而言。我们不可能在客观世界找到最后支点,因为那是一个永无止境的过程,但是我们可以在"太空"中建立"太空基地",作为我们活动的基础——以"太空站"为支点,建立我们通向未知空间的阶梯或桥梁。我们正是在这样一些相对规定的基础上建立起我们自己的知识体系,甚至建立起我们自己的信念和信仰的——或者更深入一步——建立起我们自

己的理性的。理性不是先天的形式或内容,理性是我们在这个世界上通过思维(认识)活动建立起来的,就像我们人(类)自身是在我们的劳动中形成或创造出来的一样。人类理性是人类思维活动的创造,而不是相反。

正是在描述和规定的交织中,我们建立起自己的观念体系、思想体系、信念体系,等等,而这些描述和规定的交织过程也正是理性本身发展的过程。这个过程不是从绝对的"地面"开始,而是在相对的规定——"太空站"开始的。正是从空中楼阁似的"太空站",人类认识一步步向最终的基础不断交织进行,不断向外扩展。因此牛顿力学不是比相对论更基础,而是相反。描述和规定的交织不是在最终根基上向"空中",而是在"太空"向"地面"展开。这种交织过程也不是以先前部分为通向最终的依靠,而是相反,我们在只是相对支点的在先描述和规定交织的基础上,通过不断扩展,从而不断加大对具体条件的涵盖,无限趋向最终根基。正因为如此,人类描述和规定的交织,从局部看是前移(move forward),但是从整体看,却是退离(back away)的。这就是为什么人类不能没有反思的原因,因为这种退离的推进方式不仅依赖我们向未知领域不断打进思维规定的"地桩",更需要我们通过不断反思这些规定,不断更新规定这样的"地桩",才能不断深入未知领域,否则我们会永远停留在既定规定的基础上,停留在一个封闭的既定"太空站"。

也就是说,我们的认识并不是在地面造房子,因为我们的理性确实不是站在"地面"上,否则我们就不需要找自己的基础,自己的立足点。相反,我们是以自己的相对规定为基础,在"太空站"向"地面"交织通向未知"地面"的阶梯或桥梁,我们是从"太空站"向"地面"造房子——这就是人类认识的处境。我们的认识处境和我们在这个世界上生存的处境,显然完全不同。这也是为什么笛卡尔的"我思故我在"在哲学史上具有这么重要地位的另一层次原因。

二、人类理性的阿基米德过程

笛卡尔所找寻的是我们最终的也是最可靠的立足点,这个可靠的立足点不是在那个外在于我们的大地上，而是在我们自己的思维或理性中，最终在感性实践中，只是在那个时代，他不可能清楚地看到这一点。只有通过思维的实践建构，我们才能形成理性。脚踏实地站在"地面"上的我们，本身并不能构成自己思维的可靠出发点，构成自己理性的支点。笛卡尔的"我思故我在"，代表着人类在真正明白自己在干什么、应当怎么干之后打下的第一个也是最重要的一个"地桩"，而且本身是在晓示我们怎样打"地桩"的一个标志性示范。

在一个碎片化的时代（人们已经达到而不是陷入碎片化），经常要以传统的整体方式呈现思想，因而才有了维特根斯坦《哲学研究》成书的艰苦。这种艰苦与思想的"流出"恰成对照。因此，只想"流"，不想把"流质"思想凝结为各种固定的形式。但碎片化并不意味着整体的解构，而是意味着整体的新生，意味着更高层次的整体性。由于我们误以为描述和规定的交织是在大地上进行，因而我们自以为把握了或能够把握那个真正的整体，从而描述和规定的交织能够在绝对可靠的"地面"上进行；但当我们明白我们是在空中向"地面"构建的时候，那个整体就不是基于大地而是基于我们自己在自设的"地桩"上建立的"太空站"了。整体也是相对于这个"太空站"向"地面"延伸的整体，因而，这只能是一个碎片化的整体。

碎片的整体与传统整体的最大不同，就是每一碎片都是全息性的，而不是它们作为一部分拼接成整体。这个整体与传统整体最根本的不同则在于：传统整体是实体意义上的整体，而这个整体是过程意义上的整体，而过程就是关系。它不再是一个实体世界意义上的整体，而是一个过程意义上的整体——实现了一个从实体整体到过程整体的发展。

描述和规定交织的这样一种场景，正与悖论形成的机制密切相关。悖论是我们自己编织的产物，是在描述和规定的交织中结成的。我们的近处没有定点，或者说在远处的定点都是我们自己设定的，所以才有自己编织的悖论。我们自己编织的这些悖论，既可以是阶梯和脚手架，也可以是蚕茧。澄清这些描述和规定的交织，既是更有效地认识外部世界，又是更深入地认识我们自己的要津，因为这些描述和规定的交织是我们自己外化的产物。它们不仅是对象世界的某种反映，而且也是人类学特性基础上人的需要的反映。正是这种基于人类学特性的人的需要及其满足,应当成为哲学研究的出发点和最终目的。这正是马克思哲学革命的旨归,也是现象学虽作为一种方法具有重大价值却在基本观点上迷失于先验哲学的关键所在。

对理性的反思过程会使理论本身变得越来越是相对的,最后会得到任何思维的出发点都是不可靠甚至不确定的结论。这样,支点在哪儿就成了一个问题。正因为如此,胡塞尔才想要通过现象学将哲学建成一门严格意义上的科学。只是由于"纯粹意识"的错觉,他迷失于先验哲学之中。事实上,这个问题的唯一答案,只能通过描述和规定的交织,在人类学特性中寻求,也就是在感性实践中寻求,从人对对象的使用关系中理解。在这种使用关系中,至关重要的两个方面在于:一是对象事物的特性,或更确切地说,在使用者使用对象(包括中介性的工具)的过程中,对象对使用效应(结果)特性的贡献;二是使用者的需要及其发展。这意味着一种不同的认识模型。

第二节 描述和规定交织的认识模型

描述和规定的交织意味着认识就像"纺织",知识就是描述和规定交织的产物。

一、作为描述和规定交织产物的抽象普遍性知识

在我们做抽象普遍性追寻时,目的不同,结果肯定迥异。当我们以抽象普遍性为终极追寻时,我们的目的是通过抽象普遍性达到对于世界或具体事物本质的认识。抽象普遍性理论所反映的对象就是认识的目的,如果这个对象不存在,那认识的目的就是抽象普遍性理论本身。以抽象普遍性理论本身为最终目的,认识就不仅会出现与具体的个别事物越来越远的结果,而且可能陷入这样一种迷误:离具体个别性越远,甚至有"本质"性的不同,反而越接近真理(相)。而当我们将抽象普遍性认识当作对具体个别事物认识的整体观照时,抽象普遍性认识本身则不再是最终目的,而是更好地认识个别具体事物的手段或方式。这样,抽象普遍性本身就不是终极目的而具有工具性

质,由此就带来几个原则性的不同。

(1) 抽象普遍性认识不是僵死固定的标准,其意义和价值取决于它在个别事物具体认识中所起的作用。使用意义越大,其本身的意义也越大。

(2) 抽象普遍性认识的重要意义在于使用,如果不在使用中就谈不上它们的意义。

(3) 由于价值在于其使用性,这些抽象普遍性认识是一种工具性的创造物,而工具性的存在意味着可以——甚至必须在使用过程中改进和更新。

(4) 抽象普遍性认识最合适的衡量标准不是真理性,而是合理性。就像衡量工具的标准不是真理性而是合理性、使用性或使用的合理性。真理性是在规定的意义上说的,只有在规定的意义上才存在经典意义上的相符合的可能性;在描述和规定交织的意义上,真理性则融化在合理性之中。

二、抽象普遍性知识的整体性和碎片化

事实上,这样一来还会带来很多间接或派生后果。

抽象普遍性的表现形态,从体系性转换为碎片或晶点式。这一过程就是从完整的理论体系转换为点阵式布局,因为只有把抽象普遍性追寻的结果认定为最终真理(相),才有可能建立终极理论体系的逻辑可能——就像维特根斯坦在完成《逻辑哲学论》之后所感觉到的。而换一种描述和规定交织的观点,我们就把"现象"还原为现象学意义上的现象。描述和规定的交织就是 agent 与对象相互作用生成现象学意义上的现象。现象学意义上的现象就是"经验之纱"——更确切地说是"现象之纱",我们直接面对的并不是经验主义者所说的物自体的外在表现。与面对其背后具有抽象普遍性本质的"经验现象"不同,面对作为描述和规定交织之"纱",我们就只能根据感觉经验和逻辑构图的经纬交织,看看能交织出怎样的具体图景。这个图景的获得与艺术品的重要区别只是在于:典型的艺术品是纯粹的表达,而描述和规定的交织则有感觉经验和逻辑构图的根据,而不只是主体需要或思想的主观表达或主体的主观表达的需要。

因而点阵式——其具体表现形态就是碎片化——是最为合理的。

这种合理性还在于,作为整体观照,抽象普遍性具有坐标性质,而对于坐标系而言,点阵是最简洁合理的。点阵只是布局,还不用顾及逻辑的整体性。就像下棋,总是在进程中,最后的棋局总是在这进程中变化,不可能只是在几步甚至一步棋的基础上,就把整个最后棋局整体性刻画出来。最后的棋局是在下棋过程——即使用中形成的,不到收官,最后的棋局就没有到形成的时候。这是语言及一切的意义在其使用——关键在于语言的用法的最形象说明。因而,对于抽象普遍性知识的建构来说,在几个整体性规定(比如棋子布局)的基础上,就建立起完整的理论体系,具有明显的不合理性。在这种不合理中,最重要的一个就是这种建构结果没有意义;其次则是还没有等建构完成,就已经时过境迁了。由此也可以看到有些日趋细枝末叶的语言分析哲学流派的问题。

三、描述和规定的交织与建构

建构论具有自身的合理性,特别是知识的社会建构,但同时也有它的问题。建构论的主要问题是建构的客观根据,而描述和规定的交织不同于单纯的"建构"。

一方面,建构可以只根据主观想象,原则上可以完全脱离外部根据,而描述和规定的交织本身就是对感觉经验的操作。另一方面,描述和规定的交织具有与建构不同的整体导向,它不像春蚕结茧走向封闭,而是开放的,因而可以无限向外扩展。而建构则更可能是有建筑整体蓝图的,也就是说有确定的结构。

在描述和规定的交织中,实证科学之所以与哲学不同,在那里抽象普遍性不会普遍成为终极追寻(M理论是科学中抽象普遍性追寻的个例,那归根结底也是科学中哲学冲动的产物),就因为实证科学的经验"约束"或"局限"。无论在抽象普遍性追寻,还是在对抽象普遍性认识的评价和使用上,实证科学都和哲学没有任何不同,只是在评价时,哲学砝码中权重更重的是逻辑,而实证科学法码中权重更重的则是实证经验。当哲学在日常或实证经验的基础上向前迈出脚步,它的目标常常是具有终极性的思辨视点①,脚下的每一个思辨概念都是从出发点到(终极)思辨视点之间的一个个具有逻辑实在性的梯阶。而当实证科学在实证经验的基础上,向未知领域迈出一步,它就要不止一次地征得经验的同意,不肯轻易自己拿主意再迈出下一步。脚下的每一个落点都只是假说,只有在它们为经验所认可时,才成为向前迈讲的落脚点。但科学和哲学并不是两个个性不同甚至相左的巨人,而是人类认识这一巨人的两条腿,正是它们的交替前行构成了人类认识的历史足迹。

知识之网是人们根据自己的逻辑,用现象(现象学意义上)"纤维"纺成经纬之纱,再用现象之纱编织成面、成体、成无数维的(数学)模型⋯⋯从而构成整个人类知识。概念就是由现象纺成的纱,是现象之纱,而不是知识之网的网上纽结。知识之网上的真正纽结是悖论,正是悖论构成了知识之网不断通向更高层次的门枢。而这些纽结是这样一种冲突的结果:一方是描述和规定的交织,另一方则是与进一步获得或遭遇的外部事物在人类意识中生成的现象。在这个意义上,人类知识体系更像建构,先把外部事物在人类意识中生成的现象做成"砖块"——概念,再用概念在所把握的逻辑手段基础上建立起理论体系。由此既建立起关于外部世界的模型,同时也用思想建立起人类自己的精神家园。这样就呈现出三个基本层次:概念、理论体系和作为概念和理论体系基础的逻辑。

但是,由于现象在与概念、理论和逻辑三个层次间的关系中,不仅具有建构环节以及与之相关的实践和理论环节,而且涉及描述和规定的环节,而建构不涉及建筑材料(概念和其他规定)的形成过程,正如编织不涉及纺纱环节,因而用"描述和规定的交织"模型比单纯地建构模型能更合理地反映人类认识或人类知识的真实情况。如果用"描述和规定的交织"的概念,那人类知识或认识的总体模型就意味着:概念之纱和理论之网以及作为描述和规定交织基础或根据的逻辑——根据对客观对象的把握确定的建构设计原理。

---

① 详见王天思:《理性之翼——人类认识的哲学方式》,第二篇第 1 章。

第三节 描述和规定的交织与逻辑

自从作为文字游戏进入逻辑和日常生活，悖论就主要作为逻辑问题研究。悖论的逻辑学研究一方面推进了关于悖论的逻辑分析；另一方面又推动了悖论逻辑（logic of paradox）成因的深入思考。

杰瑞米·巴里斯（Jeremy Barris）认为，由于悖论在于思想的不相容，这种悖论的成因在于两种或更多不相容逻辑。换句话说，这涉及两种或更多类型不相容的立场，每一立场都按照一种不同类型的意识原则或标准运作。而且关键在于，这些不相容的逻辑和立场是同时一起思考的。这当然就是造成悖论的原因。"由于所有严格的系统思想最终都是有利真理的融合而自我取消的。如果我认为严格的系统思想一般都是自我取消的观点是对的，那么严格的系统思想都是以和心理分析同样的方式以悖论定义的。"①悖论的逻辑学研究不仅使悖论在逻辑领域得到深入探索，而且由悖论对逻辑学的挑战而给逻辑学的发展以巨大压力，以至人们认为，解决说谎者悖论必须改造我们的整个逻辑系统。②这使悖论研究形成一种朝着逻辑探索的发展方向，以至提出了"悖论逻辑"的概念。

"悖论逻辑"是澳大利亚非经典逻辑学派逻辑学家普利斯特（Graham Priest）提出的重要概念。普利斯特主张，我们"应该接受悖论，学会与悖论一起好好相处"。这就意味着承认悖论性语句既真又假。在悖论逻辑中，真而非假的语句是"单真的"，假而非真的语句是"单假的"，而既真又假的语句则是"悖论性的"。悖论性的语句又是一种与单真的语句并列的真语句，普利斯特称之为"真矛盾"或"辩证论题"（dialetheia）。"真矛盾"是普利斯特这本书的核心概念，为了避免误解，他用"dialetheia"来表示。他在导论中写道：

---

① Jeremy Barris, *Paradox and the Possibility of Knowledge: the example of psychoanalysis*, Rosemont Publishing & Printing Corp, 2003, pp. 20, 22.

② Shahid Rahman(ed), *Unity, Truth and the Liar*, Springer, 2008, p. 185.

本书认为黑格尔是正确的主要论据是：我们的概念，或无论如何至少我们的一些概念是相矛盾的，因此产生真矛盾。

......

本书旨在论证真正矛盾的存在，讨论它们的逻辑、认识论和一些本体论问题。[1]

在普利斯特看来，我们之所以接受悖论，不仅因为悖论问题还未能解决，更因为有深刻的哲学道理。我们应当建立一种允许悖论存在的非经典逻辑。在这种逻辑中，悖论被圈禁起来以防祸及整个理论。正是由此，普利斯特建立起一种特殊的非经典逻辑——"悖论逻辑"。这是在解悖应用研究中，弗协调逻辑研究的一个重要贡献。这一贡献，与其说在于解悖，不如说是为解悖奠定逻辑基础的重要努力。"悖论逻辑"的最早提出，是把形式逻辑的虚矛盾变成"真矛盾"，但是"真矛盾"概念具有自身难以解决的问题。

秘鲁逻辑学家奎萨达（F. M. Quesada）1976 年提出的新词"Paraconsistent Logic"在国内译名复杂，一般译作"弗协调逻辑"，也译为"不协调逻辑""超协调逻辑""亚相容逻辑"和"次协调逻辑"等。为求统一，本书都统一使用"弗协调逻辑"。

如果真矛盾的可能性被确认，逻辑学的经典体系就必须放弃。那么有没有可接受的替代方案？目前对于 dialetheism 的态度，更能接受或至少忍受的主要是根源于这样的事实：普里斯特已经建构了一个弗协调逻辑系统，那个系统明显像经典逻辑，而且明显还没有为"矛盾"所侵染，也就是说，不是所有的矛盾都是真的。一种至少对这样一个弗协调系统构架的意识，对于充分评估 dialetheism 的优势是根本性的。[2]"真矛盾"的概念等于不仅在逻辑中接受悖论，而且其主张不是把矛盾之"刺"从形式逻辑中挑出，而是把矛盾由不可能变成真矛盾接受下来。这就不是形式逻辑意义上的矛盾了，而是一种试图将悖论作实在化理解的倾向。这种将矛盾或悖论实在化理解的倾向，在

---

[1] Graham Priest, *In Contradiction, A Study of the Transconsistent,* expanded edition, Oxford University Press, 2006, pp. 4, 6.

[2] Doris Olin, *paradox,* p. 23.

最近提出的"钻石逻辑"中有更典型的表现。

　　最近,赫勒斯坦(Nathaniel S. Hellerstein)提出了一种称为"钻石逻辑"的理论。他认为:"在负反馈循环的形式中,悖论处于所有高技术的核心。因为机械的说谎者悖论支配现代生活,让我们研究它们的逻辑。"[1]所谓"钻石逻辑"是在点阵意义上说的。

　　考虑二进制值的周期 2 振动。

　　有 4 个这种逻辑波动:

　　　　t t t t t t…;称此为"t/t",或"t"。

　　　　t f t f t f…;称此为"t/f",或"i"。

　　　　f t f t f t…;称此为"f/t",或"j"。

　　　　f f f f f f…;称此为"f/f",或"f"。

　　"/"读作"但";因此 i 是"真但假",而 j 是"假但真"。这 4 个真值形成一个钻形点阵:

$$真=t/t$$

$$真但假=t/f \qquad 假但真=f/t$$

$$假=f/f$$

这就是"钻石逻辑";一种由两个部分组成,具有 4 个真值的波动逻辑。它描述周期 2 的逻辑波动。[2]在这样一种逻辑中,悖论就从一种不可能变成了可能。

　　赫勒斯坦认为:"悖论在钻石逻辑中是可能的。"因为这是一种包含布尔值,再加上悖论和点阵算子的逻辑。值 i 和 j 可以解释为"未定的"(underdetermined)和"超定的"(overdetermined);"未定的"意为"数据不足以确定回答",而"超定的"意为"矛盾数据"。这样,一个未定的陈述既不是可证实的(provable),也不是可否证的(refutable),而一个超定的陈述则是既可证实的又可否证的。[3]这里描述的是关于事物本身的逻辑,或关于事物本身的逻辑描述,但它意味着悖论问题研究的一种重要进路:

---

[1] Nathaniel S. Hellerstein, *Diamond: A Paradox Logic*, World Scientific Co. Pte. Ltd., 2010, p. 30.

[2] Ibid., p. 31.

[3] Ibid., pp. 32, 33, 35.

逻辑扩展。

矛盾或悖论的实在化理解倾向,事实上内含着接受悖论在描述中地位的合理观点。这方面的思想,在哲学中早就有所涉及。维特根斯坦就曾谈到:"甚至在目前阶段我预言一个时代的到来,那时候会有包含矛盾的微积分研究,而且实际上人们甚至会为正从融贯的束缚中解放出来而感到自豪。"[1]这一方面意味着把悖论纳入我们的逻辑系统,这不仅是可能的和必要的,而且是悖论问题解决的先决条件;另一方面意味着悖论问题的研究从逻辑学进到哲学。

将悖论纳入我们的逻辑系统,会给传统逻辑学观念带来根本性的问题:逻辑必须保持一致性,而悖论所内蕴的悖理性,恰恰意味着不一致。逻辑的价值就在于保证一致性,但也正是这种一致性,成了悖论生成的重要因素。"一致性总是认知优势吗? 传统观点一直认为,一致性对于合理性是根本的,在我们所有的信仰中,它是我们作为目标的东西。人们持有不一致的信仰,总是不合理的。"[2]对于我们来说,由于所面对并描述的对象的整体层次是开放的,因而总是在对整体的模型中理解局部,"因此,得出这样的结论是合理的:在信仰中,我们不可能完全应证(justifacation)而使(原初集合所有元素的)结合体为真,即使我们在信仰中完全应证其每一结合体。"[3]这表明我们需要一种更开放的逻辑,它指向一个不同于形式逻辑的逻辑领域。如果一致性是逻辑所必须的,那么也是为理性所必须的吗? 这显然涉及逻辑和理性的关系等基本哲学问题,涉及悖论的逻辑基础问题。而在描述和规定交织的层面,我们可以对悖论的逻辑基础有一个更深入的探索。

从认识进程看,知识发展就是一个描述和规定交织的过程。在这样的构架中,描述和规定的关系就得到了进一步的刻画。由此我们可以看到一个非常重要的现象:描

① Ludwig Wittgenstein, *Philosophical Remarks*. ed. R. Rhees., trans. R. Hargreaves and R. White, Basil Blackwell, 1964, p. 332.

② Doris Olin, *paradox*, p. 61. 关于持传统观点的哲学家,参见 R. Chisholm, *Theory of Knowledge*, 3rd edn, Prince Hall, 1989; K. Lehrer, *Knowledge*, Oxford University Press, 1974;和 J. L. Pollock, "Epistemology and Probabilit", in *Synthese* 55(1983), pp. 231-252.

③ Doris Olin, *paradox*, p. 85.

述是在规定的基础上，以规定为前提；而在规定的基础上建立起来的是一个逻辑的平台，因而描述事实上就是建立在基于规定的逻辑平台之上。描述一定有逻辑的平台，否则它就是纯粹主观的，没有一个逻辑的平台，也就没有自己的脚手架。

我们在规定的基础上进行描述，而描述又给了规定一个更高层次的基础，这样描述和规定的交替发展就建构起一个脚手架，而这个脚手架其实就是基于形式逻辑的更高层次逻辑，弗协调逻辑甚至悖论逻辑和钻石逻辑等，都不同程度上处于这个逻辑层次。正是由描述和规定的交织，我们可以从这个逻辑层次看到逻辑更全面的性质。从描述和规定的观点看，这个逻辑层次具有与形式逻辑层次不同的性质。作为形式关系体系，逻辑具有可依靠的确定性；而这个逻辑层次与形式逻辑不同的是，它不单纯建立在逻辑规定之上，而且也建立在经验规定之上，即使这个经验规定只是思维意义上的。任何逻辑都建立在思维规定的基础之上，而思维规定有纯粹形式的逻辑思维规定，也有赋有内容的经验思维规定。基于经验内容的思维规定不是可能，而是随着认识的发展肯定会日益显露出局限性，从而在新的变化的条件下，会逐渐弱化甚至丧失其合理性。因而在这个层次，逻辑这个脚手架可能会出错。

逻辑不只是人们处理思维规定形式关系的思维规律，而且涉及处理思维规定内容关系的思维规律，而处理思维规定内容关系的思维规律则不仅与人类思维的发展，而且与人们对外部世界的认识发展密切相关。人们对外部世界的认识是根据一定认识发展阶段对现象的认识，只是这个"现象"不是经验论意义上的外部现象，而是现象学意义上的"现象"——纯粹意识，实际上也就是 agent 与对象相互作用生成的原初意识。只有 agent 与对象的相互作用生成的意识，才能作为认识的直接材料。作为世界观的哲学正是在已有现象的基础上，所得到的对于外部世界的整体性认识。所以，逻辑的"脚手架"就是在整体中，并根据这个整体建立起来的。

这样建立起来的逻辑脚手架，肯定具有特定的局限，因此完全可能随着认识的发展而暴露出它的缺陷。因为它在自身建设中可能忽略了条件的局限，或者说是在有限的关于对外部认识的基础上建立起来的。因此，从逻辑的这个层次可以看到，逻辑也是建构起来的，是人们在对一定的外部事物的整体把握的情况下建构起来的。而逻辑的建构使人们有了一个非常重要的平台,正是在这个平台上,人们可以对"现象之纱"进行"纺织"。这种方式与人们的思维方式密切相关,而由此生成的"织品"就是我们的认识或作为认识活动产物的知识。因此,当我们的知识完全建立在既定逻辑平台之上,有一天可能会遇到一个超出自身平台,也就是超出这个平台所赖以建立的外部世界整体认识,这个时候就会出现一个非常重要的情况:原来的逻辑平台不能对新的经验进行把控,也就不能继续顺利地进行描述和规定的交织,而且结果很可能会出现自相矛盾——从而出现悖理性描述,出现悖论。

这样一来,就会发现一个重要的转折:作为哲学问题,悖论问题的研究一定是建立在关于逻辑的新的认识的基础之上。因而,扩展对逻辑的基础研究是必不可少的。由此可以得到一个结论:关于悖论问题的哲学研究,首先应当在逻辑上做文章。

第4章　悖论生成的逻辑基础

关于思维规定的研究,使逻辑学从主要关注思维规定形式的逻辑关系,发展到进一步关注思维规定内容的逻辑关系。这正是黑格尔逻辑学的重大贡献,这一贡献对于逻辑学和哲学研究具有特殊意义。它不仅有利于深化我们对形式逻辑的理解,表明形式逻辑是关于思维规定之间的形式关系,而且让我们看到逻辑学的另一个研究领域。在黑格尔逻辑中,我们可以对作为思维规律反映的逻辑有一个更完整的认识。

第一节　辩证逻辑是具有更高层次内容的逻辑

在当代逻辑学研究中,一直存在否定辩证逻辑的观点。有的承认辩证法,但认为不存在辩证逻辑,不承认存在作为逻辑学分支的辩证逻辑,甚至认为辩证逻辑是伪逻辑;有的则通过对辩证法的"批判性考察",不仅否定辩证逻辑,而且否定辩证法。这就使辩证逻辑研究出现了一个奇特的形势:一方面,辩证逻辑研究得到了长足的发展,不仅中国逻辑学界和具有辩证逻辑研究传统的欧陆,甚至英美辩证法和辩证逻辑研究也呈现复兴趋势;另一方面,虽然辩证逻辑与现代逻辑研究的脱节大有改观,但其学科属性及一系列基本问题直到目前仍存在争论。①

---

① 张建军:《论当代中国辩证逻辑研究的历史发展》,载《河南社会科学》2011 年第 6 期。

辩证逻辑的蓬勃发展和所遭受的否定性批判，构成了一种强大的张力，这是逻辑学及当代哲学发展的重要动力来源。走出辩证逻辑研究目前的奇特处境，关键在关于逻辑的基础研究。一方面，辩证逻辑成熟形态的获得，有赖于逻辑学基础的研究；另一方面，对辩证逻辑的基础进行研究，正是研究逻辑学的基础最好的进路之一。在思维规定的研究中，我们可以找到这一基础性工作的丰富成果。

黑格尔关于逻辑学的理解和定义是十分耐人寻味的，在他那里，"逻辑学是研究思维、思维的规定和规律的科学"①。逻辑学不只是思维规定形式的推理关系，更不只是必然推出亦即研究演绎推理的科学。事实上，即使思维规律也不仅仅具有形式的方面。如果说黑格尔还没有把这一点说得很明白，恩格斯则已经将这一点说得非常清楚。在《反杜林论》中，恩格斯把形式逻辑和辩证法并称为"关于思维及其规定的学说"，认为"在以往的全部哲学中还仍然独立存在的，就只有关于思维及其规律的学说——形式逻辑与辩证法"②。在这里，恩格斯不仅已经对逻辑学做了清晰的阐述，而且非常到位地深入阐发了形式逻辑和辩证逻辑的关系，尤其是关于辩证逻辑与形式逻辑关系的论述，充分揭示了形式逻辑和辩证逻辑及其相互关系的性质。"辩证逻辑和旧的单纯形式的逻辑相反，不像后者那样只满足于把思维运动的各种形式，即各种不同的判断形式和推理形式列举出来并且毫无联系地并列起来。相反地，辩证逻辑由此及彼地推导出这些形式，不把它们并列起来，而使它们互相从属，从低级形式发展出高级形式。"③辩证逻辑与形式逻辑的关键区别，在于思维的形式和内容。

逻辑是思维的规律和规则，形式逻辑是关于思维形式关系的逻辑。由于形式和内容区分的相对性，形式具有不同层次，因而也包含了不同层次的内容，比如辩证逻辑就包含了概念的内容。正是在这个基础上，在形式逻辑基础上，逻辑学的发展会不断展开具有更高层次内容的逻辑；这种具有更高层次内容的逻辑发展到最高层次，就是具有思维规定层次内容的逻辑。由于思维规定的内容既不同于思维规定的形式，也不是

---

① 黑格尔：《小逻辑》，第 63 页。
② 《马克思恩格斯选集》第 3 卷，人民出版社 1995 年版，第 364 页。
③ 同上，第 332—333 页。

作为思维加工材料的思维对象，即作为思维加工信息的事实内容。思维规定的内容就是马佩先生所说的"思维的逻辑内容"。"思维是客观存在的反映，反映在思维中的客观存在（事物的性质和关系）就是思维内容。……思维内容又可以分为思维的非逻辑内容和思维的逻辑内容两类。思维的非逻辑内容是客观事物的个别性质和关系以及非逻辑的一般性质、关系的反映……思维的逻辑内容则是各个具体思维中的某种一般内容，它是客观事物的逻辑性质、关系的反映。"[1]因此，"更高层次内容的逻辑"既不会因"内容"与作为思维对象的内容相混淆而概念模糊，也不会因"逻辑"与外部世界的客观规律相混淆而导致不合理规定。

思维规定的内容不仅不会与思维对象的内容相混淆，而且由于在人类认识中二者的不同具有重要意义。这种重要意义，最为典型地体现在理论模型中。理论模型既是对对象的理论把握，同时又不是其所力图把握的对象本身。因此才有"模型都是错的，只是有些有用"[2]的说法。理论模型和其所把握的对象本身的关系，就隐含着重要的描述问题，这些问题与认识论乃至哲学的根本问题密切相关。在这里，无论是其重要性还是思维规定内容与思维对象内容的混淆，在黑格尔哲学特别是其逻辑学中都有集中体现。

黑格尔的辩证法（矛盾学说）是以一种客观化的方式研究的更高层次内容的逻辑。只是由于在黑格尔那里被客观化，这种更高层次内容的逻辑成了一个与客观规律相混淆的似非而是的逻辑领域。黑格尔的更高层次内容的逻辑思想，可以从他下述一段话中看到典型的表述：

> 某物之所以运动，不仅因为它在这个"此刻"在这里，在那个"此刻"在那里，而且因为它在同一个"此刻"在这里又不在这里，……我们必须承认古代辩证论者所指出的运动中的矛盾，但不应由此得出结论说因此没有运动，而倒不如说运动就是实有的矛盾。[3]

---

[1] 马佩：《哲学逻辑》，上海人民出版社 2008 年版，第 11 页。

[2] George E. P. Box, "Robustness in the strategy of scientific model building", in R. L. Launer and G. N. Wilkinson(eds.), *Robustness in Statistics*, Academic Press, 1979, p. 202.

[3] 黑格尔：《逻辑学》下卷，杨一之译，商务印书馆 1976 年版，第 37 页。

说到黑格尔的更高层次内容的逻辑思想,不得不提到罗素。罗素对黑格尔的评价是耐人寻味的。罗素有时候说他自己"失败",有时又说黑格尔的理论"无聊而不足道"而且"混乱"。①在语词的清晰应用的意义上说,罗素对黑格尔的批评是必然的,从逻辑分析的角度看黑格尔实在化的辩证法,比看传统本体论论述更不可思议。但是从概念辩证法和摹状词理论所导向的关于描述的研究看,罗素事实上是可以从黑格尔那里得到很多东西的。他之所以对黑格尔嗤之以鼻,有两个重要原因。一个原因是黑格尔把描述和实在混淆而且颠倒了过来。如果把作为概念描述的辩证法当作客观世界的实在联系,那是不能过逻辑分析这一关的。如果黑格尔认为对象就是思维规定,那么就不存在辩证法的实在化问题了,而是相反,倒是黑格尔把之前认为的外部纯客观存在都还原为思维规定和建立在思维规定基础上的更高层次内容的逻辑。另一个原因是罗素本人关于描述的研究主要局限在摹状词理论,局限于描述中词语的层次,而没有真正进入系统描述(所以把罗素的"theory of descriptions"译为"摹状词理论"非常到位,而译作"描述理论"则反而不确)。所以当罗素面对黑格尔辩证法的系统的概念描述(概念辩证法),很容易出现老鼠遇到风车的情景,摸不着头脑。辩证法本身就强调整体性,强调概念的相互联系,不用说在黑格尔那里颠倒了过来,即使没有颠倒,更注重局部细节逻辑分析的罗素也未必能把它和自己的努力联系起来。罗素一开始与黑格尔主义有过交集但由于各自哲学基本观点不同而没有能够更好地理解黑格尔,从而造成思想发展上错过黑格尔辩证法的遗憾。这可能与黑格尔归根结底是一个整体主义者而罗素是个逻辑原子主义者有关,但更与两个人完全不同的逻辑观有关。黑格尔的逻辑是形式逻辑基础上具有更高层次内容的逻辑,而罗素的逻辑则是以原子主义为哲学基础的现代形式逻辑。

以上罗素对黑格尔的这种感觉,应当是他身处形式逻辑对黑格尔客观化的更高层次内容的逻辑的正常感觉。这种感觉不少人有过。弗协调逻辑由于往往站在形式逻辑的立足点探讨更高层次内容的逻辑,所以经常会程度不同地得出生长在形式逻辑基

---

① 杨熙龄:《奇异的循环——逻辑悖论探析》,第 199 页。

础上的更高层次内容的逻辑结论。

由于不同程度地包含内容,形式逻辑基础上具有更高层次内容的逻辑具有不同的性质,其中最重要的性质之一就是不可能像形式逻辑那样形式化。所有具有更高层次内容的逻辑的形式化都只能局限于其形式方面,因此不仅很有限,而且完全不同于形式逻辑的形式化。也正因为如此,逻辑矛盾具有与形式逻辑矛盾不同的类型。通常所说的逻辑矛盾是指形式逻辑矛盾,这是由推理的形式引出的逻辑矛盾。而事实上,除形式逻辑矛盾外,还有一类逻辑矛盾,它们超越了逻辑形式,与概念的内部关系有关,这类逻辑矛盾中有一种叫作"辩证矛盾",这是具有更高层次内容的逻辑矛盾。在思维规定层次,所谓辩证矛盾则事实上是思维规定内容之间的矛盾关系。形式逻辑矛盾涉及思维规定的形式,因而与逻辑推理的形式有关,而辩证矛盾则涉及思维规定的内容,因而与逻辑推理的内容有关。形式逻辑矛盾是思维规定形式关系意义上的矛盾;而辩证逻辑矛盾则是思维规定内容关系意义上的矛盾。因此形式逻辑矛盾只具有规则的形式意义,而"辩证矛盾"则具有更丰富的内容。"A 既是 B 又不是 B"是典型的逻辑形式上的自相矛盾;而"整体小于部分"则是典型的辩证矛盾,它是由思维规定的内容造成的,因而不是一般意义上的形式逻辑矛盾,而是具有更高层次内容的逻辑矛盾,直至思维规定内容的矛盾。与形式逻辑矛盾不同,严格地说,辩证矛盾不是产生于推理的逻辑形式,而是产生于描述和规定交织过程中描述和思维规定内容的自我冲突。推理形式只是把描述与思维规定内容之间的自我冲突以自相矛盾的形式展示出来。因此,从形式逻辑看,"矛盾是荒谬";但从描述的角度看,从更高层次内容的逻辑的角度看,矛盾也可以是至理。

由于与思维规定密切相关,在形式逻辑领域研究悖论会遇到许多不可思议的现象,而在更高层次内容的逻辑的领域研究悖论,就可以深入到思维规定的深层,登上了悖论问题研究的殿堂。事实上,人们早就在不自觉地试图置身于内容逻辑领域研究悖论问题。

在西方中世纪,库萨的尼古拉试图建立一种不是以分割和离散,而是协和与一致为根据的"新逻辑",就是想建立一种不是处理概念外部关系,而是从概念的内部关系着手的逻辑。

在库萨的尼古拉看来，以排中律为根据的亚里士多德逻辑正因为以此种原则为根据而只能成为一种有限逻辑，每当以它来思考无限时，人们就必然会感到其缺陷。这种逻辑的所有概念，都是比较性的概念；它们建立在相同和相似结合的基础上，建立在不同和相异的分离上。靠了这种比较和区别、分离和限制的过程，所有可以经验到的存在物都被割碎成为一定的属和种，彼此保持固定的关系，相互间的下属和上属关系。

我们的愿望并不是徒然的，我们的确想知道我们不知道什么。如果我们有了这方面的充分知识[即关于我们无知的知识]，那么我们将获得一种有知的无知。……对于一个人说来，越是知道自己不知道，则他将越是有知。①

由更高层次内容的逻辑看悖论的逻辑研究，可以让我们把不同逻辑的性质看得更清楚。罗素的类型论就是在形式逻辑领域试图向更高层次内容的逻辑领域掘进的一种努力。它达到了自己的极限，罗素为此竭尽全力是值得的。多值逻辑仍然是形式逻辑，不能解决矛盾和悖论是理所当然的。三值逻辑及其他多值逻辑解决不了悖论问题，根本原因是悖论归根结底是概念二分法的结果。三值甚至多值逻辑解悖方案仍然只是在形式逻辑的视域中研究悖论问题，而概率论解悖方案则已经是从更高层次内容的逻辑展开悖论研究了。

从逻辑的发展看，弗协调逻辑已经是更高层次内容的逻辑的研究。桂起权教授就"把辩证逻辑看成一种富有哲理性的非经典逻辑"②。正是在这个意义上说，非经典解悖方案事实上就是一种在逻辑上为解悖寻找方法的努力。否定传统逻辑就意味着否定形式逻辑，因此非经典逻辑方案是走向新逻辑解悖方案——更高层次内容的逻辑解悖层次的重要过渡。非经典逻辑和悖论的语用学研究都导向更高层次内容的逻辑方向。前者直接导向更高层次内容的逻辑研究；后者则走向更高层次内容的逻辑与形式

---

① 伽尔甘：《现代逻辑》，转引自杨熙龄：《奇异的循环——逻辑悖论探析》，第233—234页。
② 桂起权：《对我国辩证逻辑的历史发展之浅见——在纪念中国逻辑学会成立30周年大会上的报告》，载《武汉大学学报·人文科学版》2011年第3期。

逻辑完全不同的活的使用。比如"置信悖论"(doxic paradoxes)作为"非事实性命题态度"的悖论,能够容忍不相容陈述集,更具有内涵逻辑的性质。

概念的内部关系是思维规定的内容,从概念的内部关系入手,也就是从思维规定的内容入手。形式逻辑正是根据概念的外部关系建立起来的。概念的内部关系是内涵关系,因而根据概念的内部关系建立起来的逻辑是更高层次内容的逻辑。内涵和外延不可分,因而更高层次内容的逻辑与形式逻辑不可分,它们具有形式和内容一样的关系:相辅相成。

形式逻辑处理概念的外部关系,更高层次内容的逻辑还处理概念的内部关系,包括概念内涵之间的关系。当我们从形式逻辑进到更高层次内容的逻辑,回过头来再看悖论,就有了一个新的背景和坐标:

> 既然假设事物内部为无矛盾,那么这种认识最初只能涉及事物间、概念间的外部关系——形式逻辑是一种处理外部关系即外部矛盾的学说。从休谟以来,皮尔士、罗素等形式逻辑学家们也都乐于承认这一点。

> 但是外部关系的表述一定会遇到界限。恩格斯说,在一定的假设下,即把事物当作"各自独立、相互并列或先后相继的时候,我们在事物中确实碰不到任何矛盾"。"如果限于这样的考察范围",形式逻辑是可以通行无阻的。"但是一当我们从事物的运动、变化、生命和相互作用方面去考察事物时……我们立刻陷入了矛盾。"变化可以说是外部关系的界限。

> 在界限事例上,外部关系到了它的极限。如同数学中的"极限"一样,悖论是形式逻辑所特有的界限事例,外部关系的推理中出现的例外。[①]

由此可以清楚地看到,悖论问题的研究需要一个新的视域,需要一个辩证法的立场,一种辩证逻辑——或更确切地说一种更高层次内容的逻辑的立场和态度。

赫兹贝格的"朴素语义学态度"就是更高层次内容的逻辑的态度。赫兹贝格认为自然语言本身是不矛盾的,但是没有"完全性"。在那里,悖论的产生是自然而然的事

[①] 杨熙龄:《奇异的循环——逻辑悖论探析》,第251页。

情。语义悖论在语言中的产生,只同其"不完全性"有关。语言中有一类是"稳定"的"描述",在每一层次,都有同样的值;有一类则是"不稳定"的"描述"(例如"说谎者悖论"),在第一层次为真,在第二层次为假,第三层次又为真,以至无穷。这种"不稳定性"有各种不同的周期性。自然语言本身的不完全性导致含义不稳定,从而产生悖论。但自然语言本身并不矛盾。因此他主张从想方设法压制和排除悖论转向让悖论自然展示自己的内在原理。赫兹博格优雅地写道:

> 从最近哲学在解决语义悖论的艰难过程中,我倾向于认为应当吸取的教训是:压制悖论的新技术不可能推进我们对这一基本问题的理解。避免了一个语义悖论,几乎总会同时出现某种新悖论取而代之。因此,我想探索一种完全不同类型的解决方案,这种方案甚至不试图压制语义悖论,也不用特殊的逻辑或非规范的语义技术。它从一种日常的二值(two-valued)语言开始,在这种语言中,语义悖论实际上是不可避免的,因而不是试图取消这些悖论。我们考虑试着积极促使(encourage)悖论产生,观察它们自己形成的机制。我把这种研究叫作素朴语义学(naïve semantics),它是一种深思熟虑的非直接训练(exercise)。这种观念就是退后一步,让悖论展现它们的内在原理。[1]

虽然并未克服克里普克的缺陷——必须诉诸在自然语言中并不存在的元语言层次,因而仍然不能处理强说谎者悖论,但赫兹博格和古普塔的方案有一个研究视角的转换,这种转换是具有根本性的——从消解和回避悖论转向促使悖论展示自己的形成机制。在关于悖论的辩证法研究中,我们可以看到悖论形成机制展示的进展。

从悖论和辩证法的联系中,不仅可以看到悖论问题研究的辩证逻辑立场,而且可以看到概念辩证法的重要地位。无论在哲学还是科学中,对于基本概念的批判都至关重要。任何一个严格悖论的消解,都必定涉及相关理论基本概念的变更。由于把概念看作是人类的伟大创造,爱因斯坦就多次指出这一点:"为了科学,就必须反反复复地

---

[1] H. Herzberger, *"Native Semantics and the Liar Paradox"*, in *The Journal of Philosophy*, Vol. 79, No. 9 (1982), p. 479.

批判这些基本概念,以免我们会不自觉的受它们支配。在传统的基本概念的贯彻使用碰到难以解决的矛盾而引起了观念发展的那些情况,这就变得特别明显。"①的确,"正是概念方法论与悖论研究的密切关联,呼唤着在悖论研究中更多地运用辩证思维方法,因为辩证思维方法论正是'以概念的本性研究为前提'(恩格斯语)的"②。以概念的本性研究为前提,显然与概念作为思维规定形式的研究完全不同。深入到概念的本性,就能超越形式逻辑,对其规律有更深入的理解。这方面最为典型的例子,就是"矛盾律"和"辩证矛盾"。

"矛盾律"的通常定义与亚里士多德关于矛盾律的"本体论定义"是两个完全不同的规定。前者是说两个具有矛盾关系的命题在同一思维过程中不能同时为真,因而是对思维的形式规定,主要是关于外延的;后者是说同一对象在同一时间和方面不能既具有又不具有某属性,因而是对思维规定内容(我们常常会简单地当作对事物本身)的规定,主要是关于思维规定内涵的。对思维形式的规定主要是就思维规定形式本身而言的,因而不主要取决于思维规定的内容(我们常常会简单地当作是对象事物本身的具体情况);而对思维内容的规定则相反,主要是就思维规定内容(我们常常简单地当作对象事物本身)的情况而言的。因而当我们说"既是 A 又不是 A"的时候,对于思维规则来说,是违反矛盾律的,除非你把"说是"和"说不是"两种情况的不同之处加以说明。这时候,为了避免思维混乱,我们宁可将两个"A"加以区分,分为"A₁"和"A₂",甚至分为"A"和"B"。因为这不仅不妨碍,而且有利于我们对对象的认识。但当对两种不同的情况进行区别对待时,我们则事实上已经是涉及思维规定的内涵而不仅仅是其外延了。这时候当我们说"某人既是坏人又是好人"时,就这一说法的外延而言是相互矛盾的,而就其内涵而言则是认识更丰富的表现。只是我们现在把形式逻辑和更高层次内容的逻辑放在一个平面上,所以就引出不少思维中的逻辑矛盾。更高层次内容的逻辑投影到形式逻辑的平面上,更高层次内容的逻辑就变成平面的了,因而就把许多丰富的立体关系变成了更简单的平面矛盾关系。

---

① 《爱因斯坦文集》第一卷,商务印书馆 1976 年版,第 586 页。
② 张建军:《逻辑悖论研究引论》(修订本),人民出版社 2013 年版,第 306 页。

人们通常把"辩证矛盾"定义为：认识对象客观存在的对立统一结构，同时包括这种结构在人们头脑中的反映。这是"辩证矛盾"的广义用法，其狭义用法则指这种对立统一结构在人们头脑中的反映。关于辩证矛盾概念，存在争议的主要是其广义用法——认识对象客观存在的对立统一结构。而对其狭义用法——"对立统一结构在人们头脑中的反映"的异议，则仍然集中在"认识对象的对立统一结构"上。这也是在人们的理解中，辩证法和辩证矛盾造成诸多不同理解的原因。

事实上，如果把辩证矛盾理解为思维对形式逻辑加工整理对象的产物及其结构（如概念及其结构）的把握，从而把辩证矛盾看作更高层次内容的逻辑的矛盾概念（当然也可以用其他不容易造成混淆的概念取代"矛盾"概念），那么理解起来就顺理成章了。形式逻辑矛盾是就思维而言的，它断言同一属性既属于某对象，同时又不属于这一对象，或者断言某些对象同时既有又没有某一属性。而辩证逻辑矛盾则断言形式逻辑对某属性的相对区分（往往是二分法区分）所构成的相反相成的属性概念（不是属性本身，没有区分就没有这种相反相成），同时可用于对某对象的描述。之所以是"同时可用于对某对象的描述"而不是"同时属于某一对象"，是因为形式逻辑加工整理的产物（如二分法概念）不是属于对象本身的，而是主观描述的结果。对于说明这一点，最好的例子就是光的"波动性"和"粒子性"以及马克思《资本论》中那个著名的辩证法命题。

"波动"和"粒子"作为我们进行描述的概念，是有客观根据的主观建构产物。所谓"波动性"和"粒子性"与其说是两种属性，不如说是用"波动"和"粒子"去描述对象时我们主观赋予客观对象的"属性"。在经典物理学中，我们可以把对象看作是波动或粒子，而且对象也似乎就是波动和粒子。只有在量子尺度下我们才发现，与其说事物本身是波动或者粒子，不如说是我们用主观建构的"波动"和"粒子"概念去描述对象。而在我们对量子对象进行描述时，我们发现对象既不是典型的"粒子"也不是典型的"波动"，我们只有用"波动"和"粒子"对量子现象进行互补的描述，才能得到关于量子现象更完备的信息。因而所谓"波动性"和"粒子性"与其说量子领域客观对象本身的属性，不如说是我们用"波动"和"粒子"概念描述量子现象的属性；与其说是量子现象本身既是"粒子"又是"波动"，不如说我们必须用"粒子"和"波动"概念互补地描述量子现象。而量子现象则既不是典型的"波动"，也不是典型的"粒子"。

与此类似，马克思在《资本论》中关于资本曾说过一段著名的话：

> 资本不能从流通中产生，又不能不从流通中产生。它必须既在流通中又不在流通中产生。①

这就是典型的更高层次内容的逻辑命题。如果只从形式逻辑看，这一命题肯定是逻辑上自相矛盾的。所谓"资本不能从流通中产生"，是说资本只能产生于生产过程，流通过程是不能让产品增值的。所谓"资本又不能不从流通中产生"，则是说资本必须通过流通环节才可能实现其价值。就像银行不生产商品，从而不生产价值，但不通过银行，在现代生产方式下，有些生产价值就难以实现。这里与形式逻辑的逻辑矛盾毫无关系，而是对更高层次内容的逻辑意义上的内容(性质)进行形式逻辑矛盾式描述的结果。这种形式逻辑矛盾式的辩证描述，标志着黑格尔逻辑学的历史性贡献。

第二节　黑格尔逻辑学的地位及其启示

黑格尔的逻辑，使人感觉迷雾多多。他不满足于形式逻辑，致力于建立以"纯粹思想"为研究对象的逻辑。"纯粹思想的逻辑"再清楚不过地表明了黑格尔逻辑的更高层次内容的逻辑性质。整个黑格尔逻辑就是在形式逻辑的基础上，典型的关于纯粹思想的逻辑，所以我们把黑格尔逻辑称作辩证逻辑。

黑格尔逻辑肯定不能等闲视之。一方面，"黑格尔的很多同胞把他的逻辑学看作是两千年思想的顶峰"；但是另一方面，"甚至黑格尔的一些朋友也怀疑他的逻辑学是一种魔术戏法(conjuring trick)。歌德(Johann Goethe)就担忧黑格尔正在踢扬起一场出自前康德形而上学的演绎尘暴"②。事实上，之后的哲学发展所证明的，似乎更多是后者而不是前者。

---

① 《马克思恩格斯选集》第 2 卷，人民出版社 1995 年版，第 170 页。

② Roy Sorensen, *A Brief History of the Paradox: Philosophy and the Labyrinths of the Mind*, p. 309.

形式逻辑事实上就是基于思维规定形式的逻辑，而黑格尔关于纯粹思想的逻辑，则在形式逻辑的基础上，把逻辑提升为进一步研究思维规定内容关系的科学。这意味着逻辑学不仅研究思维规定的形式，而且研究思维规定的内容；不是思维本身的具体内容，而是思维规定的内容，也就是思维规定的非形式化方面，即黑格尔所说的"有""无""质""量"甚至"多"、"一"等的内容。事实上，黑格尔逻辑不同于形式逻辑的方面，就是更高层次内容的逻辑。更高层次内容的逻辑就是黑格尔所说的"思想的逻辑"，辩证逻辑是其核心内容。

关于更高层次内容的逻辑，黑格尔事实上已经作了非常清晰的阐述。

首先，黑格尔就更高层次内容的逻辑做了明确的表述。在黑格尔的规定中，逻辑学是"思维的思维"。它以真理为对象，是"真理的绝对形式"，是"纯粹真理的本身"。在他的概念中，逻辑学所处理的"不是直观，……而是纯粹抽象的东西……它的内容不是别的，即是我们自己的思维，和思维的熟习的规定，而这些规定同时又是最简单、最初步的，而且也是人人最熟知的，例如：有与无，质与量，自在存在与自为存在，一与多，等等"①。在这里，黑格尔明确表述了一个更高层次内容的逻辑的观念。这里提到的"有"和"无"、"质"和"量"、"自在存在"和"自为存在"以及"一"和"多"等，既不是纯粹的思维规定形式，也不是思维信息加工意义上的具体思维内容或纳入思维过程的物理学或数学等具体内容，它们都是思维最简单的规定。作为规定，它们是怎样形成的？是在思想的沙滩上像贝壳那样被发现的，还是人们在关于"无限"等的探索中背靠不可能而不得不设定的？这是关于思维规定的一些基本问题。这些问题都必须通过更高层次内容的逻辑来回答。

其次，黑格尔阐述了更高层次内容的逻辑所具有的不同且重要的意义。在黑格尔的观念里，逻辑学的对象是思维，但不仅仅是思维形式，而是包括并主要是"思维的活动及其产物"。"如果逻辑科学研究思维的活动和它的产物（而思维并不是没有内容的活动，因为思维能产生思想，而且能产生它所需要的特定思想），那么逻辑科学的内容

---

① 黑格尔：《小逻辑》，第64、63页。重点号为引者所加。

一般讲来,乃是超感官的世界,而探讨这超感官的世界亦即遨游于超感官的世界。"它不同于研究"抽象的感性的东西"的数学。"数学研究数和空间的抽象对象。数学上的抽象还是感性的东西,虽然是没有特定存在的抽象的感性东西。思想甚至于进一步'辞别'〔或脱离〕这种最后的感性东西,自由自在,舍弃外的和内的感觉,排斥一切特殊的兴趣和倾向。对于有了这样基础的逻辑学,……比起那单纯的形式思维的科学具有更深意义。"①在黑格尔心目中,更高层次内容的逻辑具有特别重要的意义,这段话正是黑格尔对这种重要意义的集中阐述。传统形式逻辑把所有的描述及其相互关系都化简为真假关系,这恰恰是没有完整地建立更高层次内容的逻辑的结果。因为从思维的形式而言,的确可以作这样的"真假"简化,但只有在更高层次内容的逻辑基础上,才能建立起逻辑学和思维对象之间更合理的关系。

最后,黑格尔给了更高层次内容的逻辑以独一无二的地位。关于更高层次内容的逻辑,也就是以思想为对象的逻辑——思想的逻辑,黑格尔作了很高评价:"认为只有思想才能达到至高无上的存在、上帝的性质,而其感官则对上帝毫无所知。我们说,上帝是精神,我们不可离开精神和真理去崇拜上帝。但我们承认,可感觉到的或感性的东西并不是精神的,而精神的内在核心则是思想,并且只有精神才能认识精神。精神诚然也可表现其自身为感觉(例如在宗教里),但感觉的本身,或感觉的方式是一事,而感觉的内容又是另一事。感觉的本身一般是一切感性事物的形式,这是人类与禽兽所共有的。这种感觉的形式也许可以把握最具体的内容,但这种内容却非此种形式所能达到。感觉的形式是达到精神内容的最低级形式。精神的内容,上帝本身,只有在思维中,或作为思维时,才有其真理性。在这种意义下,思想不仅仅是单纯的思想,而且是把握永恒和绝对存在的最高方式,严格说来,是唯一方式。"②黑格尔不仅就关于思想的逻辑,而且就其在人类认识中的地位作了清晰表述。这也是对更高层次内容的逻辑及其重要性,以及它在人类认识,特别是哲学中重要地位的客观阐述。

---

① 黑格尔:《小逻辑》,第67页。
② 同上,第66页。

毫无疑问,黑格尔是更高层次内容的逻辑研究的系统化者。就真正意义上的更高层次内容的逻辑而言,不仅其系统研究始自黑格尔,而且其发展也主要在黑格尔哲学中,只是他的逻辑学成果被严重淹没在哲学的是是非非及以辩证法为中心的理论复杂性之中。黑格尔在形式逻辑的基础上所发展的"思辨逻辑",事实上就是在思维规定内容关系方面发展逻辑的努力。在《小逻辑》中,黑格尔有一段关注到更高层次内容的逻辑未得到考察和研究的论述,既明确又精辟:

> 概念的逻辑通常被认作仅是形式的科学,并被理解为研究概念、判断、推论的形式本身的科学,而完全不涉及内容方面是否有某种真的东西;殊不知关于某物是否真的问题完全取决于内容。如果概念的逻辑形式实际上是死的、无作用的和无差别的表象和思想的容器的话,那么关于这些形式的知识就会是与真理无涉的、无聊的骨董。但是事实上,与此相反,它们(逻辑形式)作为概念的形式乃是现实事物的活生生的精神。现实的事物之所以真,只是凭借这些形式,通过这些形式,而且在这些形式之内才是真的。但这些形式本身的真理性,以及它们之间的必然联系,直至现在还没有受到考察和研究。①

在这里,黑格尔已经在对以思维为对象的逻辑的两个方面进行深入的分析了。从这段文字已经可以看出,黑格尔对于形式逻辑和另一种非形式的逻辑已经有了明确的意识,只是似乎仍然保留一种倾向,但他把这种逻辑看作是思维形式的内容,这与形式逻辑的传统观念残留不无关系,而明确思维规定的内容,则是厘清更高层次内容的逻辑和形式逻辑关系的关键。

第三节　形式逻辑和具有更高层次内容的逻辑

在思维规定层次,形式逻辑只是规范思维规定形式的逻辑关系,而更高层次内容的逻辑则规范思维规定内容的逻辑关系。

---

① 黑格尔:《小逻辑》,第331页。重点号为引者所加。

一、思维规定和形式逻辑

在经验直觉的基础上,如果就其逻辑关系的形式方面加以系统把握,就会形成形式逻辑工具。有了形式逻辑工具,就可以像在经验整理中拥有数学工具那样,非常方便地将经验的逻辑形式关系更快更好地整理出来,从而形成具有分析性的清晰理论体系。这就是所谓工具理性和理论理性的重要作用。

上述过程也正是西方在近代形式逻辑充分发展基础上拥有现代科学的具体机制和发展过程。思维运演的形式化方面会越来越抽象得远离人类学特性,从而越来越超出人类理解的形象方式把握的范围。而在形式逻辑没有充分发展的文化中,走的则是经验的直觉整理路径。这种方式没有强大的、而且可以借助形式工具进行的形式逻辑,经验整理的体系严密程度和深度均有很大限制。形式工具的最大好处,就是它可以使一些复杂的思维过程,特别是一些形式化的运算过程相对脱离心智,可以在心智之外以形式化的方式运演,从而不仅极大地减轻心智的负担,而且可以进行心智不能或难以进行的一些思维活动。不具备这些形式化的工具,就难以用形式严密的手段制定能反映对象事物确定性联系的思维规定体系,只能更多地以形象的方式积累起意象性的内容,从而酝酿出不同的文化意境。这种意境更适合于创构,特别典型的是诗词的创构,但不利于通过形式严密的逻辑建立思维规定体系和更精确地把握对象事物及其确定性联系,因而不可能形成具有分析精确性的科学体系。

因此,在抽象普遍性成果的基础上,人类抽象理性的发展是随着逻辑的发展而生长的。逻辑的形式方面,正如事物的量的方面,是把握对象的确定性联系之网。这些网是我们思维规定合理布局的参照系,甚至是思维规定深入广泛布局的依据。没有数学和逻辑的形式之网,思维就不可能进行深度合理布局,甚至不可能把局布向很多区域。没有数学的发展,就不可能有超越有限的具体经验内容进行思维规定的深度整体布局的能力。而没有充分发展的形式逻辑,则不可能超越有限的具体经验内容进行思维规定的设置和分类(分领域)布局的能力。数学和逻辑形式工具的发展,是人类理性发展的一个重要阶段。这是人类理性发展的形式阶段，或以形式发展为重要内容的阶段。这也是一个工具理性和理论理性的发展阶段。如果错失这个阶段的发展，就会错失科学发展的时机。不管抓住还是错失时机，都已成为历史。重要的是未来，而未来的命运就建立在对过去反思的基础之上。对逻辑学的反思就是最为重要的方面。

关于形式逻辑的理解，似乎很简单，比如通常的例子(例一)：

> 人都会死，
>
> 苏格拉底是人，
>
> 所以苏格拉底会死。

这个逻辑推理在形式上没有问题，内容上也应该说没有问题。其中的"人""死"等都是我们称之为思维形式的东西，而作为加工信息的内容似乎也就是作为思维对象的"苏格拉底"等。但关键在于，在这个思维过程中，不仅推理过程，而且所有作为思维规定形式的概念都可以和这些具体内容相脱离而完全形式化：

> 如果 P，那么 Q，$p \to q$
>
> P，
>
> 所以 Q。

在这里，作为思维规定，"人"和"死"等既有其形式，也有其内容。它们不只是单纯的思维规定形式。事实上，作为思维规定，它们有特定的内容，而在这个形式化公式中，这些思维规定的内容被形式化排除在外了。

由此可见，形式逻辑不仅只涉及关于思维规定的形式，而与作为思维加工对象的内容无关，而且与作为思维规定内容的"人"和"死"等可以完全相脱离。比如在这里，与苏格拉底这个具体的思维对象本身这一具体内容没有关系，"人"的规定中任何人类个体都可以替代"苏格拉底"。这似乎在理解上不存在问题，但如果形式逻辑与"人"和"死"等关于思维规定的内容相脱离，那就会浮现一系列问题：思维规定内容的逻辑关系是什么？关于思维规定内容的逻辑关系，我们可以建立什么样的逻辑？这种逻辑与通常的形式逻辑是一种什么样的关系？形式逻辑是一种什么样的逻辑？它具有什么样的性质？这些无疑都涉及对形式逻辑的反思。

二、形式逻辑的反思

形式逻辑工具带来了近代以来科学长驱直入式的飞速发展,既带来了现代文明的繁荣,同时又形成了一种对带来这种繁荣的思维方式和行为方式的膜拜。因而反思这种思维方式的形成和性质,对于人类未来的进一步发展就变得尤为重要。

形式逻辑工具的性质,说到底就是思维规定形式关系方面的思维规律的概括。有了这个工具,人们就可以通过抽象的形式逻辑推理形成具有严格逻辑形式的理论。关于这一点,美国著名社会学家亚历山大(Jeffery C. Alexander)说得很到位:"所谓理论,就是脱离个别事物的一般化,脱离具体事例的抽象。"①这种理论的抽象性,正是建立在形式逻辑的基础上。但从个别具体到思维抽象,还只是人类思维发展的一个阶段。因此在西方哲学中,特别是在康德和黑格尔那里,我们可以看到对形式逻辑的批判性考察。

关于逻辑学自亚里士多德以来的统治地位,康德的关注无疑更耐人寻味,这可以与纯粹理性批判联系起来。"逻辑学大概是自古以来就已经走上这条可靠的道路了,这从以下事实可以看出:它从亚里士多德以来已不允许作任何退步了,如果不算例如删掉一些不必要的细节,或是对一些表述做更清楚的规定这样一些改进的话,但这些事与其说属于这门科学的可靠保障,不如说属于它的外部修饰。还值得注意的是,它直到今天也不能迈出任何前进的步子,因而从一切表现看它都似乎已经封闭和完成了。"②康德在这里明显意识到逻辑学发展的问题,这与他的批判哲学以及作为批判哲学后果的新的哲学或逻辑领域密切相关。

黑格尔则深刻地看到:"如果逻辑除了使人仅仅熟习于形式思维的活动外,没有别的任务,则逻辑对于我们平时已经同样能够作的思维活动,将不会带来什么新的东西。其实旧日的逻辑也只有这种地位。"③黑格尔对逻辑学的这种理解,正像一面镜子,深刻

---

① 杰弗里·亚历山大:《社会学二十讲——二战以来的理论发展》,贾春增等译,华夏出版社 2000 年版,第 2 页。

② 康德:《纯粹理性批判》,邓晓芒译,人民出版社 2004 年版,第二版序第 10 页。

③ 黑格尔:《小逻辑》,第 67 页。

照见了形式逻辑的性质。"人们惯常说,逻辑只是研究形式,它的内容却来自别处。其实,我们可以说,逻辑思想比起一切别的内容来,倒并不只是形式,反之,一切别的内容比起逻辑思想来,却反而只是〔缺乏实质的〕形式。"①在黑格尔看来,形式逻辑只研究思维形式,"从事这种形式逻辑研究,无疑有其用处",但被称为"工具逻辑"的形式逻辑只能"认识有限思维的运用过程"。②而黑格尔发展的则是以"纯粹思想"为研究对象的逻辑。在黑格尔那里,主要以辩证法的形式发展了我们称之为辩证逻辑的内容。以"纯粹思想"为研究对象的逻辑不同于形式逻辑,但二者不仅应当都是逻辑学研究的重要内容,而且是互为补充、相对划分的两个重要领域。

黑格尔逻辑本身就是对形式逻辑反思的结果,只是对形式逻辑进入更深层次的反思的必要性在他的哲学中空前凸显。随着人类认识的发展,形式逻辑的局限性日益显露。基于形式逻辑的抽象化发展,使思维规定日益抽象化。抽象思维规定发展的可能结果之一,就是抽象普遍性(本质)的终极追寻。下面是一段最能表述这种结果的文字:

> 长期以来,有很多的哲学和逻辑学家受亚里士多德的僵化的形而上学的影响,错误地把客观事物的真实性看作是普遍性了。实际上,只有客观事物的普遍性才是形而上学的最终所要达到的目的。客观事物虽然是以一个个的个体的方式存在着的,但是它也是以一类一类的方式存在着的。如果说一个个体不存在,那么它的类依然是存在的;但如果一个类不存在了,那么它的所有个体及其本质属性就都不存在了。因此我们研究客观事物的普遍规律只能研究后者,而不是前者。③

这是以抽象普遍性为追寻最终目的的典型表述,它与事实正好相反。事实是:类不存在意味着所概括的所有个体不存在,而不是在这些个体之外有一个类的存在决定个体是否存在。说一个类不存在并没有什么特殊的含义,只是说这些个体都不存在的一种

---

① 黑格尔:《小逻辑》,第85页。
② 同上,第73页。
③ 吴明史:《语法概念的规定性》,载《西北论坛》1994年第4期。

概括方式。这应当也是形式逻辑之父亚里士多德的本意。

事实上,在亚里士多德那里,我们可以看到的应当是对抽象普遍性观照具体个别性的致思。亚里士多德认为客观事物都以个体的方式存在,表述个体事物的名词是"第一实体",表达种类的名词是"第二实体","第一实体之所以更恰当地被称之为实体,是因为它们是其他一切事物的基础,而一切其他事物或者被断言于它们,或者依存于它们"。①这与中国古代哲学有某种相似之处。在抽象普遍性作为终极追寻和作为具体个别认识观照的两极之间,可以在中国古代哲学中看到一种奇异的并存。一方面,由于缺乏形式逻辑研究,中国传统文化未能发展出近代科学。另一方面,中国哲学又通过对抽象普遍性的经验思辨②追寻,为生活和人生提供了系统的整体观照。

中国哲学中充满了思维规定,但对思维规定的形式关系缺乏系统研究,因而少有基于分析的描述,也正因为如此,关于思维规定内容的理论就特别发达。老子的"道"就最为典型,"寂兮寥兮,独立而不改。周行而不殆,可以为天下母,吾不知其名,字之曰'道',强为之名,曰'大'。"③由于水的规定性较少,关于其形式的规定也就很少。老子称"水善利万物而不争。处众人之所恶,故几于道"④。而金、木、火、土则因规定性增多而离"道"渐远。"大道无形""大似不肖","道"就是对一切事物的概括,因而是最高的抽象产物。最高的抽象就没有了规定性,因而就是"无"。无规定性就无从言说,因而关于"道"的任何言说,都会面临人类特定处境所必定带来的悖论:对"道"的言说正是对"道"这个不能规定的概念的规定。真正的"道"是不可言说的,但作为一个特定的思维规定又须加言说。

思维规定所涉及的条件越多越具体,其内涵越确定,其性质越是相对的,抽象的层次也越低;思维规定所涉及的条件越少,其内涵越不明确,其性质越具有绝对化的倾向,抽象的层次也越高。当我们谈论中的对象或不如说一个逻辑设定没有任何规定

---

① 《亚里士多德逻辑论文集·工具论》,李匡武译,广东人民出版社1984年版,第14页。
② 参见王天思:《理性之翼——人类认识的哲学方式》,第二编第3章。
③ 《老子·第二十五章》。
④ 《老子》第八章。

时，这个逻辑设定则只是出于描述而不是真正反映对象的需要了。这种没有规定性的东西或规定性几近于无的东西，是"不能言说"的。要言说一个对象，首先必须给这个对象以规定性，否则就只是一个没有内涵的逻辑设定。中国哲学中的"无"正是这样的思维规定。老子之所以常常把"道"称作"无"，就因为"道"就是规定性最少的东西，规定性越少就越近乎"道"，因此必须以"无规定性"作为道的规定性。也正因为如此，《老子》开宗明义第一句，在这个意义上更好理解："道可道，非常道。名可名，非常名。""阴阳者，有名而无形。"①道是不可言之物，一言就远，越言越远。而只有描述而没有确定的对象，是抽象描述所必不可少的逻辑设定。

在中国传统哲学中，我们可以看到一种不同于形式逻辑的逻辑形态。逻辑是对思维规律的把握，而形式逻辑所把握的，只是关于思维规定形式关系的规律，那么，关于思维规定内容关系的规律的把握，所生成的是什么逻辑？这就是建立在思维规定内容基础之上更高层次内容的逻辑。由此足见，在中国传统文化中，由于不太关注思维规定形式的关系，形式逻辑不够发达；但由于非常关注思维规定内容的关系，因而更高层次内容的逻辑非常发达。只是由于思维规定形式关系的逻辑比思维规定内容关系的逻辑更刚性，才有了似乎形式逻辑才更能代表逻辑学发展的印象。这也与更高层次内容的逻辑比形式逻辑更复杂有关。

关于思维规定形式关系的逻辑我们可以非常方便地把它叫作"形式逻辑"。而关于思维规定内容关系的逻辑，却远非那么简单。

三、思维规定和更高层次内容的逻辑

作为反映思维规律的关系体系，逻辑是在思维规定的基础上建立起来的。在这个意义上，概念的抽象形式是思维规定的形式，概念的具体内容是思维规定的内容。也正是在这个意义上说，思维规定形式基础上建立起来的关系体系是形式逻辑，思维规

---

① 《灵枢·阴阳系日月》。

定内容基础上建立起来的关系体系则是更高层次内容的逻辑。

关于思维规定内容关系的逻辑，既不同于关于思维规定形式关系的逻辑，也不同于关于思维对象的逻辑。因为思维的内容就是思维加工的关于思维对象的信息，而关于思维内容即思维对象的内容，则是客观对象的内容，但思维规定本身有自己的内容，比如它的概念内涵，它的预设内涵，它的模型内涵等，这些是可以在相同的形式逻辑之中，适用于不同的思维对象的，因此这里就有一个完全不同的情况，那就是思维规定有自己的形式，与思维规定的内容不是一回事。思维规定的内容与思维规定的形式密切相关，但不同于思维对象本身的内容（这正是人们常常与之混淆的地方，对贝克莱乃至黑格尔哲学的有些误解就源于此），比如不同于作为我们思维对象的物理学、生物学以及日常生活这样具体的内容。思维规定的内容既不是客观的对象事物本身，也不是抽象意义上的纯粹意识，而是抽象的概念、预设和模型等。这些基本的范畴所构成的思维规定内容的关系，无疑是我们把握各种不同的具体对象内容的非常重要的平台和方式，这些平台和方式所意味着的其实不是我们通常的形式逻辑关系，而是与更高层次内容的逻辑密切相关。

事实上，更高层次内容的逻辑从古至今都在以各种方式存在。自古以来，关于辩证法的各种研究，都是更高层次内容的逻辑的发展领域。只是在黑格尔的逻辑学中，发生了一种从形式逻辑到更高层次内容的逻辑的历史性转换。而在胡塞尔的现象学中，在为整个科学建立一个先验基础的努力中，我们则可以看到另一种形式的更高层次内容的逻辑研究："精神，而且只有精神，才是自在自为的存在。它是自主的，并且能够在这种自主性中，也只有在这种自主性中，以一种真正合乎理性的、真正而且彻底科学的方式被探讨。"[1]

"思维内容"是一个十分笼统而易于造成不同含义混淆的概念，它可以是指思维对象，更确切地说也就是思维中有关对象的内容，比如思考物理学的问题，有关物理学的信息就是思维的内容。我们通常所谓"思维内容"，基本上是在这个意义上说的。正因

---

[1] 《胡塞尔选集》下卷，倪梁康选编，上海三联书店1997年版，第975页。

为如此，有一个重要方面很容易被忽略，即思维规定的内容，比如具体的思维范畴以及所有的概念等的内容。但在形式逻辑的基础上，这样的区分很困难，因为一方面我们认为这就是思维形式；另一方面又很容易认为这就是作为思维对象的思维内容。黑格尔就曾陷入这种区分的纠结中：

> 假如我们像早已提过的那样，把逻辑理念的各阶段认作一系列的对于绝对的界说，那么现在所得的界说应该是：绝对就是概念。这样我们当然就必须把概念理解为另一较高的意义，异予知性逻辑所理解那样，把概念仅只看成我们主观思维中的、本身没有内容的一种形式。至此，也许有人还会问，如果"思辨逻辑"给予概念一词以特殊意义，远不同于通常对这一术语所了解的，那么为什么还要把这一完全不同的术语也叫做概念，以致引起误会和混淆呢？对这问题可以这样回答：形式逻辑的概念与思辨的概念的距离虽然很大，但细加考察，即可看出概念较为深刻的意义，并不像初看起来那样太与普通语言的用法相疏远。我们常说，从概念去推演出内容，例如从财产的概念去推演出有关财产法的条文，或者相反，从这些内容去追溯到概念。由此就可看出，概念并不仅是本身没有内容的形式。因为假如概念是一空无内容的形式的话，则一方面从这种空形式里是推不出任何内容来的，另一方面，如果把某种内容归结为概念的空形式，则这内容的规定性将会被剥夺掉，而无法理解了。[①]

这里清楚地表明黑格尔关于"概念"规定的纠结，这种纠结不是抽象概念和具体概念的纠结，而是概念的形式和内容之间关系的纠结。黑格尔的逻辑学研究，正是从这种纠结中走出来得到的。

人类思维发展的历史，很容易使我们走向这样的理解：概念和范畴等就是实际存在的物体对象的反映，比如"物质"就指所有具有客观实在性的对象。因而"物质"范畴似乎事实上就是思维对象这个意义上的"思维内容"，而"物质"概念本身则只是纯粹的思维形式。只要我们认为概念和范畴等就是对象的标签或反映对象的符号，我们就会

---

① 黑格尔：《小逻辑》，第 328 页。

理所当然地把它们看作是纯粹的思维形式。我们通常把概念和判断等称作"思维形式",正是只关注思维规定形式的自然表现。而当我们不能这样简单地看待概念和范畴,而是把它们看作是思维规定的时候,概念和范畴的内容就不能与对象建立一一对应的关系。

首先,思维本身的内容与作为思维对象的内容完全不同。看看我们通常所举的例子(例二):

> 所有天鹅都是白的,
>
> A 是一只天鹅,
>
> 所以 A 是白的。

这个逻辑推理形式上没有问题,问题在内容上。如果 A 恰恰是一只黑天鹅,推理就不成立。这里似乎是推理出了问题,但问题在于思维对象,在现实存在的天鹅有不同颜色的事实。这是关于作为思维对象意义上的思维内容的常见例子,推理所涉及的所有概念都仍然可以看作只是思维形式。

在上述两个例子中,由于思维过程所涉及的都是日常感觉(common sense)的对象,可以近似地看作思维形式的概念和范畴等都以思维对象为内容,似乎也不存在问题。但随着认识的发展,随着思维过程和机制的复杂化,不仅思维内容,而且思维形式都变得越来越复杂,以致我们不再能像在日常感知中那样简单对待。在量子领域,我们可以有这样的推理(例三):

> 干涉现象是波动独有的特征,
>
> 量子具有干涉现象,
>
> 所以量子是波动。

然而,实验又证明,量子又具有粒子的特征,而在我们的经典思维规定中,一个实体不可能既是波动又是粒子。这个推理的形式没有问题,但推理结果成问题了。这里的问题是全新的,不仅所涉及的思维内容不能简单地归结为量子对象本身,甚至"波动"和"粒子"也不能看作纯粹的思维形式了。与例一和例二相比,这个推理——也就是思维过程的逻辑形式是完全一样的,但推理出现的问题却既不是由于推理形式,也不是像例二那样因为思维对象的内容,而是由于推理过程中所使用的"波动"和"粒子"概念本身。由此不仅可以看到量子逻辑能用于经典物理学逻辑的关键所在,而且也再清楚不过地表明,"波动"和"粒子"已经完全不能看作是传统意义上的纯粹思维形式,它们导致推理出现问题,不是因为它们作为思维形式,而是与它们的内容密切相关。这里的内容又既不是它们作为思维形式本身的内容,也不是量子对象的内容,而是它们作为思维规定的内容。

作为思维规定的内容与作为思维对象的内容完全不同,通过与归纳推理相比较就可以清楚地看到这一点。归纳推理过程之所以不能完全形式化,就是因为涉及思维对象的内容而不只是思维形式。

由于归纳建立在概括的基础上,概括建立在抽象的基础上,而抽象又建立在分类的基础上,因而,更高层次内容的逻辑事实上归根结底建立在二(多)分法的基础上。由于归纳既有思维形式的方面(表现在推理形式上),又有思维内容的方面(表现在前提内容真假上),因此,更确切地说,演绎逻辑是典型的形式逻辑,因为正像数学,演绎逻辑可以只涉及形式而不涉及内容,因而可以完全形式化;而归纳逻辑不能像数学那样只涉及思维规定的形式而不涉及思维规定的内容,所以不能完全形式化,因而是形式逻辑和更高层次内容的逻辑的中间地带或交接处。正是在这个意义上说,休谟的归纳问题不仅是形式逻辑问题,而且同时又是更高层次内容的逻辑问题,只能在更高层次内容的逻辑的基础上,只有以逻辑为前提,休谟问题才能真正得以解决。

在形式逻辑和更高层次内容的逻辑之间的地带,所谓"主观逻辑"和"客观逻辑"从来就是交织在一起的,就像认识和实践从来就是交织在一起一样,它们的区分只是为了更好地了解这个原初交织体,而这个交织体正是我们立足于人类的需要,由描述和规定不断向外部世界交织的生成体。这种交织正是人和世界的真实关系或其反映。如果局限于"主观逻辑",人的需要就不可能有效诉诸环境或对象世界;如果局限于"客观逻辑",人就要整个迷失于作茧自缚;如果局限于形式逻辑,人(类)的需要就会流放在离日常生活世界越来越远的形式沙漠,这正是有些西方哲学思潮的处境;如果局限于更高层次内容的逻辑,则我们会缺少层次深入地通向世界的桥梁或阶梯的最有效进路,这正是典型的东方文化的特征。人类文化的当代发展,就在于这种交织的程度和发展水平。

因此,关于思维规定的研究,事实上就是更高层次内容的逻辑研究的前提。只有在思维规定内容研究的基础上,才可能把握更高层次内容的逻辑的规律,探究更高层次内容的逻辑的规则,从而更深入地明确形式逻辑规则的意义和局限,深化关于形式逻辑矛盾和辩证逻辑矛盾之间关系等的理解。因为关于思维规定内容关系的逻辑,不仅深入涉及描述和规定及其关系,涉及关于逻辑的广义理解,涉及悖论的逻辑基础,而且涉及悖论的成因。

第四节　具有更高层次内容的逻辑的思维规则

描述的性质决定了描述与规定交织构成的更高层次内容的逻辑具有特定的规则,在思维规定内容的基础上,思维违反这些规则不仅会导致非常规甚至不合法描述,而且会使更高层次内容的逻辑在一定范围内失效。人类认识史上的许多认识迷误都与非常规描述有关,在特定的规定范围内,悖论之悖可以说是作为思维活动的描述违反更高层次内容的逻辑规则,而在形式逻辑中呈现的结果。如果这里的规则是形式逻辑意义上的,而理性又不能等同于形式逻辑,那悖论就是理性的"癌变"。因此,在对描述及其与规定交织的性质进行深入认识的基础上探索更高层次内容的逻辑规则,不仅是更高层次内容的逻辑研究的基本任务,而且是悖论问题研究的基础性工作。

描述的两个重要性质,使描述与规定交织构成的更高层次内容的逻辑相应具有两类重要规则。由于描述是涉及思维规定内容的思维过程,因而又可以称之为描述规则。由于这两类规则分别与描述的指称和所涉及的规定密切相关,可以把它们分别称为指称规则和规定规则。并由指称规则概括出"自指律";由规定规则概括出"规定律"。

一、自指律

描述活动的指他性和描述必须以相应的规定为前提,决定了更高层次内容的逻辑思维具有相应的指称规则。一方面,由于描述活动具有指他性,描述活动所指不能包括该描述的当下活动本身及其结果。由于自我描述活动的后滞,自我描述活动不可能完全包含描述活动本身。另一方面,由于描述必须以相应的规定为前提,而作为描述前提的规定决定了该描述的意义域,描述的自我指称会涉入作为自身前提的规定。描述的这些基本性质,决定了描述与规定交织构成的更高层次内容的逻辑必定具有相应的指称规则。更高层次内容的逻辑的指称规则可称作"自指律":

> 描述所指在更高层次内容的逻辑思维同一过程中不能是该描述的当下活动及其结果。

也就是说,在作为自身前提的规定所决定的范围内,描述不能自我指称,或者说在作为自身前提的规定所确定的意义范围内,一个描述的指称不能是该描述本身。描述的自我指称,会使描述指向作为自身前提的规定。当描述指向作为自身前提的规定时,可能导致描述和作为其前提的规定的冲突,从而形成悖理性描述。

> 附则 1:作为自身前提的规定所决定的范围内,描述在更高层次内容的逻辑思维同一过程中可以自我指涉,但该描述的意义只是把自身排除在所指之外时的意义。

> 附则 2:更高层次内容的逻辑思维同一过程中描述所指为该描述的当下活动及其结果时,在作为自身前提的思维规定确定的范围内没有意义,或其意义在更高内容层次。

思维违反更高层次内容的逻辑自指律,一方面会造成描述和对象(有时候是实体)的混淆,导致非常规描述或意义失范的描述,另一方面又可能导致悖理性描述,从而达至描述通向更高层次的节点。常规描述是在作为其前提的规定所确定的范围内的描述;非常规描述则是超出作为其前提的规定所确定的范围的描述。悖理性描述是与前提构成自我冲突的描述。

描述的自指不是指描述者(描述主体)的自我指涉,而是描述本身的自我指称。比如,严格说来,"我正在说汉语"并不是典型的描述自指,更多的是描述主体的自我指称,而"本语句是汉语"才是描述的自我指称。

描述自指有两种情况：一是描述所指仅为当下的描述活动及其结果本身；二是描述所指为某一个类，而且当下的描述活动及其结果是这个类的要素之一。为便于区分，我们把前者叫做自我指称，而把后者称为自我指涉。自我指称的描述是单称描述；自我指涉的描述则往往是全称描述。这两种描述具有不同的逻辑后果。

描述指称的复杂情况，可以从"本语句为假"这一著名悖论句得到说明。作为描述活动所指，"本语句为假"的描述是在指称的后续描述活动中才得以完成，根本不可能成为该描述活动的所指。而作为命题，这一描述则可以自我指称，只是有一个作为其前提的规定所决定的范围的问题。如果在规定所确定的范围内，则该描述不可自我指称，但可自我指涉。这也跟描述不能指向描述当下活动及其结果的事实密切相关。描述活动可以自我指涉，但该描述的意义只是把自身排除在指称之外时的意义，则可以通过"我所说的都是假的"这一描述得到说明。当你在说这句话或作上述描述活动时，"我所说的"不能指称作为描述结果的这句话本身。当然，你可以加上一句如"包括以上这句话"而把上述描述活动包括在内，但由于这句话的意义只是在说"包括说上句话"，说这话本身却又没有被包括进去，你又必须再加说一句包括说上句的言说活动。这样层层递进，只能没完没了。

印度因明学有一条立论的基本原则：不能"自语相违"。比如说"一切语皆妄"就是自语相违。印度因明家神泰曾说：你说"一切语皆妄"，那你的这句话本身是真实还是虚妄呢？如果你加一个补充"除我所语"，也于事无补。因为可以有第二个人加一句："你补充的这句话是真话"，就又存在一个这第二个人所说的话是不是真话的问题。如果他说的是假的，那就说明了你说的话是假；如果他说的话是真的，那么除了你所说的那句，这里还有一句真话，你整句话又成了假的了。这样可以无穷类推。这种类推在"把自身排除在外时的意义"中不存在，因为把自身排除在外了，关于这个"自身"的所有涉及（言说）也同时排除在外了。

在作为其前提的规定所确定的范围内，描述之所以不能自我指称但又可以自我指涉，只是因为自我指涉的描述是有意义的。因为自我指涉只是涉及该描述本身，描述的意义并不因为把自身排除在指称之外而失去。但是，自我指涉的描述之所以有意义,并不是因为它是自我指涉的,而只是因为一个有意义的描述涉及自身。而在这一范围或意义域内,描述的自我指称则可能成为构成悖谬的逻辑条件。比如我们说:"所有的描述都是有意义的",这一描述本身也是有意义的。但如果我们说:"所有的描述都是没有意义的",则会导致悖谬。正是在这个意义上说,自我指涉的描述的意义就是把自身从指称中排除后的意义。而当一个自我指涉式的描述只有涉及自身才可能有意义时,该描述就是非常规描述了。

其实,在作为其前提的规定所确定的意义域内,理解自我指涉的描述的意义时,如果不把自身排除在该描述的所指之外,即使不导致悖理性,也存在实际活动上的问题。这方面最有利于说明问题的例子是"砝码悖论"和"书目悖论"。

说明在作为其前提的规定所确定的意义域内,"只有当把自身排除在外时才有意义"的最好例子是所谓"砝码悖论"。砝码悖论是欧洲中世纪学者表述过的一种悖论:设有 A、B、C、D、E 五个语句,其中,A、B 为真,C、D 为假,E 则是"(五个语句中)假语句比真语句多"。因此有:如果 E 真,当且仅当 E 假。

在这个悖论中,只有把 E 排除在外,这个描述才是有意义的。如果说,砝码悖论典型地表明必须把自身排除在外,这种描述才具有意义,那么"书目悖论"则表明一种更"强"的悖理性:一本书的目录虽然毫无疑问也应当是该书的内容,但目录必须把自身排除在外,否则就会造成实际归类活动的困难。

"书目悖论"是"罗素悖论"的又一个通俗"版本",由瑞士数学家和哲学家费迪南·汞赛斯(Ferdinand Gonseth)提出。我们可以把所有可能的目录分为两大类:一类是不把自身收入在内的目录,一类则是把自身收入在内的目录。所有不把自身收入在内的目录构成一个总目录,这个总目录本身也是目录。既然它也是目录,便有个是否把自身收入在内的问题。这样,悖理性就产生了:如果该总目录不把自身收入在内,它便把自身收入在内;如果它不把自身收入在内,则又把自身收入在内。"书目悖论"也叫"图书馆悖论",而且真的发生在图书馆中。

据说,当古希腊著名学者卡里马楚斯在古老的亚历山大图书馆里编制书目时,有一天突然坐在书堆里哭了。因为当编制该馆所藏亚里士多德学派著作的目录时,他碰到了一个用亚里士多德逻辑完全无法解决的问题。原来在编目时，他把所有的目录分成两大类。第一类是"自身列入的目录"，就是把自己也列入的目录，比如《逻辑学书目》也把《逻辑学书目》这个书目名称收在其中。第二大类是"自身不列入的目录"。就是不把自己也列入的目录。比如，《悖论目录》就不会把《悖论目录》这本书本身收入其中。当卡里马楚斯编完第二大类的目录，即编出了第二类书目的"总目"，这部"自身不列入的目录"的"总目"让他为难了。"总目"这本目录，该不该收入这本"总目"本身？如果它不列入"总目"，不仅自身不成其为《总目》，而且正好使它成了一部"自身不列入的目录"。按照他的分类原则，他就应该甚至必须列入。但如果将自身列入，那就使自己成了一部"自身列入的目录"。按照他的分类原则，就不能列入自身。这样，如果不自身列入，就必须列入自身；如果自身列入，则不能列入自身。在卡里马楚斯的书目编制中，结果是这种实际的分类活动没有办法完成，但从描述的角度看，无论列入与否都不对，都会陷入与单纯逻辑形式意义上的矛盾完全不同的自相矛盾处境。

比"砝码悖论"更进一步，"书目悖论"干脆表明：作为一种实际的分类活动，由于自身不能归入而不可能进行。而活动不能自我涉及的一个更形象和简化的解释，则是被视为说谎者悖论变形的"预言者悖论"。

古印度梵学者的女儿有一天想为难一下她的预言家父亲，她在一张纸上写下一行字，压在水晶球下。对父亲说：纸上写了一个事件，这个事件可能发生，也可能不发生。如果您预言事件将发生，就写下"是"，反之则写"不"。梵学者稍加思索，写下他的预言"是"。女儿从水晶球下拿出那张纸，上面写着："您将写一个'不'字。"梵学者的预言错了。实际上，他不可能预言正确，因为即使他写个"不"字，也仍然是错的，因为他预言的事件已经发生了。

描述活动毫无疑问可以涉及未来将发生或不发生的事件，这是对未来事件的描述。预言者悖论并不否认预言的可能性和可行性，但当这种预言活动涉及该描述本身时，就成了非常规的了。因为当描述以自身为唯一指称时，描述就与作为自身前提的规定构成循环关系，当这一规定与描述本身发生矛盾时，就构成了悖论。

描述自我指称和自我指涉的混淆是目前所谓"自我指称"问题所涉及的两种混淆

之一,另一种混淆则是描述的自我指称和描述活动的自我涉及的混淆。这两种混淆既与"自我指称"泛指所有描述自指有关,也与这一概念由描述自指扩大到非描述活动的自我涉及现象有关。由于涉及描述本身,描述活动是一种特殊的活动,而非描述活动则与描述活动不同,描述活动不能指向自身当下活动本身,而非描述活动的自我涉及则是极为自然的现象。

西方自中世纪以来,许多逻辑学家就主张禁止自我指称,认为自我指称不合法。但当代数学和逻辑学以及人工智能编程语言中"自我涉及"的不可避免性,又使不少学者完全肯定自我指称的意义和合法性,有的学者甚至认为自我指称是自然界、社会和思维领域普遍存在的现象。即使一些明确反对自我指称的学者也认为自我指称是否合法、是否不可避免是使人困惑不解的问题。这里的"自我指称"概念,明显涉及上述两种混淆。如果我们把自我指称看作是描述自指的一种情况,把描述自指和非描述活动的自我涉及区分开来,问题就会迎刃而解。

描述当下活动的自我指称是非常规甚至不合法的,而非描述活动的自我涉及则不仅不存在合不合法的问题,而且具有重要实践意义。正如美国悖论研究学者阿兰·R.安德逊所说:

> 如果这一类"自我涉及"都不允许使用,那么,我们将在实际上失去当代数理哲学基础研究中的所有最有意义的领域。集合论和递归论的基本定理将不能出现,全世界的数学家和逻辑学家都将无事可做。①

只有在描述和规定交织的同一过程中,描述活动才存在自我指涉不合法的问题,而自然界、社会和思维等所有其他领域都不属于描述的自我指涉,而是正常的非描述活动的自我涉及。即使在意向性活动中,虽然我们不可能"知道自己正在想什么",但这也不是描述活动的自我指涉,这些和我们说的描述活动的自我指涉都完全是两回事。人工智能中的情况也是如此。在人工智能中,LISP 编程语言中如果没有循环(loop)环节等,可以说就没有真正的人工智能程序,也就是说在电子计算机语言至少

---

① 转引自杨熙龄:《悖论文献访求漫记》,载《国外社会科学》1984 年第 12 期。

是人工智能编程语言中，如果没有自我涉及，一个有效的人工智能程序是不能想象的。人工智能程序并不存在由于活动的自我涉及而导致悖论的问题，但程序仍然不是描述而只是对客观过程的模拟。就像客观过程从不说谎，客观过程也不存在悖谬。悖谬是人类主观描述的结果。客观实在是不存在形式逻辑意义上的"矛盾"的，有的只是丰富多彩的相互作用。"矛"与"盾"发生关系也是相互作用，但"于物无不陷"的"矛"和"能抵御任何矛"的"盾"的"相互矛盾"却是人类主观描述的结果。我们所说的自我指涉的合法性问题只是就描述活动而言的，而且即使就描述本身而言，也存在不同的情况。

说谎者悖论从"半截子悖论"到欧布里德改造为真正的悖论——"我现在说的这句话是假话"，事实上是一个将自我指涉改为自我指称的典型例子。前者是有意义的，其意义就是将自身排除在描述所指之外时的意义。而后者则是纯粹的非常规描述。这种悖论绝不是没有意义的，而且其意义也绝不仅仅是作为表明描述不能自指的典型例子，或者说其意义只在于表明自指的描述没有意义。这方面，让电脑处理"本语句为假"的结果是既具有启示意义又耐人寻味的。

1947 年，美国人卡林和布克哈特将"本语句是错的"输入电脑，得到的结果是：电脑急速地在真假二值之间来回往复地循环，不断打出"对、错、对、错……"，陷入反复振荡的困境。在写给布克哈特的一封信中，卡林对此做了描述："这也许是罗素悖论的一个版本。总之，机器轧轧地轰鸣不止。"[①]这个结果说明，一方面，计算机程序中自我涉及不仅是有意义的，而且是可执行的。另一方面，即使在计算机程序中，自我指称也是非常规的，它不会产生任何有意义的计算结果。不只是计算机语言和数学语言，应当所有语言都能谈论自身，但任何语言自我指称都不会在其定义域中产生有意义的描述结果。由于这种描述的意义超出了作为其前提的规定所确定的意义域，在既定规定所确定的范围内活动的电脑，当然得不出有意义的结果，只有可以深入到规定前提的人，而且深入到前提性规定的内容，才可能由此走向更高层次的认识。

非描述活动的直接自指不仅具有意义，而且是非常重要甚至是不可缺少的。如

---

① 转引自杨熙龄：《奇异的循环——逻辑悖论探析》，第 123 页。

"我现在正在用汉语书写"就是有意义的直接自指。但这里只是自我涉及而不是自我指称，而且只是在自我指向意义上的自我涉及。自我指向并不真正涉及描述，自我指称才真正涉及描述。"我说的这句话是真话"就涉及描述，这个描述固然不造成悖论，但它仍然是非常规描述。由于以自身为唯一对象，这个描述超出了作为其前提的规定所确定的意义域。至于该描述由于涉及描述本身而具有的意义，我们在后文再加阐述。

在描述中，自我指称是非常规的，但自我指涉则不仅不可避免，而且具有重要的描述意义。"本语句为假"与"不存在真理"或"没有真话"这类认识论悖论相比，唯一的区别在于：前者只是把描述自身作为唯一指称，而后者则可以是把自身作为其所指的一个要素，即只是自我指涉。从前者到后者，说谎者悖论中的完全自我指称变成自我指涉，自身可以只是其所指的一部分，只是包含在所指之中。但这一区别使这两类描述具有完全不同的性质。"本语句为假"这一描述是没有关于实际对象的认识意义的，也是非常规的，其意义在作为其前提的规定所确立的意义域之外。而"不存在真理"和"没有真话"则是有意义的，只是它们的合法意义是把自身排除在外之后的意义。

当我们说"不存在真理"时，会导致悖论。但当我们说"存在真理"时，则不仅不导致悖论，而且事实上是关于我们的言谈或判断的前提的描述。虽然对于我们来说，这种描述是不言自明因而是没有必要的，但绝非没有意义。当我说"所有的真判断都有所断言"时，甚至可以包括这一判断本身而不会导致悖论。在所有这些情况下，自我涉及都不仅不可避免，并且具有重要意义。事实上，正是这种自我指涉的描述，在数学和逻辑学中具有不可替代的重要地位，只是在理解这些描述的意义时，如果不把自身排除在描述所指之外，有时会不可避免地导致悖论。

无论在什么领域，只要在作为前提的规定所限定的意义域内，自我指涉的描述的意义只能是把自身排除在所指之外时的意义。不作这种排除，在描述上是非常规的，它们可能由于将描述引向作为其前提的规定而造成描述与相应规定间的自我冲突。事实上，如果不将自身排除在外，就意味着描述已经超出作为其前提的规定，因此也就意味着描述的严重超越或无谓失范。这既是悖论是描述问题而不是实体问题，也是悖论可能具有超出原本规定意义的最好说明。同时,这与更高层次内容的逻辑的规定规则密切相关。

二、规定律

描述以规定为前提,也决定了描述和规定构成的更高层次内容的逻辑具有相应的规则。由于任何描述都必须在相应思维规定的基础上进行,描述总是建立在相应的思维规定基础之上,总是有一定的思维规定作为其前提。思维规定的内容不仅决定了以其为前提的相应描述的范围,而且决定了相应描述的意义。

描述的意义与作为其前提的思维规定的内容密切相关,它是相对于思维规定而言的。描述的意义也只能相对于作为该描述前提的规定而言。作为描述的前提,相应的规定决定了该描述的范围。在一定规定的基础上建立起来的描述,如果用于这一规定本身,就会触及描述的边缘。当描述涉及作为自身前提的规定时,该描述就会相对失去意义,或者说出现某种"失范"。因而以一定规定为基础的描述不能运用于这一规定本身,更不能超出该描述本身赖以进行的基本规定。

当一个描述应用于甚至超出作为其前提的规定时,该描述就会失范。就规定所确定的范围而言,这种描述的意义没有了根据;而超出这一范围之外,则可能有更高层次的意义。

由于和相应规定的内在关联,描述不仅可能因为运用于规定本身甚至超出相应规定而使描述失去意义,而且可能造成描述和规定以及描述所涉及的规定之间的冲突。这种冲突主要有两种情况:一是描述本身与作为其前提的规定相冲突。所有的语义悖论都与描述本身和作为其前提的规定的冲突有关;二是描述所涉及的规定之间的冲突。所有的语形悖论如集合论悖论等都与描述所涉及的规定之间的冲突有关。

描述和规定的这种内在关联,决定了描述和规定的交织构成的更高层次内容的逻辑必定具有相应的"规定规则"。更高层次内容的逻辑的规定规则可称为"规定律":

在作为前提的规定所确立的意义域内,一定规定的基础上建立起来的描述,在更高层次内容的逻辑思维同一过程中不能用于这一规定本身,更不能超出这一规定。

也就是说,在描述和所涉及的规定共同确立的意义域内,同一描述所涉及的规定之间、描述和作为其前提的规定之间不能自相冲突。超越作为描述前提的思维规定,在该思维规定的定义域内更高层次内容的逻辑思维没有意义。

　　　　附则1:当更高层次内容的逻辑思维同一过程中运用于或超出作为自身前提的规定时,描述的意义只能在作为其前提的规定确立的意义域之外寻求。

　　　　附则2:当更高层次内容的逻辑思维同一过程中同一描述所涉及的规定、描述和作为其前提的规定相冲突时,描述的意义只能在描述和所涉及的规定共同确立的意义域之外寻求。

思维违反更高层次内容的逻辑的规定律,会导致非常规描述或无意义的描述,甚至造成悖理性思维结果。

关于在一定规定的基础上建立起来的描述不能用于这一规定本身,我们可以在维特根斯坦那里找到最早的表述。在这里,我们再次看看维特根斯坦在《哲学研究》中的那段话仍然很有必要:"有一样东西,人们既不能说它是一米长,也不能说它不是一米长,那就是巴黎的标准米。但是,这当然不是赋予它任何特别的属性,而只是标示它在用一把米尺进行测量的语言游戏中的特殊作用。让我们想象像标准米那样存放在巴黎的色样。我们把"棕褐"定义为密封保存在那儿的标准棕褐色的颜色。这样一来,无论说这个色样是或不是这种颜色都将毫无意义。"[1]这样的情况在生活中非常普遍。如前所述,任何具体描述都是有边界的,这个边界决定于作为描述前提的相应思维规定的内容,描述涉及作为其前提的基本规定就面临自身的边界。如果描述本身与作为自身前提的规定相冲突,就会造成悖理性描述甚至逻辑悖论。

关于在一定规定的基础上建立起来的描述不能超出这一规定,我们可以在集合论悖论中找到典型的例子,我们看看罗素悖论的日常语言形式——理发师悖论。当规定理发师"给并且只给本村庄中不给自己刮胡子的人刮胡子"时,其中的"不给自己刮胡

----

① Ludwig Wittgenstein, *Philosophical Investigations*, p. 25.

子的人"不能包括该理发师本人在内。该理发师本人既不属于"不给自己刮胡子的人"或者"给自己刮胡子的人",也不属于"本村庄中既不给自己刮胡子也不给别人刮胡子的人"或者"本村庄中给自己刮胡子而不给别人刮胡子的人",而是超出了这些规定。这个"给并且只给不给自己刮胡子的人刮胡子的"理发师超出了给或不给自己刮胡子的人的规定内容,而是"给并且只给不给自己刮胡子的人刮胡子的人"! ——虽然这有些像是弯弯绕,但由此我们已经开始真正走出悖论"迷宫"。

关于同一描述所涉及的规定之间的冲突,我们可以在"方的圆"这类描述中看到。作为由两个互不相容的规定构成的描述,"方的圆"表面上是没有多大意义的,但这种描述以一种特殊的形式表达着一种思维规定内容之间的关系。比如它的相对性,即规定的条件(在什么条件下规定成立)及其边界。也许"化圆为方"问题是一个形象的体现,这一问题在后文再讨论。而关于描述和作为其前提的规定之间的冲突,我们则可以在胡塞尔那个关于真理的否定描述中找到经典涉及。"不存在真理"这个描述典型地超出了作为其前提的规定。当你说"不存在真理"时,事实上你是以存在真理为前提的。因为当你否定真理存在的时候,你正试图说出一个真理,因而毫无疑问已经隐含着一个前提:我能够说出真理,哪怕只是唯一的一个。

当我们谈论认识的真理性问题时,事实上不管肯定还是否定,都是以存在真理为隐含前提的。因为我们在思维或描述时,实际上就接受了这么一个规定的内容:我们的描述可以是真的,否则我们的描述就没有任何意义。正如"不存在真理"这一描述中存在该描述本身与其所隐含的规定——"存在这样一个真理"相冲突,"我正在说的这句话是假话"这一描述与该描述本身所隐含的规定——"所言为真"相冲突。在这里,我们可以清楚地看到描述本身和作为其前提的规定之间的冲突关涉悖理性,而悖理性则与思维涉及更高层次内容的逻辑规则的自指律和规定律密切相关。

三、更高层次内容的逻辑规则和悖理性

自指律和规定律是更高层次内容的逻辑思维的两个重要规则。这两个规则并不

是孤立存在的,它们之间具有内在联系。这种联系不仅使描述的自指和规定的冲突具有重要联系,而且与悖理性的形成密切相关。

一方面,描述与作为自身前提的规定的冲突,必须通过描述的自指实现。而描述中所涉及的规定和规定之间的冲突,则可以不通过自指构成,正像"方的圆"这一描述所构成的方的规定和圆的规定的冲突,就没有涉及描述的自指。

另一方面,描述的自指并不必然导致描述和作为其前提的规定以及描述所涉及的规定间的冲突,只是在逻辑上提供了构成这种冲突的条件。

由此我们可以看到更高层次内容的逻辑思维规则与悖理性的两个相关因素:

(1) 描述自指是某些悖理性形成的逻辑条件;

(2) 描述与作为自身前提的规定之间以及描述所涉及的规定之间相冲突与悖理性产生密切相关。

这表明,某些悖论的形成与描述通过自指构成自身与作为其前提的规定以及描述所涉及的规定之间的矛盾或冲突有关。

自从开始对说谎者悖论进行探索,自我指称就一直是人们关注的焦点之一。

"说谎者悖论"是个特殊的描述,它所谈论的(refer to)对象是自身,除此之外它没有描述自身之外的任何事态,这就呈现了描述的一种纯的结构,让人对描述的语义学结构一目了然。也正是这种一目了然,将语句的自我指称在"说谎者悖论"形成中的地位凸显了出来,人们由此一度认为悖论的成因在于语句的自指。

在说谎者悖论的原始形式中,所指称的是所有克里特岛人;在其简洁形式"该语句为假"中,这句话指称的是这句话本身。在两种情况下都是自相关的。有的人就认为悖理性是自相关引起的。如果我们能够避免自相关,就能避免这种悖理性。然而,"说谎者悖论"的变形却至少极大地弱化了自我指称在悖论形成中的作用。

"说谎者悖论"有很多变种,"柏拉图—苏格拉底悖论"是很自然的一个变形。古希腊人早就意识到,自我指称可能并不是悖论形成所必不可少的。他们以两个著名哲学家的名义设计了一个关联对话,构成了柏拉图—苏格拉底悖论:

柏拉图:苏格拉底下面的话是真的。

苏格拉底：柏拉图上面的话是假的。

这个悖论可以简化为：

句子 A：句子 B 是真的。

句子 B：句子 A 是假的。

由此可见，描述可以通过两个以上语句关联起来，形成互为指称，从而导致悖论。"柏拉图—苏格拉底悖论"是"说谎者悖论"的另一种形式，但有与之不同的意义。通过这种描述关联可以构成一个由无数相互关联的描述构成的悖论，只是由于相互关联的句子真、假值的交替性质，如果相关联的句子为偶数，则最后一句必须断言第一句为真，如"柏拉图—苏格拉底悖论"的下述推展：

第一句：第二句假。

第二句：第三句假。

第三句：第四句假。

第四句：第一句真。

如果问第一句是真还是假，就陷入悖论。

如果相关联的句子为奇数，则最后一句必须断言第一句为假，如"三贤之辩"：

中世纪流传着这样一个悖论故事：苏格拉底（Socrates）、柏拉图（Plato）和西塞罗（Marcus Tullius Cicero）争论一个哲学问题，各持己见，谁也说服不了谁。于是便请上帝来做个判断。上帝说："你们三位都是我创造出来的人类中最有智慧的哲学家，你们争论的问题一定很有意义，请你们各自说说自己的观点。"柏拉图第一个阐述自己的观点，但他刚开头，苏格拉底便打断他："至高无上的上帝，请你别相信柏拉图的话，他是在胡说。"接下来西塞罗陈述自己的观点。他刚说完柏拉图马上断定："西塞罗说的是假话。"苏格拉底最后发言，他一说完自己的想法，西塞罗就对上帝说："万能的主，你一定会发现，苏格拉底说的才是假话。"现在全能的上帝碰到了一个自己难以解决的问题：如果相信苏格拉底的话，那么柏拉图说的就是假话，因为苏格拉底说柏拉图"在胡说"。如果柏拉图说的是假话，那么西塞罗的话就是真话，可西塞罗说"苏格拉底说的是假话"，如果苏格拉底说的是假话，那么柏拉图说的是真话，西塞罗说的就成了假话，这样,苏格拉底又成了说真话的人。

以上两个悖论都是通过中间环节构成第一句和最后一句各自规定之间的冲突。两句互为规定,从而各自作为对方的规定与对方构成冲突。这是一个链式循环结构。这样的悖论的循环结构可以是链式的,也可以是双极式的,即两个句子间的来回往复式结构,"柏拉图—苏格拉底悖论"就是典型例子。

由此我们可以清楚地看到:在某种意义上说,悖论的形成与违反相应规定所决定的更高层次内容的逻辑思维规则密切相关,因而关于更高层次内容的逻辑思维规则的研究是悖论问题研究的基础。

作为基于思维规定内容的活动,描述是典型的更高层次内容的逻辑思维活动,因而可以从描述更简洁地理解更高层次内容的逻辑思维规则。由于先有描述,然后才有对描述规则的分析,正如首先有语言,然后才有对语法的分析。描述规则往往在对描述本身进行分析前是潜在的,关于描述研究的任务之一就是揭示描述的规则,正如语言学揭示语法规则。一方面,描述规则和语法规则具有同样的性质和功能。语法规则保证语法为有效的交流提供前提,违反了语法规则就会犯语法错误;描述规则保证描述正确,违反了描述规则,可能导致悖理性。这是因为语言作为一种表达手段,违反语法规则只会导致表达错误,而描述作为一种主体摹写客体的活动,违反描述规则可能会在逻辑上造成悖论。另一方面,描述规则具有与语法规则同样的意义,违反描述规则和违反语法规则具有同样的积极方面。从规定主义语法观点看,语法规则的违反只会消极地导致语法错误,而从描述主义的语法观点看,语法规则的违反与描述规则的违反一样,都可能导致积极的结果——语言或描述本身的发展。这意味着,即使作为违反描述规则的结果,悖论也可以具有重大意义。

由此可见,正像语法错误和语法规则的关系,悖论和描述规则的关系并不那么简单。因而,对违反描述规则所造成的认识迷误,特别是对悖论的描述成因的系统探索,属于深层次涉及描述的复杂问题。为了在描述深处探索悖论的奥秘,有必要首先研究描述,并通过探究描述和规定的交织,为悖论成因和解决方案的研究奠定逻辑基础。

第 5 章　悖论的描述性质

悖论问题研究的关键是悖论的成因,而关于悖论的成因,目前仍然众说纷纭,莫衷一是。这一现状表明,悖论成因的研究必须在哲学层次深入进行。关于描述和规定及思维规定基础上的更高层次内容的逻辑探索,为悖论成因的哲学研究提供了(理论前提)和具体思路。描述的性质和更高层次内容的逻辑的思维规则隐约显露着悖论成因与描述和规定的内在关联;规定的扑朔迷离则使我们隐约看到,作为悖理性描述,悖论与规定的冲突密切相关;而思维规定基础上的更高层次内容的逻辑则意味着悖论生成的深厚土壤。正是深入到更高层次内容的逻辑,可以在描述和规定交织的机制中深化对悖论成因的理解。

第一节　悖论不是根源于客观世界的固有矛盾

随着人们对悖论问题研究的深入,关于悖论的理解涉及几个关键问题。

关于悖论理解的第一个问题是:悖论究竟根源于主观意识建构的命题还是客观世界所固有的矛盾? 这是人们关于悖论定义的重要分歧所在,也是在悖论成因的理解中,分歧产生的重要根源。

如果认为悖论根源于客观世界所固有的矛盾,就会得出这样的结论:悖论的成因在于客观世界本身。这方面具有代表性的观点是：悖论产生的根源在于客观世界所固有的矛盾。[①]或者认为悖论根源于认识对象所固有的矛盾："从哲学的高度看，悖论根源于认识对象所固有的矛盾和主客观之间的矛盾。"[②]在这里，主客观之间的矛盾只是认识对象固有矛盾的反映。有的文献并列地加上"主客观之间的矛盾"，也往往只是认识对象本身固有矛盾的反映。这种观点不仅在悖论研究中占有相当地位，而且在实际应用中得以具体化，甚至几乎有成为一种常识的倾向。在涉及具体悖论时，这种倾向更为明显。比如"监狱行刑悖论则是指监狱行刑本身所固有的矛盾性"[③]。"我们承认悖论是一种逻辑矛盾，是与一个科学的理论体系不相容的。但是，它又是一种特殊的逻辑矛盾，并非是由于思维的混乱而使然，而是根源于客观事物所固有的矛盾和主客观矛盾。"[④]因此，"从哲学上看，由于悖论根源于主客观之间的矛盾和认识对象本身所固有的矛盾，因此要想彻底消除悖论是不可能的，换言之，悖论的产生具有某种必然性。因此，对悖论产生根源的探讨，实质上也就是对悖论产生的必然性的探讨"[⑤]。认为悖论源于客观世界的固有矛盾，是一种将悖论作实在化理解的观点。在这种观点看来，悖论是客观世界内在矛盾的表现。

在人类思想史上，悖论的实在化理解很早就出现，欧布里德用连锁悖论批评亚里士多德的德行理论[⑥]，就因为亚里士多德认为德行居于过与不及之间。这就是将悖论作实在化理解的最早例子之一。

在悖论研究中，将悖论作实在化理解的典型形式，是所谓"本体论悖论"。而所谓"本体论悖论"的一个常常举到的具体实例，就是古希腊哲学家和数学家芝诺（Zeno of

---

① 林革：《趣话"悖论"》，载《百科知识》2013年第17期；黄儒经，吴晓兰：《有趣的悖论和佯谬》，东方出版社2008年版，第5页；袁登明：《监禁刑悖论与行刑社会化》，载《中国监狱学刊》2005年第6期；张建军：《集合论悖论的辩证分析》，载《河北大学学报》1984年第1期；张建军：《关于悖论实质的几个问题——答马佩、黄展骥教授》，载《人文杂志》1998年第1期；成良斌：《论悖论对科学发展的影响》，载《科学学研究》2004年第4期。

② 李宏远：《悖论的潜科学价值》，载《台州学院学报》2008年第6期。

③ 袁登明：《监禁刑悖论与行刑社会化》，载《中国监狱学刊》2005年第6期。

④ 张建军：《集合论悖论的辩证分析》，载《河北大学学报》1984年第1期；《关于悖论实质的几个问题》，载《人文杂志》1998年第1期。

⑤ 成良斌：《论悖论对科学发展的影响》，载《科学学研究》2004年第4期。

⑥ Jon Moline, "Aristotle, Eubulides and the Sorites", in *Mind* 78(1969), pp. 293-407.

Elea)所提出的运动悖论。有些观点甚至将量子理论中的"波粒佯谬"和相对论中的"时空非同一性"悖论等,都归为本体论悖论。而这些悖论之所以被归属于本体论悖论,则是因为它们都与宇宙时空存在的自身矛盾性质有关,逻辑上的两难只是在模拟和表述对象矛盾本体的过程中发生的。

悖论本身的实在化理解,意味着把悖论的成因归结为客观世界所固有的矛盾。对悖论成因的实在化理解是最简单自然的,但也是最成问题的。在西方,最早注意到这一点的是奥古斯丁,他曾提出警告,如果我们认为时间是独立于心灵的现象,我们就会陷入时间—测量悖论。在这里,不知道应当说直到中世纪之后人们才意识到,还是应当说早在中世纪人们就意识到:恰恰是实在化可能导致悖论。

奥古斯丁的警告虽然与其宗教背景密切相关,但也可以从中间接得到这样的信息:将规定完全客观化——也就是将描述客观化——是造成某些悖论的原因(有些悖论的成因是规定和描述的客观化)。"如果我们认为时间是独立于心灵的(mind independent)现象,我们就会陷入测量悖论(paradox of measurement)。"因为在奥古斯丁看来,如果把时间客观化,那么结果必定是:"客观的现在是过去与将来之间的一条分界线。如果这条分界线有一段持续,我们就可以把现在的较早一半划归过去,把它的较晚半段划归将来。但过去的状况不能是现在的状况。而将来的状况也不能是现在所是的状况。因此,客观的现在必定是没有延续的瞬间。由于过去不再存在,而将来尚未存在,按照这种客观模式,事物的当下存在只是一个瞬间。但是等等!要测量一个说出的句子的长度,人们必须听到这个句子的开头和结尾。"[1]这个看上去比芝诺的运动悖论更具挑战性的测量悖论,似乎甚至将时间的客观存在都置于可疑的地位。

事实上,奥古斯丁这里的测量悖论并不是时间的客观化造成的,而是关于"过去""现在"和"将来"的时间规定客观化造成的。不是由此不能得到时间客观化结论,而是说时间的客观化所将造成的不是测量悖论这样的悖论,而是科学佯谬。因为在描述特

---

[1] Roy Sorensen, *A Brief History of the Paradox: Philosophy and the Labyrinths of the Mind*, p. 175.

别是规定中,越是靠近客观根据的一端,越可能造成经验佯谬,而越是靠近主观需要的一端,则所造成的越可能是逻辑悖论。如果我们关于"过去""现在"和"将来"的规定被客观化,那么测量悖论也就是客观存在的。这就是为什么不仅中世纪的唯名论者否定"柏拉图的普遍概念王国(realm of universals)",认为"词语背后除了习惯别无他物",甚至连当代著名唯心主义形而上学学者,剑桥大学三一学院黑格尔哲学专家麦克塔格特(J.M.E. McTaggart)等都不仅也同意奥古斯丁关于"测量悖论驳倒了时间的客观性的观点",而且认为"我们'发现'(discover)的次序(order)是我们投射到世界的记数方案(notational scheme)"。由此我们可以看到中世纪以来对柏拉图抽象普遍性的理念王国的反叛,正是这种反叛构成了与中世纪有着特殊关联的约定论色彩。上帝创造的世界与自然存在的世界完全不同,其中上帝和子民之间具有人和自然之间所没有的契约性关系。这正是"在阿奎那时代约定主义就已经根深蒂固"①的文化原因。

事实上,即使不是所谓测量悖论,就典型的悖论而言,这种悖论的实在化理解也存在不可克服的困难。悖论实在化理解的一个最大困难就在于:说谎者悖论的改造形式也可以与客观世界的存在毫无关系。作为说谎者悖论的最简洁表述形式,"本语句为假"以自身为对象,可以与客观世界没有根本关联,更不用说根源于客观世界的固有矛盾了。随着越来越多悖论被发现,这方面的反例也越来越多。非但芝诺的运动悖论不是真正意义上的本体论悖论,即使量子理论中的波粒佯谬,事实上也不是在实体意义上说的。②诚然,"本体论悖论"也可以作两种不同的理解,除了与"客观世界固有的矛盾"相联系,也可以是对世界的本体描述的悖论。而后者则本身就是否定悖论是客观世界或认识对象固有矛盾的深层次证据。

关于悖论不是客观世界的矛盾,最形象的说明是不可能图形,最感性的说明则是"芝诺悖论"(Zero's paradoxes)。事实上,不可能图形是不可能物体(impossible object),而作为画是可能的,因而是可能的画(possible drawing)。芝诺想通过运动悖论证明运动不可能,这当然不可能成功,但他的成功远比这个要大得多,因为他通过这

① Roy Sorensen, *A Brief History of the Paradox: Philosophy and the Labyrinths of the Mind*, pp. 185, 186.
② 详见王天思:《微观认识论导论——一种描述论研究》,江西人民出版社 2003 年版,第 66 页。

种证明所导出的反证,却证明了悖论不可能源于客观世界,而只能是主观描述的结果。而对于人类来说,这种主观描述的含义并不比证明运动不可能的意义小。

当然,说悖论不是客观世界的问题,与说悖论是客观的并不矛盾。当人们说"悖论像疾病一样是客观的",正是在说一种不同于客观物质存在意义上的客观性,一种类似数学关系的客观性,它事实上就是一种逻辑关系的客观性。悖论不仅不是客观世界的问题,而且表明了我们的概念和理论的性质,这有比悖论作为客观世界固有矛盾的反映更重要的意义。

既能反映悖论重要意义,又能确切理解悖论不是根源于客观世界固有矛盾的重要事实,就是作为否定概念的"非存在"。在哲学史上,最早提出非存在概念的是亚里士多德。在讨论谬误时,亚里士多德在《辩谬篇》中讨论到"非存在":"当措辞只涉及部分却仿佛是被笼统地表述时,这样一种谬误就会产生,即由于笼统地使用了表示个别事物的词,或者由于本应在某一方面被述说但使用时意义不当而产生的谬误。"例如,"如果非存在是意见的对象,那么非存在存在",因为"存在某物"与笼统的"存在"并不是同一的。再如,"如果存在不是存在者中的某物,例如如果它不是一个人,那么存在就不存在",因为"不存在某物"与笼统的"不存在"并不是同一的。但由于用语相近,"存在某物"和"存在"、"不存在某物"和"不存在"似乎差别很小。当措辞本应指某个方面但笼统所指时,也会同样地产生这种谬误。例如,"如果一个埃塞俄比亚人全身都是黑的,只有牙齿是白的,那么他既是白的又不是白的"[1]。因此亚里士多德认为:"任何有生成的事物都不可能从非存在中产生出来。"[2]亚里士多德明确涉及"非存在"概念,但还不是在真正意义上涉及存在的否定性判断。

"非存在"不仅是一个概念,而且还是关于存在的否定性判断,而最初的否定性判断则正是巴门尼德的"否定性存在"判断。从所是(what is)转向所非(what is not)既是哲学上的一次革命,更是悖论研究史上的一个突破。我们固然不能思考"所非"(的东西),但是我们确实可以给任何东西以思维规定,而有了关于"所非"的思维规定,我们

---

① 《亚里士多德全集》第一卷,苗力田主编,中国人民大学出版社 1990 年版,第 558 页。
② 同上,第 560 页。

当然就可以思考它了,就像我们可以思考各种各样的神话一样。但这样一来,也容易使我们自己陷于悖理性。而由此陷入悖论,则与客观世界的存在没有直接关系。

关于悖论的成因,存在两种极端的观点。一种观点导源于赫拉克利特,认为"悖论就存在在那儿"(paradoxes are out there);另一个极端则"把悖论与感官不协调联系在一起(trace our inconsistency to reliance on our senses)。芝诺悖论就是芝诺力图从日常感觉(常识)抽取悖谬支持(reinforce)巴门尼德的结论"[①]。但对于芝诺来说,也许在某种意义上事与愿违,芝诺悖论后来就成了与逻辑矛盾纠缠不清的悖论。

第二节　悖论不是单纯的逻辑矛盾

关于悖论理解的第二个问题是:悖论究竟是一种形式逻辑矛盾,还是一种非形式逻辑矛盾,比如辩证矛盾?

许多人认为悖论是一种逻辑矛盾,或者说它是一种特殊形式的逻辑矛盾,但越来越多的研究倾向于否定这种观点,有的极端观点甚至涉及悖论是不是逻辑范畴的问题。甘斯(Eric Lawrence Gans)就认为:"悖论不包括在逻辑中,不是一个逻辑范畴。"[②]彼得斯堡悖论(Petersburg paradox)在现代数学中不再,但在使用意义上却仍然是悖论,这说明悖论不止是逻辑范畴。查尔斯·普雷斯贝格(Charles Presberg)也认为,正像塞万提斯小说作品中戏谑地戏剧化,悖论的无数呈示以关于无限(无限倒溯、无限系列、各种循环、永恒)问题的各种变幻而出现,这是在单纯的逻辑或语言学意义上不可解的问题,而只有通过否定的方式才能接近。[③]悖论问题不仅不止是形式逻辑问题,而且主要不是形式逻辑问题。这主要表现为悖论的性质在形式逻辑的把握之外。正像赫勒斯坦所指出的:"说谎者悖论是真的还是假的? 布尔逻辑不能回答。"[④]这已经是悖

---

①　Roy Sorensen, *A Brief History of the Paradox: Philosophy and the Labyrinths of the Mind*, pp. xii-xiii.

②　Eric Lawrence Gans, *Sighs of Paradox*, Stanford University Press, 1997, p. 46.

③　Charles D. Presberg, *Adventures in Paradox: Don Quixote and the Western Tradition*, The Pennsylvania University Press, 2001, p. 3.

④　Nathaniel S. Hellerstein, *Diamond: A Paradox Logic*, p. 14.

论不是单纯逻辑矛盾的简要说明,而亚里士多德所涉及的"伪誓者悖论",则更充分地表明了这一点。

由于思维规定,我们可以仅仅由否定的规定而导致悖理性。亚里士多德不但讨论到这类的思维规定,而且可以由此引出一个比说谎者悖论涉及人类理性更深的悖论:

> 非存在存在可能吗? 但非存在确实是某种东西。同样,存在将不在,因为它并不是某种存在的个别事物。同一个人能够在同时既信守又破坏自己的誓言吗? 同一个人能够在同时既遵守又不遵守同一道命令吗?"存在某物"和"存在"不是同一的吗? 而非存在,即使它是某物,它也不会笼统地是。其次,如果一个人在某一特殊情况下或在某一特殊方面信守誓言,这也并不能必然得出结论:他就是一个信守誓言的人。但是如果一个人发誓要破坏自己的誓言,并破坏了这一誓言,那么他只是在这种特殊情况下信守了自己的誓言,而他并不是一个信守誓言的人;如果一个人不遵守命令,尽管他遵守了某一特殊命令,他也不是一个顺从者。涉及这种问题的论证也是如此,这种问题,即,问一个人是否能说某种东西同时既是真实的,又是虚假的。这似乎是一个很棘手的问题,因为人们不易弄清,这个"笼统的"限制是应用到"真实"上来,还是应用到"虚假"上来,但没有什么能阻止说他是一个笼统的说谎者,尽管他在某个特殊方面是真实的,或者他所说的事情中有一些是真实的,但他自己并不是真实的。①

在这里,亚里士多德事实上阐述了一个非常有意义的悖论。这个悖论与说谎者悖论一样具有特殊意义,而且两者恰成对照;但与说谎者悖论不同,亚里士多德所引出的这一悖论更能表明悖论不是单纯的逻辑矛盾。亚里士多德引出了一个"发誓将打破自己誓言的人"(who swears that he will break his oath),由此所造成的悖论可称之为"伪誓者悖论"(the swearer paradox)。它和非存在悖论一样,可以使说谎者悖论的意义得以进一步凸显。一个人立誓自己绝不守誓,可以简化为这样一句话:"我立誓绝不信守自己的誓言。"那是一个与说谎者悖论几乎等价的悖论:如果他要信守自己的这一誓

---

① 《亚里士多德全集》第一卷,第607页。

言,他就要不守信;而如果他要不守信,又必须信守这一誓言。

由于与说谎者悖论相比,"伪誓者悖论"涉及行为,因而比说谎者悖论更能表明悖论的实质。因为说谎者悖论容易被人认为只不过是文字游戏,而伪誓者悖论则不能了。事实上,说谎者悖论所涉及的是描述与作为自身前提规定的冲突,而伪誓者悖论所涉及的则直接就是我们的规定本身的冲突,因而悖论不再能理解为没有意义的逻辑矛盾,而是具有超出逻辑范围的更高层次意义。因此,伪誓者悖论能更充分地表明悖论的实质,不像说谎者悖论有时候仍可能被误解为单纯的逻辑矛盾。很可能正因为如此,"在几个世纪中,大多数研究者只是作为错误论证的一个范例提到说谎者悖论。他们实际上对亚里士多德那个发誓打破自己誓言的伪誓者例子更感兴趣"[1]。对伪誓者悖论更感兴趣是有道理的。当我们说说谎者悖论"等于什么也没有说",或者说说谎者悖论这个命题没有表达任何意义时,我们可以在伪誓者悖论中看到这种说法的武断性质:说谎者悖论和伪誓者悖论是类似的,而在伪誓者悖论中,我们可以清楚地看到,伪誓者的誓言不仅不是没有意义的,而且显然含义丰富。它们和芝诺悖论一样,是理解悖论成因的最好样本。

把悖论理解为单纯的逻辑矛盾,不仅不能很好地理解悖论,更为重要的是会有重要的认识后果。认为悖论是逻辑矛盾,就带来了一种力图将悖论排除于认识领域之外的努力。这种把悖论排除在认识领域之外的做法,显然与悖论在人类认识中的重要地位甚至运用悖论做出重要建树的事实不符。正如杨熙龄先生所指出的:

> 如果悖论就是逻辑矛盾,那就无须为类型论、语言层次论、多值逻辑这些理论和方法来大费周章。如果悖论就是逻辑矛盾,那么像证明论、递归函数论、模型论、公理集合论这些数理逻辑的研究也未必会产生。而且,如果没有悖论的启发,一系列局限性定理,如哥德尔理论,也都不可能产生。[2]

因此,杨熙龄先生认为,悖论和逻辑矛盾是完全不同的。只是他把它们的根本区别之一归之于悖论是循环的而逻辑矛盾是不循环的,认为它们的根本区别之一在于:

---

[1]　Roy Sorensen, *A Brief History of the Paradox: Philosophy and the Labyrinths of the Mind*, p. 198.

[2]　杨熙龄:《奇异的循环——逻辑悖论探析》,第 107 页。

逻辑矛盾是不循环的,就是因为它不循环,所以不反映真理。它反映认识的谬误,推理违反了形式逻辑的规则。①

事实上,逻辑矛盾也可以是循环的。逻辑悖论和逻辑矛盾的区别不在有没有循环,也不在它们是不是在形式逻辑上构成矛盾,而在于它们是不是构成更高层次内容的逻辑上的自相矛盾。只有在思维规定内容上,才可能构成更高层次内容的逻辑上的自相矛盾,而不仅仅是形式逻辑意义上的自相矛盾。形式上的自相矛盾是违反形式逻辑规则的问题,内容上的自相矛盾就超出了形式逻辑。而我们通常所谓逻辑矛盾,往往是与形式逻辑的不矛盾律相联系的。超出形式逻辑,就与思维规定的内容有关。

悖论不是客观世界所固有的,但悖论又涉及思维内容,而不是只具思维形式意义的纯粹逻辑矛盾。通常所谓逻辑矛盾是逻辑形式上的矛盾,如"A 为真,A 为假"。悖论则是涉及思维规定内容的自我冲突,即便是思维形式上的逻辑冲突造成的矛盾,也是涉及思维规定内容的矛盾,如"本命题为假"。悖论与通常所谓逻辑矛盾的不同在于:悖论不只是在形式逻辑上,更是在更高层次内容的逻辑上的自相矛盾。更简要地说,悖论不只是形式上而且是内容上的自相矛盾。作为形式化的悖论,它具有"奇异的循环";作为不构成循环的悖论,它涉及经验而不只是形式上的逻辑矛盾。"矛盾等价式"是悖论的特例——典型悖论的性质,而不是包括广义悖论在内的所有悖论的共同性质。所有悖论的共同属性是内容而不只是形式上的"自相矛盾",即"得出两个矛盾命题",并且所反映的是涉及思维规定内容的自相矛盾。而从更广泛的意义上说,更高层次内容的逻辑上自相矛盾的悖理性命题是悖论更一般的共同属性。如果悖论只是形式逻辑矛盾,那它就只涉及思维规定形式;而如果悖论是更高层次内容的逻辑矛盾或辩证矛盾,那悖论则不仅涉及思维规定的形式,更涉及思维规定的内容。

悖论所特有的自相矛盾是更高层次内容的逻辑意义上的自相矛盾;形式逻辑意义上的自相矛盾则是纯粹推理形式上的自相矛盾。由于只涉及逻辑形式,形式逻辑意义上的自相矛盾双方不存在对错;由于涉及思维规定的内容,更高层次内容的逻

---

① 杨熙龄:《奇异的循环——逻辑悖论探析》,第137页。

辑意义上的自相矛盾双方存在对错问题,存在对错就不仅存在意义,而且可能意味着重大转折点,一些悖论所具有的撬动重大理论转换的作用,正是在这个当口体现出来的。

在某种意义上说,悖论究竟是一种逻辑矛盾还是一种辩证矛盾的问题,实质上就是悖论是仅仅涉及逻辑形式上的矛盾,还是在逻辑上涉及内容的矛盾。悖论与逻辑矛盾的根本区别表明:悖论不可能是一种单纯的形式意义上的矛盾。事实上,所有的悖论都必定不仅涉及思维规定的形式,更涉及思维规定的内容。即使"本命题为假"这样一个不仅在表述上最为简洁而且思维规定内容涉及最少的悖论,也与简单的重言式命题完全两回事,它不仅与思维规定的内容有关,而且涉及对思维规定内容的有意义判断。只是由于它以自身为指称,因而其内容所涉及的事实似乎只是自身。而其逻辑基础表明,悖论深植于描述和规定的交织体——更高层次内容的逻辑之中,其所反映的是思维规定内容关系的逻辑问题,只是也表现为形式逻辑矛盾。

第三节 悖论本身不是一种推论

关于悖论理解的第三个问题是:悖论究竟是一种命题,还是一种推论? 这看似一个无关紧要的问题,事实上却关系到悖论成因的理解。只是这不是一个简单的对错问题,必须从两方面进行分析。

有学者指出,把悖论归结为一种具有矛盾性质的命题,"在理论上存在着如下误区:混淆了作为推论的悖论与作为悖论性命题的前提或结论","把悖论理解为一种推论比理解为一种命题或论断要妥当些"。[1]这里的确隐含着一个问题。一方面,悖论的确不应当是一般的命题,它应当关联着某种推论。现代逻辑的"命题和推论并无明确的区分,它们之间又常可互相置换",并不意味着它是一个"无足轻重的问题"。[2]另一方面,认为悖论就是推论也不合适,悖论本身不是推论。认为悖论是一种推论,甚至认为

---

① 沈跃春:《走出悖论定义理论的误区》,载《人文杂志》1995 年第 5 期。
② 张全兴:《走出悖论研究的误区》,载《人文杂志》1996 年第 6 期。

悖论是一种特殊的思维过程,悖论的完整形态"是悖论的前提、结论和推论形式三个要素组成的思维过程"①,则显然把悖论及其展开看作悖论本身。悖论的展开应当是悖论的证明,即使不加展开,"本语句为假"本身就是一个悖理性描述。应当说悖论不是普通的命题,而是以某种形式与推论相关联的命题。

悖论之所以不是一般命题而是以某种形式与推论相联系的命题,原因就在于悖论所关联的推论不在命题本身,而是在悖理性命题与涉悖规定之间;更在于悖论性命题不是纯逻辑形式的,而是通过描述和规定的交织,涉及关于事实内容的推断。

正是描述和规定的交织,才使悖论区别于单纯的平面命题,而是一个描述和规定的交织体;正是因为描述和规定的交织,悖论性命题涉及特定的事实断言,从而与推论内在相关。即使"本命题为假"这样一个似乎只是自身循环的所谓"悖论性语句",也涉及事实内容。"本命题为假"涉及对事实的陈述,与命题内容的事实有关,只是由于它以自身为指称,因而其内容所涉及的事实似乎只有自身。如果说,"一切都不可知"是涉及内容最多的悖理性命题,其所指包含一切,那么,"本命题为假"则是涉及内容最少的悖理性命题,其所指仅为自身。因此,只要还原到描述和规定的交织之中,就可以清楚地看到一个更深刻的事实:任何悖论都涉及事实内容,任何悖论所涉及的事实都不仅有自身,而且通过描述和规定的交织深入涉及自身之外的事实——作为描述前提的规定。由于涉及思维规定的内容,悖论性语句就是描述,悖论性描述的逻辑展开就是悖论。因此,悖论是悖论性语句的展开,也就是悖论性描述的展开。

在陈波教授对悖论的另一种表述中,我们可以得到一种不同的感受:"在一套公认的背景知识的基础上,如果从看起来合理的前提出发,通过看起来有效的逻辑推导,得出了两个自相矛盾的命题或这样两个命题的等价式,则称得出了悖论。"②这个"看起来合理的前提",显然不只是在逻辑形式意义上的,而是包含了"公认的背景知识",也就是说一定包含了事实内容。如果作为前提的背景知识放到描述和规定的交织之中,悖论的根系得以整个呈现,任何悖论就都不可能是纯形式的命题,而不仅都包含事实内

---

① 沈跃春:《论悖论研究中的两个问题》,载《现代哲学》1998年第4期。
② 陈波:《悖论:思维的魔方》,载《中华读书报》2007年7月18日。

容,而且都涉及关于这些事实内容推论的命题。因此,悖论究竟是命题还是推论的问题,所涉及的实际上是这样一个事实:悖论性命题是悖论推论的折叠,这意味着悖论是悖论性命题的展开。而一个包含了事实内容和关于这些事实内容的推论的命题,既不是一种一般的命题,本身也不是一种推论,它只能是包含对事实内容的有意义断言,即包含推论的陈述或命题,而这样的陈述和命题就是描述。而且,这种描述还是一种包含悖理性的特殊描述。

第四节　悖论是一种悖理性描述

通过有关悖论定义的上述三个问题,我们可以看到,悖论不是根源于客观世界所固有的矛盾,也不是单纯的逻辑矛盾,悖论是通过思维规定包含事实内容和关于这些事实内容的推论的命题。

悖论不是根源于客观世界的固有矛盾,这一点在被人们认为充满佯谬的量子领域表现得更为明显。事实上,正是波粒佯谬的性质,使我们看到关于悖论成因理解的新思路。早在科学的幼年,科学家们就光的本性提出了两个对立的理论:微粒说和波动说。粒子说把光看作是一种由微粒组成的小粒子流,而波动说则把光看作是一种波。自从波动说通过著名的"双缝实验"得到实验支持,光所表现出来的"波动"和"粒子"双重特性,就引领人们走进了微观领域的重重神秘。

自从爱因斯坦指出辐射现象具有波粒二象性,德布罗意发现物质也具有同样的性质,波粒二象性就成了量子理论中最著名的佯谬之一。波粒二象性的发现,使人们看到微观客体的行为有时像波动,有时又像粒子。而我们在宏观领域的经验表明,某个特定的物质客体不可能同时既是波动又是粒子,这两个概念完全不同。人们还发现,在某些实验中,电子的行为看上去像粒子,但又绝没有任何实验证明电子具有经典粒子的所有属性。同样,另一些实验则表明电子具有波动特性,但是也没有任何实验证明它具有波的所有属性。那么,怎样理解这种波粒二象性? 到底是微观客体本身具有波粒佯谬,还是宏观主体对微观客体的描述出现了新的情况? 经典物理学所无力面对的波粒二象性的奇异现象,把人们带到了一个新的认识领域。

从描述的观点我们可以看到,波粒佯谬不是源于客观世界的矛盾,而是源于我们对量子对象的主观描述。[①]在非存在判断中,这一点更为明显,"悖论的呈现在很大程度上都涉及一种对不存在的情景的描述"[②]。在这样的情景中,"知识和事实状况"及"主客体之间"等,都是些没有把握的遁词。

在当代科学事实和哲学研究中,现在已经有足够的信息可以明确:悖论是命题,只是悖论不是一般的命题而是描述的结果。而关于悖论的描述特性,甚至从我们有关阿米巴虫的描述都可以形象地看到。人们可能很早就为阿米巴(变形虫)一分为二后自身是否还存在的问题犯难:通过不断分裂繁殖的阿米巴一分为二后,变成两个个体,既不能说母变形虫作为其中的任何一个继续存在,又不能说它作为两个新个体存在。但阿米巴该怎么存在还怎么存在,它自身并不存在悖论问题,由此带来困惑的是人类的描述。表明悖论是悖理性描述而不是事实上的矛盾的悖论例子,则是理发师悖论的逃脱。理发师悖论中理发师不仅可以是女的、或说了句疯话逃脱,而且在现实中也不存在这样一个难以处理的矛盾。

悖论本身不是推论,但悖论是包含推论的描述,因为描述涉及作为自身前提的思维规定。悖论所包含的推论不在命题本身,而是在悖理性命题与涉悖规定之间,在描述和规定的交织之中。悖论是描述的结果,但以悖论为结果的描述不是一般的描述而是悖理性描述。因此,"在悖论性经验中,一般来说主体的回归比客体的排斥更重要、更基本。"[③]正因为与主体描述而不是客观事实相关,芝诺悖论没有证明客观运动不可能,反而揭示了其描述意义;所谓"不可能图形"事实上是"可能的图形",只是"不可能的物体"。这些都形象地表明:悖论不是客观世界的矛盾而是主观描述的结果,悖论是悖理性描述,因为这样的悖理性描述涉及作为自身前提的思维规定的内容。

悖论之所以是悖理性描述而不是笼统的悖理性命题,主要有两个原因:一是严格

---

① 参见王天思:《微观认识论导论——一种描述论研究》,第一章第三节。

② Doris Olin, *Paradox*, 2003, p. 9.

③ Eric Lawrence Gans, *Sighs of Paradox*, p. 40.

的描述才直观地展示了悖论的成因,而一般的命题则不能。一般命题不仅可以是凝固的,而且可以游离在描述和规定的交织之外,而描述则不仅可以是具有过程性质的活动,而且通过与规定的交织构成了推论,因此才能形成悖论。二是不仅并非所有命题都是描述,而且并非所有悖理性命题都是悖理性描述。悖理性命题可以只是形式逻辑矛盾命题,只有基于描述和规定交织的悖理性描述,才是构成悖论的特殊描述。

诚然,描述会构成悖理性,陈述当然也会,只是描述在比陈述更严格的意义上使用。描述保证陈述具有客观内容,从而能避免所研究的对象沦为语言游戏而不是真正的悖论。说谎者悖论是一个特例,正好介于二者之间,它成了人类语言性质和语言艺术等的综合标志。说谎者悖论真不愧为"悖论之王"。它不仅由于以自身为唯一指称构成一个最直接的悖理性描述,从而得以作为悖论以最简洁的方式呈现,成为悖论的经典特例,而且由于以自身为直接事实构成一个纯粹的悖论,从而得以绝妙地深藏于自身之中,只有在描述和规定的交织中,才能窥见其根植于自身之外的事实内容,呈现出与人类理性整个知识体系的深度关联。正是说谎者悖论表明,用描述而不是陈述的另一个意义在于:悖论的意义主要在对象的描述而不是主体的自我陈述中。

说谎者悖论是一个特殊的悖理性描述,一个能典型表明悖论性质的典型悖理性描述。它所构成的悖理性,不仅是研究悖论的最好标本,而且作为一个纯粹的悖理性描述,也是区分作为悖理性描述悖论的基准。

澄清了悖论的悖理性描述性质,进一步的问题就是:悖理性是怎样形成的? 这种悖理性是在什么意义上,以什么样的方式关乎着悖论的构成?

第6章　悖理性的描述根源

悖论之所以是悖论,就因为它包含着思维规定的内容而不仅仅是逻辑形式上的悖理性。关于悖理性构成的考察,就是关于悖论成因的探讨。作为在当时的知识背景下没有明显谬误的悖理性描述,悖理性的形成是我们要进一步探讨的问题。

悖论的区分标准是悖理性,但显然不是所有包含悖理性的描述都是悖论。悖论的悖理性与一般的悖理性有一个根本的不同,那就是在当时的知识体系中不包含明显的谬误。也就是说,悖论是在当时的知识体系中没有明显谬误的悖理性描述。

第一节　关于悖论的根源

在人们心目中,不管作为主观意识建构的命题还是客观世界所固有的矛盾,悖论都有 paradox 固有的含义:"令人难以置信"。悖论之所以令人难以置信,就在于人们认为悖论的前提或背景知识是正确的。这一点对于探索悖论的成因至关重要,因此张建军教授把这一因素纳入了悖论定义:"悖论是指这样一种理论事实或状况,在某些公认正确的背景知识之下,可以合乎逻辑地建立两个矛盾命题相互推出的矛盾等价式。"[①]

---

① 张建军:《关于悖论实质的几个问题——答马佩、黄展骥教授》,载《人文杂志》1998 年第 1 期。

这个定义不仅以"在某些公认正确的背景知识",将悖论与那些纯形式从而没有事实内容的矛盾命题做了区别,而且显然以一种不经意的方式,将悖论定义引向了更接近悖论成因的方向。但诚如马佩先生所说,这个定义也不够全面,因为悖论的前提或背景知识可能有谬误之处,定义也还是有问题的。因为,如果前提是真的,而且推理形式是有效的,那么结论必然是真的。而在悖论中,情景却与此完全不同。因此,虽然人们认为悖论的前提或背景知识是正确的,而实际上其中肯定包含有谬误之处。如果悖论的定义只讲到了人们认为悖论的前提和背景知识是正确的一面,却未讲到其中肯定包含有谬误的一面,这样的定义也同样是不全面的。于是,马佩先生反复斟酌后给出了悖论的如下定义:"悖论就是从人们认为正确的前提或背景知识(实际上其中包含有人们尚未发现的谬误)出发,通过有效的逻辑推导,得出两个互相矛盾的命题或两个互相矛盾命题的等值式。"①这个定义把人们的注意力进一步引向"前提或背景知识",引向其中可能包含的"人们尚未发现的谬误",让人清晰地感觉到,悖论的奥秘只能在"公认正确的背景知识"中去找。

从"公认正确"到肯定无疑地断言实际包含谬误,看起来似乎相反,但其实是走向悖论成因前后交替的两步。在张建军教授的定义中,有一个也许不太引人注目的重要之点,就是悖论不是一种引人误解的客观事实状况,而是"一种理论事实或状况"。这一点,即使本身不是已经说明,也很有利于我们理解这样一个问题:悖论不可能根源于客观世界所固有的矛盾。

马佩先生的悖论定义注意到了前提中的谬误,但没有注意到悖论也可能不是产生于"前提或背景知识"所包含的"人们尚未发现的谬误",而是产生于我们的描述本身的不完备性,比如概念或描述方式等。波粒佯谬就是一个典型的例子。由于只注意到前提中谬误的一面,自然而然就会得到悖论"只是人们主观错误所造成的一种虚幻的东西,实际上,真正的悖论根本不可能存在",甚至有了"悖论产生于思维混乱"的结论。②这一结论的得出,是把悖论问题看作单纯的逻辑问题的结果。把悖论问题与人类认识

---

① 马佩:《再论悖论的几个问题》,载《中州学刊》2001年第1期。
② 马佩:《关于悖论的几个问题》,载《中州学刊》1997年第2期。

和描述联系起来,就会看到这一结论是把悖论拦腰斩断了,而悖论的意义则恰恰主要在被斩去的那部分。

在人类认识中,除了有认识上的谬误,还有描述上的不完备性;而人类描述的这种不完备性是永远存在的。从人类描述与对象之间的关系看,描述的不完备性本身就表明悖论存在的可能性。悖论永远不可能存在于客观世界,但却会客观地存在于我们描述的世界;这就表现为我们描述中的悖理性。也就是说,悖理性描述的形成有两种方式:一种是前提和背景知识中的谬误造成悖谬性描述;另一种则是我们描述本身的不完备性造成描述中涉及思维规定内容的悖谬关系。

第二节　悖理性描述的规定因素

悖论成因的关键探索,开始于对悖理性描述中规定的关注。这可以追溯到对古希腊阿那克西曼德(Anaximander)"apeiron"的思考:"一个没有开始的个体毗邻矛盾。"[1]这就是"无限"在悖理性中的最早亮相。

关于阿那克西曼德的"apeiron",我们通常译作"无限者"或"无定"。它源自希腊词的"a"(意为"不","无")加"peras"(意为"限制""界限""规定"),是一个无规定的"规定",这也是西方哲学史上第一个无规定的"规定"。之所以把阿那克西曼德涉及的"无限者"(infinite being)描述看作最古老的悖论,是因为 apeiron 意谓"无规定",事实上它可能正相反,是人类思想史上第一个预设性规定。对于不能明确规定的东西,人们可以通过逻辑预设解决,而这个无规定性的预设本身必定包含悖理性。

无限者作为"无规定",事实上是没有作为自己前提的规定,自身就是规定。这个规定本身就是悖论,它是人类思想的必然产物。如果再追问其根源,关于"上帝创世前在做什么?"这一问题的两个答案是非常耐人寻味的。第一个答案是非理性的:"正在为问这个问题的人准备地狱。"这意味着问这种问题的人违背上帝的意旨,暗示人们不

---

[1] Roy Sorensen, *A Brief History of the Paradox: Philosophy and the Labyrinths of the Mind*, p. 1.

能把自己作为上帝追问；第二个答案则是理性的："在研究纯数学并在思忖如果做些应用会是个愉快的改变。"①这意味着把经验世界的根源归于逻辑世界，也意味着引出毕达哥拉斯学派的抽象数学致思。后来，从巴门尼德到芝诺，悖论研究从否定的规定或否定语义学过渡到无限规定。正是无限规定，使悖理性现象在哲学领域凝铸成一个越来越大的问号。

关于悖理性，早在亚里士多德那里就有详细的涉及。亚里士多德关于悖论的讨论，集中在《辩谬篇》(on Sophistic Elenchi)中。虽然亚里士多德把悖论当作谬误，但他的实际论述却对悖理性问题进行了非常有意义的探讨。

在《诡辩篇》中，亚里士多德有这样的讨论："将人们导向悖论的最平常的通例就是应用自然的和法规的标准，在《高尔吉亚篇》中卡里克勒斯就应用了这些标准，所有的古人都认为这些是正当的。他们认为，自然和法规是相反的，根据法规公正是美好的，而根据自然则不是美好的。所以，对于根据自然标准说话的人，你应当根据法规来回答，而当他根据法规说话时你一定得根据自然来进行论证；因为在这两种情况下他说的都是悖论。古人认为，符合自然的事物就是真实的，而符合法规的事物则是人类的一般观念。所以，很清楚，他们也像现在的人一样，试图驳倒回答者，或致使他作出悖理的陈述。"②亚里士多德的这一论述不仅涉及悖理性，而且以"自然的"和"法规的"两种不同标准的冲突涉入悖论的成因，而"符合法规的事物"是"人类的一般观念"，则更深入地涉及思维规定。

在人类认识的很长一段历史中，悖理性描述都被视为成问题的，但在很多领域，悖理性描述不仅不成问题，而且具有特殊意义和价值。悖理性描述不仅可以是艺术的美的表现，也可以是思想的深刻表达。由不可能图形发展起来的独特绘画是前者的例子，而后者的例子可以举出斯多葛学派的学说："只有那些知道他们不自由的人才是自由的。"道理很简单，我们能感觉到甜是因为我们知道苦，而马修斯则由此得到一个悖

---

① Roy Sorensen, *A Brief History of the Paradox: Philosophy and the Labyrinths of the Mind*, p. 18.
② 《亚里士多德全集》第一卷，第 579 页。

论定义:"悖论是一个与概念性真理(conceptual truth)相冲突的陈述。"①"概念性真理"就是建立在思维规定基础上的描述结果,在这个意义上,这一观点意味着对悖论描述成因的某种程度理解。而在关于规则的冲突中,则可以看到思维规定的更明显涉及。

由于规则之间的冲突引人注目,而规则又更是人为规定的,因而在规则悖论的研究中,对于导致悖论的冲突机制就特别具有启示意义。

在一个规则系统中,规则的相互冲突是理解悖论成因的重要端口;而规则悖论对于理解本身具有特殊意义,"正是这种规则悖论,即相互冲突规则的存在,对于理解至关重要"②。规则作为规定,在一个系统内的相互冲突构成自我冲突,这正是悖论自相矛盾形成的重要机制;而人类知识都建立在规定系统的基础之上,知识和理论中的悖论,正是作为一个整体的规定系统中的自我冲突,自相矛盾。因为"作为悖论,规则显得得到很好的刻画"③。规则的设定性质以及规则相互冲突的情形,对于理解悖论和规定的关联,从而对于理解悖论的成因,特别富有启示。

关于悖论与规定关联的关注,人们的认识经历了两个阶段,一个阶段是从公认正确的知识关注到悖论之悖的前提要素:"在词源上,悖论是某种背反(para)[公认]意见(dox)的东西。当今它意指一个似乎荒谬但有论据支持的断言。当人们不能确定哪一前提要放弃时,悖论呈现为'悖谬的'。"④这里的"公认意见"可以进一步理解为描述、理论甚至逻辑和理性。另一个阶段是注意到了悖论之悖与假设和前提有关。在剑桥哲学词典中,悖论是"一个基于看似真实的假定的看似合理的推理,却导向自相矛盾(或其他明显为假的结论)。一个悖论表明或者推理原则,或者基于其上的假定有缺陷"⑤。而在美国哲学百科全书中,"悖论是一个论据,它凭借严格的演绎从明显为真的前提推导出或看似推导出一个悖理的结论"⑥。而冯·赖特在说到二律背反时,对此有更深入

---

① Gareth Matthews, "Paradoxical Statements", in *American Philosophical Quarterly*(1974) 11, pp. 133-139.

② Fiona Haines, *The Regulatory Paradox*, Edward Elgar Publishing Limited, 2011, p. 2.

③ Ibid., p. 28.

④ Craig, E. (ed.), *Routledge Encyclopedia of Philosophy*, Routledge, 1998, vol. 7, p. 215.

⑤ Robert Audi(ed.), *The Cambridge Dictionary of Philosophy*, second edition, Cambridge University Press, 1999, p. 643.

⑥ Borchert, D.M. (ed.), *Encyclopedia of Philosophy*, 2ⁿᵈ edition, vol. 5, Thomson Gale, 2006, p. 514.

的阐述:"二律背反不是错误推理的结果。它们是根据错误前提正确推理的结果。而且它们的共同特征似乎是:不是这一结果即悖论,错误将永远不为我们所知。恰如人们可能永远认识不到分数不能被零除,除非他们实际上试图这样做从而得到矛盾的结果。"①这些悖论定义直接关注到了假定和前提,而这种与悖论成因相关的假定和前提常常与预设有关。

悖论与预设具有重要关联,"说谎者悖论和卡理悖论(Curry's paradox)一些版本的构成,建立在预设的基础之上,这些预设违反无害的限制。一旦其预设得以明确,就表明卡理悖论的其他版本完全不是悖理性的"②。预设在悖论成因中的特殊地位,对了解悖论的构成很有价值。当悖论的构成涉及预设时,就能看到悖论的清晰结构,从而甚至可以构造悖论。对悖论成因深有理解的庞德斯通(William Poundstone)甚至指出:"通过揭示一系列假设中的矛盾,悖论的发现者表明我们不像自己以为的那样理解这些假设。"③正是由此,我们可以说庞德斯通窥见了悖论的秘密。

悖论构成中描述和涉悖规定的关系,晓示着悖论研究的思维规定进路。由思维规定,悖论成因的研究越来越接近定位到关键所在。塞恩斯伯里(R. M. Sainsbury)对于悖论的理解就触及"未明瑕疵"。"这是我所理解的悖论:通过明显可接受的推理从明显可接受的前提所推出的显然不能接受的结论。现象必定具有欺骗性,因为通过可接受的推理步骤不可能从可接受推出不可接受。因此,我们通常有一个选择:要么结论并非真的不可接受,要么就是别的,由以出发的前提或推理具有未明瑕疵(non-obvious flaw)。"④这里的"未明瑕疵",不仅正是悖论构成的关键所在,而且是悖论所晓示的通向人类认识更深层次的端口。雷歇尔更认识到,"悖论出自我们承诺(commitment)之间的冲突(clash)或矛盾(conflict),它们是认知过度承诺(overcommitment)的产物。"⑤

① G. H. Von Wright, *Philosophical Logic*, Blackwell, 1982, p. 24.

② Laurence Goldstein, "The Barber, Russell's Paradox, Catch-22, God and More: A Defence of a Wittgensteinian Conception of Contradiction", in G. Priest et al. (eds.), *The Law of Non-Contradiction*, Oxford University Press, 2004, p. 319.

③ William Poundstone, *Labyrinths of Reason: Paradox, Puzzles, and the Frailty of Knowledge*, p. 22.

④ R. M. Sainsbury, *Paradoxes*. Cambridge University Press, 1995, p. 1. 重点号为引者所加。

⑤ Nicholas Rescher, *Paradoxes: Their Roots, Range and Resolutions*, p. 9.

这个"承诺"实际上就是规定或作为规定的描述,这就不仅更凸显了规定的主观色彩,而且既揭示了规定又揭示了描述在悖论构成中的地位。事实上,当代悖论研究已经出现从规定入手解决悖论问题的探索。

当代关于规定(stipulation)问题的研究,可以追溯到弗雷格(Gottlob Frege)。在《论涵义和指称》这篇重要论文中,弗雷格不仅开先河地讨论了预设概念,而且第一次在当代语境中明确提及规定(stipulation)问题。弗雷格对于规定的涉及,与维特根斯坦的那个奇特命题(见本书第一章)构成了当代关于规定问题研究的两道特殊风景。维特根斯坦关于规定的相关思考,都跟这一奇特命题关联在一起,所表现出来的主要还是对规定的朦胧意识。这种朦胧意识在克里普克那里发展成对"规定"(stipulation)概念的明确使用和规定问题的正面研究。

在当代关于规定问题的研究中,一条重要进路是在悖论消解中研究规定。与悖论相联系的研究,大大深化了对弗雷格和克里普克关于规定问题探索的理解。关于规定问题研究的一些正面推进,又相应深化了关于"规定"的研究。有些研究不仅论及规定,而且讨论到虚假规定(false stipulation)。更为重要的是,深入涉及用虚假规定的概念消解语义悖论。这方面,戈尔茨坦(Laurence Goldstein)的研究最早也最具代表性:

> 我们可以规定(stipulate)
>
> x＝y＋1
>
> 只要"x"和"y"先前都没有赋值。但在标准算法中,我们不能规定:
>
> z＝z＋1
>
> 因为没有数与其相邻数相等。
>
> (由此导出,同样,)人们不能规定
>
> k＝"k 非真"
>
> (从而认为):说谎者悖论根源于一个虚假的规定(a false stipulation)。①

这是从规定入手消解悖论的最早努力,只是由于对规定本身的认识局限,戈尔茨坦仍

① Laurence Goldstein, "False Stipulation And Semantical Paradox", in *Analysis*, Vol. 46, No. 4(Oct., 1986), pp. 192-195.

然把悖论看作不合法命题,从而限制了关于悖论研究的进一步深入。

在规定与悖论相关联的研究中,米尔斯(Eugene Mills)更进一步。他从一个十分重要而又非常有趣的问题开始:"我们可以规定(stipulation)'草是绿的'这个句子所说的只是草是绿的,而不是草是绿的这个命题为真吗?"通过论证,米尔斯认为:"所有人都会承认,我不能通过单纯的规定使自己成为一个伟大的运动员。然而有一种天真的观点,认为语词的意义涉及之处,我们完全可以规定任何事物。诚然,如果我有某种先前的方式确认一命题 P,便可以随机选取一个词或一个短语规定我今后将用那个语词或短语指称 P。然而,规定一旦给定语句将用于表达一个在先确认的命题,则是完全不同的另一回事,而且并非总是可能的。……我们也许可以(在一定限度内)规定我的语词表达哪个命题,但我们不能规定命题存在。比如,我不能规定一个语句表述一个既真又假的命题。也许,我们可以争辩说可以这样做,正像我可以吹牛式地争辩我是个伟大的运动员,但那与此无关。我们可以为所有假的甚至必假的事物争辩,然而超出了规定的范围(beyond stipulation)。同样,我们可以规定一语句表达一个命题,这个命题并不蕴含自己的真,或者不自认为那是真的。"[1]在米尔斯的研究中,虽然说谎者悖论的解决只是通过思维规定的研究进行消解,但由说谎者悖论的消解进入思维规定的研究,的确达到了一个新的深度。

悖论研究的思维规定进路至关重要,但如果只是简单地认为"规定不能为假。除此之外悖论消解无需其他"[2],那就将走向悖论问题研究的正确方向的脚步停留在门口了。实际上,很多悖论都不是简单地因为存在前提或推理具有"未明瑕疵",而是有更复杂的构成机制。有人认为:"罗素悖论不是建立在任何这类有缺陷定义或规定的基础之上,因此应当采用不同的方法处理。"[3]因为这类悖论的构成与描述方式密切相关,而描述方式本身的问题,则往往并不涉及描述形式之外的内容。

说谎者悖论的原初形态无疑涉及描述形式之外的内容,但随着它由"半截子悖论"

---

[1] Eugene Mills, "A Simple Solution to the Liar", in *Philosophical Studies* 89(1998), pp. 197-212.

[2] Sven Rosenkranz and Arash Sarkohi, *Platitudes Against Paradox*, Erkenntnis(2006) 65, p. 325.

[3] Ibid., p. 321.

不断简化,到最简单的"本语句为假",性质就发生了根本的变化。"不能有为假的规定或既非真又非假的定义"①,就将这一最简形式的说谎者悖论变形排除在外了。"目前我们考虑到说谎者悖论的这样一些版本,它们都建立在规定定义(stipulative definition)或真值条件规定(stipulations of truth-conditions)的基础之上,那么关于说谎者悖论的其他版本怎么样?考虑原初的说谎者语句'本语句为假',这里并不涉及定义或规定。"②"毫无疑问,如果'本语句为假'没有任何命题内容,它也将不能为真。"③这就意味着,悖论的成因远远超出形式逻辑的真假命题,涉入逻辑的更深层次。

第三节　悖理性:描述和规定的冲突

在悖论的成因分析中,有归结为客观世界本身矛盾的,也有归结为客观世界与主观思维之间矛盾的。张建军关于悖论根源的简述则表现出从客观事物本身粘连到(涉及)agent 的规定本身。"悖论产生于人类思维'超出它自己的进行分离的规定,并且要联系它们'之时。这些用于进行分离的规定是一些范畴,诸如我们谈到的个别与一般、肯定与否定、间断性与连续性、静止与运动,等等。在利用这些范畴进行的抽象思维的基础上,再对它们本身进行考察时,若仍然局限于固定范畴的知性思维方法,考察它们的联结,或考察它们的联结的最高问题(存在和非存在的关系、真与假的关系等等),便会产生悖论性的冲突。用哲学的术语概而言之:悖论产生于在人类思维中进行相对与绝对的'割离性'联结之时。这便是辩证哲学对于悖论根源的一种深层把握。"④对悖论成因的辩证哲学把握,就是悖论研究的逻辑基础进路。在这里,作为悖论成因的冲突机制则集中到了逻辑矛盾。这就涉及从形式逻辑到辩证逻辑的关联机制,涉及悖论研究根本关联而推进逻辑本身发展的重要过程。正因为如此,悖论研究大大推进了逻辑

---

① Laurence Goldstein, "The Barber, Russell's Paradox, Catch-22, God and More: A Defence of a Wittgensteinian Conception of Contradiction", in *The Law of Non-Contradiction*, p. 298.

② Ibid., pp. 328-329.

③ Ibid., p. 329.

④ 张建军:《科学的难题——悖论》,浙江科学技术出版社 1990 年版,第 240—241 页。

学本身的发展。

作为悖论研究过程中提出来的逻辑理论,弗协调逻辑正是悖论价值挖掘的产物。悖论逻辑和双重真理论也是悖论推动逻辑理论本身发展的结果。这样,悖论和形式逻辑矛盾之间的关系也就可以看得更清楚。

悖论肯定涉及逻辑矛盾,否则不构成所谓悖论,这没有什么问题,但关键是悖论不仅仅是逻辑矛盾,而是以逻辑矛盾的方式表达了丰富的逻辑和经验内容。因为悖论只是在形式逻辑上表现出悖论,但本身并不是逻辑形式问题,而是涉及更高层次内容的逻辑,因而反映的是描述、规定及其建立于其上的理论和逻辑问题。

形式逻辑矛盾是形式逻辑意义上的相互冲突,严格说不是真正意义上的悖理性,因为悖理性是思维规定内容意义上的自相矛盾,而仅仅逻辑形式上的矛盾并不构成悖论性自相矛盾。在这个意义上,形式逻辑矛盾并不构成悖理性,只有在更高层次内容的逻辑意义上,才存在真正的悖理性;只有在更高层次内容的逻辑中,才能构成悖论所特有的自相矛盾。因此,悖论是更高层次内容的逻辑意义上的悖理性,因此悖论就往往反映了我们的描述、规定、理论和逻辑的深层次问题。由于更高层次内容的逻辑就是思维规定内容的逻辑关系体系,因而,逻辑矛盾所表明的是描述及理论的形式逻辑方面的问题,而悖论所表明的则是描述和理论的更高层次内容的逻辑方面的问题。

由于悖论不是形式逻辑矛盾,因而不可能有一个形式逻辑意义上的共同逻辑结构。西姆逊的"对角线悖论"的结构是对"矛盾等价式"悖论的形式刻画。普利斯特的"围笼模式"则是一个积极的开放结构。正是由此,普里斯特提出了存在"真矛盾"的悖论逻辑,在悖论属于辩证矛盾的研究路向建立了系统理论。

悖论类似辩证矛盾,但由于辩证矛盾以及辩证法本身的刻画所存在的问题,很多学者不能接受悖论是辩证矛盾的观点。把逻辑悖论看作本体论意义上的辩证矛盾,正是由辩证法刻画问题引出的辩证法实在化观点;而把逻辑悖论看作是认识论意义上的辩证矛盾,则有更好刻画辩证矛盾的趋向,但这种观点把悖论的根源归结为思维的本性,则是把悖论成因实在化的相反致思。悖论的真正成因既不单纯在客观过程,也不单纯在主观思维,而在二者之间的生成物。

由于悖论的成因在客观对象和主观思维之间的生成物——也就是 agent 的思维产物，那么悖论就既不可能避免，也不可能最终解决。就像软件程序的 bug 不可能避免，软件编程不可能终止 bug 一样。而且，软件的 bug 可能更多是消极（当然也有预示程序设计突破的 bug），但悖论通常是进入更高层次描述和理论甚至逻辑的门径和端口，因为它们是已有描述、理论和逻辑局限性（得以成立的具体条件）的标示，因此最终解决悖论之所以不可能，甚至都不是在不可能最终解决悖论的意义上，而是在这个意义上说：不能把标示已有描述、理论和逻辑已超出其所适用的具体条件，因而必须升级的信号给淹灭了，因而不是悖论不可能最终解决，而是不能（不可以）最终解决。

因此，悖论问题研究的关键是确定悖论的成因，这也是悖论研究的最困难所在。在 P→(q↔~q)∨(q∧~q)这一条件命题中，难题就在于确定这个导致悖论的 P，也就是 P 导致悖论的原因和机制，不同的研究者会有不同的认识并做出不同的选择。①悖论描述成因的探索，可以为此提供具体的方法：通过精确描述的结构，发现导致悖论的假定前提。只是目的不是为了要消除这一前提，而是找到这一前提导致悖论的原因。因为确定悖论成因不是为了消除悖论本身，消除悖论只对已有描述、理论和逻辑有意义，而对于描述、理论和逻辑等的更新升级则至少是自毁前程的事情。

由描述和规定的交织到悖论的逻辑基础可见，悖论及其研究是一个整体性很强的问题。一方面，越是深入涉及科学的具体悖论，越必须在该学科领域具体理论的基础上揭示其成因，从而找到现有描述（方式）、理论的局限性所在；另一方面，越是高层次的理论问题，越与哲学密切相关，越必须在哲学理论和思维的整体观照中进行。正是在这个意义上，我们可以看得更清楚：悖论问题绝不是单纯的逻辑问题，它是具有根本性质的哲学问题。悖论问题的哲学研究，不仅必须为具体悖论的研究提供作为所有悖论共同基础的涉悖描述和规定问题，特别是涉悖逻辑问题及其解决方案，而且必须为解决涉悖描述和规定问题及逻辑问题，推进逻辑学的发展，从而为包括自身在内的所有学科具体悖论问题的研究，提供新的描述和规定及逻辑基础，最终为各学科具体悖

---

① 参见陈波：《悖论研究》，北京大学出版社 2017 年版，第 504 页。

论的研究和涉悖学科的发展作出必要的基础工作,同时推进逻辑学和哲学本身的发展。

由于悖论的复杂性,悖论的成因可以从具体悖论的具体成因到一类悖论的类成因,直到所有悖论的基本成因。悖论问题哲学研究的任务,首先是揭示悖论的基本成因,从而为具体悖论成因的揭示提供理论上的整体观照。这是在抽离具体条件的情况下要做到的。在此基础上,再根据悖论的基本成因对悖论进行分类,在根据成因进行悖论分类的基础上,揭示悖论的类成因,对悖论的成因进行系统刻画,从而为不断切入更具体的条件逼近具体悖论成因的分析,为具体学科中的具体悖论成因提供越来越具体的理论参照,甚至直接揭示一些具体悖论的成因。通过具体悖论成因的揭示,构成悖论成因研究从一般到具体的过程,不断推进新悖论成因的研究,从而推进涉悖学科、涉悖领域的跨层次发展。

总之,正是在作为描述前提的规定层面,正是在描述和规定的错综交织中,我们可以看到悖论的基本成因。

第 7 章　悖论的基本成因

作为悖理性描述,悖论都是我们描述和规定交织而成的理论、系统、逻辑等构成的悖理性结果。无论什么悖论,都与描述和规定的交织密切相关。悖论构成从描述中规定的混淆到矛盾等价式,呈现一整个系列。这个系列从悖谬到悖理,都以"悖"为根本特征。"怪""与常识相矛盾""难以思议和处理"等,均源自悖而非直接来自悖论。

第一节　描述和规定的交织构成自我冲突

关于悖论成因的观点众说纷纭,这里主要讨论两种与引出我们的结论密切相关的观点:"非直谓定义"和"否定概念的自我涉及",从而揭示悖理性构成的内在机制。

关于悖论的成因,自古以来就有各种各样的看法,但在严格的悖论被发现,从而人们开始对悖论的成因进行严格意义上的探讨以前,这些看法都基本上可以简单地归结为"客观说"和"主观说"两种典型观点。如上所述,"客观说"认为悖论是客观世界的固有矛盾,"主观说"则认为悖论就是逻辑矛盾。关于悖论成因的严格意义上的探讨,则是集合论悖论发现之后的事情。最著名的集合论悖论是罗素 1902 年提出来的"罗素悖论",我们前面提到的理发师悖论,虽然是罗素悖论的通俗形式,但这一拟化形式与罗素悖论还不是完全等价的。

在数学上，人们把若干对象适当归类构成的整体称为集合，而把构成集合的对象称为集合的元素。根据集合与构成集合的元素的关系，可以把集合分为两类：一类集合把自身也作为元素包括在内，比如，"概念的集合"本身也是一个概念，"所有非生物的集合"本身也是非生物。集合本身也是自己的元素，这种集合称为非常集。另一类集合则不把自身作为元素包括在内，比如，"桌子的集合"本身不是桌子，"所有自然数的集合"本身并不是一个自然数。集合本身不是自己的元素，这种集合称为平常集。这样，我们就有了一个特殊的集合，它是由所有不以自身为元素的集合构成的，这个集合称为"罗素集"。

由罗素集可以引出这样一个问题：罗素集是否以自身为元素？或者说罗素集包含不包含它自身？如果它以自身为元素，包含自身，根据罗素集的定义，则罗素集不以自身为元素，不包含自身；如果它不以自身为元素，不包含自身，又有罗素集以自身为元素，包含自身。这就是著名的"罗素悖论"，正是它引发了第三次数学危机。

人们通常认为，集合论悖论和语义悖论是两类严格意义上的悖论，而罗素悖论和"说谎者悖论"则被看作是这两类悖论的最典型例子。人们甚至认为，解决了罗素悖论和说谎者悖论，就解决了所有悖论。也就是说，揭示了罗素悖论和说谎者悖论的成因，就揭示了所有悖论的成因。

由于涉及数学的基础，集合论悖论的发现使解决悖论的需要空前强烈，这也大大激发了人们探索悖论成因的努力。在罗素之后，法国第戎公立中学教师理查德(J. Richard)发现了另一个集合论悖论——"理查德悖论"，并提出了集合论悖论的解决办法：避免一个集合中包含这样的元素，这个元素本身需要借助于这个集合来定义。由于这样一来的确能够避免集合论悖论，因而引起了著名数学家彭加勒(Jules Henri Poincaré)的高度重视。彭加勒把理查德要排拒的定义称为"非直谓定义"(non-predicative definition)，它借助一个整体来定义一个概念，而这个概念本身又是属于这一整体的元素。

所谓"非直谓定义"，就是一种仅在定义对象被假定存在时才有意义的定义。"非自谓的"形容词的定义就是一个"非直谓定义"。如果根据某一性质将形容词分为两大类，再把这一性质看作一个形容词，并问它属于哪一类，就会出现悖论。要避免悖论，就应当禁止使用非直谓定义，禁止使用"旨在通过提及归属于一个概念的一切可能对象的整体来判别一个归属于那个概念的对象的定义"。彭加勒由此认为"非直谓定义"是集合论悖论的根源，因为当时认为集合论悖论和语义悖论可以代表所有的悖论，而悖论的根源是"非直谓定义"。

彭加勒的主张得到罗素的赞同，其"非直谓定义"思想为罗素所迅速接受。罗素认为，"非直谓定义"造成了一种"恶性循环"。正是在"非直谓定义"的基础上，罗素形成了自己的"恶性循环"思想，提出了"恶性循环原则"：

> "涉及一个集合的全部元素的对象，一定不是这一集合中的一个元素"；或者相反："如果假定某个集合有一个总体，而且这个总体包含由自身唯一可定义的元素，那么这个集合就没有总体。"[注：当说一个集合没有总体时，我是指关于它所有的元素的陈述是没有意义的。而且我们将发现：这一原则的使用需要在所有和任何之间作出区分。]①

简单说来，所谓"恶性循环原则"就是："任何涉及一个集合整体的对象都不是这一集合的元素。"也就是说，正是由于违反了这一原则，那些非直谓定义陷入了恶性循环，从而导致了悖论。"所有悖论都源于这样的事实：指称某个类的整体的表达式自身又表示这个类的某个元素。"②而如果不用非直谓定义，就不会产生这类悖论。这样一来，集合论悖论是避免了，但更严重的问题接踵而至。

如果不使用非直谓定义，数学中的许多概念都不能使用，包括微积分中必不可少的"上确界"（比一个特定集合中所有分子都大的一个最小数）概念。不使用非直谓定义，甚至康托定理这样重要的集合论定理都无法证明。而按照彭加勒的逻辑，事情比这还要严重：由于集合论乃至符号逻辑本身都不可能摆脱"非直谓定义"，因而都应当被抛弃。可能这还不是最严重的后果，更为严重的是，罗素由此推出结论："涉及所有分子的命题是无意义的。"③这一结论意味着，对于悖论问题的这种研究，不仅不可能深

---

① 罗素：《逻辑与知识》，苑莉均译，商务印书馆 1996 年版，第 76 页。

② B. Russell, "Mathematical logic as based on the theory of types", in *American Journal of Mathematics* 30 (1908), p. 101.

③ 杨熙龄：《奇异的循环——逻辑悖论探析》，第 31 页。

入哲学层面,而且将导致对哲学本身的否定。

对罗素和彭加勒来说,逻辑悖论说到底就是说谎者悖论和罗素悖论,因此他们认为一个正确的解悖方法必须同时解决这两个悖论。这是最低要求了,真正正确的解悖方案应当同时还能解释比这多得多的广义悖论,而不能只是简单地把它们排除在悖论之外。正是因为罗素和彭加勒的“低要求”,他们把悖论的成因归结为只有对这类悖论才是必不可少的“恶性循环”,因而充其量只能涉及与部分悖论成因有关的要素,而不可能真正揭示悖论的成因。其实,与其说是罗素的“恶性循环论”没有捕捉住悖论的成因,不如说是通过抓住自我指称造成的“恶性循环”,并不能抓住悖论问题的关键。

由此我们可以看到,把悖论的根源归结为“非直谓定义”,呈现出这样一条逻辑思路:非直谓定义是涉及自身的定义,而这种定义涉及“自身”的这个整体是不合法的,因为它在定义自己的成员时,要涉及这个整体本身。正是这种不合法的整体,造成一种“恶性循环”,而这种“恶性循环”使所有悖论具有一个共同特征:“自反性”或“自我指称”。由此认为悖论根源于“非直谓定义”,归根结底就是认为悖论根源于语句的自我指称,悖论产生于语句的自指。在很长一段时间内,人们把悖论的成因指向自我指称。一种形象的说法是:当自我指称从门里进来,逻辑意义(logical sense)便从窗口飞出去了。①后来才认识到,自我指称虽然在有些悖论的形成中具有至关重要的意义,但它并不是悖论的成因本身;描述自指只是以自身为前提构成自身与自身冲突的悖论形成的必要逻辑条件。

自指并不必然导致悖论,这促使人们对悖论的成因进行更深入的探讨。人们发现,与悖论密切相关的除了“自我指称”,还有“否定概念”,而“否定概念的自我涉及”,就一度被认为是悖论的成因。目前,“自我指称”和“否定概念”就成了较为公认的悖论形成的两个要素。杨熙龄先生由此作了一个很好的概括,他把悖论的成因归结为“否定概念的自我涉及”。

关于悖论的成因,我一直认为是:否定概念的“自我涉及”。西方逻辑学界早

<hr>

① Robert M. Martin, *There Are Two Errors in the the Title of This Book: a Sourcebook of Philosophical Puzzles, Problems and Paradoxes, Revised and Expanded*, p. 127.

已公认"自我涉及"是造成悖论的"主犯"。但我认为"主犯"并非"自我涉及",倒是"否定概念"。

但是否各种"否定概念"都可以造成悖论？冯·拉埃特曾经提出这个问题。其实真正的否定只有一种，即一事物、一概念的"特定的"否定，这种否定就包含在一事或一概念自身中。……一个概念的否定，也只能是它自身。"非概念"，就是一个概念。

至于"自我涉及"，则无非是形式逻辑推理为概念提供的一种特殊条件，造成否定概念自己和自己的关系，而排除一切外部关系。"对角线"方法生动地表现了造成一个否定概念"自我涉及"的程序。"自我涉及"只是一个条件，它本身不一定造成悖论。[1]

把悖论的成因归于"否定概念"的自我涉及，有一种不可抗拒的吸引力。在这里，"否定概念"不是就概念的逻辑形式或外延，而是就概念的内容或内涵而言的，因而事实上立足在（概念）规定的研究上。因为在概念内涵的规定中，否定概念的规定常常导致悖理性。如"非概念""不可知""不可信""不可判定"，等等。当这些否定概念通过描述走向极端，成了全称判断后，就会导致悖理性。这种具有悖理性的概念一旦作为描述前提的规定，往往就会因自我涉及而导致悖论。

"否定概念"与"自我指称"相关联，也许会给我们带来新的启示。否定概念的自我涉及究竟在什么意义上造成悖论？让我们通过说谎者悖论做一探讨。

在对说谎者悖论的探究中，人们最为关注的是语句的"直接自指"。由上述分析我们看到，这是把作为形式的逻辑条件视为悖论产生根源的结果。不仅直接自指可以导致悖论也可以不导致悖论，而且直接自指只是某些悖论形成的必要逻辑条件。许多悖论的形成并不是非有直接自指的逻辑条件不可，具体如芝诺悖论及各式各样的连锁悖论。

自我指称并不必然导致悖论，否定概念本身也不能形成悖论，而且否定概念也不是所有悖论都具有的特征。只是由于描述中的否定概念往往由于自我指称构成了描

---

[1] 杨熙龄：《奇异的循环——逻辑悖论探析》，第 252 页。

述与否定概念隐含的被否定概念的冲突,使描述本身具有悖理性。比如以否定概念"不可信"形成描述"什么都不可信",作为该描述的隐含前提是"我说的是可信的",这是作为我们说话前提的隐含规定,这样一来,该描述就与作为其隐含前提的规定相冲突,从而导致悖论。"特洛伊不存在"和"没有人能指称雅典"一样,都是最后导向"没有人能描述""没有人能思考"等,即导向对理性本身的否定。这种描述之所以是"自我否证"(self-defeating)的,就因为它们构成了对作为自身前提的规定的否定。这是罗素的摹状词理论与悖论相联系的内在原因。"柏拉图—苏格拉底悖论"虽然看上去是两个关联描述的冲突,实际上则是说谎者悖论的展开形式。而在连锁悖论和芝诺悖论中,则在描述中涉及两个不同规定的冲突。这两个规定由于描述关联而相互冲突并导致悖论。在这里,悖论都与描述和规定的交织所构成的冲突有关。只要自我指称不导致否定概念及其否定对象之间的冲突,就不会导致悖论。自我指称甚至否定概念都只是描述与以自身为前提并与自身发生冲突造成的悖论的必要逻辑条件。而描述的悖理性,则归根结底源自描述和规定的交织构成的冲突。因此,我们可以得到这样一个结论:

描述和规定的交织构成自我冲突是悖论产生的根源。

对于这一悖论成因中的"冲突",不少文献已经有所意识。比如《韦布斯特字典》关于"paradox"的定义就很明显:

这是两个原则之间的矛盾,而这两个原则都被判定为真。[1]

也许我们还不能由此就联系到描述与规定的交织造成的冲突,但可以感觉到应当与悖理性的发生机理不无关系。

悖理性的发生有两种可能,一种是作为前提的规定隐含错误;另一种则是我们描述工具和方式等的特点(比如人类学特点)或局限性(或使用规范和目的等有关)。描述工具和方式等的局限性,在基于概念的二分法规定的描述中表现得最为典型。很多悖论都与概念规定的二分法描述密切相关,而"集合论悖论"则是最为典型的例子之一。

在集合论悖论中,"给不给自己刮胡子的人刮胡子的理发师""总目录"等两难的产

---

① 转引自杨熙龄:《奇异的循环——逻辑悖论探析》,第 84 页。

生都是二分法描述造成的。"理发师"既不是只给自己刮胡子的人,也不是给自己刮胡子的人,而是另一个类。这个类由于超出了给不给自己理发这样的二分法分类依据,所以在这种两分中"强行"将它归类必定导致悖论。

作为悖论的基本成因,描述和规定的交织所造成的自我冲突,既可以是描述和规定的冲突,也可以是描述构成的规定之间的冲突。理发师悖论中是作为村民的理发师和作为理发师的村民这两个寓于同一个人的不同规定的冲突;说谎者悖论是描述与作为自身前提的规定之间的冲突。这是描述和规定之间冲突的特殊形式,所形成的是典型悖论。"卡片悖论"(card paradox)则是悖理性冲突中描述和规定关系的典型表现,关联描述之间的冲突是其形式,而其实质则是关联描述之间互为规定。关联描述构成的悖论,甚至是将典型悖论——特别是说谎者悖论的涉悖隐含规定明摆出来的绝妙形式。

关于悖论,我们也可以在有的词典中看到这样的定义:"荒谬的真实"。这一悖论定义正是描述中两个规定之间冲突的形象写照。这一定义本身也表明,悖论一定是描述和规定的交织所构成的冲突造成的。不构成描述中规定的冲突,就不存在悖论。因此,人们通常所说的悖论很多都不是严格意义上的悖论。比如所谓"投票悖论"(paradox of voting)就不是严格意义上的悖论。甲、乙、丙三人以少数服从多数的原则从 A、B、C 三个方案中投票选出最佳方案。三人对三个方案的选择顺序是:

甲:A、B、C。

乙:B、C、A。

丙:C、A、B。

如果三选一,三个方案各得一票;如果三选二,两个方案各得两票。无论投多少轮,三个都可能被选为最佳方案。因此,用少数服从多数的原则,永远产生不出一个令所有人满意的结果。

这个所谓的"投票悖论"不存在描述与作为其前提的规定之间的任何冲突,除非把投票定义为使所有参加投票的人都达到一致意见的行为才会存在这种悖论,因为表达自己的意志本身和取得一致意见是相悖的。

"悖"的意思即"违背",正是指的描述与规定、描述中规定和规定、事实及常识直至与发展中的理性相悖。与常识相冲突并不一定导致悖论,因为科学命题突破常识本身已经是常识。只有描述和规定的交织造成自我冲突才导致悖论。同样,与直觉相悖也是如此,除非把直觉也理解为规定,看作表现为直觉的规定。与常识或直觉相悖就是与经验相悖,因为与描述或关联描述中所涉及的其他规定相冲突的规定是常识或人们的直觉,而常识和直觉往往是以往经验的日常总结或结晶。这正是很多悖论特别是重要悖论绝非我们必须消除或避免的问题,而可以是知识发展中最具更新性环节之一的根本原因,也是我们深入系统分析悖论形成具体机制的必要性和意义所在。

第二节　描述和规定的交织构成自我冲突的描述折叠机制

所有涉及描述和规定的冲突,都是在描述中实现的,只有描述和规定的交织,才可能构成描述或知识体系的自我冲突。描述和规定的交织构成自我冲突的机制,主要是描述折叠。描述折叠就是描述造成的降维,其形象类比就是三维物体投影成二维。凡是将对象降维的描述都会造成折叠,无论是形象描述还是抽象描述,都可能造成维度的压缩。正像投影,线性、平面和立体过程描述都可能形成折叠,具体事物过程的抽象描述也具有同样的折叠机制。由形象描述造成的形象折叠和由抽象描述造成的抽象折叠,都可以造成描述中所包含的规定的冲突,构成悖论。这是许多悖论的构成机制,根据其形态,描述折叠可区分为形象描绘折叠和抽象描述折叠两种类型。

一、形象描绘折叠

形象描绘折叠包括空序折叠、时序折叠和空时折叠。一些不可能图形是空序折叠的产物,即三维不可能物体折叠为二维。不可能图形通过空间折叠构成构形冲突,生成一种不可能的艺术,达到全新的艺术效果。最典型的例子是"彭罗斯三角形",那是一个不可能的三维三角形,通过形象描绘折叠成二维,使其成为可能的二维图形。正是这一构图过程,最简洁形象地表现出了悖论构成的描述机制。这正是人们除了用不可能图形作为一种新的艺术形式,有时候也用它作为悖论形象标志的原因。另一些不可能图形则是时序折叠的产物,即以空间的形式压缩时间,简单的例子是埃舍尔的"绘画的双手",而更典型的例子则是"先有鸡还是先有蛋"的问题。

"先有鸡还是先有蛋"的问题将进化过程折叠成其横截面,这是一个兼具生动形象与严格抽象的折叠过程。具体事物过程压缩过程之维,就成了一个立体结构,失去过程之维就不再是一个具有生命力的机制,因而结果就是一个具有结构有序,而没有功能有序的立体存在。这时候,不仅难以根据这个投影理解前移的功能,而且当下几乎没有可能看到退离的意义。作为对当下关系思考的结果,我们拥有的,可能不包含对象本身的具体内容,而是更高层次内容的逻辑关系。在那里,我们可以发现一些空间意义上的辩证关系。这些空间的辩证关系可以是矛盾的,但不是形式逻辑意义上的矛盾,而是更高层次内容的逻辑描述和规定交织意义上的自相矛盾。由此可以看到另一种悖论构成机制或原理。

在一个历史形成过程中取一个横截面,在这个横截面上会呈现两个历史生成物(如"鸡"和"蛋")或时序(如先认识整体还是先认识局部)等在横截面上或时间的某个静止点上构成的冲突:先有鸡还是先有蛋的问题,先理解整体还是先理解局部的问题。

"先有鸡还是先有蛋"的问题蕴含着典型的悖论,不仅可以在更高层次内容的逻辑上刻画为一个自相矛盾的悖论,而且完全可以导出矛盾等价式:先有鸡,当且仅当先有蛋,因为(在当下事实中)鸡只能由蛋孵化而来;先有蛋,当且仅当先有鸡,因为(在当下事实中)蛋是鸡生出来的。这就是一个"先有鸡还是先有蛋悖论"的严格意义上的典型悖论,简作"鸡蛋悖论"。

鸡蛋悖论的构成机制,可以生动地展示空时折叠,这种描述折叠典型地表现在复杂描述模型中。由于兼具形象和抽象双重性质,复杂描述模型的折叠更为复杂。而复杂描述模型的新探索,正与悖论研究密切联系在一起,以认知悖论为代表,这些悖论是导向整体描述模型的重要门枢。

形象描绘折叠是一种具象折叠,正是这种具象折叠,可以帮助我们理解与之相对的抽象描述折叠。

二、抽象描述折叠

事实上,抽象描述造成的折叠就是描述和规定交织的折叠。抽象描述折叠源于描述抽离具体条件造成的抽象降维,因此也可以说是具体事物过程的抽象描述折叠。系统描述总是趋向于在自身基本假设——基本的思维规定——基础上和范围内收敛,因而总是趋向于折叠,任何理论模型都是抽象描述折叠的产物。由于抽象描述的维度比形象描述的维度多得多,抽象描述折叠呈现出更加错综复杂的情况。与悖论相联系,抽象描述折叠有4种基本形式。

(1) 描述和规定交织立体结构的折叠或压缩,把开放的循环折叠成封闭的死循环。维度折叠既可以是图形的,也可以是语词和符号构成的逻辑关系的。事实上,由于抽离具体条件,抽象概念本身就是一种抽象折叠,比如说谎者悖论中的"本语句"、集合论悖论中的"所有集合的集合"或理发师悖论中的"给不给自己刮胡子的人刮胡子的理发师"等。在描述中,将一个本来具有描述和规定交织的立体结构降维,同样会造成描述折叠。描述和规定交织的折叠,类似描述和规定多重交织立体结构的低维投影。复杂的知识体系或理论系统都是描述和规定的交织结构,它们常常是多层次的、立体的。在描述中这种交织而成的立体结构被折叠,结果就是被压缩成低维描述,在这种压缩的描述中,就像三维立体的二维投影,会因信息相应被折叠而构成悖论,类似生物进化过程被折叠形成"鸡蛋悖论"。描述折叠不仅导致降维,造成信息压缩,而且可能构成逻辑短路式循环。由于描述折叠,三维立体结构压缩为二维平面,原来的结构就可能变成死循环。作为描述和规定的交织构成的自我冲突,很多悖论都是由描述折叠构成的。如果折叠成的循环通过指向作为描述自身前提的规定,就会构成描述与作为自身前提的规定自我冲突构成机制,这是最为典型的悖理性冲突。在这种折叠中,描述与作为其前提的规定呈纵向立体关系,因此可以构成循环。

(2) 描述将自己的前提性规定或所包含的规定折叠在一个逻辑层次中。在这种描述折叠中,如果折叠在描述中的特定思维规定为自己所不能包容,就会构成自我冲突。这种由描述折叠构成自我冲突导致自相矛盾,形成鸡蛋悖论一类悖论。

(3) 描述将两个相关描述折叠在同一逻辑层次,压缩成一个关联描述。与描述和规定交织立体结构的折叠不同,关联描述中的描述和规定呈横向并列关系。如果关联描述具有相互冲突的性质,将它们关联在一起之后,相互冲突就成了自我冲突。这种由描述折叠构成自我冲突导致自相矛盾,形成苏格拉底—柏拉图悖论一类悖论。

(4) 描述通过具体条件的抽离,将两个思维规定折叠在一个描述中。如果被折叠在一起的思维规定是相互矛盾、不可公度或互不相容的,就会在描述中构成自我冲突。这种由描述折叠构成自我冲突导致自相矛盾,则形成意外考试悖论一类悖论。

在描述和规定的交织中,描述折叠的两种类型内在相关,二者的进一步整合还有待悖论研究所导向的新的探索(见本书第13章)。

关于描述和规定的交织通过描述折叠构成自我冲突,柏拉图—苏格拉底悖论表现得最为明显。它把两个相互冲突的描述折叠为一个关联描述,它们是相互冲突的,由于描述关联而成了自我冲突,从而导致自相矛盾的悖论。这里导致悖论的是描述和规定的交织构成的自我冲突。因此更具体地说,描述的悖理性,涉及描述和规定的交织中更为具体的自我冲突或不相容。由此,我们可以进一步定位悖论的基本成因:

> 悖论的基本成因是在描述和规定的交织中,由描述折叠构成的描述与规定、描述所涉及的规定以及关联描述之间自我冲突导致自相矛盾。

关于规定冲突的机制,一些文献已有涉及,《韦布斯特字典》关于"paradox"的上述定义就很有点这个意思,现在我们已经能够联想到规定和规定的冲突。而关于悖论源于某种冲突,人们也已从不同角度涉及。雷歇尔就认为:"悖论源于我们承诺(commit-ment)的冲突或矛盾。"[1]将这种冲突或矛盾落实于描述和规定的交织,我们关于悖论成因就有了一个基本的认识。由于这种冲突包括描述与描述、描述与规定以及描述所涉及的规定之间等各种形式,因而由同一基本成因构成了经典的和非经典的、狭义的和广义的种种具体悖论。而且,由于悖论的基本成因既包含作为前提的规定具有局限

---

[1] Nicholas Rescher, *Paradoxes: Their Roots, Range and Resolutions*, p. 9.

性或隐含错误,又包含描述工具和描述方式等的性质、特点和局限性,甚至使用规范和目的等,悖论在根本上既涉及科学认识的进步,又涉及描述和描述方式的发展。

任何思维规定都有自己的边界,只是有些界线不明确。任何规定都有其局限性,确切地说任何明确的规定都有其边界(否则就不可能明确),越是明确的规定越是边界分明,而所有的悖论都与规定的边界有关。从思想或认识地理上说,悖论都产生于规定的边界处,无论规定处于什么样的状态。在有限规定和无限规定中,我们就能清楚地看到规定的性质和形式与悖论成因的关联:

当一个思维规定是边界明确的,一旦它作为描述的前提,就可能与描述本身发生冲突,从而构成悖论,如典型的"语义悖论"。它也可以与关联描述中的其他规定发生冲突构成悖论,如卡片悖论。而当这种规定是隐含着的时候,则可能带来令人困惑的描述,如"不存在真理"。当这种规定是明摆着的时候,则造成明显的悖论,如理发师悖论。

当一个思维规定是边界含糊的,一旦它作为描述的前提,或与描述所涉及的其他规定发生关系,则可能因含糊造成的粘连导致悖论,如秃头悖论和谷堆悖论等。

当一个思维规定是无限(如各种无穷大或无限全体)的,一旦它作为描述的前提,可能与处理有限规定的描述方式构成冲突,从而造成悖论,如"部分等于全体悖论",它将有限规定的比较描述用于无限规定的比较描述。

当一个思维规定是无边无界的,如"无限"等,一旦作为描述的前提或为描述所涉及,则很可能因不同的"无边界"规定的混淆构成悖论,如芝诺悖论等。

由规定的性质,我们可以看到规定的扑朔迷离,看到悖论的人类学特性,更看到思维规定在人类认识中的重要地位。

在描述中,规定是思想的"地标",一旦做出,不管对错,不管是否合理,都会引出(描述)问题,引开思路。比如"上帝"的规定就引出中世纪的很多思想和争论,就连上帝万能悖论也正是这一规定引出的重要思想。可以说,规定是人类思想旅程的开始,也是思想旅程中的驿站,更是思想新层次的标示和端口。正是由思维规定,由涉悖规定,可以进一步探明悖论基本成因两个递进的层次。

第三节　描述和规定的交织导致自相矛盾

形式逻辑意味着人类理性的基本形式,而矛盾律则意味着不自相矛盾,因而悖理性就是自相矛盾(self-contradictory)。虽然自相矛盾有形式逻辑上的和更高层次内容的逻辑上的,作为悖论基本逻辑特征的"自相矛盾"是更高层次内容的逻辑而非单纯形式逻辑意义上的,但不同于"相互矛盾"的"自相矛盾"正是悖论基本逻辑特征更根本的内涵。

对于悖论来说,"相互矛盾"和"自相矛盾"大不相同,"相互矛盾"没有明确的指向,而"自相矛盾"则明显指向描述、理论甚至逻辑和理性本身。早先的文献都把悖论的逻辑形式表述为"相互矛盾":"如果某一个理论的公理和推理规则看上去是合理的,但在这个理论中却推出两个互相矛盾的命题,或者证明了这样一个命题,它表现为两个互相矛盾的命题等价式,那么,我们说这个理论包含一个悖论。"[1]这里用的还是"相互矛盾",之后才更准确地用了"自相矛盾":"当一组看上去不可置疑的前提给出不可接受或自相矛盾的结论时,悖论出现了。解决一个悖论将会涉及:或者表明在前提中隐含缺陷,或者表明推理错误,或者表明看上去不可接受的结论事实上是可以容忍的。"[2]在这里,已经把自相矛盾作为悖论的基本逻辑形式。

一些关于悖论的权威释义和很多悖论研究专家,都把自相矛盾作为悖论的基本逻辑特征。在冯契先生主编的《哲学大辞典》中,悖论词条的解释也是"逻辑上自相矛盾的恒假命题"[3]。一系列推理看起来好像无懈可击,可是却导致逻辑上自相矛盾。[4]皮尔士认为,说谎者悖论"绝不是无意义,而是自相矛盾"[5]。戈德斯坦认为悖论是"心灵(mind)被逻辑本身驱使得出自相矛盾的结论"[6]。美国哲学家、逻辑学家蒯因(Willard

---

① Fraenkel, A. A., Bar-Hillel, Y., *Foundation of Set Theory,* North-Holland Publishing Company, 1958, p. 1.

② Simon Blackbrum(ed.), *Oxford Dictionary of Philosophy,* Oxford University Press, 1994, p. 276.

③ 冯契主编:《哲学大辞典》,中国大百科全书出版社 1987 年版,第 333 页。

④ 马丁·加德纳编:《从惊讶到思考——数学悖论奇景》,前言。

⑤ 杨熙龄:《奇异的循环——逻辑悖论探析》,第 209 页。

⑥ Rebecca Goldstein, *Incompleteness, the Proof and Paradox of Kurt Gödel,* p. 49.

Van Orman Quine)也认为,"二律背反因接受两种不同推理方式而引起自相矛盾",在他看来,格雷林悖论是"自相矛盾的复合命题"①。陈波教授则得到这样的结论:"得出了两个自相矛盾的命题或这样两个命题的等价式,则称得出了悖论。"②这足以表明,自相矛盾是悖论的根本逻辑特征,已是关于悖论基本逻辑特征的主流观点。在悖论逻辑特征的认识上,人们已经基本取得共识,而康德的二律背反,则事实上早就伸展到了自相矛盾根源的深处。

康德的二律背反(Antinomy,亦译"二律相悖")即自相矛盾(self-contradictory),因而被认为是名副其实的悖论。康德认为二律背反是现象界与本体界混淆造成的,这表明对于二律背反成因的探索,在理论上已经涉及很深。但康德的问题在于,如果不存在现象界和本体界的区分,这种解释就没有基础,就不能成立,只是这个问题仍然不妨碍我们从康德那里得到关于悖论成因的重要启示。

正是由于二律背反催醒了康德的独断梦,才促使他对理性进行批判。而康德关于理性批判的重要目的,则是"消除理性似乎与它自身矛盾这种怪事"③。这已经是在哲学意义上把研究目标指向了悖论问题。康德所说的四个二律背反,事实上都是规定基础上的描述问题。在简·希尔(Jane Heal)关于摩尔悖论(Moore's paradox)的维特根斯坦式分析中,悖论式自相矛盾的描述性质更是一目了然。

摩尔悖论源自摩尔最早提到的这句话:"上周二我去看了一场电影,但我并不相信自己去看过。"④在悖论中,正像布里丹语句,由摩尔悖论所导出的"摩尔句"也具有特殊意义,这种摩尔句是对自相矛盾及其形成的最好说明之一:

> 假如我诚实地说"我相信 p"从而表达我相信 p 的信念。这一信念,即"我相信 p"本身在我内心构成一种信念 p。因此我说的话"我相信 p"也表达了相信 p。从一个观点看,说这话正是断言 p 的另一种形式。所以,如果我现在加上"但非

---

① W. V. Quine, *The Ways of Paradox and Other Essays*, Harvard University Press, 1966, pp. 7, 6-7.

② 陈波:《悖论:思维的魔方》,载《中华读书报》2007 年 7 月 18 日。

③ 《康德书信百封》,李秋零编译,上海人民出版社 1992 年版,第 244 页。

④ George Edward Moore, "A reply to my critics", in Paul Arthur Schilpp(ed.), *The Philosophy of G. E. Moore*, Open Court, 1942, p. x.

p",便自相矛盾了。①

希尔关于摩尔悖论的维特根斯坦式分析,本身就与形式逻辑层面的分析大不相同,已经深入到了思维规定的层次。作为悖论的基本特征,逻辑上的自相矛盾并不仅仅是形式逻辑层面的,而是根源于思维规定内容的自我冲突,因此具有重要描述意蕴。一方面,自相矛盾一定是逻辑上的,因而不是单纯逻辑形式的自相矛盾,一定是更高层次内容的逻辑从而描述和规定交织意义上的。另一方面,更高层次内容的逻辑中的自相矛盾一定发生在同一描述系统,甚至发生在同一规定中。

自相矛盾不仅具有规定根源,而且有些自相矛盾就直接由规定而生。关于"无趣数字"的问题就是典型的例子。

> 存在任何乏味(即无趣)的数字吗?如果存在,那肯定这个集合具有最少的元素;最无趣的数字。多么有趣!

> 因此我们发现一个矛盾;而这似乎意味着不存在无趣的数字!②

这显然不是一种一般的矛盾,而是自相矛盾。"如果作为第一个乏味的数字是一个数字唯一引起我们兴趣的,那么我们会发现它有趣当且仅当我们没有发现它有趣。"因为认为一个数字无趣而使其有趣,已经具备构成矛盾等价式的逻辑条件,因而具有典型悖论的形式。这与规定的粘连密切相关,"这些悖论通过简单的心理与堆悖论联系在一起"③。这一悖论之所以有时被认为不是真正的悖论,就因为其自相矛盾只是源于规定本身而不是描述。

只是源于规定本身而不是描述构成的悖理性冲突,以及只是在描述中将两个不相容的规定纳在一起构成的冲突,都不构成严格意义上的悖论,典型的如"方的圆"等。我们可以在几何上证明"圆的方"不存在,"没有方能有这样一个周边,每一点到中心都是等距的"④,但从根本上说,"圆的方"是因为两个不相容规定构成冲突,这种冲突典型

---

① Jane Heal, "Moor's Paradox: A Wittgenstein Approach", in *Mind*, vol. 103, No. 409(Jan., 1994), p. 22.

② Nathaniel S. Hellerstein, *Diamond: A Paradox Logic*, p. 19.

③ Ibid., p. 20.

④ Roy Sorensen, *A Brief History of the Paradox: Philosophy and the Labyrinths of the Mind*, p. 31.

地表现在悖理性规定中。

有共相、有概念或有通名(general name)的语句中都有描述,即使在非描述的语句中也有描述,因为作为一个规定的词项可能包含一个描述,比如指令句或命令句:"不许执行本命令!"这句话之所以构成所谓"命令悖论",就因为它事实上是这样一个悖理性描述:"这是一道不准执行的命令。"这一描述显然构成与其前提性规定的自我冲突,这个前提性规定就是:命令是用来执行的。命令悖论所包含的"命令"和"执行"等都是作为规定的描述,而这种作为规定的描述在一个语句中就构成了自我冲突导致自相矛盾:执行本命令当且仅当不执行。

由此可以得到一些很有意义的结论:

首先,不仅存在悖理性描述和悖理性规定,而且悖理性规定比悖理性描述更基本,也更简单。作为一个不考虑所处描述和规定交织的平面语句,"不许执行本命令!"就是一个典型的悖理性规定。作为悖理性规定,它可以与行动相联系。由于这一悖理性规定涉及行动,因而造成了行为上的两难。

其次,悖理性描述和悖理性规定可以相互转化。

最后,任何悖论都是由描述和规定的交织造成的,即使在这一由一个悖理性规定构成的悖理性问题中,悖理性冲突也仍然是由描述和规定的交织造成的。这个描述和规定的交织就是:这是一个不准执行的要执行的命令。这一描述和规定的交织构成自相矛盾。没有这一描述,没有这一悖理性规定本身与这一描述所构成的冲突,就不可能构成这一悖理性语句。因为任何悖理性都是由规定的冲突造成的,但规定必须在描述中才可能构成冲突,描述是所有悖论构成必不可少的逻辑条件。

所有的思维规定都可以还原为描述,"悖论的描述成因"正是在这个意义上说的。作为一个平面语句,"不许执行本命令"也可以看作是一个伪装的描述,事实上它也可以是一个具有论断性质的描述:"这是一个不许执行的命令",或者表达为:"存在一种不能执行的命令"。作为一个描述,它与作为其前提的规定交织,就可以构成一个严格意义上的悖论:执行本命令当且仅当不执行。因此,对于这样一类悖论,有两种处理办法:一是把它改写成描述,改写成描述,它就是一个严格意义上的自相矛盾的悖论;二是把它看作是这样一个悖理性规定。作为悖理性规定,由于从思维规定变成了行为规定,就会从描述涉及行为,这正是所谓涉及行动的悖论的成因。正是在这个意义上,合理行动悖论反映的仍然是悖论描述成因造成的行为表现。描述就是指令,而行为依据指令进行。当描述构成悖理性冲突,那作为指令就使行为像悖论所反映的逻辑结果一样,出现自相矛盾。而行为自相矛盾的结果就是行动不能进行或来回振荡,这正是逻辑悖论的某种形式的行为表现。涉及行动的悖论常常只是规定的悖理性在行为上的反映。

关于自相矛盾的悖论,通过中文"自相矛盾"的典出——"矛与盾"的寓言故事可以得到最形象不过的说明,这个寓言所蕴含的,正是自相矛盾的悖论。中文"自相矛盾",正是出自《韩非子》所载"矛与盾"的寓言故事。中国文化中的这一典故,对于理解悖论极具价值。

一方面,"矛与盾"寓言意义上的矛盾不可能是实体意义上的,因为不存在这种实体意义上"矛"和"盾",这个"矛盾"是逻辑上的自相矛盾。另一方面,"矛与盾"寓言不仅涉及逻辑形式,涉及形式逻辑,而且涉及逻辑内容,涉及更高层次内容的逻辑——涉及我们关于"矛"和"盾"的思维规定的内容。

在这里,不仅"矛"和"盾"同处一个描述系统,而且这个楚国人同时卖矛又卖盾,既夸他的盾坚固得任何矛都戳不穿,同时又说他的矛锐利得任何盾都能戳穿。这时候问他:"用你的矛刺你的盾会怎样?"当然会陷入自相矛盾。如果他只是卖矛或只是卖盾,就不会有这个自相矛盾;如果不是问他,而是用他的矛刺他的盾,也不会存在自相矛盾;如果卖矛又卖盾的楚国人不是口头上说,而是实际上做,那任他怎么做也得不到自相矛盾的结果。

在中国古代,自相矛盾一般解释为"比喻自己说话做事前后抵触",有时也用以指性格和心情。如果在严格的逻辑意义上说,说话可以自相矛盾,做事却不可能,只可能犹豫难决,左右为难。因此,形式逻辑意义上的"自相矛盾"就是在同一思维过程中同时断言"是"和其否定——"非",从而自我否定;而更高层次内容的逻辑意义上的"自相矛盾"的严格逻辑刻画,则不仅应当是由其真可推出其假,或由其假可推出其真,而且还有由其应该推出其不应该,由其合理推出其不合理等。这正是悖论的核心内涵,而既由其真可推出其假,且由其假可推出其真,则只是逻辑形式上的特例,并不是悖论更根本的特征。因为越是与思维规定的内容无关从而接近纯粹逻辑形式的悖论,越可能构成这种矛盾等价式,而越是涉及具体的经验内容的悖论,越不可能构成严格意义上的矛盾等价式。在不被认为是典型悖论的"矛与盾"的故事中,这一点能得到更好的说明。正是由于其与纯粹逻辑形式悖论的重要区别,很有利于说明悖论的成因。

与一般悖论相比,"矛与盾"的故事有一个重要区别,它不是肯定关于矛或盾所说为真可以推出其本身为假,也不是肯定关于矛或盾所说为假可以推出其本身为真。正因为如此,很多人不认为这是真正意义上的悖论,而是简单的形式逻辑意义上的自相矛盾。而事实上,这是一个更明显地基于更高层次内容的逻辑,因而具有更根本意义的悖论,完全可以刻画为更高层次内容的逻辑意义上的自相矛盾悖论。

"矛与盾"的故事蕴含着典型的自相矛盾的悖论:"于物无不陷之矛"和"物莫能陷之盾"所构成的,正是不仅更形象生动,而且更具逻辑内涵的卡片悖论或苏格拉底—柏拉图悖论,它们都可以是说谎者悖论的展开形式。对于那个既卖矛又卖盾的楚国人来说,"能刺穿所有盾的矛"和"能抵挡所有矛的盾"可能存在,当且仅当它不可能存在,因为他同时必须有"不能刺穿他的盾的矛"和"不能抵挡他的矛的盾"。这是典型的更高层次内容的逻辑而不是形式逻辑意义上的自相矛盾。正由于是更高层次内容的逻辑意义上的自相矛盾,而且涉悖规定涉及具体的经验内容,它才不能推出矛盾等价式,得到"能戳穿所有盾的矛"和"能抵挡所有矛的盾"不可能存在,当且仅当它可能存在,因为这在经验上是不可能的。

由此可见,矛与盾的故事所蕴含的不仅是地道的"矛与盾悖论",而且是一个具有特殊地位的悖论:一方面,作为典型的"自相矛盾"的悖论,它标示着更高层次内容的逻辑意义上自相矛盾与形式逻辑意义上自相矛盾的根本区别;另一方面,它典型地表明了自相矛盾的悖论不同于矛盾等价式悖论的根源。正是这一点,它也非常典型地说明了自相矛盾和相互矛盾的根本区别,说明了悖论的根本特征不是形式逻辑意义上一般的相互矛盾,而是更高层次内容的逻辑上的自相矛盾。

如果说悖论是矛盾,那么它主要是更高层次内容的逻辑中的自我冲突构成的自相矛盾,而不只是形式逻辑意义上的自相矛盾。形式逻辑意义上的自相矛盾,由于不是实质上而是形式上的,相对更高层次内容的逻辑中的自相矛盾,更多是相互矛盾。形式逻辑意义上的相互矛盾是推理的逻辑形式问题,而由思维规定的冲突构成的悖论则是推理的逻辑内容问题。由于这种矛盾内在于我们的整体描述中,所以构成了更高层次内容的逻辑上的自相矛盾。更高层次内容的逻辑上的自相矛盾是一个描述、一种理论、一类逻辑系统的内部问题,但在更大的范围内,在更高整体的层次上,却又是走向更高层次知识的门枢。

在悖论成因的研究中,"矛与盾悖论"的"自相矛盾"具有特殊的地位和价值。它具有悖论的核心内涵,但由于涉及具体的经验内容,往往不被认为是严格意义上的逻辑悖论。也正是由于"矛与盾悖论"与一般悖论的这一重要区别,使它不能构成更高形态的矛盾等价式,从而成为像说谎者悖论那样的典型悖论。

第四节　描述和规定的交织构成矛盾等价式

由"矛与盾"的典故,就能更清楚地看到悖论的自相矛盾性质。在"矛与盾"的故事中,只有作为一个整体,才能由其真推出其假,或由其假推出其真,反过来则不能成立。如果二者兼备,形成循环,则构成矛盾等价式:由其真可推出其假,而由其假又可推出其真。矛盾等价式一定是自相矛盾,但自相矛盾并不一定构成矛盾等价式。在"矛与盾"的故事中,如果关于矛所说为真,那关于盾所说必定为假;但如果关于盾的描述是假的,却未必证明关于矛的描述是真的。因此,"矛与盾悖论"只是自相矛盾,并不构成矛盾等价式,在逻辑构成上不同于典型悖论。也就是说,就更高层次内容的逻辑上的自相矛盾来说,它是典型的悖论,而就构成矛盾等价式而言,它的确不是典型悖论。

典型悖论——说谎者悖论和罗素悖论等具有最简洁的形式,它们都涉及三个逻辑条件:自我指称、否定性规定和无限(总体是其表达方式之一)。

所有构成"矛盾等价式"的悖论都是自我指称的,因为矛盾等价式的双向性质就通过自我指称构成。陈波教授也认为,现有的所有严格悖论都是自我指称的,只不过有直接自我指称和间接自我指称的区别罢了。[①]由此也可以解释,为什么悖论并不是都要构成矛盾等价式,为什么自我指称并不是形成悖论的必要逻辑条件。

否定性自指是构成矛盾等价式的重要逻辑条件,但不是充分条件。"我错了"或"我错"这样的否定性自我指称甚至不构成悖论。否定性自指要构成悖论,必须通过自我指称,否定作为自身前提的规定。前提性规定的自我否定,至少是构成矛盾等价式的严格悖论所必不可少的。在"说真话者变形"中,将"本方框内的这句话是假话"变成"本方框内的这句话是真话",就是对这一点的最简洁证明。

简单的自我否定不仅不构成悖论,而且根本不会是具有什么特殊意义的表述。矛盾等价式悖论不是简单自我否定的结果,而是源自对作为悖理性描述自身前提的规定的否定。而且,这个意义上的"自我否定"并不确切,确切的表述应是作为自身前提规定的自我否定。由此也可以看到,这样作为自身前提规定的否定,如果不是简单的自己否定自己的语言游戏,就必定是涉及前提性规定或前提性理论甚至逻辑的问题,因此必定是富有深意的。构成悖论的自我指称必须是否定性自指,悖论研究成果中的两本书名就有趣地说明了这一点。

把书名本身做成悖论,是悖论研究的一大独特"风景"。作为书名本身,"What Is the Name of This Book"[②]是一个耐人寻味的自指而不构成悖理性冲突的典型例子。如果改写为"This Sentence Is Not the Name of This Book",那就构成悖论了。从"这本书名是什么"到"本句子不是这本书的书名",就从一个简单的自指变成一个作为自身前提规定的自我否定构成的悖论,而且构成矛盾等价式。

由此可以看到,在自相矛盾的悖论基础上,还可以有构成矛盾等价式的悖论:由"是"可以推出"不是",由"不是"可以推出"是"。或者"是"意味着"不是","不是"又意

---

① 陈波:《悖论研究》,第 478 页。

② Raymond M. Smullyan, *What Is the Name of This Book? —The Riddle of Dracula and Other Logical Puzzles*, Prentice Hall, 1978.

味着"是"。这类悖论的典型例子就是另一本书的书名："There Are Two Errors in the the Title of This Book"。[①]事实上，这一书名不仅构成自相矛盾，而且内含矛盾等价式悖论构成的逻辑机制。在"There Are Two Errors in the the Title of This Book"[②]中，书名对的和错的互为前提，这是矛盾等价式悖论构成的逻辑机制。看上去这书名中只有一个错误：重复了一个"the"，没有两个错误，因此这个书名是错的。但正因为这书名是错的，所以它是第二个错。书名中有两个错，因此书名说的又是对的。这就是典型的"它是真的当且仅当它是假的"，而且"它是假的当且仅当它是真的"，即所谓"按下葫芦起来瓢"。正因为如此，也就是如人们所说，"悖论是特别具有浮动性的（buoyant）。无论何时一边似乎占优势，平衡马上为反向发展所恢复"[③]。这种浮动性在自相矛盾的悖论中已有体现，而在矛盾等价式悖论中，则再典型不过了。

由于文化的不同类型，由于描述和规定的交织，矛盾等价式悖论具有复杂的情况。一方面，在人类文化中，有些悖论没有在形式逻辑基础上展开为矛盾等价式悖论。另一方面，由悖理性规定可以生出类矛盾等价式悖论。

由悖理性规定不仅可以构成自相矛盾的悖论，甚至可以构成一类"似矛盾等价式"的悖论。由于道德悖论无不涉及具体条件，而在一定的具体条件中往往只能形成单向的半截子悖论，只有把不同的需要同时考虑，才可能构成类矛盾等价式的道德悖论。

家长拿出一大一小两个苹果，让两个孩子选，并设计好用另一个苹果来奖励作出更好道德选择的孩子，结果无论孩子出于什么考虑作出选择，奖励选择小苹果的行为都使选择小苹果小孩的行为成为不道德的。这是可以构成类似矛盾等价式的道德悖论，可称之为"道德奖励悖论"。与道德奖励悖论一样，所谓理性悖论（Paradox of Rationality），也可以是这样一种类矛盾等价式悖论。

想象你可以在 $1 000（G_1）$100（G_2）之间进行选择。你想选择更多的钱。在你选择之前，一旁观者提供给你 $1 000 000 奖金，奖励你采取非理性的行为。因此对你

---

① ②　Robert M. Martin, *There Are Two Errors in the the Title of This Book*.

③　Roy Sorensen, *A Brief History of the Paradox: Philosophy and the Labyrinths of the Mind*, p. 4.

来说，似乎应当采取非理性的行为。那就是，你在(G_1)和(G_2)之间的选择将是理性的当且仅当它是不理性的。①这类悖论与典型悖论有所不同，但同样具有特殊意义。其中之一，就是能更好地说明悖论问题是描述问题。

最能不仅说明这种悖论的规定性质，又能说明悖论问题是描述问题的例子，则是所谓"不可实现的智慧悖论"（Unachievable Wisdom Paradox）。

> 安排者在两张钞票间给你提供一个选择，一张面值1美元，另一张面值10美元。而后跟你说："我会给你一定担保，你不必担心。因为如果你未能做出聪明的选择，我将用另一个10美元补偿你。"你会选择哪一张钞票？②

这似乎不仅是严格意义上的悖论，而且是可以构成类矛盾等价式的悖论。不管选择者做何选择，结果对选择的是否明智是一样的，因为二者本来就是相对而言的。这也真正是"按下葫芦起来瓢"。而对安排者来说，则总是陷入真正的悖论，只要你给额外10美元奖励，总是构成类矛盾等价式悖论。由于选择不明智才给奖励，给奖励说明选择不明智，但一给奖励又恰好表明选择者的选择是明智的。因而，正是奖励本身，使得被奖励的选择成为明智的。结果是真正的矛盾等价式：奖励不明智的选择当且仅当不奖励，不奖励明智的选择当且仅当奖励。

人们一般认为，很少有所谓的决策和合理行为悖论是严格意义上的悖论；很少有涉及行为的情况是严格的悖论，更不用说构成矛盾等价式，这主要是从形式逻辑看得到的结论，而从更高层次内容的逻辑看，则会有等更丰富的方式。不仅"不可实现的智慧悖论"悖论确实是真正意义上的决策和合理行为悖论，而且一些经典的合理行为悖论都可以刻画为更高层次内容的逻辑意义上的矛盾等价式悖论。经验悖论中涉及行为的悖论导向两难困境，如果这样选择就应当那样选择，如果那样选择就应当这样选择。一些选择和行为上的特殊两难困境，可以是自相矛盾的行为表现。一些合理行为悖论甚至可以导出类似"应当这样行为，当且仅当应当那样行为"的矛盾等价式。比如

---

① M. Bar-Hillel & A. Margalit, "Gideon's Paradox—A Paradox of Rationality", in *Synthese* 63(1985), pp. 139-155; R. Sorensen, "A Cure for Incoontinence!", in *Mind* 106(1997), p. 743.

② Nicholas Rescher, *Paradoxes: Their Roots, Range and Resolutions*, p. 259.

在"囚徒困境"中,对于任何一个囚徒来说,都处于这样的自相矛盾困境:如果要有人得到最佳结果,必须有人选择合作,当且仅当有人选择不合作,都选择合作和都选择不合作都不可能有最佳结果。

这些矛盾等价式悖论似乎只是与典型悖论,如说谎者悖论和罗素悖论类似,但仍然不是严格意义上的矛盾等价式悖论。一方面,"不可实现的智慧悖论"之"悖"不在选择困境,而在关于"明智"的规定本身;另一方面,显然悖不是根源于选择者,而在安排者。但是,这恰恰反映了在更高层次内容的逻辑意义上理解悖论的更深层次和更广视野:从说谎者悖论的真当且仅当假,到是波动当且仅当是粒子,再到应当这样行为当且仅当应当那样行为的矛盾等价式,无论描述上的不相容还是选择和行为上的两难困境,都可以是自相矛盾在行为上的表现。它们的根本区别不是形式上封闭与否,而是在于:在形式逻辑范围内,越是严格的悖论越不可能逃脱,而在更高层次内容的逻辑范围内,再严格的悖论也可以"逃脱"。正是这种"逃脱",可以意味着通向更高层次认识的门枢。

在描述上,"不可实现的智慧悖论"确实可以构成矛盾等价式,其描述是"奖励不明智的选择",其涉悖规定则是"明智",而描述和规定的冲突就是由安排者的奖励行为改变了选择者的选择是否"明智"。"明智"的规定随着安排者的奖励行为而改变了具体条件,因而有了从不明智变成明智。从而构成同一个选择的明智与否,决定于安排者的奖励行为。

从描述上说,这是一种新的不同的冲突机制,那是同一规定由于具体条件的改变而具有相反的含义。在没有奖励的条件下是不明智的,在奖励的条件下则相反,成了明智之举。这是一种通过具体条件的改变,使同一行为具有两种相反规定的例子。这样由描述构成的悖论,是通过安排者的行为引发的描述与作为其前提的规定的冲突。

从不可实现的智慧悖论可以看到,描述构成的悖论不仅与语形、语义甚至语用相关,而且还可以在它们的基础上,直接与行为相关。而从行为上说,则仍然存在一个明智选择而不存在悖论:只要拿了 10 美元走路,便不存在任何意义上的悖论。这个悖论描述上并没有多少意义,但作为合理行为悖论中的"典型悖论",对于说明悖论的本性则意义不小：既不是外部事物客观存在，也不存在于行为之中，悖论是悖理性描述，悖论问题是描述问题。关于这一点，所有的合理行为悖论都是一样的。

囚徒困境中存在对方的选择改变自己选择合理性的具体条件，因而自己选择的合理性随着对方选择这一具体条件而改变。但选择困境的存在以双方都处于动态之中——也就是待选择状态为前提条件，因而不能通过确定一方的选择，构造像"不可实现的智慧悖论"那样的真正悖论情境，所以没有构成严格意义上的悖论。而这种与严格意义上的悖论具有同样机理的悖论，更有利于进一步探明悖论的描述构成。

第 8 章　悖论的基本构成要素和定义

悖论源于悖理性,悖理性源于描述和规定的交织构成的冲突。由此理解,作为通过无懈可击的逻辑推理,能够得出悖理性结果的描述,悖论的基本构成要素可以有更深层次的内容。

关于悖论的基本构成要素,塔斯基曾有经典的表述。他在分析说谎者悖论时,认为导致这个悖论的假设包括两条:(1)语义上封闭的语言;(2)经典逻辑定律的有效性。[①]塔斯基关于导致说谎者悖论的两个假设,应当是对悖论基本构成要素的最早阐述,而迄今最为系统的阐述当是张建军教授给出的。张建军教授认为严格意义上的逻辑悖论的构成要素包括:"公认正确的背景知识""严密无误的逻辑推导"和"可以建立矛盾等价式"。[②]这一概括是悖论基本构成要素研究的重要进展,为悖论理解的进一步深入和具体化奠定了基础。在这些成果的基础上,由悖论的描述成因,对悖论的基本构成要素可以有更切近的认识。

第一节　更高层次内容的逻辑上的自相矛盾

自相矛盾是悖论的根本逻辑特征,但自相矛盾具有不同的含义。

---

① 塔斯基:《真理的语义学概念和语义学的基础》,涂纪亮主编:《语言哲学名著选辑》,第 255 页。

② 张建军:《逻辑悖论研究引论》,南京大学出版社 2002 年版,第 7 页。

一、悖论逻辑形式的两个层次

由悖论的基本成因,可以看到悖论逻辑形式的两个层次:一个层次是逻辑上的"自相矛盾";另一个层次则是在第一个层次的基础上,能导出矛盾等价式。它们构成两个逻辑形式层次的悖论。

自相矛盾是悖论的基本逻辑形式,在自相矛盾的基础上进一步构成矛盾等价式,则是悖论逻辑形式的更高层次。而作为悖论逻辑形式的更高层次,单纯由规定也可以构成具有类矛盾等价式效果的悖论形式。

由于从根本意义上说,思维规定事实上是描述的结晶,可以还原为描述,因而悖论归根结底就是描述的自相矛盾。在这个意义上,悖论的成因则是描述系统中描述和描述、规定和规定以及描述和规定的自我冲突。当这种自我冲突发生在描述和作为其前提的规定之间,从而构成描述的自相矛盾时,会在逻辑形式上构成矛盾等价式,从而形成典型悖论。而在描述和规定的交织中,由描述和规定以及关联描述之间和同一描述中规定之间自我冲突导致自相矛盾构成的其他各种悖论,则一般都不构成矛盾等价式,这是不同于典型悖论的广义悖论。因此,在逻辑形式上说,广义悖论是在逻辑上仅构成自相矛盾的悖论;狭义悖论则是在逻辑上不仅构成自相矛盾,而且能导出矛盾等价式的悖论。

所以悖论合理的分布应该是从自相矛盾的悖论到能够导出矛盾等价式的典型悖论,由此可见,把悖论局限在能导出矛盾等价式范围,不仅会把悖论限制在形式逻辑中。而且就悖论问题在人类认识中的地位和意义而言,也是不尽合理的,会严重扼杀悖论的现实意义。其实从实际应用来说,由于往往涉及更多内容,自相矛盾的悖论可能使用的意义更广。这种自相矛盾恰恰能够反映实际认识中的关键问题,因而有时比能够导出矛盾等价式的悖论更具实际意义。而能够导出矛盾等价式的悖论则更可能反映思维、理性和人类学特性等更基础的问题。

自相矛盾已经反映了理论或者逻辑的问题,因此它可能在一定意义上意味着理论本身的发展,意味着由新的现象引发的自我冲突,从而导致理论本身自相矛盾,或者导致理论的发展超出作为其前提的规定,甚至导致与作为自身前提的规定的冲突。

由于典型悖论首先是自相矛盾的悖论,在此基础上可以再构成矛盾等价式,自相矛盾的悖论应该是悖论的最低标准。如果不是导致自相矛盾,只是导致矛盾,还不是起码意义上的悖论。而悖论是否可导出矛盾等价式则不是实质性的,很多重要悖论都不可能作出这样的定论,但它们不仅是悖论,而且往往是具有重要认识意义的悖论。如果悖论达到了能够导出矛盾等价式的程度,就可能涉及规定本身和描述本身,甚至思维、理性或人类学特性本身。从自相矛盾的悖论到矛盾等价式悖论,构成了悖论的整个系列,作为比构成矛盾等价式更基本的要素,悖论的基本构成要素只能是自相矛盾。

与自相矛盾式悖论相比,能够导出矛盾等价式的悖论需要更高层次的逻辑形式条件。人们之所以把悖论的成因指向"否定性自指",就因为"否定性自指"是造成描述与作为其前提的规定自我冲突导致自相矛盾并能导出矛盾等价式的逻辑条件。由于不是所有描述的自我冲突都是由"否定性自指"造成的,"否定性自指"并不存在于所有悖论,因而不是悖论的真正成因。悖论的多样性,正源于悖论描述成因的复杂性;而悖论之所以并不只是构成矛盾等价式的悖论,也正因为矛盾等价式悖论只是描述和规定的交织构成自我冲突的特殊情况。

在圣经的原始表述中,说谎者悖论并不构成严格意义上的悖论。其中的"总是"(always)并不是全称,而且把"说谎者"解释为"所说的每一句话都假"是构造悖论或解释。欧布里德消去了其经验事实,改造为"我正在说的这句话是假话",从而成了真正严格意义上的悖论。因此,悖论的基本形式是"从一个描述或规定的真,可推出该描述或规定的假",也就是从 P 的真,可推出 P 的假;而构成"矛盾等价式"或"矛盾互推式"的悖论只是悖论的特例。

一个悖论是不是可以导出"矛盾等价式",主要是由作为悖论的形式逻辑条件决定的。其逻辑差异只是由不同的逻辑结构造成的,对悖论并没有实质性影响。所有的悖论都是在逻辑意义上说的,因而在性质上说,所有的悖论都是逻辑悖论。只是当类似说谎者悖论涉及的描述本身不是该描述唯一指称时所构成的悖论,与描述本身为该描述唯一指称时所构成的悖论具有重要不同。在这里,两类悖论由于描述在逻辑上的全称和单称而具有逻辑差异。作为前者的典型例子，古希腊的"一切言论皆假"，古印度的"一切言皆妄"，古代中国的"以言为尽悖，悖，说在其言"，无一不是典型的悖论，只是因为它们都是全称描述，从而不具有单称描述的自反性质。正是在这个意义上说，把这类悖论称之为"半截子悖论"，只具有逻辑意义而不具有悖论意义，即是就逻辑而不是悖论本身而言，或者说，只是悖论表述逻辑形式上的不同。这种不同典型地体现在这两种悖论之间：描述本身不是该描述唯一指称时所构成的悖论和描述本身为该描述唯一指称时所构成的悖论。后者不仅由这一描述的真可推出其假，而且可由这一描述的假推出其真，即能够建立矛盾等价式。而前者则只能由这一描述的真推出其假，反之不然，因而不能建立矛盾等价式。但这只是这两类描述的逻辑差异，并不构成二者的悖论区别。我们不能由此认为后者是逻辑悖论而前者不是。

悖论的描述成因表明，无论什么悖论，都存在描述和规定的交织构成的自我冲突，并由此导致自相矛盾。这正是悖论最核心的构成要素，悖论之所以与具有相同构成的诡辩不同，就因为它们都有共同的基本构成要素：自相矛盾。

由此可见，作为悖论构成要素的自相矛盾有两个层次。悖论首先必须是可以推出形式逻辑上自相矛盾的结论；但如果只是形式逻辑上自相矛盾还不够，还必须是内容逻辑上的自相矛盾。没有逻辑形式的自相矛盾不可能构成悖论，但只有形式逻辑而没有更高层次内容的逻辑上的自相矛盾，就只是没有意义的逻辑形式而不是悖论。因为这两种自相矛盾的根本区别，在于悖论的自相矛盾是内容上的，而"矛盾之说"的自相矛盾是表述形式上的，因而是纯粹形式逻辑。比如"白马非马"，在逻辑形式上就是简单的"(白)马非马"。

与此相应，作为悖论核心构成要素的自相矛盾有两个特征：一是涉及思维规定的内容而不仅仅是表述形式上的自相矛盾，表述形式上自相矛盾只能产生废话，但思维规定内容上的自相矛盾则可能是表明基本规定不合理的重要表现；二是具有与作为其前提的规定之间的层次性，不会封闭在同一个层次。"悖论"特有的自相矛盾与普通的"自相矛盾"的区分，就看自相矛盾仅仅是形式上的还是主要是内容上的。形式上的自相矛盾只与形式逻辑的不矛盾律相悖，因而是没有意义的命题，甚至可以说不是真正意义上的严格命题，因为除此之外这种命题全无其他内容。内容上的自相矛盾则除了在形式逻辑上构成自相矛盾,而且构成内容上的自相矛盾,而内容上的自相矛盾却是这种自相矛盾的意义所在,因为知识体系的自相矛盾可以意味着作为这种知识体系基本前提的假设、预设——思维规定的不合理性,意味着更新的必要性,甚至因晓示其局限性而预示更新的可能性及具体路径。

悖论式自相矛盾的两个层次和两个特征表明,把矛盾等价式作为悖论基本构成要素过于严格,它会把许多能够在更高层次内容的逻辑上得到严格刻画的悖论排除在外。把能导出矛盾等价式作为悖论的基本构成要素,主要因为要把悖论的自相矛盾与形式逻辑上的自相矛盾相区别。明确了悖论的自相矛盾是更高层次内容的逻辑意义上的,就没有必要把能导出矛盾等价式作为悖论的基本构成要素了。作为悖论基本构成要素之一的,应当是更高层次内容的逻辑上的自相矛盾。

二、悖论的核心构成要素

悖论自相矛盾的构成有两种机制:一是对立的两分法描述构成"当且仅当"的自相矛盾形式;二是相对的二分描述因不相容构成"据此为真,据彼为假"的自相矛盾形式。前者如说谎者悖论的真假二分构成"此话为真,当且仅当它是假的"。对立的两分法描述构成的自相矛盾,有些可以导出矛盾等价式,比如说谎者悖论的改造形式"本语句为假"。后者如"小儿辩日"所蕴含的自相矛盾构成机制。

《列子》里有则寓言:孔子遇到两个小孩在争论,一个说:"日出时太阳距离我们近,中午太阳距离我们远。因为日出时太阳大得像车轮,中午太阳小得像盘子。不正是近大远小吗?"另一个则说:"日出时太阳距离我们远,中午太阳距离我们近。因为日出时太阳不是很热,中午太阳则非常热。这不正是近热远凉吗?"这样在同一描述系统中,"近大远小"和"近热远凉"构成"早上的太阳大因而比中午近"和"中午的太阳热因而比早上近"的自相矛盾。不相容的相对描述构成的自相矛盾的悖论一般不能导出矛盾等价式,但由于这类悖论中有些涉及具体的经验,它们可能导向更高层次的经验结论,比如由波粒佯谬导向互补描述方式。

大多数悖论都分别由这两种机制中的一种构成,也有少数特殊的复杂悖论可以同时具有这两种机制,典型的比如不可能图形。不可能图形作为悖论,给人一种非同寻常的感觉,这在很大程度上与不可能图形由这两种机制构成,因而具有两个悖理性层次密切相关。典型的不可能图形不仅构图中具有某个部分可以有两种构图关系,从而构成某种图形规定的混淆,不仅构成不相容性质的自相矛盾,而且在更深层次同时具有"可能"和"不可能"的对立二分,因而又可以构成"当且仅当"的对立二分式自相矛盾。正因为如此,不可能图形作为悖论非常特殊。一方面,不可能图形让人感觉谈不上是真正的悖论;但另一方面,至少一些不可能图形却又的确是悖论的"形象代表"。这正是因为在第一个层次上理解,不可能图形并不是严格的悖论,而在更深的第二个层次理解,一些不可能图形又可以是严格意义上的悖论。

不可能图形所表现的不可能物体的"不可能",正是自相矛盾的形象表达,这与悖论所标示的不可能性质和机制完全相同。由于所谓"不可能图形"事实上是可能图形反映不可能物体,因此,可以刻画为严格意义上的内容逻辑自相矛盾式悖论:不可能图形是可能的,当且仅当其所描绘的物体是不可能的。因为作为不可能图形它之所以是可能的,正是由于它所表现的内容是不可能的,这当然是悖论更深刻的形象表达。而不可能图形作为悖论的形象代表之所以当之无愧,更重要的还在于:充分体现了悖论的更高层次内容的逻辑矛盾性质。

不可能图形不仅正是悖论逻辑性质的形象说明,而且是思维规定内容的体现。因为作为悖论,不可能图形明显不是形式逻辑意义上,而只能是更高层次内容的逻辑意义上的自相矛盾,悖论是更高层次内容的逻辑矛盾。

因此,逻辑上的自相矛盾具有两个层次,第一个层次是思维规定形式关系上的,即形式逻辑上的自相矛盾;第二个层次是思维规定内容关系上的,即更高层次内容的逻辑上的自相矛盾。形式逻辑上的自相矛盾没有意义,更不可能构成悖论,只有更高层次内容的逻辑上的自相矛盾,才不仅可以构成悖论,而且具有重要知识论意义。

形式逻辑上的自相矛盾和更高层次内容的逻辑上的自相矛盾具有逻辑性质上的一致性,但在具体的逻辑关系中,二者并不一定重合。经典悖论之所以不仅可以将自相矛盾刻画得具有形式上的严格性,而且可以导出矛盾等价式,就因为这些悖论更多是从形式逻辑意义上的自相矛盾理解的产物。而把悖论的自相矛盾理解为更高层次内容的逻辑上的,则由于深入到悖论更根本的逻辑性质,更多悖论可以在更高层次内容的逻辑中得到严格刻画。正是在更高层次内容的逻辑中,才能将矛和盾的寓言、鸡蛋问题甚至波粒二象性刻画成更高层次内容的逻辑意义上严格的自相矛盾悖论。

第二节　思维规定的描述涉悖

描述涉悖是悖论的必要认知前提,既是塔斯基所说的"语义的封闭性"所指,也是"公认正确的背景知识"所意味着的。

塔斯基所谓语义上封闭的语言,实际上指的就是以一定思维规定作为前提的描述。"我们已暗含地假定在悖论被构成的语言中,不仅包含了这种语言的表达式,也包含了这些表达式的名称,同时还包含了像涉及这种语言的语句的词项'真的'这样的语义学词项;我们还假定所有决定这个词项的适当使用的语句都能在这种语言中得到断定。"[1]要使所有决定这个词项适当使用的语句都能在这种语言中得到断定,就必须涉及作为描述自身前提的思维规定。这正是说谎者悖论构成的典型情况,它由描述与作为自身前提的规定自我冲突构成,与"公认正确的背景知识"有关。

由严格意义上的逻辑悖论的构成要素,张建军教授得到悖论的下述定义:

> 逻辑悖论指谓这样一种理论事实或状况,在某些公认正确的背景知识之下,可以合乎逻辑地建立两个矛盾语句相互推出的矛盾等价式。

> 悖论作为一种理论事实或理论状况,是由三要素共同决定的。"理论事实或状况"的涵义有两个方面:其一,悖论并不存在于纯客观对象世界,而存在或内蕴于人类已有知识系统之中;其二,悖论是一种系统性存在物,任何孤立的语句本身都不可能构成悖论。[2]

---

① 塔斯基:《真理的语义学概念和语义学的基础》,涂纪亮主编:《语言哲学名著选辑》,第 255 页。
② 张建军:《逻辑悖论研究引论》(修订本),第 7 页。

从张建军教授的新的悖论定义,可以推出两个重要性质。一是我们在前面已经谈到的:"悖论不存在于纯客观的对象世界";二是悖论是"系统性存在物"。悖论之所以是系统性存在物,就因为描述和作为其前提的规定的关联,在人类知识中构成了一个关系网络。事实上,"公认正确的背景知识"就是指的思维规定,只是它不能涵盖思维规定的所有内容。

思维规定可以是逻辑定律、设定、经验事实甚至日常直觉,而"公认正确的背景知识"只是其中部分内容。思维规定既可以是"公认正确的背景知识",也可以是逻辑的预设。"背景知识"概念太模糊,把预设归入"公认正确的背景知识",有时候不一定合适。因为有些预设并不是明确的知识,它们可以是人类思维甚至理性的基本假设。由于这种基本假设可以是特定条件下只能如此而被当作天经地义,往往根本没有进入人们的意识。因此,有的悖论并不直接涉及"公认正确的背景知识",比如"本语句为假"。它是一个典型的悖论,只是处于折叠状态没有展开。只有从其前提性思维规定"所言为真",才可能根据描述和规定的交织打开折叠。因此,有的预设不仅是在不自觉地使用,而且其存在可以是完全意识不到,没有上升到"公认正确的背景知识"的层面。"公共知识"或"背景知识"意味着有意识,而作为描述前提的有些预设却可以是无意识的,因而是隐含的。而一些隐含的预设根本就不具备默认的意识前提,对于这些隐含的预设来说,比"默认"信念的挖掘更重要的往往是隐含规定。作为悖论成因的前提性要素,它们可以不是知识的形态,甚至不是有意识的信念,而且这些预设用"公认正确"强调有时也不完全合适。

"公认"更强调的是认识而不是理论框架的局限。事实上,认知局限本身并不直接构成悖论,构成悖论的一定是理论基础框架的局限。而且,前提性预设所涉及的,往往不是正确与否,而是合理与否的假设问题。因此"公认正确的背景知识"还存在一个问题,那就是悖论必须基于公认正确的知识,如果不是建立在公认正确的知识基础上,就不可能构成悖论。这样一来,结果是为了前提性知识的正确性而妨碍对悖论根本成因的认识。这是造成理发师悖论被排除在广义悖论之外的重要原因,而由此进一步推论,甚至连说谎者悖论也可以被排除在广义悖论之外,结果只有生长在具体科学学科和哲学或知识体系中的悖论才是广义悖论。但是，悖论所涉及的内容越具体，其经验性越强，就越没有现实可行性，从而越似乎"似是而非"，越似乎不是真正意义上的悖论，而从这类悖论的构成机制看，却又是严格意义上的悖论，跟"白马非马"这种表述形式上的自相矛盾完全不同。

由此可见，从与隐含预设"接壤"的区域看，作为悖论构成的基本要素，"公认正确的背景知识"定义过窄，而从与知识"接壤"的区域看则相反——它又不是定义过窄而是定义过宽。

在科学领域，科学共同体的公认是涉悖规定的通常性质，但并不是只有在具有科学共同体的领域才存在悖论，悖论可以存在于任何知识领域，包括认知领域。书目悖论和理发师悖论都是这方面的例子，即使只有卡里马楚斯和理发师自己，悖论也同样存在。也就是说，哪怕是理发师自己的规定，也仍然存在悖论。

"公认正确的背景知识"不能包括所有情况，还可以在许多悖论看出。当面对"悖论的拟化形式"[1]时，我们就不得不放弃"公认正确的背景知识"。"悖论的拟化形式"仍然是悖论，它们的推导所依据的前提和假设不是"公认正确的背景知识"，而可以是作为私人知识的思维规定。我们不能仅仅通过把它们看作是与悖论不同的"悖论性语句"或"半截子悖论"和"悖论的拟化形式"等，把它们排除在悖论之外。事实上，正是这种"半截子悖论"更清楚地展示了悖论由描述与作为自身前提的规定构成自我冲突的性质。越是包含内容的悖论，往往越只是半截子悖论；如果所包含的经验内容太具体，甚至会成为佯谬。能推出矛盾等价式的悖论，通常都是内容最少的悖论，或者以内容抽象为特点的悖论。

悖论毫无疑问是在逻辑——特别是形式逻辑或经典逻辑领域或其基础上发展的，但悖论之根却扎在远远超越经典逻辑的理性更深处，因为一些作为涉悖规定的深层预设，可以深藏在人类的无意识底层。

在所有悖论中，都存在涉悖规定，即使关联描述之间自我冲突构成的悖论，事实上也是说谎者悖论的变形。在描述中有确定的涉悖思维规定，才有以此为前提的描述的

---

① 张建军：《科学的难题——悖论》，第 13 页。

范围或局限性,因此才有可能构成描述与规定之间、关联描述之间或描述中规定和规定之间自我冲突导致更高层次内容的逻辑上的自相矛盾。

悖论是人类知识现象,其根本成因在于人类是以 back away 的方式建立知识体系的,即在基本假设——更根本地说是逻辑预设的基础上建立并通过对其前提性反思更新知识体系。这些基本假设或逻辑预设都是思维规定,任何建立在思维规定基础上的人类知识领域都可能产生悖论,只是在典型如科学领域,由于是公共认识或公共知识领域,涉悖思维规定才通常是公认的。

第三节　形式逻辑的严密推导

这是悖论的必要逻辑条件,也即塔斯基所谓经典逻辑定律的有效性,即"我们已假定在这个语言中通常的逻辑学定律是有效的"[①]。这里的"逻辑学定律"是形式逻辑而不包括更高层次内容的逻辑定律,不在形式逻辑层面就不可能有形式逻辑意义上的自相矛盾。作为悖论的构成要素,严密无误的逻辑推导即形式逻辑上展开悖论的无误推导:描述和规定的交织构成的自我冲突导致更高层次内容的逻辑上的自相矛盾。因而正是形式逻辑意义上的严密无误推导,才使悖论表现为逻辑悖论,否则悖论不仅不会表现为逻辑悖论,而且可能更多表现为特定文化中具有丰富哲理意蕴的更高层次内容的逻辑命题。中国和印度古代典籍中只有这类悖论而没有出现可导出矛盾等价式的悖论,正是由于古代中国和印度不像古代西方那样具有分析性形式逻辑的充分发展。在这种性质的文化中,悖论虽然同样存在,但由于没有形式逻辑的严密推导,更高层次内容的逻辑上的自相矛盾就不会构成逻辑形式上的自相矛盾,表现为严格的悖论,由此可见形式逻辑的严密推导是悖论的基本构成要素。

在更高层次内容的逻辑中,由于人类经验直觉和逻辑预设深藏在人类无意识深处,这不仅使"描述"并不像几何图形演绎那么清晰,也使思维规定的存在呈漫延状态。

[①]　塔斯基:《真理的语义学概念和语义学的基础》,涂纪亮主编:《语言哲学名著选辑》,第 255 页。

作为悖理性描述，悖论总是离不开构成悖论的描述所涉及的规定，离开这种规定不存在悖论。而且，悖论不是客观世界本身所具有的，而只是主观描述的结果。悖论既可以表明人类描述自身的冲突，也可以表明人类描述与对象存在之间的冲突，后者表现为对象参照中的知识体系本身的自相矛盾，往往与经验内容有关。悖论的"拟化形式"往往就是悖论的日常经验形式。这种悖论与严格描述的悖论之间的差异，在于作为其前提或所涉及的规定不严格，甚至利用了歧义。二者的不同正如科学语言与日常语言的不同，而这也正与悖论具有语形、语义和语用等不同层次有关。

悖论之所以是语形和语义学意义上的，是因为悖论是描述；而悖论之所以还必须是语用学意义上的，则是因为这种描述涉及规定。由于规定可以是思维规定，也可以是行为规定，因而正是规定使描述与实践行为内在相关。正因为如此，描述所涉及的规定是语言中再典型不过的语用学因素。包括预设在内的规定及其使用结果都是一种语用学现象。明确描述所涉及的规定在悖论构成中的重要地位，是所谓"语用学转向"的典型标志及其纵深发展的结果。这与预设的研究密切相关。

把预设作为一个逻辑概念讨论始于弗雷格，从他开始到斯特劳森(Peter Strwson)的预设理论，包含语义和语用两个方面。一方面，这种理论在预设的定义中明确应用了真假和真假值这些语义概念，导致一些语言—逻辑学家就从语义方面来定义预设。但不久后人们就发现，这种语义预设会导致不能接受的后果。因为如果预设是语义的，则预设必是不可消除的，而预设事实上是可以消除的。因此，结论只能是：预设不能是语义的，语义上的预设不成立。另一方面，弗雷格和斯特劳森的预设理论所讲的预设是一个论断的预设，而论断是说话者在一个交际语境中断定的语句。这种预设理论中的语用成分后来得到系统研究。人们从语用的角度提出了不同的预设定义。1974 年，美国逻辑学家斯塔纳克(R.C. Stalnaker)提出的语用定义得到普遍赞同。目前学界大多数语言—逻辑学家都认为："预设是语用现象，因而预设就是通常所说的语用预设，而不是通常所说的语义预设。""预设是一种重要的语用现象。预设理论是一个重要的语用理论。"[1]

---

[1]　周礼全主编：《逻辑——正确思维和成功交际的理论》，人民出版社 1994 年版，第 457—459、476 页。

由于预设问题是一个语用问题,关于预设问题的研究自然而然导向悖论的语用学研究。这就构成了与直觉相悖造成的悖论。

与直觉相悖造成的悖论常常是人们的抽象规定与直觉相冲突的结果。比如数的无限和形的无限的规定,就常常在统计描述和形象描述中与我们的直觉构成冲突。这种冲突的机制是:我们的直觉一般是形象生动的,而数和形(不是形象)的规定却是高度抽象的,它们在一定的描述中可能表现得出乎我们的想象,甚至与我们的想象相冲突,因而出现与直觉相悖的情况。比如在"皮亚诺悖论"中,人们的直觉总是认为线可以充满一个面,甚至一个体。而在几何学的点、线、面的规定中,这些都是不可以现实化的理想化产物。点是没有长度的,更没有面积;线是没有面积的,更没有体积,但是在直觉中,线段充满一个面的集合,甚至所有点的集合应当是面。在现实中是不存在抽象的点、线、面的,如果要让它们在现实中存在,那么就必定意味着给线甚至点以面积,给面以体积,这才是日常经验直觉(不是数学或几何学直觉)。在同一描述或知识体系中,这种现实化的直觉跟理想化的点、线、面规定无疑会构成自我冲突,从而导致悖论。人们生活在有限的现实存在中,任何关于"无限"等的抽象规定都超乎想象,本身就与日常经验直觉构成冲突。这也是这类悖论的真正成因所在,同时也是这类悖论解悖的重要进路。

无论是经验还是直觉,都可能以隐含规定的形式作为描述的前提。而日常经验直觉由于不能形成抽象概念,只能以隐含规定的形式作为描述的前提。因而有可能出现这样的情况:一个悖论在没有这方面直觉的人看来,可能完全不存在悖理性。比如一个没有点、线、面日常经验直觉的人,不会产生没有面积的线充满一个面这样的悖理感。

作为描述的前提,规定不仅既可以是明确的,也可以是隐含的,而且还可以既是确定的,也可以是含糊的,如日常经验直觉。说这种含糊的直觉也可以是规定的理由,与说这种隐含的规定也可以是规定的理由完全一样。一个不知道有某个隐含规定的人,也可以对一个悖论没有任何悖理感。比如一个没有"波""粒"隐含规定的概念的人,不会对波粒佯谬有悖理感。而"波""粒"的隐含规定也是跟日常经验直觉一样,不直接进入描述的。

由此不仅可以进一步看到,悖论是更高层次内容的逻辑矛盾,而且可以看到,"可以建立矛盾等价式"并不是一般逻辑悖论的构成要素,而只是逻辑上最为典型的悖论的构成要素。它们和形式逻辑的严密推导成为悖论的基本构成要素。

由悖论基本构成的上述三要素,可以得到悖论的新定义。

第四节　悖论的描述定义

通过上述悖论基本成因探索的层层递进和悖论基本构成要素的分析,可以得到悖论的描述定义。一方面,悖论是悖理性描述,这种悖理性源自描述和规定的交织构成的自我冲突;另一方面,规定的冲突可以发生在描述与作为其前提的规定之间,也可以发生在描述所涉及的规定之间以及关联描述之间;最后,悖论是更高层次内容的逻辑上的自相矛盾的形式逻辑表现。由此可以得到悖论的描述定义:悖论是在一定涉悖规定的基础上,可以合乎形式逻辑地推导出更高层次内容的逻辑自相矛盾的悖理性描述。

悖论的描述定义建立在悖论基本构成要素分析的基础之上,有必要在两方面作出说明。一方面,悖论的描述定义只是对悖论内涵的典型概括。事实上,由于人类知识本身的复杂性,不仅有默会性质,而且以逻辑预设为根本基础。作为知识体系本身自我冲突现象的逻辑形式,悖论的内涵应当具有弥散性。另一方面,不是悖论的所有要素都必须直接进入悖理性描述,而且正因为如此,有些悖论才由于隐含规定的深藏让人们觉得不知悖在何处,也正是这一点使真正的悖论成其为悖论,使真正的悖论具有那么无穷的魅力和那么重要的价值。而有些悖论的构成则相对简单,因为构成悖论的自我冲突具有不同的类型。根据悖论构成自我冲突的不同类型,可以进一步对悖论的描述成因作一系统研究。由于描述及所涉及的规定的复杂性,悖论形成的具体机制有待进一步系统刻画。

第9章 悖论成因的系统刻画

根据描述和规定交织的冲突构成机制,由描述构成的悖理性冲突有不同的类型。这些不同类型的悖理性冲突,决定了悖论基本成因中内含不同的具体机制。悖论的具体成因有4种基本类型。

第一节 描述与作为自身前提的规定自相矛盾

在描述和规定的交织构成的自我冲突中,最为隐蔽的就是描述和作为其隐含前提之间的自我冲突。由这种自我冲突导致的自相矛盾,正是典型悖论的成因。也就是说,悖论的典型形式是描述与作为其前提的规定自我冲突导致自相矛盾构成的。由此构成的典型悖论不仅具有"矛盾等价式"的性质,而且具有自指的特点。

描述与作为自身前提的规定相冲突,作为前提的规定往往是隐含的预设。关于隐含的预设,一个不是很确切但有利于理解的例子,就是要求单身汉回答:"你还在打老婆吗?"关于描述与作为自身前提的规定相冲突,我们则可以改造一下布里丹的"否定回答的悖论",得到一个可以直观理解的例子。如果让你用简单的"是"或"否"回答这样一个问题,冲突就一目了然了:"你将以否定的方式回答这一问题吗?"[1]

---

① 陈波主编:《逻辑读本》,中国人民大学出版社 2009 年版,第138 页。

由描述与作为其前提的规定自我冲突导致自相矛盾造成的悖论之所以人们看来往往是莫名的,就是因为规定是隐含的,人们没有自觉地意识到与描述构成冲突。而隐含规定既可以是一定具体条件下不可怀疑的基本假设,也可以是具有局限性的认识。因而,由此造成的规定的冲突又有两种具体类型:

一、描述应用于作为自身前提的规定导致自相矛盾

悖论的典型形式是由描述与作为其前提的规定自我冲突构成的,这也是所有悖论中最为典型的自我冲突。在这种性质的自我冲突中,往往作为描述前提的规定是正确的、不可否定的基本假设,而描述本身运用于作为自身前提的隐含规定。关于描述与作为其前提的规定自我冲突导致自相矛盾造成的悖论,最经典的例子体现在作为典型悖论的语义悖论中。而这类悖论中最为典型的,则正是作为典型悖论的说谎者悖论。

在说谎者悖论中,作为该描述自身前提的隐含规定是"所言为真",而不是这句话本身。"本语句为假"只是自我指称,不是把自身作为自己前提的规定。如果没有"所言为真"这一隐含规定作为其前提,就不构成悖论。这一作为预设的隐含规定是不可摆脱的,即使在所说前面加上"我下面所说非真"的说明,隐含预设仍然作为预设位于这一说明之前。因此,当人们说"我正在说谎",也依旧以"所说为真"为隐含前提。没有"所言为真"的隐含预设,任何言说都没有意义;同样,正是"所述为实"这一隐含预设,使描述具有意义。

人们正常的描述总是以某种意义上的真实为前提,因为只有描述在某种意义上为真才有意义。而说谎者悖论则把这一描述运用于该规定本身,因而造成悖论。在其变形"这句话是假话"中,可以把这种自我冲突的结构看得更清楚。作为"这句话是假话"这一描述的前提,"所言为真"是一个隐含的规定,而"这句话是假话"这一描述应用到了它自身的前提性规定,因而构成了与自身隐含前提的典型自我冲突。这也是悖论构成的经典形式或悖论的经典成因。在人类文明中,不同文化所孕育的同类悖论都是这样构成的。

中国古代的墨辩学派也发现了几个与说谎者悖论异曲同工的悖论。一是"言尽

悖":"以言为尽悖。悖。"①意即"所有言说都是错误的"。二是"诽者悖论":"非诽者。悖。"②意即"批评别人是不应该的"。三是"学者悖论":"以学为无益也，教。悖。"③老师教导学生："学习是没有意义的。"古印度因明中的"一切言皆是妄"等悖理性命题也都是这类悖论的经典形式。这些悖论都具有典型的逻辑悖论性质，其特点都是描述与作为自身的隐含前提自我冲突。上述悖论的隐含前提就是"说道可以是对的，至少我的这句话是对的""批评是应该的，至少我的这一批评是应该的"和"学习可以是有意义的，至少学习'学习是没有意义的'是有意义的"。依此，也可以推出类如"我们不可能有任何真正意义上的认识"等悖论。与这一描述构成冲突的隐含前提性规定就是："我们可以有真正意义上的认识，至少这句话的内容本身就是。""一切知识都是不可靠的"也构成悖论，如果这句话是真的，那么就至少有一个知识是可靠的，那这句话就成假的了。如果这句话是假的，那我们实际上就是在承认这个说法是真的。

描述与作为自身前提的规定自我冲突导致自相矛盾不只是与描述的形式有关，更根本的是涉及思维规定内容甚至事实内容的关系。也正因为如此，即使只涉及描述自身这一事实内容，而不涉及具体学科，说谎者悖论在人类认识中仍然具有重要地位。说谎者悖论之所以被认为似乎意义不大，也因为它不涉及其他内容，只涉及自身，因而所简洁凸显的是描述问题，不具有经验和逻辑意义，但具有非同寻常的描述意义。直到现在还有人认为"语义悖论都只是一些假句子"④，就因为没有看到这些悖论至关重要的描述意义。只有从描述的角度才能看到，说谎者悖论等语义悖论关系到人类描述的性质和规则，从而关系到描述的发展和合理化等。

在描述与作为自身前提的规定自我冲突导致自相矛盾的悖论中，由描述方式造成的描述中事实内容冲突构成的悖论具有重要描述意义；而当所涉及的事实内容与具体学科相关的时候，由此构成的悖论则还能对推动学科的革命性发展起重要作用。

---

① ② 《经下》。
③ 《经说下》。
④ Stephen Read, "the Truth Schema and the Liar", in Shahid Rahman etc(eds.), *Unity, Truth and the Liar*, Springer, 2008, p. 3.

二、描述范围超越作为自身前提的规定导致自相矛盾

在描述范围超越作为自身前提的规定所构成的自我冲突中,作为描述前提的规定在一定具体条件下也往往是正确、不可否定的基本假设,而描述的范围超出作为自身前提的规定。这类悖论最为典型的例子,则是作为另一种典型悖论的罗素悖论。

在罗素悖论中,一方面,由于"罗素集"本身的规定是不以自身为元素的集合的集合,所以,就自身的规定而言,"罗素集"是不以自身为元素的集合,即"平常集"。但另一方面,由于集合的集合必定是以自身为元素的,所以,从本身性质上说,"罗素集"又是包含自身在内的集合,属于"非常集"。这样一来,"罗素集"似乎既是"平常集"又是"非常集",既不是"平常集"又不是"非常集"。因此,无论我们问"罗素集是否以自身为元素?"还是"罗素集包含不包含它自身?"这个以疑问句形式表述的描述都构成悖论,因为无论"罗素集"包含还是不包含它自身,描述都构成悖论。事实上,这是因为"罗素集"在分类上超出了"非常集"和"平常集"的区分,它是一个超越这种分类规定的集合。所以,罗素悖论是一个由描述与作为其前提的规定自我冲突的典型描述,属于描述与作为其前提的规定自我冲突导致自相矛盾构成的典型悖论。而且,由此所构成的自相矛盾是描述范围超越作为其前提的规定造成的,由此造成的自我冲突就发生在"罗素集是以自身为元素的集合"或"罗素集不是以自身为元素的集合"或"罗素集是包含它自身的集合"或"罗素集是不包含它自身的集合"这些描述与作为自身前提的规定之间,而这个规定就是非常集和平常集的二分法分类规定。这里,所涉及前提性规定就是"非常集"和"平常集"的二分法分类规定。

在描述与作为其前提的规定自我冲突导致自相矛盾构成的悖论中,典型悖论一般都是涉及逻辑规定的悖论,而当涉悖规定为经验规定时,则会出现不同的情况。在这个意义上,这类悖论的成因存在下述区别:以某些逻辑规定的相对性为主要特征的悖论成因和以某些经验规定的绝对性(相对于认识主体而言)为主要特征的悖论成因。前者主要发生在形式科学中,后者则主要发生在经验科学中。发生在形式科学中的悖

论,如果涉悖规定为逻辑规定,悖论的前提性规定本身一般不存在问题;而发生在经验科学中的悖论,如果涉悖规定为经验规定,涉悖规定本身则往往和存在问题。发现涉悖规定的局限性和隐含错误等,能推动相应知识体系或学科的发展。由于具体悖论涉悖规定的性质和特点,这类悖论还有不同的表现形态,因而就有了具有共同基本成因,表现形态丰富多彩的种种悖论。在这些悖论中,最具意义和价值的自我冲突主要是因作为描述前提的"隐含"规定具有局限性形成的自我冲突。在这种性质的自我冲突中,肇因往往是规定本身的局限性。"希帕索斯悖论"的形成就充分体现了这一点,它与勾股定理的发现密切相关。

作为欧氏几何两颗璀璨的明珠之一,勾股定理的证明得出一个悖论。毕达哥拉斯学派成员之一希帕索斯发现:一个边长为 1 的正方形,它的对角线长度既不能用整数,也不能用分数表示。因为在证明中会得出悖理性的结论:表示等腰直角三角形斜边长度的两个约去公因数的整数之一"n"既是偶数又是奇数。这个悖论与毕达哥拉斯学派的数学信仰——"一切数均可表示成整数或整数之比"有关。"一切数均可表示成整数或整数之比"具有一个隐含的基本规定:一切数都是有理数。而在无理数发现之前,这个隐含的基本规定则被认为是理所当然的。因此,这个悖论的性质就表明了这一基本规定的局限性。悖论所推出的自相矛盾的结论("n"既是偶数又是奇数)与其隐含规定相冲突。悖论反映了其前提性隐含规定的局限性,正是"一切数皆是有理数"局限性的揭示,推进了无理数的研究。根据事实(比如等腰三角形的斜边是不是可以表示为整数比)推出的两个结论(n 是奇数和 n 是偶数)自相矛盾,事实上是"n 是整数"的规定与作为其基本前提的隐含规定(所有数都是有理数)相冲突,也就是无理数的规定与"所有数都是有理数"的规定相冲突。

因而,这类悖论要么是因为与其所隐含的合理(有时候更是一定具体条件下无可怀疑的基本假设,如人有理性)规定相冲突,从而带来描述上的问题;要么就是由于作为其基本前提(也可以是隐含着的)的规定的局限性,使其已经不足以包含描述中所涉及的某个基本概念。如希帕索斯悖论中的"一切数均是有理数"的规定不能包含"m/n"所内含的无理数概念。

在描述与作为自身前提的规定自我冲突导致自相矛盾的悖论中,如果作为前提的规定内容涉及具体学科,由此形成的悖论一定对学科发展具有重要意义。因此,不仅关于典型悖论的研究,即使关于广义悖论,描述成因的研究都具有重要的认识或艺术价值。

第二节　描述与自身所含规定自我冲突导致自相矛盾

描述不仅涉及作为其前提的规定,而且本身包含一些规定。当描述本身与其所包含的规定相冲突时,也会导致自相矛盾从而构成悖论。这类悖论不自我指称,但可能自我涉及。其典型例子是"上帝万能悖论"和"矛与盾悖论"等。

《圣经》"马太福音"中"贪财的难进天国"一节有这样一句话:"在人这是不能的,在上帝凡事都能。"据传法国无神论者高尼罗(Gaumilon)和号称"上帝使者"的意大利神学家安瑟伦有一段对话:

高尼罗:上帝能否创造出一块谁也举不起的石头?

安瑟伦:这当然——上帝无所不能!

高尼罗:那么,这块石头上帝自己能举起来吗?

安瑟伦:上帝万能,能举起所有的石头。

高尼罗:既然上帝能举起所有的石头,那就说明"他"创造不出一块自己举不起来的石头;既然上帝创造不出一块自己举不起来的石头,又怎么能说上帝是万能的呢?

"如果说上帝是万能的,他能否创造出一块他举不起来的石头?"这个悖论因表述明了并且道理简单而广为流传。万能的上帝当然能创造出这样一块石头,但也正因为万能,上帝的尴尬处境不可避免:一块"他举不起来的石头"本身的存在,说明上帝不是万能的;如果上帝不能创造出这样一块石头,同样表明上帝不是万能的。

这个悖论也叫"全能者悖论",它的另一种形式是:"全能的创造者可以创造出比他更了不起的事物吗?"如果上帝不能创造出比他更了不起的事物,他就不是全能的;如果上帝可以创造出比他更了不起的事物,他也不是全能的,因为他还不具备自己所创造出来的更了不起的事物所具备的能力。

上帝能不能创造出一块自己举不起来的石头？上帝全能悖论虽然以疑问句的形式表现,但事实上是"上帝不能创造出自己不能举起的石头"或"上帝能创造出自己不能举起的石头"这样的描述。无论哪个描述,都与其所包含的"上帝"规定构成冲突。

　　作为描述与自身所含规定相冲突构成的悖论,上帝万能悖论的悖理性与"上帝"这一规定密切相关。陈波教授就认为:"现有分析表明,'上帝'概念似乎具有某种悖论性质,很难在理性上自圆其说。"[①]虽然本身不具有悖理性,但在相应的描述中,具有绝对性质的"上帝"很容易成为涉悖规定。无论是"上帝能创造出一块自己举不起来的石头"还是"上帝能举起自己所创造的任何石头",都与描述所包含的"上帝"这个规定相冲突。由于"上帝"这一规定具有"万能"的内涵,这种"全能"是无条件的,在具体条件中可能与描述构成冲突,从而导致悖论。"上帝全能悖论"所包含的悖论的描述成因和性质,可以在"不可解悖论"中更清楚地看到。

　　假设上帝命令一个人违抗他,这个人有义务违抗上帝(因为上帝的任何命令都有义务服从),但这人同时也有义务不违抗上帝,因此"这人违抗上帝"是一个协调命题。[②]这就构成了一个不可解悖论。由这一悖论的性质可见,此类悖论对于反思所含涉悖规定的性质和局限性具有特殊意义。在这里,作为涉悖规定,全能"上帝"的性质和局限性一目了然。

　　由于规定不是作为描述的前提而是描述的组成部分,规定明摆在描述中,因而描述与自身所含规定自我冲突导致自相矛盾构成的悖论,事实上是典型悖论的显性形式,属于广义悖论或悖论的泛化形式。由此所构成的悖论不能构成矛盾等价式,而且也不涉及自我指称。

第三节　关联描述自我冲突导致自相矛盾

　　描述不仅可以与所涉及的规定相冲突,而且在形式上可以是描述和描述之间通过关联构成冲突导致自相矛盾。在由这种方式构成的悖论中,单个描述本身都是正常

---

① 陈波:《悖论研究》,第 63 页。

② Roy Sorensen, *A Brief History of the Paradox: Philosophy and the Labyrinths of the Mind*, p. 193.

的,但描述通过相互关联就构成了描述之间的冲突导致关联描述的自相矛盾。把悖论定义为"一个单个成立,但关联起来则不相容的命题"[1],不仅笼统地表明了悖论成因中描述构成自我冲突的一般性质,而且特别形象地表明了关联描述自我冲突导致自相矛盾的悖论构成机制。

关于关联描述自我冲突,可以从"不可能图形"得到形象说明。很多不可能图形都是将两种具有不同透视规律或投影规则的形象描绘关联在一起,由关联投影或透视之间的冲突造成的。而将它们关联在一起的,都是某一共同要素。而由此形成的悖论,最典型的有"柏拉图—苏格拉底悖论"和"卡片悖论"等,而更为深刻的则是"二律背反"。二律背反最典型地表明了二分法描述的性质,由此构成的两个相对的描述,由二分法内在关联在一起。

正是"二律背反"反映了关联描述的描述方式根源,那就是对于人类描述甚至思维来说都具有基础地位的"二分法"。我们不只是因为概念的使用方便才运用二分法,事实上,当我们的思维进入思维的极限情境,我们就必须使用二分法,抽象思维最为典型。只有二分法,才能够使人类思维在极限处进行必不可少的基础性区分。当我们涉及关于"时空"的概念描述——或者当我们用"时间"和"空间"进行描述时,就会进入这样的典型极限情境,由此得到"有限"和"无限"等终极二分法区分。在我们的特定描述和思维方式中,二分法是我们对对象作终极区分不可或缺的基本方法和方式。因此大量二律背反都是"有限"和"无限"概念二分法规定造成的悖论,甚至作为哲学基本概念的"有"和"无",通过关联描述也不可避免地会构成二律背反。

因此,作为"反乎规范",Antinomy 更与人类认识中一些基本规定,一些终极规定相关。而这些基本规定,正是描述关联的人类描述乃至思维方式基础。康德认为有多少个概念就有多少个二律背反,黑格尔认为二律背反的解决应当是把握"对象作为相反的规定之具体的统一"[2]。正说明了这些基本规定的二分法成因,说明二分法在人类

---

[1] Roy Sorensen, "Philosophical implication of logical paradox", in Dale Jacquett(ed.), *A companion to philosophical logic*, Blackwell Publishing Ltd., 2006, p. 140.

[2] 黑格尔:《康德哲学论述》,贺麟译,商务印书馆 1962 年版,第 42—43 页。

描述乃至思维方式中的基础性。而蒯因认为"二律背反因接受两种不同推理方式而引起自相矛盾"①，就反映了这种描述关联。有人之所以甚至认为罗素悖论最恰当的名称应当是"二律背反"，也因为二律背反涉及时间、空间的有限、无限两分困难，而罗素悖论也在集合分类中涉及罗素集归类中平常集和非常集两分的困境。

卡片悖论又称"纸牌悖论"或"明信片悖论"，它是英国数学家乔丹(Jourdain)提出来的悖论。在一张纸牌上，正面写着：

> 纸牌反面的句子是对的。

反面则写着：

> 纸牌正面的句子是错的。

这两个描述通过同一张纸牌关联在一起，作为互为前提的规定构成了关联描述的自我冲突。

这个悖论的最简单形式被称为"悖论元"。

> 下面这句话是对的；

> 上面这句话是错的。

这就是有名的乔丹真值(Jourdain Truth-Value)悖论，它和"柏拉图—苏格拉底悖论"一样，都是由关联描述自我冲突导致的悖论。这类悖论的一个特点是不以直接自指为必要逻辑条件，而是通过中介使描述关联起来，从而构成关联描述自我冲突而导致悖论。

关联描述之所以不用直接自指而能构成悖论，就因为用关联中介将自我指称变成了相互指称的形式。由于悖理性冲突发生在描述之间，不具有描述和规定之间的层次关系，因而关联描述自我冲突导致自相矛盾构成的悖论，事实上是典型悖论的完全展开形式。这类悖论也属于广义悖论，既不构成矛盾等价式，也没有直接自我指称。

关联描述自相冲突构成悖论，在形式上是描述和描述之间的相互冲突，但实质上则不仅是描述和规定冲突的另一种形式，而且是描述与作为自身前提的规定自我冲突

---

① W. V. Quine, *The Ways of Paradox and Other Essays*, p. 7.

的显性形式。

在"柏拉图—苏格拉底"悖论中,由于柏拉图所说"苏格拉底下面的话是真的"与苏格拉底所说"柏拉图上面的话是假的"相互关联而构成互为规定的关系。当表述柏拉图说"苏格拉底下面的话是真的"时,苏格拉底所说"柏拉图上面的话是假的"就成了作为其前提的规定,反之亦然。同样,由于位置造成描述关联,无论"下面这句话是对的"和"上面这句话是错的",还是"纸牌反面的句子是对的"和"纸牌正面的句子是错的",都相互构成彼此的前提性规定。它们之所以不表现为典型悖论的形式,就因为作为自身前提的规定是并列关系,而且明摆着,因而在形式逻辑上不能构成矛盾等价式。而在说谎者悖论中,由于涉悖规定可以是隐含的,单个命题之间不是并列关系,才在形式逻辑层面构成矛盾等价式,从而构成典型悖论。正因为如此,这类悖论也被看作是说谎者悖论的变形。

第四节　描述所含规定自我冲突导致自相矛盾

在描述中,既可以由描述与自身所含规定之间自我冲突导致自相矛盾构成悖论,还可以由描述所包含的规定因描述关联而自我冲突导致自相矛盾构成悖论。这是同一描述所涉及的规定之间的冲突,或者说描述所涉及的规定之间自我冲突导致自相矛盾。这种冲突的机制更为多样,因而又有多种情况,从描述通过规定的粘连构成自我冲突到描述通过规定的混淆构成自我冲突,构成一个系列,其中主要有4种。

一、描述因规定不相容构成自我冲突导致自相矛盾

这类悖论的成因主要由不可公度的规定之间的冲突造成,这一点可以在波粒佯谬中看到一种简化的构成机制,看到这种情况最直观的简明形式。在波粒佯谬中,包含了"波动"的规定和"粒"的规定,而这两个规定既是相关联的,它们都是关于宏观物理现象的规定,但同时又是不可公度的。如果把它们纳入同一描述,就会构成冲突或不相容。

描述所包含的规定具有相矛盾或不相容的性质,被描述关联在一起就会构成自我冲突。这种情况的最简单说明就是"方的圆",而最形象的例子则是被称之为"几何无穷大悖论"的"皮亚诺悖论"等涉及几何规定的悖论,它们构成了点、线、面、体规定的冲突。

关于描述所包含的不可公度关联规定之间的冲突,我们可以在所谓"皮亚诺悖论""谢尔宾斯基垫片"和"门格尔海绵"等涉及几何规定的悖论中看到形象的展示。在我们的概念中,线是一维的,正方形是二维的,一维的曲线不可能填满二维的正方形,但意大利数学家皮亚诺(G. Peano)所发明的皮亚诺曲线却能够填满正方形,一维的线竟然等同于二维的面! 这就是被称之为"几何无穷大悖论"的"皮亚诺悖论"、"谢尔宾斯基垫片"和"门格尔海绵"则分别是连长无限大面积无限小、面积无限大体积无限小的例子。这三种情景合起来,为我们理解点、线、面、体的规定在一个描述中的冲突提供了形象的说明。

所谓不可公度的关联规定,是指规定一方面是关联在一起的,甚至构成一个系统,如点、线、面、体等是相互关联的,在同一个系统中,似乎点构成线,线构成面,面又构成体,但点线面体之间却是不可公度的:无论多少点构不成线,无论多少线构不成面,无论多少面构不成体。如果描述把这些不可公度的关联规定描述成一个整体,就会造成逻辑上自相矛盾的悖论。

"线"没有面积,但面积为零的"皮亚诺曲线"却可以覆盖一个平面。"面"没有体积,但体积为零的"门格尔海绵"却可以构成一个体。一维的"线"和二维的"面",甚至和三维的"体"相等同。皮亚诺曲线构成了线和面的规定的冲突;"门格尔海绵"则构成了面和体的规定的冲突。作为达到线、面和体的规定边界的两个例子,"皮亚诺曲线"把点、线和面的规定联系了起来,"门格尔海绵"对于我们理解点、线、面、体的规定极有帮助,但同时也使点、线、面、体规定的区别模糊了,在某种意义上超出了线、面和体的原本规定,达到了分形几何中"分维"的新的规定。

所谓的代数和几何悖论大都不是能构成矛盾等价式的悖论,而是逻辑上自相矛盾的悖论,它们都是不可公度的关联规定在描述中形成自我冲突,构成逻辑上的自相矛盾。由于这些规定的冲突是由图形描绘造成的,因而是一种规定与描述的特殊关联。

几何学悖论中的"病态的怪物"正是图形描绘构成规定的冲突而形成的。人们把这类有趣的奇妙问题与悖论联系起来是有根据的,因为它们不仅具有同样的成因,而且的确构成自相矛盾的悖论。"谢尔宾斯基垫片"的连长无限大面积无限小,"门格尔海绵"的面积无限大体积无限小,都分别构成线和面、面和体规定的自相矛盾。

按照几何规定,点永远连不成线,线永远拼不成面,面永远形不成体,无穷大在这里帮不上忙。这里反映的只是规定的冲突。"皮亚诺曲线"不可能是"填满空间的曲线",也不存在"填满空间的曲线"。因为无限面积构成的体积可以是有限的,这大概也是宇宙可以说有界无边,甚至可以说是有限无界的情形。与经验事实联系起来,这些悖论都不复存在,这和人类实践甚至和人类学特性密切相关。英国的海岸线长度问题的确是不确定的,但我们会说到一个确定的数字,这个确定的数字是根据人类活动的特性,或者说认识的目的和实践的需要确定的。

二、描述因规定粘连构成自我冲突导致自相矛盾

在人类认识中,由于任何区分和分类都是相对的,没有绝对的界线,在概念的规定中常常会出现"粘连"现象。所谓规定的粘连,就是规定和规定之间由于区分的相对性而出现的不能绝对分类的现象。正是因此,"我们因所有种类的非确定、无限、模糊、随机(randomness)而犹疑(shaky)。这些概念特别具有悖论倾向(paradox-prone)"[1]。因为正是这些作为思维规定的概念构成了描述和规定交织中的自我冲突,它们很容易成为涉悖规定。

一般而言,描述通过"粘连"规定的关联构成悖论,涉及的规定"粘连"有以下两种情况:

(1) 由于对象区分的相对性,规定的区分边界模糊不明。典型的如二分法概念的区分:"堆"和"非堆"、"系统"和"非系统"以及所有连锁悖论所包含的涉悖规定。

---

① Roy Sorensen, *A Brief History of the Paradox: Philosophy and the Labyrinths of the Mind*, p. 12.

在希腊语中，"soros"是"堆"的意思。而连锁(Sorites)悖论则与古希腊人欧布里德有关，后来记载在古罗马哲学家西塞罗的《纯理论研究》一书中。这个悖论最初来自一个游戏：可以把1粒谷子说成堆吗？不能；可以把2粒谷子说成堆吗？不能；可以把3粒谷子说成堆吗？也不能。所以，你不能通过一粒一粒增加谷子形成一个谷堆。

让我们从"谷堆辩"看看"堆"和"非堆"的粘连。常识告诉我们，1粒谷子放在地上，不能形成谷堆，2粒谷子放在地上，也不能形成谷堆，3粒谷子放在地上仍然不成其为谷堆。由此类推，似乎一粒粒增加谷子，都不能形成谷堆。因为不存在这样一个东西，它是由若干谷粒组成的，但还没有形成谷堆，只要我们在上面增加一粒谷子，就使它变成了谷堆。这也等于说，无论多少粒谷子都不可能堆成一个谷堆。

在这里，前提是真实的，推理也是可以接受的，但结论则明显错误。这里的问题在于"堆"和"非堆"两个规定之间边界不明确，也就是说，"堆"和"非堆"粘连涉及两个规定之间边界含糊的问题，归根结底涉及"堆"的定义性质：没有以多少粒谷子来计算的明确边界。因而，在"非堆"到"堆"这样两个概念之间，由于没有一个明确的界线而发生相互粘连。由这种规定粘连造成的悖论，并不是简单地引进一个模糊的"类"就能真正解决的，因为它与人类的描述方式有关。

在所有连锁悖论中，关键的概念是模糊谓词："高的""红的""富的"，因此，许多处理这类悖论的尝试一直聚焦于模糊性，而对于模糊性来说，本质性的问题则是分界线问题。模糊性的主流哲学理论认为，在分界线问题上模糊谓词不能在真假意义上应用。在分界线问题上，不存在事实这回事。这是模糊性的语义概念：模糊性是语词关联世界方式的一种功能。在分界线问题中，模糊谓词以这样一种方式与世界相联系：具有完整含义的陈述既非真亦非假。[1]这一观点与认知理论认为模糊性根源于认识论的观点显然完全不同，主要是从描述的角度理解的。奥林对此有深入论述，认为这是关于连锁悖论最激进的观点，只能作为最后的选择，只有在实在没有办法限制悖论性论证时才考虑采用。而且其模糊谓词不融贯的观点也存在逻辑困难。[2]

---

① Doris Olin, *paradox*, pp. 170, 171.

② Ibid., pp. 170, 171, 173.

让我们再看看"系统悖论"：系统是一个具有特定环境的系统，如果所有的对象都可以看作是一个系统，那么那个无所不包的宇宙可不可以看作一个系统？如果不能，就违背了任何事物都可以看作是系统的原理；如果能够，这个没有环境的宇宙就成了一个没有环境的系统。而没有环境就没有系统，且不说在"非系统"到"系统"之间也没有一个明确的界限。

这里涉及一种隐含的二分法，因为任何规定都意味着否定，因而同时意味着其反面。比如"堆"意味着"非堆"的存在、"系统"意味着对"非系统"的某种确认等。而且，有一些规定还与个体的心理等素质和特点有关，比如"有趣数悖论"（Interesting Number Paradox）。数学家哈代（G.H. Hardy）打出租车到医院看望数学家拉马努贾（Ramanujan），拙于打开话题的哈代没有寒暄，一见面就说："我刚才乘坐的出租车号是1729，对我来说，这似乎是一个很无趣的数字。"拉马努贾听了回答道："不，不，哈代！那是一个非常有趣的数。它是可以用两种不同方式表示的两个立方数总和的最小数。"[1]正如最无特点本身可以就是特点，最无趣本身可以就是有趣。所以二分法规定本身就是相通相联的，这种粘连（反向粘连）规定正是造成规定冲突而导致悖论的一种典型形式。这种形式的悖论具有特殊的表达效果，因而是悖论的表达功能的重要方面。虽然悖论仍然是二分法描述边界区分不明确造成的，因此都涉及二分法规定，都是二分法悖论，但二分法本身却是人类不可或缺的描述方式，而二分法描述又深深植根于定性规定。

连锁悖论与定性规定和定量规定密切相关。在通常的观念中，定性比定量更根本，这仍然是抽象普遍性终极追寻潜移默化的结果。只是因为抽象概括所得到的被认为是事物的本质属性，而这些属性比具体事物的个别属性——特别是具体的量——更根本。而事实上，在这种情况下，几乎都会发生连锁悖论带来的问题。由于对事物区分都是相对的，而且对所有的事物都可以进行二分法区分，所以"连锁悖论可以产生于几乎所有事物"。[2]在所有的连锁悖论中，悖理性无一例外地都是把质的规定性（定性规

---

① G.H. Hardy, *A Mathematician's Apology*, Cambridge University Press, 1969, p. 37.

② Roy Sorensen, *A Brief History of the Paradox: Philosophy and the Labyrinths of the Mind*, p. 98.

定)放到比量的规定性(定量规定)更根本的地位造成的。典型的连锁悖论则都是由于将量的规定和质的规定绝对化的结果。如果说,与无限规定密切相关的悖论往往是因为将无限作为量的规定看待,误以为"无限"是量的规定造成的,那么,连锁悖论就是把质的规定——其实就是以抽象普遍性终极追寻的哲学基本观念为基础——看作是与量的规定有本质不同造成的。而事实上,作为思维规定,其重要性与所涉及的具体条件密切相关。在有的条件下,质的规定比量的规定更重要,而在有的情况下——涉及连锁悖论的所有情况下,量的规定远比质的规定更重要、更根本。

在悖论问题研究的悖论逻辑进路中,悖论通过规定,被理解为一种客观的逻辑。赫勒斯坦就认为:"有限是无限的反面;但是在悖论领域,那不是借口!(that's no ex-cuse!)事实上,有限概念是高度悖论性的;因为虽然有限数就单个和有限组内来说是有限的,而它们构成一个无限。"因此,"F 是有限的当且仅当它不是有限的","界限只是缺少(short of)无限!"正如无限具有等同于悖论的性质(has paradoxical parity),界限和堆也是这样。连续统是悖论性的,因为它是延伸的,而布尔逻辑是不连续的。关于这种拓扑学差异所产生的一个逻辑谜题,赫勒斯坦把它叫作分界线悖论(paradox of boundary)。他由此提出了一个把结论导向悖论逻辑的问题:"如果一个陈述在 A 点为真而在 B 点为假,那么在两点之间的什么地方存在一条分界线,在这条分界线的任何一点上,这个陈述为真,还是为假?"[1]由于涉及分界线及其相关规定,因而涉及更高层次内容的逻辑。从上面这些悖论可以感觉到,它们与一些基本的规定甚至心理相关规定直接相关。悖论逻辑事实上与更高层次内容的逻辑联系在一起,悖论逻辑与更高层次内容的逻辑密切相关,只是悖论逻辑把形式逻辑概念——自相矛盾纳入自己的体系而遇到根本性困难,而更高层次内容的逻辑则不存在这一问题。它因而可以轻松地理解更具挑战性的变易悖论(paradox of change)等。

变易悖论跟我们对流变的对象进行规定和描述有关,比如"苏格拉底"应当指其所指称的那个人的一生,但我们在任何他生存的时刻都可以把他叫作苏格拉底。这只是

---

[1] Nathaniel S. Hellerstein, *Diamond: A Paradox Logic*, pp. 21, 23, 27.

我们省略了他的历时性,只有当这种省略不能接受时,才使用更精确的描述,比如"青年苏格拉底""晚年苏格拉底"。因此这些区分或说明与苏格拉底许多特定阶段所具有的性质有关,归根结底与时间和空间的规定有关。"苏格拉底不能历时持存(endure through time),但能历时持续(perdures through time)。持续(perdurance)是这么一回事,即具有来自不同时间的部分。瞬息消逝的物体不能持续,因为其所有部分来自同一时间,一个数字不能持续,因为它没有瞬时部分。"[1]这里所说的其实就是静止状态的空间描述和活动过程的历时描述,而时间和空间都是基本的思维规定。因而事实上,出现变易悖论跟时间和空间规定的局限性密切相关。由于时空规定的不同,这一悖论在牛顿力学中最为突出,而在相对论中则可以在某种程度上消解。对于这种现象,爱因斯坦的"时空蠕虫"(space-time worm)是比牛顿力学绝对时空更适合具体条件范围的描述。或者说这种由描述折叠造成的悖论,在相对论描述中可以加以展开。在这种展开中,一方面可以更好地理解典型的由规定的粘连造成的悖论;另一方面又能深化对描述和规定的理解。

(2)由于规定本身没有边界而造成的粘连。由于具有共同的性质,有些内涵不同的思维规定会被当作相同的规定使用,比如"至小无内"的"无限"与"至大无外"的"无限",两个"无限"都是内涵明确的概念,但它们所指却是两种不同甚至具有相反性质的"无限"。两个含义不同的"无限"规定的粘连,在描述中构成的悖论往往具有典型性质,被人们叫作"时间悖论"的芝诺悖论就是经典的例子。

"无限"不仅涉及"至大无外""至小无内"不同规定的粘连,而且常常和具体的量的规定相混淆而构成悖论。说某条线或某个面上有多少点,是没有意义的。因为点、线、面、体是完全不同的规定,相互不可公度,就像说一个无限数中有多少个有限数一样。说自然数还是正偶数多,也是没有意义的。因为这也涉及有限数和无限数的不同规定。涉及无限时,我们不再能说一个数的大小。大小是有限数的规定,几乎所有芝诺悖论都由这种规定的粘连造成。

---

[1] Roy Sorensen, *A Brief History of the Paradox: Philosophy and the Labyrinths of the Mind*, pp. 77-78.

为了捍卫老师巴门尼德"存在"不动的学说，芝诺提出了著名的运动悖论，以证明运动是不可能的。关于芝诺的这四个悖论，最早最权威的文献是亚里士多德的《物理学》，亚里士多德是这样记载的：

芝诺关于运动的论证（这些论证给那些研究这些问题的人造成了困难）有四。第一个（"二分法"）说：运动不存在。理由是：位移事物在达到目的地之前必须先抵达一半处。

第二个是所谓"阿克琉斯"论证。这个论证的意思是说：一个跑得最快的人永远追不上一个跑得最慢的人。因为追赶的人必须首先跑到被追的人跑的出发点，因此跑得慢的人必然永远领先。

第三个论证（"飞箭不动"）是说：任何事物，当它是在一个和自己大小相同的空间里时（没有越出它），它是静止着，如果位移的事物总是在"现在"里占有这样一个空间，那么飞着的箭是不动的。

第四个是关于运动场上运动物体的论证（"运动场"）：跑道上有两排物体，大小相同，数目相同，一排从终点排到中间点，另一排从中间点排到起点，它们以相同的速度作相反的运动，芝诺认为这里可以说明：一半时间和整个时间相等。①

在这些如今以芝诺的名字命名的悖论中，"飞矢不动"的结论是运动规定的相对性与绝对性的冲突造成的。"运动场"与数的无限与有限规定的冲突相同。而最能说明问题的则是其中最为著名的阿基里斯悖论。

阿基里斯（Achilles）是希腊神话中的一个善跑英雄。在芝诺看来，即使阿基里斯和乌龟赛跑，只要乌龟先跑出一段距离，这位善跑英雄永远也不可能追上乌龟。因为虽然阿基里斯跑得比乌龟快得多，但当他到达乌龟的出发点时，乌龟又向前爬行了一段距离，而当阿基里斯跑完这第二段，乌龟又向前爬行了第三段。这样，尽管阿基里斯在追赶乌龟的过程中，距离在不断缩小，但永远也不能追上乌龟。这种推理无懈可击，但其结果却既与我们的直觉相悖，又与事实不符。

---

① 亚里士多德：《物理学》，张竹明译，商务印书馆1962年版，第190—193页。

在物理学中，这个问题不存在。阿基里斯与乌龟在开始时的距离除以他们的速度之差，就是阿基里斯赶上乌龟的时间。在物理学的角度看，这似乎是因为用了两种不同的测量时间的方法，而在芝诺那里，阿基里斯每次都只能到达乌龟前一次的出发点。这些时间都可能无限缩短，但阿基里斯却因为这个无限短的时间而永远落在乌龟的后面。这里的关键在于，阿基里斯追上乌龟之后的时间，不能用每次到达乌龟前一次出发点的时间度量。事实上，我们在这里可以典型地看到这类悖论的描述性质，而这种描述性质可以通过同样出自芝诺的"二分法"悖论看得更清楚。

在亚里士多德记载的芝诺第一个悖论中，芝诺认为运动不存在，因为"位移事物在达到目的地之前必须先抵达一半处"。当一个物体要运动一段距离到达终点，它首先要到达出发点到终点距离的二分之一处，然后到达四分之一处、八分之一处、十六分之一处……以至无穷细分。这种划分上的无穷形成了一道屏障，使这个物体永远也到达不了终点。

由此，芝诺甚至得出结论："不可能有从一地到另一地的运动，因为如果有这样的运动，就会有'完善的无限'，而这是不可能的。"如果阿基里斯事实上追上了乌龟，"这是一种不合逻辑的现象，因而决不是真理，而仅仅是一种欺骗"。也就是说，感官是不可靠的，只有逻辑才可靠。德国哲学家尼采在其《可疑的悖论》中，把芝诺的悖论称为"否定感官的悖论"。[1]这些在实践中不存在，但是在逻辑上无可挑剔的结论，是一个典型地脱离人的感性实践谈论认识问题，或者说脱离事实对象仅就主观描述谈论认识问题，最后走向荒谬悖理的例子。

由于在理论上说，"穷尽无限是绝对不可能的"，芝诺得出了一系列运动悖论，"飞矢不动"则是最为典型的另一个例子。一支飞箭在飞行的每个瞬间都有一个瞬时位置，当时间无限小时，它在这个位置上就等于是静止的。那么，飞箭的运动过程便由无数个这样无限小的瞬间组成。无限个静止位置的总和不等于运动。无限个静止仍然是静止，因而飞矢不动。这一结论绝不只是芝诺个人固执己见的结果，在中国古代也

---

① 尼采：《希腊悲剧时代的哲学》，周国平译，商务印书馆2006年版，第69页。

有"飞鸟之景,未尝动也"这种类似的说法。与"飞矢不动"一样,中国古代名家惠施的这个命题也是推理无懈可击,事实不可否认,而二者的相互冲突又不可回避。

阿基里斯在赛跑中追上领先几步的乌龟合乎事实,为什么却"不合逻辑"?哲学史上关于芝诺悖论的批评持续不断,在这众多的批评中,我们可以发现正确理解芝诺悖论的思路。

亚里士多德应当是最早批评芝诺悖论的哲学家。他关于二分法的批评是耐人寻味的。亚里士多德认为,在有限的时间内越过无限的点虽然不可能,但如果在结构上把时间看成与空间完全一样,都可以无限分割,那么,在无限的时间点中越过无限的空间点则是完全可能的。亚里士多德正是通过明确区分"潜无限"和"实无限"理解芝诺的运动悖论:

> 只有与运动有关的运动物体、时间和线是连续的时,运动才能是连续的。并且,虽然在连续的事物里含有无限数的"一半",但这不是现实意义上的而是潜能意义上的。如果这个人在实际上这样做,他就会使得运动不连续而是时断时续;假如去数"一半"的话,那么这是一个显然的结果,因为他必然把一个点数作两个点,因为,如果他把线量不当作一个连续的整体而把它当作两个"一半"来计数的话,这个点将是一个一半的终点和另一个一半的起点,因此对于"是否可能越过无限多的时间单位或长度单位"这个问题,我们必须回答说,就一种含义而言是可能的,就另一种含义而言是不可能的:如果这些无限多的单位是现实上的,就不可能被越过,如果是潜能上的,就可能被越过。[1]这虽然是在没有极限概念的情况下思考芝诺悖论,但已经是不自觉地从描述和规定入手了。

亚里士多德对芝诺的二分法悖论的批评是一种消解悖论的方式,而芝诺悖论之所以不是一种谬误而具有重要意义,就在于它们以漫画的方式深刻地涉及思维规定,涉及描述。正因为如此,芝诺悖论才可能成为导致"第一次数学危机"的主要原因。

比亚里士多德更进一步,黑格尔则用辩证法解释芝诺悖论:

---

[1]　亚里士多德:《物理学》,第130页。

运动的意思是说：在这个地点又不在这个地点；这就是空间和时间的连续性，——并且这才是使得运动可能的条件。①

在这里，黑格尔揭示了概念规定的相对性，由此已经可以窥见芝诺悖论的描述成因。

芝诺悖论的关键是把对运动的数学描述看作运动本身。关于这一点，柏格森早就发现了。他认为芝诺悖论的要害在于把运动轨迹与运动本身混为一谈，这一点，在分析哲学家那儿得到了越来越明确的认识。事实上，芝诺将运动轨迹的数学描述代替其物理描述，从而使对作为实体的物理运动的描述迷失于关于无限的数学描述之中。这就在关于时空描述的基础上，把关于运动的数学描述导入实在的运动过程，从而把描述作了实在化的理解。

数学上的点和物理上的点是两回事，数学上的点比物理上的点更明显地是描述的结果，撇开芝诺在运动的数学描述中所设置的点结构，阿基里斯悖论的描述论性质就一目了然了。

从描述的角度，我们可以把原因归结为芝诺在描述运动时运用了"无限"概念，而无限概念只是一种逻辑上的假设，现实世界不可能有无限者存在，这样就出现了假设与现实的矛盾。尼采就是沿着这样的思路试图解决芝诺悖论的。在尼采看来，在这些悖论里，"无限"被利用来作为化解现实的硝酸。但是，如果概念是固定、永久、存在着的，也就是说，如果无限是决不可能成为完善的，如果静止决不可能变为运动，那么，真相是箭完全没有飞动，它完全没有移位，没有脱离静止状态，时间并没有流逝。也就是说，在这个所谓的、终究只是冒牌的现实中，既没有时间，也没有空间，也没有运动。最后，连箭本身也是一个虚像，因为它来自"多"，来自由感官唤起的非一的幻象。

尼采进一步分析道：假定箭拥有一种存在，那么，它就是不动的，非时间的，非造而有的，固定的，永恒的；假定运动是真正的实在，那么，就不存在静止，因而，箭没有位置，没有空间；假定时间是实在的，那么，它就不可能被无限地分割，箭飞行所需要的时

① 黑格尔：《哲学史讲演录》第 1 卷，贺麟、王太庆译，商务印书馆 1959 年版，第 289 页。

间必定由一个有限数目的瞬间组成，其中每个瞬间都必定是一个原子，这些都是荒谬的观念！

尼采由此认为，我们的一切观念，只要其经验所与的、汲自这个直观世界的内容被当作"永恒真理"（veritas aeterna），就会陷入矛盾。如果有绝对运动，就不会有空间；如果有绝对空间，就不会有运动；如果有绝对存在，就不会有"多"；如果有绝对的"多"，就不会有统一性。[1]

今天，这些悖论中"动与不动"的问题在物理学和数学中都不成问题。牛顿初创微积分导致"第二次数学危机"，当微积分有了极限理论这个坚实的基础，运动的描述问题就迎刃而解。然而，这个问题在哲学上却仍然没有完全解决。微积分理论得到充分发展，关于芝诺悖论的争论却没有因此而终止，就是一个很好的说明。

在古希腊，当人们用概念来判决现实的时候，如果逻辑与现实发生冲突，芝诺指认感官"欺骗"。如今，我们不能只是看到实践的重要性，还应当看到感官对于认识和描述的重要性，看到它所意味着的人类学特性。毫无疑问，感官与思维、理论与实践、感性与理性、概念与现实，这些概念之间的关系，对于理解芝诺悖论极为重要。但要深入揭示悖论的成因，导向问题的哲学解决，还得从描述与规定入手。

规定之间的粘连，有时候是规定的变化和发展造成的。规定不是僵尸，不是一成不变的。规定的约定性质，决定了其必定随着人类认识的发展而内涵不断变化。我国数学家赵访熊先生曾经说过这么一个简单的例子：

> 一个名词的意义，可以多多少少随人，随地，随时代而变。它有生命。它的生命过程，像人的生命过程一样，从出生，生长，变到衰老，死亡。例如，"刷子"这一个名词是代表一类东西的名词。我说"刷子"两个字，我们现在可以想到板刷，大大小小的猪鬃牙刷，玻璃牙刷，自行车铺用的铁丝刷，洗瓶刷……不过刷子的意义并不是一个个别的特殊的刷子，而是现在我们所能想到的各种刷子的总名词，是代表各种刷子的共同性质的抽象名词。……不过刷子总是刷东西的，所以刷子的

---

[1] 尼采：《希腊悲剧时代的哲学》，第70—71页。

功用是所有刷子的一个共同性质。《辞源》的定义是"除垢之器也"。这个定义指出一种刷子的功用，不过仍是太狭隘。例如刷石灰墙的刷子的功用就不是除垢，而是拿石灰浆子刷上墙。《辞源》的定义只顾到刷下去，没有顾到刷上来。①

我们说，判断由概念组成，而且本身就是一个概念；概念的定义就是判断，所以概念就是判断。与此相似，描述由规定组成，而且本身就是一个规定；规定的内涵就是描述，在这种意义上说，规定就是描述，规定和描述有时只有在一定的语境中才能做相对的区分。抽象地谈描述和规定，它们只能是相对区分的结果，但在具体的使用中，在具体的语境中，描述和规定的区分则是明确的。在概念和判断发展中，先有名词，再有判断。有指称就可以有判断，不需要概念。比如原始人甚至动物都有判断，但没有概念。而最初的判断就成了最初的概念。因而应当是判断在先，概念在后。

事实上，判断和概念的关系还有比这更丰富、更深刻的内容。比如，杨熙龄先生曾经提到这样一个问题："任何判断都是片面的"本身是不是片面？他认为是"片面的"，因为"片面的"这个概念中本身就包含全面。②由此可见，这些更深层次内容深深涉入我们的描述。正因为如此，规定之间的粘连与我们的描述方式，从而归根结底与我们的人类学特性密切相关。

三、抽象描述构成具体条件下规定自我冲突导致自相矛盾

由抽象描述构成具体条件下规定的自我冲突，所生成的自相矛盾的悖论有很多，其中最重要的有三类：道德悖论、道义悖论和合理行为悖论等。

在这三类悖论中，最为典型的是所谓道德悖论。道德悖论是由抽象描述构成不同具体条件下道德规定自我冲突的结果。道德规定具有历史性，因而总是具体的。在不同具体条件下，抽象描述会使同一行为得到相反的道德评判，造成同一行为的道德评价截然不同，从而构成规定的冲突。有的道德悖论就是由不同具体条件下同一行为得

---

① 杨熙龄：《奇异的循环——逻辑悖论探析》，第 168—169 页。
② 同上，第 181 页。

到两种相反道德评价之间的冲突构成的悖论。

在以所谓事实为主的情况下，判断与具体条件的关联，一般还不至于总是得出两个相反的结论。在这种情况下，通常是得到不同的结论。而在道德判断中，由于典型地只有"是""否"式的二值答案，因而往往会在不同具体条件下对同一行为得到两个相互对立的判断。而且，还会在同一条件中，同一行为相对于一个结果是道德的，而相对于另一结果则又是不道德的。因而，一个行为会引出两个相反的道德结果。功利主义的处理是将功利作为总的道德判断的根据，也就是在一般的观念中得到更好的结果为道德的（比如死一个人比死五个人结果更好）。这也是一种对具体情况分析得到的结果，但由于对条件的分析还不够具体，因而会带来功利主义特有的问题。比如每一个人的权力都是一样的，而且不能说五个人的权力就比一个人的更大。因此考虑到更具体的条件，就可能会得到关于是否道德的相反结论，从而出现这个意义上的道德悖论。

同一个行为结果因具体条件的考虑不同，会同时出现道德的和不道德的两个对立的道德判断，甚至出现做出和不做出某种行为都涉及道德还是不道德的结果，以至人的作为所造成的行为后果和不作为的"自然"结果都涉及道德问题。这都导因于不同具体条件下的考虑所造成的是否式道德规定的冲突。因而，道德悖论是在不同具体条件下对同一行为道德评价的自相矛盾。道德悖论的成因，就是不同具体条件考虑所造成的相反道德规定的冲突。一般情况下，这些都往往只是表现为道德困境（moral dilemma）。而道德悖论的逻辑形式，只有在极特殊的情况下才可能有某行为结果是道德的当且仅当是不道德的形式。比如在"定时炸弹悖论"中，在没有别的办法，只有对恐怖分子施以酷刑，才能使炸弹不在人群中爆炸的情况下，对可能的大量受害者是道德的当且仅当采取对恐怖分子来说不道德的行为。反过来则是：对恐怖分子是不道德的当且仅当对可能的受害者是道德的，这不成立，因而这个悖论还是半截子悖论，即自相矛盾式悖论。

四、描述因规定混淆构成自我冲突导致自相矛盾

在描述通过规定的粘连造成的悖理性命题中，粘连不是规定的混淆，而是源于规

定区分上的困难,规定的混淆则是由没有做出必要的区分甚至有意为之造成的。在广义悖论中,人们往往把描述通过规定的混淆造成的悖理性命题也视为悖论。作为悖论的成因,规定的混淆具有十分复杂的情况。

描述所涉及的规定之间的混淆也会在描述中造成冲突,从而形成描述结果与人类日常直觉相冲突造成的"悖论"。但直觉不是经验事实,有时候是错觉,所以这类悖理性描述有时候不被看作是真正的悖论。这与经验科学中的类似情景有所不同。

涉及经验对象的悖论如果不是佯谬,就是"概念游戏"甚至"诡论"。其精致形态可以类如辩证法。比如公孙龙论"秦赵之约"①和所谓"坏钟悖论"②。这些都是与主体的实践需要和认识目的密切相关的。"秦赵之约"是站在各自的立场上,确切地说是关于立场规定的矛盾。"坏钟悖论"则立足于对钟的使用,不同的目的有不同的准确度。从时钟精确对时的次数看,一个钟即使不走,一天也有两次是精确符合的,而每天慢一分钟的时钟则必须将近两年才有一次对时准确。从时钟满足实际计时需要的角度看,完全不走的时钟失去了计时功能,只有每天慢一分钟的时钟有计时意义。这里涉及两个不同"准确"规定的混淆。这些"概念游戏"虽然都不能称之为佯谬,但也与描述密切相关。它们都涉及作为描述前提的规定的"恍惚",根源于有意无意的规定混淆。规定的无意混淆是错用规定;而规定的有意混淆则是偷换规定,两者都是由似是而非的规定之间的冲突构成的不同描述间的表观悖谬。正因为这种性质,这种"悖论"往往与实践和行为密切相关。

"节俭悖论"也是相对于不同的规定而言的,对特定家庭生活的维持和一般社会的经济发展而言,节俭可以具有完全不同甚至相互冲突的意义。凯恩斯提出的"节俭悖论"正是从两个不同的方面揭示了"节俭"的不同意义。从社会经济发展来看,节俭意味着家庭减少开支,企业削减产量,部分工人被解雇,从而反过来又导致家庭收入减

---

① 《吕氏春秋》记载的一则故事:秦、赵相与约,约曰:"自今以来,秦之所欲为,赵助之;赵之所欲为,秦助之。"居无几何,秦兴兵攻魏,赵欲救之。秦王不悦,使人让赵王曰:"约曰:'秦之所欲为,赵助之;赵之所欲为,秦助之。'今秦欲攻魏,而赵因欲救之,此非约也。"赵王以告平原君,平原君以告公孙龙,公孙龙曰:"亦可以发使而让秦王曰:'赵欲救之,今秦王独不助赵,此非约也。'"

② 两台坏钟,一台每天慢一分钟,一台根本不走,根本不走的钟每天两次准确对时,慢钟近两年一次准确。

少,有效需求不足,影响社会经济发展和就业,最后损伤家庭生活。而从一个不可能拥有基本保障的家庭来说,"节俭"不仅是美德,而且可能关系到这个家庭的正常维持。而且,对于非市场经济社会来说,节俭很可能并不存在阻碍社会经济发展的一面。这里涉及两种不同评价标准的意义规定的混淆,属于由似是而非的规定形成冲突构成的悖谬。

概念(规定)的混淆常常由于"我们所面临的不是一个概念,而是只通过一个语词来表示的许多不同的概念"①。就悖论成因而言,概念的混淆有下述四种情况:

(1) 同一概念具有不同内涵的规定造成的混淆。在认识发展中,由于规定的形成是一个历史过程,描述中规定的混淆不仅可以是使用者的有意无意主观混淆,也可以是知识生长点新规定形成时,由于形成中的规定未完全分化而造成的客观混淆。这种混淆往往出现在新概念形成过程中,而规定形成过程中新规定的未分化状态,对于知识或认识的发展至关重要。这类规定混淆造成的冲突,常常可以在归纳悖论中看到。

同一概念具有不同内涵的规定造成的混淆,更多的是由于逻辑意义上的概念和经验意义上的概念的混淆。比如数学上的"点"和物理学中的"点"。这方面的典型例子有"转圈悖论"和"稳度悖论"。

"转圈悖论"是两个不同的关于"绕"的规定造成的:人和松鼠各据树干对面,人想看到松鼠得绕树干跑,如果趴在树干另一面的松鼠为了躲人也绕树干同步同向跑,就会产生一"形而上学问题":人是否绕着松鼠跑? 无论回答"是"还是"否"都会存在相反的结论。

在这里,实际上"绕着松鼠跑"有两个不同的规定:一个是绕着松鼠跑出一个封闭的圆圈。另一个是从各个不同角度绕过松鼠。当松鼠不动时,这两个不同的规定是等效的,结果没有不同。但在松鼠"同步"移动时,绕着跑就和它不动时不一样了,两个规定含义完全不同。就从不同角度绕过松鼠这个规定而言,的确是绕着松鼠跑了一圈,但从跑出一个封闭的圆圈这个规定说,就不是绕着松鼠跑了一圈。②这个情形在"稳度悖论"中可以看得更清晰。

---

① 塔斯基:《真理的语义学概念和语义学的基础》,涂纪亮主编:《语言哲学名著选辑》,第265页。
② 威廉·詹姆士:《实用主义》,陈羽纶、孙瑞禾译,商务印书馆1997年版,第25页。

"稳度悖论"则是两个"平衡"概念的混淆造成的:在手上立一根火柴棍比立一长木棍难,因为火柴棍重心低,不稳定,"稳度"小;长木棍则相反,重心高,更稳定,"稳度大"。但这一事实与"重心越高越不稳定"的理论相悖。这就是物理学上的所谓"稳度悖论"。

"重心越高越不稳定"和"越长的物体越易倒立"的"矛盾",事实上是把稳定平衡的稳度理论用于不稳定平衡的结果。稳度概念是就稳定平衡而言的,立火柴棍的平衡是不稳定平衡,这种平衡不存在稳度问题。立长木棍比立火柴棍更容易保持稳定,是因为长木棍倒下比火柴棍倒下花的时间多,人有更多的时间调整手的位置。

从这个"悖论"可以看到,即使是这样的"假悖论"也有它的意义。它促使人去探索造成这种假"悖"的原因。

(2) 同一规定相对于不同对象具有不同含义造成的混淆。比如"意外悖论"(unexpected paradox)中的"意外"规定。这是一个真实发生的故事。在"二战"期间,瑞典广播公司曾在电台播出这样一个通知:

> 这周将举行一次民防演练。为了确保各民防单位完全准备好,没人会提前知道这次演练哪一天举行。[1]

瑞典数学家埃克波姆(Lennart Ekbom)立刻注意到这个通知存在的怪异,便在班上和同学们讨论起来。"意外悖论"更清楚地涉及两个含义不同的"意外"规定。这类悖论也涉及一个概念两种含义(两个不同规定)的区分,这种区分在古希腊哲学家那里就有了,如亚里士多德的区别和规定。在中国古代更有墨家关于"知"的两重含义的区分:知道自己有所不知,即包含自己知道什么,也知道自己不知道什么。[2]如果我们问:"自己能知道自己不知道什么吗?"就成了一个悖论。这个悖论就是由同一个"知道"的两个不同规定的冲突构成的。"知道自己知道什么"和"知道自己不知道什么"是两个不同的"知道",前者是熟悉甚至精通,后者是"意识到"。

(3) 两种不同条件下的事实造成的混淆。典型的如"鸡蛋悖论",这个悖论也是规定的混淆造成的。悖论所说的鸡是由蛋孵出的鸡,而且是下蛋的鸡,但从进化论看,不

---

① Bryan Bunch, *Mathematical Fallacies and Paradox*, Dover Publications Inc., 1982, p. 34.

② 《墨辩》。

仅有下蛋的鸡,而且还有不是由蛋孵出来的鸡,这样鸡就在前面了。

在这里,悖论由描述的折叠造成描述和规定或规定和规定在描述中自我冲突导致自相矛盾的机制一目了然。由于描述折叠,具体条件就隐而不显,悖论正是在这种条件下造成的。从整个进化史来看不存在"鸡蛋悖论",悖论只存在于从这一进化过程的局部抽取出来的两个规定之间的悖理性冲突。由于"鸡"和"蛋"在这里似乎表现为事实而不是规定,因而规定的冲突也似乎表现为"事实"之间的冲突。而真正的事实则是:在生物进化论的具体过程中,何时出现"鸡"和"蛋"的概念,却成了许多"事实"其实是思维规定的更典型例子。

(4)规定的内涵与规定的命题表述相混淆。典型的例子是所谓"贝瑞悖论"和"计算电脑停机问题"。

"贝瑞悖论"是说:"用至多一百个字母不能描述的最小正整数。"(The least positive integer which can not be described in at most a hundred letters.)而这一短语本身就是这个数的一种描述,而它只用了68个字母,具有悖理性。我们用汉语把它转化为:"不能用少于二十个汉字描述的最小自然数。"作为理查德悖论的天才简化,贝瑞悖论是类(也就是规定)的混淆造成的。即把用文字将悖论具体表述出来等规定与"不能用少于二十个汉字描述的自然数"的规定混淆了。这就是罗素类型论中谈及的"类型混淆"和"级的划分"。用文字描述悖论可以有完全不同的规定,既可以有用文字确切将悖论的具体内容表达出来的概念描述,比如本课题用文字具体描述出来的理发师悖论;也可以有用名称表示的描述,如"理发师悖论";还可以有用符号指代的符号描述,如用"A"指代理发师悖论,就像以"π"代指圆周率。这些不同层次的描述都表达了理发师悖论,但字数可以从上千到仅一个符号。贝瑞悖论就是混淆了这些不同方式或不同层次的描述造成的。

"计算电脑停机问题"则是混淆了两个计算对象:假设有一台图灵机及输入(带子),问"这台图灵机在计算这一带子时最后会不会停机?"一个较好的方法是让一台机器自己计算出自己会不会停机。要是算出了,那么,停下,已经不是永不停了;但是如果停下,就是说永不停,即算不出结果!

计算机自己算自己会不会停,因而算不出不会停机的结果。这明显是把两个规定混淆了。一个是计算 A 会不会停,一个是计算"计算 A"会不会停。如果一台计算机上可以有两个计算程序,则就把停机问题转化为自己程序动作是不是会停的问题,因而不能算出不停机结果的问题也不存在。

规定的混淆的确可以造成某种宽泛意义上的悖论,但严格意义上的悖论却不是一个类似规定混淆这样一个简单的问题。因而,描述构成规定之间的冲突,也决不是一个区分了两种规定就解决了的问题。当我们在一个一定的基础上来谈论建立在其上的不同规定时,我们的分类可以非常清楚。由于逻辑和直觉的监守,不会出现相互冲突的运用,即使相互冲突地运用,也会是为了表达更深的含义,这界限止于我们所谈论的共同基础。但是,当描述涉及作为其前提的规定时,我们往往会意识不到所涉及的其他规定与这个规定的冲突,也不理解这种冲突的成因。

造成悖论的概念混淆不是有意的,由规定的有意混淆所造成的不是悖论而是诡辩。诡辩涉及的规定有意混淆类似偷换概念,其中的概念一般是有明确(不是精确)定义的,因而机制相应比较初等。诡辩和悖论的区别不在悖理性,而在规定之间的有意混淆和规定之间的内在关联。这里有足够的弹性,可以涵盖人们所说的所有意义上的悖论,如果你愿意,甚至可以包括诡辩。因为从描述的角度看,可以把从严格的逻辑悖论到纯粹的诡辩统统纳入同一个解释轨道。从而达到从著名悖论专家所倡导的"同类悖论,同一解释方案"[①]到所有悖论一个解决方案的统一解决方案原则。无论是严格意义上的悖论还是纯粹的诡辩,都源于描述和规定的交织构成的自我冲突导致自相矛盾。正是规定的发展,使悖论的描述成因蕴含着与人类认识发展机制的重要关联。悖论的不同是由于构成这种冲突的机制不同,而悖论的迷惑性则在于规定的扑朔迷离。因而它们最重要的区别,就在于所拥有的意义不同。

在描述中规定混淆构成的悖论中,由于冲突发生在描述所包含的规定之间,不仅规定本身,而且规定之间的冲突都明摆在描述中,因而由描述所包含的规定相冲突构

---

① Graham Priest, "the Paradoxes of Denotation", in Thomas Bolander(ed.), *Self-reference*, CSLI Publications, 2006, p. 21.

成的悖论,事实上不仅是悖论的泛化形式,也是悖论的最普通形式。由于规定在描述中的自由状态,它们原则上可以涉及所有领域,因而不仅对于一般描述,而且对于具体学科的描述和发展具有重要意义。人们把它们归为悖论是有根据的,因为它们具有同样的成因。

由于思维规定的开放性,随着人类认识的发展,思维规定之间的关系可以变得非常复杂,因而描述所包含的规定相冲突也可以有各种各样的方式。因而描述中规定的混淆造成的悖论,可能会越来越复杂,以致不仅仅是最广泛意义上的悖论,只是其成因始终是与规定交织的描述。

描述之所以是悖论的成因,还可以从几方面作进一步解释。首先,描述就是将谓词归结到主词的事实性判断。很多表述可能不是以描述句方式呈现的,或者说都可以还原为描述,比如"不存在真理",其实就是"真理是不存在的"。只有祈使句等"不能"还原为描述句,有些态度的表达也是描述,如"什么都不可信"事实上是"世界上没有什么是可信的"或"不存在可信的东西"。其次,广义地说,描述是一个从形象到抽象的连续系列,形象描绘是描述的形象化,不可能图形等事实上是自相矛盾的形象描述。最后,悖论的成因归根结底在描述。描述最初建立在最基本的思维规定基础之上,而基本的描述又可以作为更高层次描述前提的思维规定,从而构成描述和规定的交织,使描述具有规范性。因此,一方面,与任何相对范畴一样,描述和规定的区分是相对的。在描述和规定的交织中,作为某一描述前提的规定,可能是以另一规定为前提的描述,但对于一个特定的描述和规定的交织体而言,总有至少一个基本的思维规定在本系统内不能还原为描述。因而在人类整个知识体系中,有一些基本的思维规定不能还原为描述。这在规定是描述的前提这一表述中,可以得到这一点的逻辑理解和刻画。而在行为规定中,越是基于人的需要的主观规定,越不能还原为相对客观的描述。正如黑尔所说:"我们日常语言中的许多完全有意义的语句并不能还原为陈述句","描述不是且永远不可能是规定的理由,尽管我们可以在同一判断中把规定和描述结合起来。"①

———————

① 黑尔:《道德语言》,第12、47页。

这里的"语句"不仅包含祈使句,还包含不能还原为陈述句——描述——的行为规定。

描述和规定区分的相对性,具体表现为只有在它们的具体交织中才有描述和规定的区分。因此,有些规定本身就是一个描述,但在描述和规定的交织中它是一个描述的前提。有些规定因而事实上就是作为描述前提的描述,而悖论归根结底由描述造成。另一方面,所有涉及与作为自身前提的规定相冲突的表述都是悖论,即使表述形式不是直接的描述,而是表达、祈使甚至似乎是行为,其所导致的不是一般意义上的行为本身的左右为难,而是导致以行为表现的自相矛盾:这样做不仅同时意味着不能这样做,而且意味着当且仅当那样做,而这样做和那样做构成自我冲突,从而构成自相矛盾的悖论。"不许执行本命令"等之所以似乎不属于由描述造成的悖论,只是因为表达涉及作为其前提的规定,又由于涉及行动,而导致左右为难,但事实上是因为这些表达或祈使都是伪装的描述,而所谓涉及行动的悖论也是伪装的描述,只是与行为相关,描述构成的自相矛盾是通过行为表现出来的,典型的如"合理行为悖论"。因此这不妨碍我们用悖论问题的思路和原理,把所有这些悖理性问题纳入同一原理进行研究。这正是关于悖论的描述成因研究进路解释力的应有辐射效果。本书的研究会保留适当辐射,以使悖论问题研究成果的呈现形态更为自然,也使不同层次的悖论得到更好的理解。

第 10 章　悖论的层次

规定不仅有不同性质的内容,而且有不同的层次关系。根据涉悖规定的层次关系,可以探索悖论的层次。悖论的层次就是涉悖规定的层次,也是悖论涉入人类理性的深度。当一个描述的涉悖规定是有限规定的时候,所构成的悖论就是涉及有限规定的悖论。这是我们所说的一般意义上的悖论,也就是涉及一般规定层次的悖论。悖论涉及一般规定的层次就是有限规定的层次,在其之上,由于涉悖规定涉及人类理性的深度不同,存在不同的悖论层次。根据规定涉及层次的悖论层次考察,对于了解不同层次悖论的性质,从而对于深入理解悖论的人类理性根据,具有重要意义。

第一节　涉及无限规定的悖论

涉及无限规定的悖论是人类从自身有限的立足点对无限的对象做出相对描述所必定遇到的问题。因为一方面,相对于不同的条件,试图对无限的对象进行言说,得出相反的结论是个大概率事件;另一方面,当无限规定被看作是和有限规定一样的量的规定时,容易和有限规定发生粘连。

量的规定和质的规定一方面密切相关,另一方面又不可公度。正因为如此,质的规定和量的规定容易发生粘连。早在伽利略那里,已经认识到"'大于''小于'和'等于'不容许使用于无限量的相互比较或无限量和有限量的比较"①,但他还没有思考为什么不能应用的问题。只有从思维规定层面,才能看到有限规定和无限规定的不同性质和特殊关系。伽利略悖论就是因为无限规定和有限规定的粘连造成的,也就是作为质的规定的无限和作为量的规定的有限的粘连造成自我冲突,从而导致自相矛盾的悖论。

具体的大小、长度、重量等是量的规定,而无限大、无限长和无限重或无限小、无限短和无限轻等则已经不是量的规定,而是质的规定。由此可以看到量的规定和质的规定的关系,或者看到量的规定和质的规定的过渡。无限大、无限小等是以量的形式表现的质的规定。勒思格的测度理论并不能用来解决无限可分性悖论,因为测度理论并不真正涉及无限可分性悖论涉悖规定的性质——即点、线、面的规定,而只是涉及连续量值的测度。

包括无限可分性悖论在内的所有芝诺悖论,其意义都在用点、线、面(自然包括空间和时间)规定与由这些规定所描述的实体(绝对的时间和空间)相比较得到的悖理性。无限规定构成的悖论不仅涉及无限规定与有限规定的粘连,而且涉及无限规定的实在化,陈波教授的说法是"对潜无穷对象作了实无穷的处理"②。所谓潜无穷,就如自然数列是建立在自然数规定之上的自然数描述。无限规定的实在化,使得明确量的规定和质的规定的根本不同更为重要。黑格尔之所以要把"康德关于世界在时间和空间上是有限还是无限的二律背反,以后将在量的无限这一概念下再详细考察"③,就因为只有区分量的规定和质的规定,才能深入认识无限规定的性质,因而才能理解涉及无限规定的悖论。芝诺的运动悖论,总是涉及不能在有限时间内走过无数个点,而有限时间也是无限可分的。

无限规定涉及规定的极限性质,因而由无限规定的冲突构成的悖论非常特别。当

---

① Galileo Galilei, *Dialogues Concerning Two New Sciences*, trans. Henry Grew and A. De Salvio, Dover Publishings, 1954, p. 33.
② 陈波:《悖论研究》,第 482 页。
③ 黑格尔:《逻辑学》上卷,杨一之译,商务印书馆 1976 年版,第 94 页。

一个描述的涉悖规定是无限规定的时候,就构成了涉及无限规定的悖论。这类悖论普遍存在,典型的例子包括作为芝诺悖论简化形式的"跑步者悖论"、"康托尔悖论"和"希尔伯特悖论"等。

"跑步者悖论"是以色列学者伊莱·马奥尔在其《无穷之旅——关于无穷人的文化史》一书中阐述的芝诺悖论的一个更简化的版本。一个跑步的人总是先跑完全程的一半,再跑完剩下那一半距离的一半,每次都只能跑所剩距离的一半,永无止境,永远也跑不到终点。

"康托尔悖论"也叫"最大基数悖论"。这个悖论之所以连康托尔自己都说"我看到了它,却不能相信它",就因为其中包含着规定的奥妙。自然数的规定只是反映了对于一个无限递进数列关系,关于这个关系是怎样表示的,则只是在同一规则下使用不同符号的问题。因此,之所以"所有自然数与所有偶数一样多",是因为它们表达的是同一个无限递进的数列关系。如果把偶数改为相应的自然数,这个数列依然一样。在这里,事实上是"全体"和"部分"等关系是有限数量条件下的规定,它们在涉及无限概念的条件下不再成立。因为无限意味着"全体"的规定不再有意义,同时"部分"的规定也没有意义。而由此得到"全体等于部分"等结论也同样是没有意义的。因为在这里,"全体"和"部分"都是同一个关系的不同规定。由此我们甚至可以建立以下数列关系:

$$1, \quad 2, \quad 3, \quad 4, \quad 5, \quad 6, \quad 7, \quad 8, \quad 9,\cdots\cdots$$
$$\updownarrow \quad \updownarrow \quad \updownarrow \quad \updownarrow \quad \updownarrow \quad \updownarrow \quad \updownarrow \quad \updownarrow \quad \updownarrow$$
$$0.1^{-1}, \quad 0.1^{-2}, \quad 0.1^{-3}, \quad 0.1^{-4}, \quad 0.1^{-5}, \quad 0.1^{-6}, \quad 0.1^{-7}, \quad 0.1^{-8}, \quad 0.1^{-9},\cdots\cdots$$

这也是一一对应的,但结果会是"无穷大等于无穷小"或"无穷大与无穷小一样大"。这只能说明在无限条件下,有限数量条件下的"全体""部分"等规定不再能成立,或没有意义。

关于"希尔伯特悖论",人们常常用类似的"希尔伯特旅店"来形象地说明。一天深夜,一位旅客到"希尔伯特旅店"投宿,但旅馆已客满。店主为焦虑与疲惫的旅客想出一个办法:他请1号客房的房客换到2号房间,2号客房的房客换到3号房间,依此类推,直到住进旅店所有房客都换到下一号客房,1号客房就为这位旅客腾出来了。原来客满的旅店怎么能这样就腾出一间空房呢？原来这个"希尔伯特旅馆"是一个有着无数房间的旅馆。

"无限"之所以与诸多悖论相关，甚至直接导致悖论，就因为无限本身已经不是量而是质的规定了，或者说，量的规定和质的规定构成一个连续系列，而无限是量的规定过渡到质的规定的典型形态。把无限这种质的规定应用于量的描述，往往导致悖论。就如把量的规定"米"用于描述巴黎的米原器的量的描述一样。量的规定和质的规定的混淆是量的描述中出现悖论的重要原因。

在"希尔伯特旅店"中，拥有无穷多房间的旅店可以"住满"，而且住满的房间又可以"腾空"，这是典型的将有限算法运用于无限规定。在芝诺悖论中，我们也可以清楚地看到这一点。

芝诺的"飞矢不动"，惠施的"飞鸟之景，未尝动也"等运动悖论，事实上都根源于运动的规定：某段时间的空间位移量。因此运动是相对的，如果没有时间段的空间位移量，当然不存在运动。"飞矢"即意味着运动，"不动"则是对运动的否定，所以这一命题包含两个相互冲突的规定。而运动的相对性就是运动的规定性。在芝诺的"运动场悖论"中，运动的相对性已经得到了很形象的揭示，"一半时间等于一倍时间"，正好说明了运动概念规定的相对性。

在涉及无限规定的悖论中，将"无限"作为量的规定可能会带来无意义的定量描述，但这种无意义却恰恰表明关于无限规定的性质和意义以及人类规定的耐人寻味，而这却意义重大。

第二节　涉及描述本身基本规定的悖论

当一个描述不仅构成与作为自身前提的隐含规定相冲突，而且构成与作为描述本身的基本规定相冲突导致自相矛盾时，就构成了涉及描述本身基本规定的悖论。这类悖论的基本形式可以在说谎者悖论的语言改造形式中看到：如果本语句为真，当且仅当其为假；如果本语句为假，当且仅当其为真。而其最典型的形式，则是"强化的说谎者悖论":"本语句或是假的或是非真非假。"

"强化的说谎者悖论"由"本语句非真"引出：

如果"本语句非真"是真的，那么"本语句非真"则是假的；

如果"本语句非真"是假的，那么"本语句非真"则是真的。

"非真"和"为假"是有区别的，"非真"并不只意味着"为假"，还可以是"非真非假"。因此，"强化的说谎者悖论"不仅涉及真、假，还涉及第三个"值"。有人由此称它为"三值悖论"。它之所以被称为"三值悖论"，则是因为这种构成悖论的描述是真假描述，并且是以第三值涉及真假本身的规定(最典型的就是"非真非假")构成的悖论。经过这样的强化，"说谎者悖论"更难消解，被人们形象地称作"语义学黑洞"，所有的解悖方案都可被它"吸收"，无法逃逸。

涉及描述本身基本规定的悖论包含描述与描述本身的基本规定——"真假描述的意义在于其真假判断"这一隐含规定的冲突。这是描述本身而不只是该具体描述的隐含规定。只是关于描述本身的隐含规定，这个悖论本身也从另一个方面予以了揭示。从一个具体的描述的(隐含)规定，到描述本身的"隐含"规定，说明所涉及规定的层次的深化。从具体描述的规定一直可以深化至涉及人类理性本身的基本规定。由于我们研究的是悖论，如果把悖论本身也卷进去，我们就有了更高层次的悖论。

同一个悖论，比如说谎者悖论，由于涉悖规定层次的提高，会带来悖论性质的极大改变。作为说谎者悖论的改造形式，"强化的说谎者悖论"和"永恒的说谎者悖论"就具有截然不同的性质。"永恒的说谎者悖论"之所以是永恒的，就是因为它所指以自身为唯一对象。

说谎者悖论的描述所指以自身为唯一对象，经历了一个发展过程。开始悖论所指称的只是众多"说谎者"中的一个。如果把他自身排除在外，那这个悖论不仅一点不悖，而且是有意义的。把说谎者悖论改造成"我说的话是假话"的形式，虽然排除了其他"说谎者"，描述所指只有"我"一个，但仍然存在一个如果所指细化为"我"所说的话时，仍然有所指非唯一的问题。因为如果把这句话本身排除在外，比如改造成"我以前所说的话都是假话"，那这种形式仍然不是真正以自身为唯一所指。只有当把这话改造成"我说的这句话是假话"时,所指才是唯一的,才是真正造成规定冲突的描述。而"永恒的说谎者悖论"则以"本页本行里所写的这句话是假的"的形式,把这种形式变得更简单,更直观。因此,从最典型的悖论——说谎者悖论的演变,可以看到以自己为前提的描述构成的悖论的所指唯一性质。

强说谎者悖论是把说谎者悖论中与描述相冲突的隐含规定显性化了,即把"我说的这句话为假话"中隐含的"我试图说出真话"这个规定明摆在描述中:"本语句或是假的或是非真非假。"这里有两个变化:

(1) 把"我"改成"本语句",隐藏了"我试图说出真话"这个隐含规定。把"我"淡出于描述之外。

(2) 把"我试图说出真话"这个隐含规定化为"非真非假"明摆在描述中,把必不可少的隐含规定消解了,从而使该描述涉及描述的(不是该具体描述)的基本规定(描述必须有意义、有内容),使描述本身失范从而失去意义。

说"本语句非真非假",在二值逻辑中已经涉及描述的基本规定,使该描述因运用于或超出描述的基本规定而处于不确定状态。只有当它意味着不能用"真""假"描述时才有意义,但那已经是与本描述基本规定完全无关的另一种意义,不是同一回事了。因此,这一悖论与其说是"强化的说谎者悖论",不如说是涉及描述本身规定的悖论。

所有的悖论都涉及描述的基本规定,但涉及描述本身基本规定的悖论都是相对脱离经验甚至逻辑内容的悖论。在经验悖论中,只有类说谎者悖论不涉及日常经验,也不涉及具体学科,而是涉及描述本身的悖论。而狭义的逻辑悖论都是不涉及具体经验的悖论,但是当这些悖论涉及处于逻辑边缘的规定时,它们也可能成了涉及描述基本规定的悖论。一些与形式系统相关的悖论就是如此,这典型地表现在哥德尔不完全性定理中。

所有形式系统都存在真的但同时又是不可证的命题,所以都是不完全的(不完备的)。哥德尔的这个证明其实关键在不可证明,即在系统本身内是得不到证明的。这个不可证是通过说谎者悖论的类似物达到的。正是因为说谎者悖论的典型精巧结构,它通过自我指称，从而不与"系统"外任何对象发生关系而形成一个循环的描述。而这个不借助系统外联系的悖论形式，正是形式系统内证明的巧妙结合。这种结合更有一个奇妙之处，那就是把这个悖论性质本身作为论证形式系统内是真，同时又不可证的根据。因为说谎者悖论本身就是一个真的，同时又不可证的命题。在这个意义上说，哥德尔不完全性定理的证明本身，就是一个像说谎者悖论那样的典型悖论功能的运用，或者更确切地说，类说谎者悖论本身就是形式系统的不完全性的证明。而之所以如此，则是因为类说谎者悖论的涉悖规定涉及描述本身。

任何形式系统都是描述的结果，而类说谎者悖论涉及描述本身。它的涉悖规定涉及描述本身，因而哥德尔不完全性定理也就是描述的不完全性，哥德尔悖论是涉及描述本身的悖论。与其说哥德尔是以悖论作为论证形式系统不完全性的工具，不如说他是慧眼识贝(悖)，从类说谎者悖论看到了形式系统的不完全性。

第三节　涉及悖论基本规定的悖论

当一个悖论不仅构成与作为描述本身的基本规定，而且构成与悖论本身的基本规定相冲突导致自相矛盾时，就构成了涉及悖论本身基本规定的悖论。这种悖论的典型形式则是"本语句或是假的或是悖论性的"，简化为"本语句是悖论性的"。

如果这个描述是真的，那么它是假的或悖论性的；如果它是假的，则它是真的；如果它是悖论性的，则它也是真的。这里就把真假描述造成的"悖"的规定也纳进去了。因而，通过"悖也为真"，就把本来因为"悖"而难以再用真假判断的描述，变成了把悖论本身也考虑在内的彻底的悖论。这种悖论之所以被称为"语义黑洞"，就因为它涉及悖论本身的规定。

当研究深入到涉及研究对象的基本规定时，这种研究就到家了，再进一步的研究就是对另一主题基本领域的研究，只是无论如何不能越过哲学研究的范围。强化的说谎者悖论的上述形式之所以能吸收所有解悖方案，就因为任何解悖方案都以悖论为对象，当面对一个涉及悖论本身基本规定的"悖论"时，解悖本身也就面临"规定危机"，自然走向不能成立。而进一步研究的基础,则在另一个领域。"本语句或是假的或是 x"通式中的"x"可以有多种选择,但当"x"是作为研究对象的基本规定的"悖"时,那就超越了悖论研究领域,涉及理性的根基了。

第四节 涉及理性根基的悖论

在《周易》中,我们可以深刻地体会到:"万物皆变,唯变本身不变"。在生活中,我们有时也会说:"一切都是不确定的,唯有不确定本身是确定的","我一无所知,但恰恰是知道自己一无所知"。这些在经典和生活中不无意义的描述非常特别,它们深深涉入人类理性本身,虽然还没有涉及人类理性的根基。

当一个描述不仅构成与悖论本身的基本规定相冲突,而且构成与理性本身相冲突导致自相矛盾时,就构成了涉及理性根基的悖论。这种涉及理性根基的"理性悖论"深深涉入描述、认识和思维等理性本身的基本规定。"知道者悖论""相信者悖论"和"否证者悖论"等都是涉及人类理性根基的悖论。

理性悖论和逻辑悖论的区别在于这种悖论所涉及的规定是基本的、没有明确边界的规定,而逻辑悖论所涉及的则是有明确边界的规定(两种悖论也可以归为一类:由于规定的无限性和有限性质,分为理性悖论和逻辑悖论两种)。与人类认识中的一些基本预设相关的悖论往往产生于哲学和宗教领域,前者的例子如康德的"二律背反",老子的"道可道,非常道",本身是"道"抑否? 还有"知者不言,言者不知",那老子为什么"自着五千文?",等等。因而在形式化的逻辑悖论和涉及客观内容的经验悖论之间,存在一种兼具逻辑悖论和经验悖论性质的重要悖论,它们是涉及人类理性根基的悖论,这些悖论一般都是哲学悖论。

最典型的哲学悖论之一,无疑是知识悖论或认识论悖论。正是由于这种悖论涉及理性的根基,因而结果往往使认知主体陷入困境。赫瑟林顿(Stephen Cade Hetherington)对这种处境作了典型的描述:"一种相似的不协调深藏在认识论的核心。正是与罗素悖论的类似使我把认知主体的困境叫作认识论悖论。像逻辑悖论一样,认识论悖论既强有力又简单。"①这是对描述者处境的一种认识论表述。在描述中,我们能更好地理解认识论悖论。

认知是理性的基本功能,如果进一步将与理性本身直接相关的元素作为描述前提的规定,并以否定的方式呈现在描述中,那则会造成与理性本身直接相悖的悖理性描述。这是最为直接、最为彻底、最典型的悖理性——与理性相悖,这种悖理性所造成的则是最为根本的悖论。比如:

> 我推断(或相信)本描述是反理性的。

由于特定的学科性质,哲学悖论一般都是涉及理性根基的悖论。维特根斯坦的《逻辑哲学论》本身的确就是一个哲学悖论:"整个《逻辑哲学论》组成了一个自己公开宣示(self-avowed)的悖论。根据它自己的说法,正是其自身的陈述没有意义。"②这个悖论可以用维特根斯坦的一句话表示:"对于不可说的东西,我们必须保持沉默。"它之悖,就在于已经对不可说的事物进行了言说。只是这些构成悖论的描述不仅绝不是没有意义的,而且意义重大。维特根斯坦自己也意识到这一点,他曾在写给出版商的信中说:

> 我想说我这本书由两部分构成:已经呈现在书中的和所有那些我还没有写的,而且确切地说,这第二部分才是重要的。③

从这里我们也可以看到,当涉及人类理性的深层时,人们的描述会难免自我涉及和采取否定式,从而不可避免地构成悖论。当一个有限的理性言说无限的时候,特别是涉及理性自身的时候,悖论是不可避免的。在这里,悖论不仅不是坏东西,而且是晓示我们自己的活动边界、我们自己的活动范围的重要界碑。这可能正是维特根斯坦使用上述悖论的说法,而且不反对悖论的认识根源。

对于《逻辑哲学论》内在矛盾的态度,维特根斯坦也许比实证主义者更具禅

---

①　Stephen Cade Hetherington, *Epistemology's Paradox: Is A Theory of Knowledge Possible?*, Rowman & Littlefield Publishers, Inc. 1992, p. 203.(重点号为引者所加。)

②　Rebecca Goldstein, *Incompleteness, the Proof and Paradox of Kurt Gödel*, pp. 102-103.

③　转引自 Rebecca Goldstein, *Incompleteness, the Proof and Paradox of Kurt Gödel*, pp. 106-107。

意。他认为矛盾不可避免。与从他这里吸取灵感、具有科学思维特点的哲学家不同，他与悖论友好相处。对维特根斯坦而言，悖论并不意味着推理过程的哪个环节已经深陷歧途，拉响了搜寻隐藏在假设中的错误的警报。面对悖论无忧无虑是他思维的一个方面。[1]

在某种意义上说，《逻辑哲学论》的陈述7实际上是这本书的不完全性论点。它的确具有"自命不凡而空洞地立即完成关于存在（being）的艰难任务"[2]的性质，但也完全可以理解为"与悖论相处"。

典型的悖论就是描述和规定的交织构成的自我冲突所导致的自相矛盾的悖论，而说谎者悖论那种"它是真的当且仅当它是假的"，而且"它是假的当且仅当它是真的"合取悖论，则是完美的悖论。

在人类基于自己的理性所建立起来的这个对世界的描述中，离切近的事物越近，离人性越远。因而由对具体经验的描述所构成的悖论，具有佯谬的性质。即相对于人们旧的观念和规定来说是真正的悖论，但相对于新的观念和规定就不再是悖论了。这也正是人们有时候又把paradox译为"佯谬"的根据所在。可以说，越是关于具体事物的描述所导致的悖论，越具有佯谬的性质。这类悖论是人类认识发展的枢机。

与此相应，越是远离具体经验，越是关于极限对象（如宇宙、世界、无限等等）的描述产生的悖论，离人性越近，越与人性密切相关。典型的是哲学悖论和逻辑学悖论等。比如这样一种涉及理性根基的悖论：

> 要是我们这样问："世界上没有绝对的东西，你说对不？"那么回答这个问题会陷入悖理性。如果回答"不对"，那么就直接否定了这话，如果回答"对"，那么就等于说世界上有"绝对的东西"，也就说明这句话是错的。

关于这类悖论，与其说表明已经涉入一个不可言说的领域，不如说由于与人类理性这一立足点有关，因而是不可避免的。就像我们的生存背景一样，这些悖论揭示了我们生存和认识的背景或基础，是显示给我们关于自己处境的"福音"。它们使我们明

---

① Rebecca Goldstein, *Incompleteness, the Proof and Paradox of Kurt Gödel*, p. 103.

② Ibid., p. 119.

白自己所能做的和不能做的,能说的和不能说的。这类悖论不是能消解的,我们必须学会和它们共处,就像我们必须学会与我们的身体、与我们所天生具有的人类学特性共处一样。

正是在这个意义上,从对具体经验事物的描述到对终极抽象对象的描述,是一个从似乎远离人性到逐渐深入人性的过程,也就是说是一个在描述和认识中人类学特性越来越明显的过程。如果从对具体经验事物的描述到终极抽象对象的描述构成了一个连续系列,那么越是在这个系统的近处产生的悖论,越是与其说可解,不如说可资认识利用的悖论;而越是在这个系统的远处产生的悖论,越是与其说不可解,不如说是与我们自身(理性)的基础伴生的悖论。由于我们自身的有限性,这类悖论是我们描述无限的对象时必定会产生的。这类悖论由此产生的涉悖规定,不是我们对对象事物的规定,而是对我们自身(如理性、思维等)的规定。而这些规定不是我们自己主观做出的,而是一个基本的经验预设。这些规定都可能涉悖而形成悖论,从而既是关于规定的研究,也是悖论的描述分类研究的重要方面。

正如哥德尔用悖论论证不完全性定理,我们完全可以用悖论论证人类理性的能力范围。由此,我们也可能重新审视康德《纯粹理性批判》中二律背反的涉及及其地位。由于哲学命题涉及最基本的规定,随着描述和规定的不断交织进行,这些规定之间出现冲突是自然而然的。康德的"二律背反"正是这种规定间冲突的典型例子。二律背反仍然是"有限"和"无限"概念二分法规定造成的悖论,甚至作为哲学概念的"有"和"无"也是。

康德在考察人类理性时,发现理性的作用不是无限的,它受到很大限制,如果人们试图超越理性能力就必定导致二律背反,也就是导致悖论。康德指出,当人类认识进入理性阶段,试图把握世界"整体",就必然陷入二律背反。这种二律背反"不是任意捏造的,它是建筑在人类理性的本性上的,因而是不可避免的,是永远不能终止的。"[1]康德在《纯粹理性批判》提出的四组二律背反中,前两组最为典型:

---

① 康德:《未来形而上学导论》,商务印书馆1982年版,第120—121页。

（一）正题：世界在时间和空间上有起始有界限。

反题：世界在时间和空间上无起始无界限。

（二）正题：世界上一切都是由单一的东西构成的。

反题：世界上没有单一的东西，一切都是复合的。①

这些二律背反表明，哲学悖论常常是认识极限状态下的二分法造成的，因此往往和可以看作是信仰悖论。至少芝诺悖论和康德的"二律背反"是如此。这种信仰建立在我们描述方式的基础之上。所有的哲学悖论都有这种性质，而涉及哲学基本规定的悖论则都是这样的悖论。所有哲学悖论的形成都与一些具有终极性质的基本概念的规定相互冲突有关，比如在芝诺悖论中，就涉及"运动存在"和"时空无限可分"等。这些悖论与狭义的逻辑悖论和科学悖论具有层次上的不同。

哲学悖论与狭义逻辑悖论的根本区别在于：狭义逻辑悖论是在规定和规定之间或描述和作为其前提的规定之间的逻辑冲突造成的，而哲学悖论则是由它们之间的信念冲突造成的。所谓"直觉的合理性"正是指的这种情景。而具体科学悖论和哲学悖论的区别，则与哲学和科学的区别完全一样。

科学和哲学都是理性的事业，在哲学中，人们常常试图超越自己的理性，从而导致所谓由超越理性触及的悖论。老子说："知者不言，言者不知。"这个悖论为白居易一语道破。白居易在《读老子》里写道："言者不知知者默，此语吾闻于老君。若道老君是知者，缘何自着五千文？"这与"不存在真理"的说法如出一辙。

作为表达意义的工具，语言总是具有其局限性的。中国古人很早就认识到了这一点。老子就有"道常无名"之说；孔子也认为"书不尽言，言不尽意"（《周易·系辞上》）。但是这方面的说法可能导致悖论。它们与其说是超越理性造成的，不如说是在理性极限处的描述与作为其前提的规定之间的冲突造成的。这些悖论之所以常常出现在宗教和哲学领域，是因为正是在这些领域中，人们不得不在理性的极限处思考。老子的"道可道，非常道"，康德的"二律背反"等，都是在理性的极限处思考的结果。

---

① 康德：《纯粹理性批判》，邓晓芒译，第361—386页。

在西文中，"二律背反"即 Antinomy。这也是悖论的另一个名称。Antinomy 由拉丁文演变而来。Anti 和 nomos 构成该词，意为"反乎规范"。Paradox 是不可思议，难以置信，指的更多是具体的悖论。Antinomy 是"反乎规范"，更与人类认识中一些基本规定相关。前者与一般规定相关，后者与终极规定相关。虽然我们由此做二分法分类不尽合理，但这是两个极端形态，所有的悖论都分布在这两极之间。

由于位于已知和未知，或者描述的基本结构处，凡是终极性概念，都与悖论相邻。甚至连"上帝"和"魔鬼"也不例外。"上帝悖论"是严格意义上的悖论；而"魔鬼悖论"则更是如此。在约翰·弥尔顿(John Milton)的史诗《失乐园》中，有一段话构成了奇特的"魔鬼悖论"，那是典型的否定作为基本概念的规定造成的涉及人类理性的悖论。

　　　　对我来说一切善都已失去。

　　　　恶呀，你来作我的善(Evil be thou my good)；

当代英国杰出作家菲利普·普尔曼(Philip Pullman)评述道："撒旦残忍地自我解剖(self-examination)："我的逃避只有地狱一条路；我自己就是地狱"，而他的办法(resolution)是"汝之恶者，吾之善也"。这句非同寻常的话(great speech)，正像莎士比亚的独白，既推进了剧情，又掘进了自我探索(self-exploration)的深度。[①]魔鬼一说"汝之恶者，吾之善也"，就使人类理性限于悖论。由于涉及"恶"与"善"两个规定的边缘，魔鬼此言必定导致悖论。"恶"和"善"本来就是相对的，而且是相对于具体的对象而言的，所有的善都与魔鬼相悖，因而人类所有的"恶"对于魔鬼而言就是其反面——善。同一个行为，既可以是恶的又可以是善的。而且，如果对人类来说是善的，那么对魔鬼来说却是恶的。在这里，归根结底仍然源于涉及关于"善""恶"和"魔鬼"等规定的根据或前提，这是真正意义上的"道德悖论"。

在悖论中，涉及人类理性根基的悖论具有极为重要的哲学意蕴。而一些哲学悖论更是处于人类理性的前沿，它们具有与科学佯谬完全不同的地位。虽然这些悖论有时似乎要让人绝望，但正是这些悖论蕴含着哲学发展的枢机。因为涉及有限的具体知

---

① John Milton, *Paradise lost*(Book 4), An illustrated edition with an introduction by Philip Pullman, Oxford University Press Inc., 2005, p. 108. (弥尔顿：《失乐园》，朱维之译，上海译文出版社 1984 年版，第 103 页。)

识,科学悖论是佯谬;由于涉及无限的领域,哲学悖论是"dilemma"。康德(面对 dilemma)的绝望[1],正是哲学(深化发展)的希望。绝望是因为对它们的抽象理解,希望则在于把对它们的理解放到人类学特性之中。涉及理性的悖论是哲学转折——尤其是哥白尼式转换的重要支点。

由此也可以看到,悖论的涉悖规定越是深深涉及人类理性,悖论的意义越大,越是趋向"永恒"的悖论。涉及具体学科具体规定的悖论很容易成为谬误,而涉入人类理性本身的规定构成的悖论,则可能永远不会成为谬误。它们永远与思维主体同在,这也是从根据规定的性质对悖论进行分类的重要意义所在。

---

[1]　Peter Cave, *This sentence is false: An Introduction to Philosophical Paradoxes*, Continuum International Publishing Group Ltd., 2009, p. 18.

第 11 章　悖论的描述分类

关于悖论,人们从不同的根据出发,得出许多不同的分类。这些分类都从不同角度为悖论研究提供了各有特点的地图,但到目前为止,还没有一个根据统一而又涵盖面足够广的分类。因此,众多的基于不同根据的悖论分类难免出现混杂现象。基于悖论描述成因的上述研究,可以在悖论分类上达到一种更清晰而涵盖面足够广的科学分类,并能在悖论分类上做出更多有利于深化悖论研究的工作,为探索悖论的描述类解奠定基础。

第一节　关于悖论分类

第一个系统的悖论分类是在集合论悖论发现之后开始的。集合论悖论可用纯粹语形语言表述的特点,与说谎者悖论完全不同,从而引出了人们对悖论分类的兴趣。

在对分支类型论的批判性考察中,罗素的学生、英国数学家和逻辑学家弗兰克·莱姆塞(Frank P. Ramsey)认识到,集合论悖论可以由纯粹的逻辑语形语言构成,而说谎者悖论则涉及语言与对象的关系。正是不自觉地根据悖论所涉及的规定的语言学性质,莱姆塞把悖论区分为"逻辑悖论"和"认识论悖论"两大类。逻辑悖论是其规定具有仅使用刻画性质与关系的逻辑语形语言特点的悖论;而认识论悖论则是其规定具有本质地使用语义概念的逻辑语义学特点的悖论。

悖论两大类的区分比较多,也有根据悖论的逻辑形式给悖论分类的,奥林就将悖论区分为两种,一种是"具有一个论据和一个结论"的悖论,比如阿基里斯和乌龟;另一种是"具有两个涉及两个论据和两个结论"的悖论,比如忒修斯之船。[①]这一分类毫无疑问更符合语言学性质,但直到人们发现了悖论的语用学性质,从而有了悖论研究的语用学转向之后,才作出了"语形悖论""语义悖论"和"语用悖论"的分类。人们还为"可定义"和"描述"等语义概念构造出了一个语义悖论群落。

悖论最简单,也是最能简洁阐述的分类是按其所产生的领域来分类。这样我们就有明确而简洁的"集合论悖论""物理学佯谬"等。但这也是离悖论成因最远,因而最不清晰明了的一种分类。这种远离悖论成因的分类正是导致关于悖论分类本身似是而非的原因,比如有一种分类根据悖论的表观形式把悖论分为这样三种主要类型:

(1)一种论断看起来好像肯定错了,但实际上却是对的(佯谬)。

(2)一种论断看起来好像肯定是对的,但实际上却错了(似是而非的理论)。

(3)一系列推理看起来好像无懈可击,可是却导致逻辑上自相矛盾。[②]

根据悖论的表观形式分类,无疑很轻松,但显然没能反映悖论的成因。以最靠近悖论成因的依据进行的分类,毫无疑问最为合理,但阐述起来可能也最为复杂。所以,到目前为止,悖论分类最为流行的仍然是介于二者之间的语言学分类。

第二节 悖论的语言学分类及其问题

由于语言学研究的发展,悖论分类的研究后来显然是朝影响越来越大的语言学方向发展,人们把莱姆塞的"逻辑悖论"和"认识论悖论"分别通称为"语形悖论"和"语义悖论"。这也是人们通常所谓"严格意义的悖论"。人们通常认为,严格意义上的悖论分两大类:"集合论悖论"和"语义悖论"。集合论悖论涉及"类""关系"等与语义学无关

---

① Doris Olin, *paradox*, p. 7.

② 马丁·加德纳编:《从惊讶到思考——数学悖论奇景》,前言。

的概念;语义悖论则涉及"意义""定义"等语义学概念。

由于早期悖论主要表现为语言符号描述的性质,悖论的语言学分类成了第一个最为清晰的悖论分类系统。符号学的创始人之一,美国哲学家莫里斯(C.W. Morris)就语言符号学提出了语形学(Syntactics)、语义学(Semantics)、语用学(Pragmatics)三个部分。根据语言符号在整个语言系统中的相互关系、语言符号对所指的关系和人们对语言符号的使用关系,可以把悖论分为语形悖论、语义悖论和语用悖论。

语形学研究语言符号在整个语言符号系统中的相互关系。它关注的不是语言的内容,而是语言符号系统的形式。语形悖论即是只涉及语言形式而不涉及内容的悖论。典型的语形悖论即逻辑—数学悖论,它们是只与逻辑、数学的一些最基本的概念、原则有关的悖论。

语形悖论有时被认为是最严格意义上的悖论,而集合论悖论则是语形悖论的典型形式。罗素悖论被蒯因称之为"真正的悖论",被塔斯基视为"现代逻辑中最困难的问题之一"。弗雷格认为这个"悖论"动摇了数学的基础,哥德尔则认为它已经使形式逻辑破产。由于关注语言符号系统的形式,语形悖论与哥德尔不完全性定理具有深层次关联。

1931 年,哥德尔提出了"不完全性定理",打破了到 19 世纪末数学家们已经建立起来的理想:"所有的数学体系都可以由逻辑推导出来。"不完全性定理指出:任何封闭的形式体系都是不完全的,其中必然存在着至少一个不可证命题。

语形悖论的根源正是在集合论公理体系中规定的不完全性。由于规定的不完全性造成的集合论悖论,是不可能通过形式逻辑的方法消解的。正是消解以罗素悖论为标志的语形悖论的努力无果,人们的注意力又回到以说谎者悖论为标志的语义悖论。

语义学研究语言的表达式及其所谈论(refer to)的对象和描述的事态之间——也就是语言符号与所指之间的关系。它关注的是语言所表达的内容,从意义上对语句的意思加以说明。语义悖论就是与语词的意义和指称、语句的真假有关的悖论,其根本特点是从一命题为真可以推出其为假,从该命题为假可推出其为真。语义悖论最古老也是最典型的范例就是说谎者悖论。这是人们谈论最多的悖论,也是人类悖论史上最重要的悖论之一。

语义悖论往往涉及作为描述前提的规定,属于描述和规定冲突的产物。简单地说,语义悖论是真假描述构成的悖论。这种悖论不同于集合论悖论,它们构成内容上的真假矛盾,造成的是真假规定之间的冲突。集合论悖论则构成形式上的即类的规定之间的矛盾,造成类的规定之间的冲突。因而,一方面,语义悖论和语形悖论是两种完全不同的悖论,它们的区分是逻辑形式与经验内容的区分;另一方面,语形悖论和语义悖论又是两种基本的悖论。

在处理传统的所谓严格意义上的悖论时,悖论的语言学分类问题不大,但当涉及更广意义上的悖论就常常捉襟见肘了。事实上,语用悖论的发现,在使悖论的语言学分类走向"完备"的同时,也使它面临诸多问题。自从语用悖论提出,争论迄今未断,这在某种意义上正说明悖论的语言学分类面临问题。

语用学研究语言符号对事物的关系和人们对语言符号的理解与运用,所关注的是语言符号与使用者之间的关系,它解释语句形成的条件,即人为什么说话。因此语用学和语义学研究都涉及"意义",但语义学研究的是"语言意义",语用学则研究"语用含义"。

语用悖论即与人们的认知、决策及行为有关的悖论。典型的如"绞刑悖论""命令悖论""鳄鱼悖论"和一些涉及行为的合理行为悖论等。

语用悖论是言和行之间的悖论,表现为言行上的相悖,行为上的两难,但事实上其根源仍在言,仍在描述和规定的交织构成的自我冲突。这一点,在命令悖论——"不准执行本命令!"中表现得更加一目了然。这一命令本身与作为所有命令前提的规定相矛盾,即与"命令是用来执行的"这一规定相冲突。作为一个"不合法"的命令,"命令悖论"本身作为命令是没有意义的,但它作为语用悖论的最简洁形式,却不仅以简明的方式表明了语用悖论的性质,而且晓示了语用悖论的重要性和悖论语言学分类的局限性。

在语义悖论研究中,由"知道者悖论"扩及"相信""断定""认为"等态度谓词构造出"认知悖论",20世纪70年代从语义悖论独立出来,并由认知悖论的语用性质及"合理选择"和"合理行为"概念所涉及的悖论的明显语用性质,导致语用悖论的提出。

语用悖论的提出,使严格意义上的"逻辑悖论"呈现出明显的语言学特征。这样一来,悖论的分类就真正具有一种语言学的特点。尽管"语用悖论"和悖论的语用学概念不是一回事,但语言的使用性质使"语形悖论"和"语义悖论"具有为"语用悖论"所不同程度包摄的性质。这里,明显暴露出悖论的语言学分类不是以悖论的根本性质为依据进行分类的问题。

其实,从人们不得不把"语形悖论""语义悖论"和"语用悖论"这种悖论的语言学分类归为"逻辑悖论"可以看到,这种悖论分类显然不能涵盖所有的悖论。而把这些进入语言学分类的悖论称为"狭义逻辑悖论",并把这类悖论的共同点归结为"其由以导出的背景知识是日常进行合理思维的理性主体所能普遍承认的公共知识或预设",则可能更容易造成概念混乱:

> 不难见得,在背景知识之所指层面本质地涉及语用因素的悖论,决不会仅限于认知悖论。近来随着对策论经济学和公共选择理论的发展,关于合理选择行为理论的逻辑与认识论研究得到了很大发展,同时也发现了关于"合理选择"或"合理行为"概念的一系列悖论,而这些悖论由以导出的背景知识也是一些能为初级理性思考所普遍认可的基本原则。与语形悖论和语义悖论相应,我们把认知悖论和合理选择或合理行为悖论,以及所有本质地涉及理性主体的严格悖论统称为"语用悖论"。……这些悖论的共同特点是:其由以导出的背景知识都是日常进行合理思维的理性主体所能普遍承认的公共信念或预设;而且均可通过现代逻辑语形学、语义学与语用学的研究,得到严格的塑述与刻画,其推导可达到无懈可击的逻辑严格性。[1]

由此出发,必定会把涉及"哲学思维"和"具体科学思维"领域公认正确的背景知识的悖论分别叫作"哲学悖论"和"具体科学悖论",从而有了"逻辑悖论""哲学悖论"和"具体科学悖论"的分类。这种分类一方面表明悖论的语言学分类框架过窄,另一方面

---

[1] 张建军:《逻辑悖论研究引论》(修订本),第18页。

正好表明了悖论分类向悖论成因靠近的趋势。

悖论的语形学特征源于其所涉及的规定的语形学性质,悖论的语义学特征源于其描述的语义学性质,而悖论的语用学特征,则源于其规定形成的语用学性质。所以悖论的语用学性质和语义学性质都不是必然而只是偶然的性质。只有规定形成的语用学性质是所有悖论都具有的。因而说悖论是"一个包容语形、语义因素的语用学概念"[1]是准确的。明确指认"悖论是一种语用现象"的确是悖论问题研究的一大进步。

因此,悖论研究的语用学转向是从对悖论偶然属性的把握发展到对悖论根本属性的把握的过程。"悖论是一个语用学概念"的提出与"预设"问题的研究相联系,就既是一个历史的佐证,也是一个逻辑的说明。语义悖论和语形悖论,包括逻辑—数学悖论,是逻辑悖论,但把语用悖论也叫作逻辑悖论,则至少不是在同一个意义上说的。而且,目前悖论分类的深化,正日益明显地预示着根据涉悖规定的性质进行分类的走向:

依其"公认正确的背景知识"之不同,哲学悖论又可分为本体论悖论、认识论悖论和语言论悖论等。[2]

且不说哲学悖论和具体科学悖论也是广义的逻辑悖论,单是分类依据就不是统一的。这里涉及两种不同的分类根据:悖论的语言学分类和依据悖论的涉悖规定的性质进行的分类,但在这里我们得到的启示是:根据涉悖规定的性质对悖论进行分类。

涉悖规定具有不同的类型,因而具有不同类型的共同性质;每个这样的性质都是一种分类依据。由此,根据涉悖规定的不同性质,可以做出不同的悖论分类。比如根据悖理性描述中涉悖规定的语言学性质,可以把悖论分为语形悖论、语义悖论和语用悖论;由悖理性描述的规定的日常性质(实用性),哲学性质(思辨性)和科学性质(实证性),可以把悖论划分为日常悖论、哲学悖论和科学悖论等。

在人们关于悖论的讨论中,由于悖论的界定各种各样,悖论种类繁多、五花八门。关于悖论的概念和界定,从古至今各式各样,众说纷纭。从把悖论界定在最为严格的逻辑悖论范围内,到将"秦赵之约""彼亦一是非,此亦一是非""白马非马""坚白石论"

---

[1]　张建军:《逻辑悖论研究引论》(修订本),第10页。

[2]　同上,第22页。

甚至"父在母先亡"和"罗素是教皇"归为悖论,不一而足。悖论概念的确定从而成了悖论问题研究的前提性工作。建立在悖论描述成因分析基础上的悖论的描述论定义,为悖论的更合理分类奠定了基础。

由于逻辑悖论的语言学分类主要针对语言符号,虽然符号学的语言符号原则上也可以包括图形,但在逻辑上不能涵盖超出语言的悖论如图形悖论等,而且由于语言学本身的特点,对悖论的分类难以更深入。从涉悖规定的性质和规定冲突的逻辑构成,我们可以看到更合理、更能系统化和深化的分类。

第三节　根据涉悖规定性质的分类

作为素朴集合论的"概括原则","任何特征性质都可定义一集合"涉及深层次分类规定。规定虽然程度不同地具有客观依据,但往往由于人的感觉和认识特性而具有主观设定的性质。正因为如此,悖论分类的最合理根据是规定的性质。

从悖论涉悖规定的性质或内容来看,由于规定可以有逻辑规定和经验规定的二分,最简单也是最重要的悖论分类是分为逻辑悖论和经验悖论两大类。

莱姆塞将悖论分为"逻辑悖论"和"认识论悖论",事实上是逻辑悖论和经验悖论的哲学形式。在这里,莱姆塞的"逻辑"指的是悖论所涉及的规定的逻辑性。这与广义的悖论推导过程的"逻辑性"具有重大区别。就后者而言,所有的悖论都是逻辑悖论。在悖论研究中,以此为依据进行分类显然意义有限。而就悖论所涉及的规定的逻辑性而言,事实上则深入到了规定的性质。作为描述和规定的交织构成的自我冲突导致自相矛盾的描述,在悖论的分类中,规定的性质毫无疑问是最重要的依据之一。因而莱姆塞的"逻辑悖论"和"认识论悖论"的划分是有其合理性的,只是由于并不是自觉地意识到根据规定的性质进行分类,"逻辑"和"认识论"的概念区分不尽规范。

事实上,莱姆塞的"认识论"所指应当是与逻辑相对的"经验"。他的分类实际上应当是"逻辑悖论"和"经验悖论"。这是根据悖理性描述涉悖规定的性质进行的分类,即根据规定是否涉及经验事实对悖论进行分类。把其规定不涉及经验事实而只具形式意义上的逻辑性质(如"罗素集")的悖论叫作逻辑悖论,而将其规定涉及经验事实的经验性质的悖论叫作经验悖论,从而将悖论分为逻辑悖论和经验悖论两大类。

关于逻辑悖论和经验悖论的区分,可以通过集合论悖论的日常经验化得到形象的理解。理发师悖论之所以是罗素悖论的日常化或拟化形式,主要是因为理发师悖论是罗素悖论的经验化,这种经验化使罗素悖论失去了两个重要的东西:一个是逻辑的严密性;另一个是悖论所意味着的创新。由于经验化,而且是日常经验化,一方面悖论好理解了,但另一方面理发师本人由于其经验性质,可以改变经验性质规避悖理性,比如由于理发师可以是秃子,因而可以使悖论不复存在等。由于理发师悖论脱离了集合论悖论的学科性质,不再在数学之中,由此丧失了集合论悖论在集合论中的地位,因而不可能导致数学上的创新。由于在数学中罗素悖论具有这种学科地位,集合论中不存在这个意义上规避的可能性。正因为如此,理发师悖论与罗素悖论不是完全等价的。由此也可以看到,经验悖论可以通过经验事物的具体条件(经验规定)理解,而逻辑悖论可以通过改变逻辑规定理解。

一、逻辑悖论

逻辑悖论是涉悖规定为逻辑设定的悖论,由描述与规定或规定与规定之间的悖理性冲突构成。作为描述前提的规定为逻辑命题,与描述本身或与其所涉及的规定构成冲突,从而构成悖论的规定是逻辑判断形式。这些悖论是语言的、语句的、形式的,虽然这一判断可能与经验有关,但与经验内容和行为没有必然联系。比如集合论悖论,其改造形式理发师悖论虽然与经验相关,但与经验事实没有必然联系。

逻辑悖论是形式化的悖论,只与经验形式有关,与经验内容没有内在关联。这种悖论往往具有形式上的意义,在形式科学中具有重要地位。在这里,关于"逻辑悖论"中的"逻辑"概念的使用主要有两种考虑:一是为了与"经验"相对,这类悖论是人们通常所说的严格意义上的悖论。二是为了将"逻辑悖论"的"严格意义上的悖论"与"悖论问题"中的"悖论"相区别。意在表明在逻辑悖论之外还有许多悖论,悖论不只是逻辑悖论。悖论问题不只是逻辑悖论问题,更不只是逻辑问题。

逻辑设定是一个含义很广的概念,包括所有与经验没有不可分离的实质性关联、同时又具有一定逻辑关联的所有形式规定。因此,这里的"逻辑悖论"包括逻辑—数学悖论及所有建立在形式规定基础上的悖论。由于逻辑设定包括数的规定和形的规定,作为逻辑悖论的涉悖规定包括数和形,因此就有语形悖论和图形悖论之分。

从规定的逻辑性质看,语形悖论涉及逻辑规定和数学规定,因而有数学悖论和集合论悖论。数学悖论是由数的规定涉悖导致的悖论。微积分悖论是由无限、有限概念涉及规定的自我冲突导致自相矛盾的悖论;集合论悖论则是由分类根据涉及规定的自我冲突导致自相矛盾的悖论。

由于与经验事实没有不可分离的关系,形式科学领域的悖论都是逻辑悖论。但逻辑悖论不一定是与经验无关的纯粹形式化悖论,也包括那些可以与经验内容有关的由逻辑形式构成的悖论。说谎者悖论的演化过程,正是一个不断剥离经验内容的过程。

逻辑悖论(至少以自身为所指的悖论)有一个根本特点:由于以自身为所指,而自身又只是一种语言形式,只有由作为自身前提的规定把事实纳入描述,因而没有与事实发生直接关系,只是在语言形式上具有一种封闭的自我满足。由于封闭,所以可以与经验事实无关;由于互相蕴涵,所以可以局限于形式体系。

从描述成因看,逻辑悖论有两种形式:一种是描述以自身为所指,构成的描述是有限封闭的。这种形式的悖论最为典型的是说谎者悖论的简化形式"本语句为假";二是由描述所涉及的规定之间自我冲突导致自相矛盾的悖论,所构成的描述是无限开放的,而这里所涉及的规定都与经验没有直接关系,也就是说,是由描述所涉及的与经验没有直接关系的规定的自我冲突构导致自相矛盾的悖论。这类悖论的典型形式是"康托悖论"和"芝诺悖论"等。逻辑悖论总是相对于一个公理系统而言,如果在一个公理系统中既可以证明 A 又可以证明非 A,则这一公理系统中含有一个悖论。由于具有逻辑设定的性质,凡是涉及无限规定的悖论都是逻辑悖论。

由于逻辑描述能通过自我指称构成逻辑循环,逻辑悖论可以构造成"矛盾等价式"悖理性描述,也就是人们通常所谓"真正的悖论"。这是只有逻辑悖论才可能做到的,所以也有只把逻辑悖论看作悖论的观点。但这种观点显然过于严格甚至狭窄，因为一个描述是不是构成悖论，当决定于它是不是一个有意义的悖理性描述。

从规定的逻辑性质看，图形悖论涉及抽象的形的规定和具体的形象规定，因而有几何悖论和图画悖论。几何悖论是由形的规定涉及规定的冲突导致自相矛盾的悖论，其典型例子是"皮亚诺悖论"。皮亚诺曲线被称为"病态的怪物"，这种奇异的曲线构成曲线覆盖平面的"几何无穷大悖论"。

在这里，面积无限大而体积却无限小的"门格尔海绵"具有特殊意义。作为几何图形，"门格尔海绵"只涉及几何规定，因而是属于逻辑悖论中的几何悖论。但一维和二维几何图形的"线"和"面"可以不涉及经验，而作为三维几何图形的"体"却可以与经验空间不可分割，因而是逻辑悖论和经验悖论的过渡形态。"不可能图形"就是这方面的一些例子。

在这些"不可能图形"中，我们可以看到逻辑悖论和经验悖论区分上的相对性，看到逻辑悖论与经验悖论的关联。在可以与经验内容相分离的意义上，图形悖论是逻辑悖论；而从图形悖论的构成与人类的知觉经验而不是经验事实有关的意义上说，图形悖论又与经验悖论密切相关。

二、经验悖论

经验悖论是涉悖规定直接反映经验事实的悖论，在经验悖论中，作为描述前提的规定为经验命题。与描述本身或与其所涉及的规定构成冲突，从而涉悖规定是由经验内容构成的。经验科学悖论都是这类悖论。这种悖论不是严格意义上的逻辑悖论，而是由于直接涉及经验内容而具有经验的性质。所有实证科学佯谬都是经验悖论。因为自然科学涉及经验，明信片悖论和"矛与盾悖论"都是描述所涉及的经验规定之间自我冲突导致自相矛盾造成的悖论的典型例子。在经验悖论中，有一类发生在科学领域的悖论，人们通常称之为科学悖论。

经验悖论涉及具有经验内容的规定，悖论理性冲突以经验事实为一方，不能脱离经验事实而存在。因而,与逻辑悖论不同,经验悖论不能脱离开经验内容,脱离了经验内容就不成其为悖论,经验悖论与经验内容具有不可分割的联系。

由于经验事实包括日常经验事实和科学经验事实甚至 agent 行为等,作为经验悖论的涉悖规定包括语义和行为,因此就有语义悖论和涉及行为的悖论之分。

从规定的经验性质看,语义悖论包括日常经验事实和科学经验事实,因此又有日常悖论和科学悖论之别。科学悖论是描述或规定与科学事实相冲突构成的悖论,对经验科学具有重要认识意义。日常悖论是描述或规定与日常直觉(常识)之间相冲突构成的悖论,这类悖论具有重要的生活意义,如统计描述造成的悖论甚至对人类生活具有重要影响。

日常悖论的最好例子之一,是规定涉及日常经验的"小儿辩日"悖论。关于到底是早上的太阳还是中午的太阳离我们更近,当时孔子难以回答,而今天则已经是科学常识。这是由"近大远小"和"近热远凉"两个日常经验事实之间的冲突造成的经验悖论。虽然作为根据的两个物理原理本身不是两分法的结果,"近大远小"和"近热远凉"仅仅在特定情况下构成不相容关系,"小儿辨日"也能在更高层次内容的逻辑意义上刻画为"当且仅当"的严格悖论形式:太阳近大远小当且仅当太阳远热近冷;太阳近热远凉当且仅当太阳远大近小。

科学悖论的最好例子之一则是规定涉及科学经验的"鸡蛋悖论"。这是一个涉及科学经验事实的悖论的典型例子,需要用生物进化论,通过考古学和生物学等的实际考证来解释。

在经验悖论中,还有一种是由基于不同规定的描述构成的,不同规定之间具有层次联系,一个包含另一个。由于层次和范围不同,这样构成的悖论是在新规定中成立而在旧规定中不成立的某个描述与以旧规定为前提建立起来的描述相悖造成的。这是两个描述构成的悖论。其中任何一个描述都不跟作为自身前提的规定相冲突,但基于两个不同的规定导出两个相悖的描述。这种悖论常常表现在科学理论中,它们在规定得到澄清以后表现为科学佯谬。

人们常常把涉及科学事实的经验悖论叫做"佯谬","佯缪"也是 paradox 的另一种译法,主要用于特指经验科学领域的悖论,最为典型的例子是波粒佯谬。波粒佯谬被称为"科学史上最离奇的佯谬",它反映的是量子理论中最奇特的现象——波粒二象性。这一佯谬可以在更高层次内容的逻辑上刻画为由不相容规定构成的自相矛盾的悖论形式:量子现象既是粒子又是波动,当且仅当既不是(经典的)粒子也不是(经典的)波动。可见波粒佯谬蕴含着严格意义上的悖论,的确可称之为"波粒二象性悖论"。相对于科学理论体系形成的相似悖论之所以一般也称作"佯谬",不仅因为佯谬和悖论在英文中都是"paradox",而且与科学理论的特质密切相关。由于物理学的经典科学性质,人们一般不会把相对于科学理论形成的悖论看作是科学本身的悖谬,而是看作某种特定理论或假说的问题。正是在这个意义上说,科学佯谬是一种表观悖论。

事实上,佯谬一词再好不过地透露了悖论的深层奥秘。从"佯谬"这个词我们可以看到,任何悖论都不是客观对象本身的问题,而只是我们主观描述的问题,因而事实上都是表观的。只是在日常经验和哲学理论中,人们似乎不能把悖论仅仅归结为表观的,因为无论是日常经验还是哲学思辨,人们都认为比科学理论更涉及客观对象本身而不是我们的主观描述。

经验悖论之所以与逻辑悖论不同,不是说经验中不存在逻辑,而是说经验悖论与经验内容具有不可分割的联系。几何图形可以脱离经验内容,而人的行为本身则就是经验内容。因而,经验悖论中就有一类涉及行动的悖论。涉及行为的悖论是描述与涉及行为的规定之间相冲突,从而使行为陷入由两难境地构成自相矛盾的悖论。典型的涉及行为的悖论有:一方面,规定不仅可以是逻辑设定性质的,也可以是经验事实性质的,这就使悖论与经验事实联系了起来。另一方面,规定不仅可以是经验事实的,而且可以是关于行为的,这又使悖论与人的行为联系了起来。涉及行为的悖论就是不仅与经验事实,而且与行为联系起来的悖论,因为语言与行为可以具有密切联系。类的概念的规定,如认知悖论与态度的规定相关,合理选择和合理行为悖论等造成了描述与人类行为规定的冲突。

由于经验规定的性质,经验悖论不像逻辑悖论那样可以刻画得那么严密。有些经验悖论导向逻辑上的自相矛盾,有的经验悖论则导向逻辑上的互不相容,如科学佯缪。

其形式往往是:如果事实是这样,就应当是那样,如果事实是那样,就应当是这样。

逻辑悖论和经验悖论的区分只是根据规定的性质所作的相对区分,实际上,它们常常是相互关联在一起的,罗素悖论就是一个最能说明问题的例子。从作为集合论悖论的罗素悖论到"机器人悖论",正是一个从语形悖论到涉及行为的悖论的生动关联。罗素悖论和涉及行为的悖论的密切联系,还可以从理发师悖论看到。作为罗素悖论的拟化形式,理发师悖论不仅与经验联系在一起,而且与行为建立了关联。之所以有人认为罗素悖论最恰当的名称应当是"二律背反",也许是因为虽然二者涉及的领域不同,因而形式不同,但道理或形成机制是一样的,都进到了一种"真假莫辨"或难以二分的境地,都涉及"无限""大全"的规定。二律背反涉及时间、空间的有限、无限两分困难,罗素悖论也在集合分类中涉及罗素集归类中平常集和非常集两分的困境。

从罗素悖论到理发师悖论,已经使语形悖论有了与行为的关联。将理发师悖论改造为"机器人悖论",则是将语义悖论转化为行为悖论的例子。规定一个机器人必须修理而且只修理不修理自己的机器人,机器人就无所适从。这证明行为悖论事实上是语义悖论的祈使形式。作为罗素悖论的变形,书目悖论的变形绝不仅仅是换一种形式,而是由语形悖论变成了涉及行为的悖论,至少是逻辑悖论向涉及行为的悖论的过渡形态。如果说作为罗素悖论的变形,理发师悖论只是不能做,那么书目悖论则已经不只是行为上的左右为难,而是自相矛盾了。

"矛与盾悖论"中相互矛盾的两个关联描述同时也构成一个与行为相关的悖论。虽然这不是一个真正意义上的涉及行为的悖论,但至少是逻辑(语句、语言)悖论与涉及行为的悖论之间的过渡形式,或者与经验相关的悖论。

作为根据规定的性质所作的相对区分,从描述的角度看,逻辑悖论和经验悖论都具有相同的形成机制,都是描述和规定的交织构成自我冲突导致自相矛盾造成的。而这两类悖论的描述性质,则可以从它们的语言性质得到说明。两类悖论都分别与语形悖论、语义悖论或语用悖论(包括和使用者的关系,也包括与使用对象的关系)具有某种关联,即使不能简单地一一对应,也是同语义、语形、语用密切相关的。经验悖论只是规定涉及经验事实,其中涉及行为的悖论只是描述的悖理性在行为上的体现,都是经验悖论的行为关联。

逻辑悖论和经验悖论的区分虽然是相对的,但这种区分具有重要意义。它们具有三个重要不同:

首先,由于经验描述涉及经验事实,不可能通过自我指称构成逻辑循环,因此也不可能构造出"矛盾等价式"悖理性描述。这是经验悖论所不可能做到的,所以也有人把经验悖论看作非典型悖论。只有说谎者悖论处于一种非常特殊的地位。当说谎者悖论简化为"本语句为假"时,事实上就介于逻辑悖论和经验悖论之间,因而兼具两者的特点。因为"本语句为假"不是纯形式的,而是具有自己的经验内容,只是它的经验内容是这句话本身。具有这种特殊性的只有说谎者悖论,即使理发师悖论和书目悖论都不具有这种特点。作为罗素悖论的似化形式,理发师悖论虽然也经验化了,但这一经验化不仅使罗素悖论不再必然是"矛盾等价式"的,而且一个秃头理发师的假定甚至可能使悖理性不复存在。书目悖论则由于可以把自身列入形成书目辞典而完成经验操作,只是这本书目辞典不那么规范罢了。

其次,逻辑悖论中的涉悖规定具有逻辑的必然性,而经验悖论的涉悖规定则具有经验的偶然性。罗素悖论之所以被人们认为是真正的悖论,就是因为涉及在形式科学中不能随意删去的规定。尽管"罗素集"在逻辑上说与"给不给自己理发的人理发的理发师"具有同样特点,但逻辑空间中的规定与经验空间中的规定具有不同的性质。正因为如此,作为根据涉悖规定的基本性质所做的区分,逻辑悖论是相对于理论体系(包括公理体系)产生的悖论;而经验悖论则往往是相对于经验形成的悖论。

最后,逻辑悖论一般悖而且谬,经验悖论则一般悖而不谬。由于经验的偶然性质,由具有经验性质的规定构成自我冲突导致自相矛盾造成的悖论"悖而不谬"(佯谬),如波粒佯谬;由于逻辑的必然性质,由具有逻辑性质的规定构成自我冲突导致自相矛盾造成的悖论"悖而且谬"。作为逻辑悖论,芝诺悖论之所以被人们认为是悖而且谬,正是因为它涉及"无限"规定,而无限规定具有必然性,乃是不可能剔除或替换的。作为经验悖论,理发师悖论之所以被人们认为悖而不谬,乃是因为它涉及在现实中具有偶然性的规定。这与由具有逻辑性质的规定构成自我冲突导致自相矛盾造成的罗素悖论就有根本不同。这种不同是耐人寻味的。

理发师悖论虽然是罗素悖论的拟化形式,但两者由于所涉及的规定的性质不同而具有很大区别。它们的根本区别在于:理发师悖论是经验悖论而罗素悖论是逻辑悖论。经验悖论永远是悖而不谬的悖论,而不可能是严格意义上的逻辑悖论。因为凡是由具有经验性质的规定自我冲突导致自相矛盾造成的悖论都是佯谬。因此,罗素把集合论悖论通俗化为理发师悖论,事实上就是将集合论悖论经验化了,化成了悖而不谬的佯谬。而罗素悖论本身则由于只是逻辑上的悖(经验上的悖只是佯谬),所以具有理发师悖论所没有的逻辑后果。

严格意义上的悖论只能是逻辑悖论,而悖而不谬的佯谬,只有两种可能:一是规定与事实不符,如科学佯谬;二是规定与描述不符,如涉及无限的悖论。这种悖论是由规定的边界错位造成的。严格意义上的悖论都是逻辑悖论,即形式科学悖论。如数学悖论和集合论悖论。罗素悖论中的"罗素集"之所以不同于理发师悖论中的"理发师",就因为,"给且只给不给自己刮胡子的人刮胡子的理发师"是一个在事实上不可能存在的规定,因而完全可以消除从而避免矛盾。而"罗素集"却是一个既不属于平常集,也不属于非常集的新的集。它作为一个规定,决不存在一个事实上是不是可能存在的问题,而只是一个在描述中这样的规定能不能成立,有没有意义的问题。因此,它的地位和命运与"理发师"完全不同。

罗素悖论的存在不仅是合理的,而且对于集合论是有意义的,不能简单地去除,更不能通过简单地去掉"罗素集"这个规定而避免罗素悖论。也就是说,简单地去掉"给不给自己刮胡子的人刮胡子的理发师"以避免悖论不是一个权宜之计,而是因为这个规定事实上不可能成立。而书目悖论中简单去掉"总书目",则可以很好地说明简单去掉某一规定避免悖论的做法。在理发师悖论和罗素悖论中,存在着两种截然不同的情况。

作为进行编目管理的图书管理员,他永远也不可能做出一个包含所有书目的总书目,因为当他把他编的包含自身的书目完成后,这本书目本身又是一本新的书目,它本身又没有包含进去,这时候简单地去掉这个"总书目"的规定就可以避免悖论。这种做法的合理性在于:这样一个总书目是不可能存在的。但作为一个类似集合论悖论的"书目悖论",当它不与图书馆管理员的经验行为联系起来时,这个总书目是不能被简单去掉的,因为它的存在是具有描述意义上的根据的:它在人类描述中具有特定的地位和意义。在这里,这个悖论又与罗素悖论一样了。在这个意义上说,书目悖论是理发师悖论和罗素悖论之间的悖论形态。

逻辑悖论"悖而且谬",经验悖论"悖而不谬",这些悖论都是由描述和规定的交织构成自我冲突导致自相矛盾造成的,而由规定的粘连或混淆造成的悖论则"谬而不悖",如连锁悖论。这与描述和规定的交织构成自我冲突的类型密切相关。

第四节　根据悖论描述构成机制的分类

逻辑悖论和经验悖论区分的根据是规定的性质。由于悖论问题研究中最重要的是悖论的形成机制,以悖论形成机制为依据的分类,是更重要的分类。只是这样的分类由于依据的不是事物本身而是形成机制,所以虽然涉及的问题更根本,但名称的确定却变得更为复杂,只能以对悖论形成机制的简洁描述进行分类。

从描述的角度看,根据悖理性描述的逻辑构成和其所涉及的规定的性质,可以对悖论做如下分类:

一、描述和规定自我冲突构成的悖论

这是悖论中最重要的一类,通常都是典型悖论或严格意义上的悖论。在描述和规定的交织构成自我冲突导致自相矛盾造成的悖论中,如果规定是作为描述自身的前提,所构成的往往是典型悖论,而描述和自身所包括的规定自相冲突,则除了构成严格意义上的悖论,有时也构成一般的悖论。因此这类悖论包括三种类型:

(1) 描述与作为自身前提的规定自我冲突导致自相矛盾构成的悖论。这类悖论的典型形式是描述以自身为唯一指称与作为自身前提的规定自我冲突导致自相矛盾

的悖论。这是描述本身构成的悖论,也就是描述与作为其前提的规定之间的冲突构成的悖论,典型的有说谎者悖论、伪誓者悖论等。由于要与作为自身前提的规定自相冲突,这类悖论有一个重要特征,就是需要有自我指称导向作为自身前提的规定,因此不仅需要描述与作为其前提的规定之间具有冲突关系,还需要描述的自我指称,需要自我指称作为逻辑条件。由于描述所指以自身为唯一对象,这也是最为严格意义上的悖论,逻辑上的自相矛盾。比如说谎者悖论的变形"本语句为假"。这类悖论——也只有这类悖论——是最为典型的悖理性描述的结果。当描述不是以自身为唯一指称时,就属于一般意义上的描述与作为自身前提的规定自我冲突导致自相矛盾构成的悖论。这类悖论与描述以自身为唯一指称悖论的主要不同,是构成这类悖论的描述不是以自身为唯一指称,只是自我指涉。也就是说,描述将自身作为所指一类对象中的一个。如"言尽悖""什么都不可信"和"不存在真理"等。

说谎者悖论有多种变形,类说谎者悖论既有以自身为唯一指称的,也有只是把自身包括在指称之内的,但不管哪一种,都是最典型的悖论或其变形,它们在人类认识中同样具有重要意义。说谎者悖论的重要性,我们可以在罗素的论述中略见一斑。罗素在《我的哲学的发展》中曾写道:

> 自亚里士多德以来,无论哪一个学派的逻辑学家,从他们所公认的前提中似乎都可以推出一些矛盾来。这表明有些东西是有毛病的,但是指不出纠正的方法是什么。在 1903 年的春季,其中一种矛盾的发现把我正在享受的那种逻辑蜜月打断了。[1]

罗素所说的"矛盾"正是说谎者悖论。罗素认为,说谎者悖论最简单地勾画出了他发现的那个矛盾:

> 那个说谎的人说:"不论我说什么都是假的"。事实上,这就是他所说的一句话,但是这句话是指他所说的话的总体。只是把这句话包括在那个总体之中的时候才产生一个悖论。[2]

---

① 罗素:《我的哲学的发展》,温锡增译,商务印书馆 1982 年版,第 66 页。
② 同上,第 64 页。

面对这一难题,罗素试图用命题分层的办法来解决:"第一级命题我们可以说就是不涉及命题总体的那些命题;第二级命题就是涉及第一级命题的总体的那些命题;其余仿此,以至无穷。"但是这一方法并没有取得成效。罗素写道:"1903 年和 1904 年这一整个时期,我差不多完全是致力于这一件事,但是毫不成功。"[①]后来通过尝试把整个数学建立在逻辑的基础之上,并用逻辑术语说明概念,避免自然语言的歧义,发现在所有悖论中都存在一种"反身自指","它包含讲那个总体的某种东西,而这种东西又是总体中的一分子"。罗素通过这种办法,暂时避免了集合论悖论,但这一方法对说谎者悖论等语义悖论却完全无能为力。

说谎者悖论不仅是人类认识史上发现最早、最"顽固"的悖论,同时也是在人类生活中被普遍发现的悖论,所有古代文明中都可以找到说谎者悖论的幽灵。在古代中国,我们可以找到语义悖论最简洁明确的表述:"言尽悖"。这是庄子在《庄子·齐物论》里说的。后期墨家由此提出反驳:如果"言尽悖",那么,庄子的这句话本身难道就不悖吗?我们常常自以为明智地宣称:"世界上不存在真理这回事。"那么,这句话本身是真理还是胡说?在西方,不仅有古老的说谎者悖论,在哲学先圣那里也有这种悖论式的表达。为了与诡辩派哲学家进行辩论,古希腊哲学家苏格拉底曾建立"定义"对付诡辩派哲学家混淆的修辞。这位被称作"西方孔子"的哲学家有一句名言:"我只知道一件事,那就是什么都不知道。"这也是一个描述范围超越作为自身前提的规定构成的悖论,它也通过把描述作为自身前提的规定明摆出来,更好地展示了这类悖论的描述构成机制。从这句话中我们似乎可以理所当然地推论:苏格拉底对他声称知道的这唯一一件事本身,也应该不可能知道。

(2) 描述范围超越作为自身前提的规定造成自我冲突导致自相矛盾构成的悖论。由此构成的也是典型悖论,最具代表性的是集合论悖论及以相同机制构成的悖论,比如"格雷林—纳尔逊悖论"(Grelling's paradox)。

由于分类规定是人类抽象认识的思维规定基础,这类悖论往往与形式科学的发展

---

① 罗素:《我的哲学的发展》,第 63 页。

密切相关,属于具有重要认识意义的一类悖论。集合论悖论的重要性可以从罗素悖论的发现窥见一斑。罗素发现后来以自己名字命名的悖论后,写信通报给逻辑学家弗雷格。弗雷格当时已经花了 20 多年时间研究"从逻辑推出算术"的问题,在《算术基本法则》第二卷中,弗雷格正是试图用集合的理论建立有关数学基础的新方法。在理论大厦落成之际,看到罗素的悖论通报,弗雷格在其名著《基本规律》第二卷的后记中写下了当时的心情:

> 对于一个科学工作者来说,最不幸的事情无过于:当他完成他的工作时,发现他的知识大厦的一块基石突然动摇了。正当本书的印刷接近完成之际,伯特兰·罗素先生给我的一封信便使我陷入这种境地。①

罗素悖论揭示了集合论隐含着逻辑矛盾的事实。以集合论为基础,数学大厦将建立在沙滩之上。因此,关于数学的基础问题就引起了历史性的论争。直觉主义学派全盘否定集合论,认为集合论悖论产生的根源是"实无限"的观念。公理集合论则采用公理化的方法刻画集合及其运算,通过以"分离原则"取代康托尔集合论中的"概括原则",否定任何性质都可以决定一个集合而只有平常集才能成为集合,从而避免了集合论悖论。

虽然公理集合论可以避免已有的集合论悖论,而且本身已成为现代数学的一个重要分支,但仍存在不能证明公理集合论系统的相容性等问题,从而也就不能保证系统中一定不会推出逻辑矛盾。而且,即使不再出现悖论,也只是回避了悖论,而没有真正解决悖论问题。

集合论悖论是描述超越作为自身前提的分类规定构成自我冲突的结果,由于这种分类规定的冲突不只是在有限范围之内,而是涉及我们分类的基本规定,涉及分类原则,所以不能通过简单的理顺分类规定避免悖论。这一点,我们可以通过书目悖论看得更清楚。

书目悖论能够使我们更清楚地看到,那位图书馆管理员的问题不在于编了一本普

---

① 转引自威廉·涅尔、玛莎·涅尔:《逻辑学的发展》,张家龙、洪汉鼎译,商务印书馆 1985 年版,第 807 页。

通的书目词典,关键是他在这本书目词典中,要列出这个图书馆里所有书的书名。因此,最后他所遇到的不是一个普通的难题。这本书本身要不要列入? 或者说,他是不是应当做一本"自身列入的目录"? 这些在技术上都不是问题,问题的关键在于,他能不能编这样一本书目词典而不违背分类规定或分类原则。这个问题,事实上集中表现在哥德尔的不完全性定理中。

哥德尔不完全性定理深刻揭示了形式系统的不完全性,这关系到形式体系的分类规定本身的性质。哥德尔定律所说的任何公设系统都不是完全的,事实上源于规定的不完备性。公设系统的不完全性来自规定的不完备性。集合论悖论正表明集合论公理体系的不完全性,揭示了形式化认知的深层次哲学问题。描述范围超越作为自身前提的规定,构成了人类认识的发展。这一点正是这类悖论成为最重要的悖论之一,而且是严格悖论的原因。

罗素发现以他命名的悖论后不久,格雷林(K. Grelling)和纳尔逊(L. Nelson)提出了一个与形容词应用有关的悖论。

> 形容词可以分为两类:一类是"自谓的",即形容词可以用来形容自身,或者说对自己为真。如"中文的"是自谓的,因为"中文的"本身是中文的;另一类是"非自谓的",即形容词不能用来形容自身,或者说对自身不成立。如"英文的"是非自谓的,因为"英文的"本身是中文的。这样问题就来了:形容词"非自谓的"本身是自谓的还是非自谓的? 对这一问题的回答导致逻辑上的自相矛盾:

> 如果"非自谓的"是自谓的,则有"'非自谓的'是非自谓的"为真,于是便有"非自谓的"是非自谓的;

> 如果"非自谓的"是非自谓的,则有"'非自谓的'是非自谓的"为真,于是又有,"非自谓的"是自谓的。[1]

"格雷林悖论"因此也叫"格雷林—纳尔逊悖论",它是一个"形容词悖论",一个典型的因描述范围超越作为自身前提的规定造成自我冲突导致自相矛盾构成的悖论。

---

[1] Michael Clark, *Paradoxes from A to Z*(3ed), Routledge, 2012, p. 97.

（3）描述与自身所含规定自我冲突导致自相矛盾构成的悖论。由描述与自身所包含的规定自我冲突导致自相矛盾所构成的可以是严格意义上的悖论。这类悖论往往与描述方式有关，在科学、哲学乃至宗教中都存在。典型表现在哲学中构成二律背反，在科学中构成伽利略悖论及波粒佯谬等科学佯谬；在宗教中构成上帝万能悖论等。由于有些规定涉及行动，描述与自身所含规定自我冲突导致自相矛盾构成的悖论也包括一些涉及行动的悖论。

这类悖论的描述构成机制，也可以在另一类"不可能图形"中形象地看到。只是在这些不可能图形中，与其所包含的规定自相冲突的是描绘，而与描述自相冲突的规定是投影或透视。因而从这些不可能图形，能够通过图形的描绘构成机制看到这类悖论描述构成机制的形象表现。由图形描绘与规定的自我冲突导致自相矛盾构成的不可能图形，一般有以下两种情况：

第一种情况是图形与来自日常生活透视知觉的不同绘画规定（表现为不同透视参照）自我冲突导致自相矛盾构成"不可能图形"。如"不可能的木箱""瀑布"和"不可能台阶"等。这些图形都是通过透视手法使其与现实规定（知觉）相冲突。

第二种情况是图形与来自日常生活景深知觉的不同绘画规定（表现为不同景深参照）自我冲突导致自相矛盾构成"不可能图形"。比如安德鲁斯的幻觉作品，就是把一根穿过两个垂直锣帽的线的弯曲方向藏在一特殊铁条中，这一铁条在视觉中似乎是笔直的。梅比乌斯体则是把可能的面在图形描述上变成不可能的体。

这些不可能图形的描绘构成机制，不仅是这类悖论的形象表现，而且很有利于哲学、科学和宗教领域这类悖论构成机制的理解。

由于在经验科学中，这类悖论可以由规定的局限性而形成波粒佯谬等科学悖论，它们对于描述、概念和理论模型的反思具有重要意义，因而涉及科学发展。

在这里，我们事实上已经可以看到波粒佯谬不是自然界本身的特性，而是与主体的概念描述密切相关。在宏观概念体系中，波被看作是弥漫于空间的场，既无确定的位置，亦无固定的体积；而粒子则被看作是实体，不但位置确定，而且体积固定；二者无法构成一个统一体。然而在量子世界，波粒二象性却在基本粒子身上统一了起来。电子的动态像是波,而电子又是典型的粒子。作为一个微观客体,基本粒子确实既具有波的特性,又具有粒子的特性。但这并不意味着微观客体本身具有这种不能统一的矛盾特性,而是我们在使用我们的"波""粒"概念对其进行描述时产生的佯谬。正因为如此,波尔才提出了他那著名的互补理论,从互补描述的角度解决波粒佯谬问题。

波尔把粒子和波动这两种不同的图像看作是对同一个实在的互补描述。由于两个图像中的任何一个都不能为微观对象提供一个完整的描述,它们都只能是部分真实的;因而无论使用粒了概念还是波动概念,都必须有所限制,只有这样才能避免矛盾、消除佯谬。由于一个给定的东西不能同时是限制于很小体积内的实体,即一个粒子,又是扩展于大空间的场,即一个波动,这两种图像无疑是相互排斥的,但同时二者又是互补的。电子既可以看作粒子,也可以看作波,两个图像相互补充,才形成对微观客体的完全描述。互补描述表明波粒二象性的描述性质,正因而如此,波粒二象性才被称作波粒佯谬。

人们之所以常常把佯谬理解为"似非而是",是因为佯谬具有与其他悖论不同的特点:佯谬是那样一种悖论,它可以通过经验科学的发展,将造成悖论的关键规定转换为解决悖理性冲突的新的规定。如波粒佯谬中单一描述到互补描述的转变,事实上涉及"波动"和"粒子"概念从实在论理解到描述论理解的转变。佯谬作为悖论,是相对于旧规定而言的。相对于旧规定,佯谬是"似是而非"的;而相对于新规定则是"似非而是"的。相对于新规定,佯谬就不再是悖论,而是新的更高层次的描述或理论。

在某种意义上说,佯谬是描述(主体)和对象(自然)之间的误会。悖论只存在于我们的描述中,自然界并不存在悖论。科学认识中的所有佯谬都是人们误以为客观世界具有悖论的例子。佯谬事实上就是人们试图把主观描述构成的悖论归于客观存在的产物。如果两个事实在我们看来似乎构成悖论,那必定是我们对于这些事实的描述存在悖论,即我们关于某些事实是否存在的结论的描述存在真假混淆。正是因为客观对象不存在悖谬,所以人们才能通过发现悖理性的描述找到理论的缺陷,才能由此推进理论的发展。如果客观世界存在悖谬,那么也就意味着它可以是没有规律的,人类认识也就至少在某些领域不可能进行。

因此,佯谬是人们把悖论加诸客观对象留下的痕迹。由于自然界本身不存在悖论,所以当事实被进一步弄清楚之后,这种"悖论"就表现为佯谬,并最终发现其描述成因。"波粒二象性"一开始使人们误以为自然界存在佯谬,一个对象不可能既可以是波又可以是粒子,如果这两点都成立,那么人们就有理由认为自然界存在悖论,但如果我们从描述上找悖论的成因,就会发现原来问题出在我们对于对象的描述。我们对波动和粒子的描述所使用的经典概念本身具有相互不能协调的规定,或者说在量子领域,我们关于波动和粒子概念的规定本身之间存在冲突。在宏观尺度,波动和粒子不能用于描述同一个对象,然而这只是我们主观描述的局限,而不是客观对象的特点,只是我们总是误以为我们的主观描述就是客观对象的真实写照。"波粒二象性"因此成为佯谬,它作为主观对客观的误解性质得以呈现。由波粒二象性悖论可以导出的结论是:"粒子"和"波动"都不是真正意义上的实物形态,而是人们描述宏观实物现象的思维规定。如果是实物形态,那么量子现象如果是粒子,就不应当是波动,如果是波动,就不应当是粒子,但它既是粒子又是波动,因此只能是我们用"粒子"和"波动"概念互补地描述量子现象。在思维规定中,"波动"和"粒子"的实在感太强了,而波粒二象性悖论的描述性质,可以从在更高层次内容的逻辑上刻画"薛定谔的猫"看得更清楚。薛定谔的猫在没有观测时既是死的又是活的,当且仅当既不是实在意义上的"死",也不是实在意义上的"活"。由此导出的结论是:那是描述意义上的"死"和"活"。在实在意义上,猫不是死的就是活的,不是活的就是死的,但它既是死的又是活的,因此那只能是在描述意义上说的。由此可以进一步导出的结论是:我们关于宏观现象的描述中所使用的"粒子"和"波动"等概念,都只是我们用自己的思维规定描述实物现象,而不是完全独立我们的纯粹实物形态。——毫无疑问,由此可以看到的悖论意义就深远了。

涉及行动的悖论主要是描述中不同具体条件下的行为规定自我冲突导致自相矛盾构成的悖论,如"唐·吉诃德悖论""绞刑悖论""命令悖论"和"鳄鱼悖论"等;描述与其所包含的预言规定之间自我冲突导致自相矛盾构成的悖论,如"预言者悖论"等。涉及行动的悖论可以从所谓"第二十二条军规"清楚地看到其描述构成机制:"精神失常的飞行员可以停飞,但申请停飞者必须头脑清醒。"一个精神失常的飞行员反而不能申请停飞,必须飞行;而一个头脑清醒的飞行员又怎么可以申请停飞? 在社会生活中,类似"第二十二条军规"那样的规定是极少见的,但这种导致自相矛盾的隐含规定却屡见不鲜。

"唐·吉诃德悖论"出自西班牙作家塞万提斯(M. de Cervantes)《唐·吉诃德》第2卷第51章,书中记载着这样一个涉悖故事:悖论主人公堂·吉诃德的仆人桑乔·潘萨成了一个小岛的统治者,在那里对旅游者实施一条怪异的法律,规定旅客在经过一座桥时必须诚实地说明自己过桥上岛的目的,否则就被绞死。有一个旅客看到桥上的告示,说自己过桥的目的就是来被绞死的。这使执法者陷入两难:如果他的话是真的,他就应当被释放,但这样一来他的话就变成假的了。而如果他说的话是假的,那他就应当被绞死,但如果绞死他,他所说的话就成真的了,按照规定又不应当被绞死。左右为难的执法者只好把这个游客带到桑丘面前,桑丘最后也只能把他给放了。在堂·吉诃德悖论中,正如"不准执行本命令"与其所包含的"命令"规定自我冲突导致自相矛盾,说自己过桥的目的就是来被绞死的,也与不诚实回答者被绞死的规定自我冲突导致自相矛盾,那个旅客就将自己置于类似理发师悖论中理发师的处境了。

预言者悖论与命令悖论一样,也是将描述本身作为自身前提的规定的悖论。这类悖论与说谎者悖论不同的是:(1)涉及行为;(2)与将来时态相关。一般都涉及对未来事件的描述。这里重要的不是未来事件,而是对未来事件的描述。因此与时态的关系并不是实质性的,不能执行的命令的悖论就与时态无关,而且事件的涉及也不是实质性的。在不能执行的命令的悖谬中,悖论的形成并不是与行为有什么和其他悖论完全不同的关联,而是描述涉及行为,而行为有自身的规定,从而造成描述与作为自身前提的行为规定之间的自我冲突,导致自相矛盾。

所谓"涉及行为的悖论"是描述自相矛盾的行为体现,是描述造成的具有行为表现形式的自相矛盾。行为也可能出现自相矛盾的现象,但那已不是直接在描述的层次,因而也不同于描述直接构成的——姑且叫作言语悖论,而是描述造成的自相矛盾表现为行为上的自我冲突。因而悖论始终是描述意义上的,行为意义上的悖论只能是描述意义上的悖论的行为延伸,是悖论之悖的行为延伸,是言说的悖论的行为体现。而在言语即行为的理解层次上,我们则可以更清楚地看到,所谓"涉及行为的悖论"和言语悖论事实上是一回事。因而,这种涉及行为的悖论对实践具有重要意义。

一、关联描述自我冲突构成的悖论

关联描述自我冲突导致自相矛盾构成的悖论非常特殊,虽然它们似乎不是典型悖论,但却是表现悖论描述成因的悖论典型形态。关联描述自我冲突导致自相矛盾构成的悖论是所有悖论构成机制的描述展示,因此与第一类悖论似乎具有特殊的关联,因为在说谎者悖论等典型悖论中,由于涉悖规定是隐含的,所以悖论悖在何处不易察觉。而在关联描述自我冲突导致自相矛盾构成的悖论中,悖理性冲突则发生在两个关联描述之间,从而将描述自我冲突导致自相矛盾的机制直接展现了出来。关联描述自我冲突导致自相矛盾的悖论,事实上是关联描述互为前提性规定构成的,因而是描述与作为自身前提的规定自我冲突导致自相矛盾的悖论的特殊形式。越是典型悖论,越是埋在描述和规定交织的深处,而在关联描述自我冲突导致自相矛盾构成的悖论中,悖论就是描述的自相冲突,悖论的描述成因得到了更典型的表现。

在目前所发现的悖论中,关联描述自我冲突导致自相矛盾构成的悖论似乎不多,只是包括矛与盾悖论、半费之讼悖论、苏格拉底—柏拉图悖论、卡片悖论或明信片悖论等,但由于这类悖论构成机制的特殊性,却与很多其他悖论具有千丝万缕的联系。这类悖论的描述构成机制,也可以在一些"不可能图形"中看到其形象表现。有一类不可能图形是由图形中两个关联投影或透视规定自相冲突构成的,这也有两种情况:

第一种情况是因图形中关联描绘由于时序规定自我冲突导致自相矛盾构成"不可能图形"。典型的如《画画的双手》,在艾舍尔这一著名作品中,一只左手和一只右手同时在互画。无论是左手画右手,还是右手画左手,单独都是协调的普通绘画作品,但把左手画右手和右手画左手关联起来,就构成了人们常常用来作为悖论形象表示的不可能图形。左右两只手谁先把谁画出来,不仅在时间上,而且在空间上成了一个自我纠缠的层次结构,不仅表明本身是未完成的,而且所构成的悖理性图形,成了悖论的象征,形象地展示了关联描述构成悖论的具体机制。

第二种情况是就是在透视上分裂成两个自相矛盾的参照。典型的如"我站对了",图形中两个因参照不同而不能形成一个整体的局部图形通过相对两个参照都有效的连接部分结合成一个不可能图形。

人们通常认为,关联描述自我冲突导致自相矛盾构成的悖论是第一类悖论的变形,而从构成机制上说,事实上正好相反,其他悖论是这类悖论的变形,只是因为关联描述自我冲突导致自相矛盾构成的悖论是明摆着的,不像说谎者悖论等那样。因为描述与作为自身前提的规定自相冲突,而规定又隐没在描述和规定交织的深处,因而构成机制更具典型悖论的形态。由此也可以理解为什么关联描述自我冲突导致自相矛盾构成的悖论不如第一类悖论意蕴深刻,因为它们没有深入描述和规定的交织。而描述与作为自身前提自我冲突导致自相矛盾构成的悖论之所以是典型悖论,就因为它们根植于描述和规定交织的深处。

"柏拉图—苏格拉底悖论"是两个关联描述的自我冲突,实际上它可以变形为说谎者悖论。事实上,在描述构成机制的意义上说,所有悖论都是这类悖论的变形,我们甚至可以由"鸡蛋悖论",看到关联描述自我冲突导致自相矛盾构成的悖论的形变。在这个悖理性问题中,隐含着两个相互冲突的前提规定:"鸡是由蛋孵化出来的"和"蛋是由鸡生出来的"。两个单独来看都符合经验事实的描述,一关联起来就成了一对自我冲突的描述。在"矛与盾悖论"中,无论"于物无不陷的矛",还是"物莫能陷的盾",在描述上单独都不构成自相矛盾。而且,原则上说,在一定关系中可以作为实体存在,只有把两个描述关联起来,才构成自我冲突,不仅不可能作为实体存在,而且构成逻辑上的"自相矛盾"。而在"半费之讼悖论"及其现实处理中,我们则可以看到更深层次的意蕴。

据传古希腊人爱瓦梯尔(Eulathlus)拜诡辩学者普罗泰戈拉(Protagoras)为师,向普罗泰戈拉学习论辩术。徒弟怕师傅收了学费后留一手,他讨价还价后约定交付学费的方式:爱瓦梯尔先付一半,另一半学成第一场辩护胜诉后再付,如果爱瓦梯尔败诉,另一半学费就不用交了。

但是,爱瓦梯尔满师以后迟迟不接讼事,也不打算交另一半学费。不过智者毕竟是智者,不会没有办法解决这个难题。你不是不接讼事吗? 那我就把你告上法庭,把你卷入讼事。于是,普罗泰戈拉提起了诉讼,并不无得意地对爱瓦梯尔说:"如果我胜诉了,法官将判你付我学费;如果我败诉,根据我们之间的约定,你还是得付我学费。总之非付不可。"不料名师出高徒,青出于蓝而胜于蓝,听了老师的话,爱瓦梯尔使出"以子之矛攻子之盾"高招:"如果我胜诉,法官将判我不付学费;如果我败诉,按照我们之间的约定,我也不必付另一半学费。总之不必支付。"这里实际就是两个关联描述自我冲突导致自相矛盾的悖论。如果我们把半费之讼悖论放到现实实践之中,就能更清楚地看到关联描述自相冲突构成悖论的机制。

关于半费之讼悖论,雷蒙德·史莫延(Raymond M. Smullyan)提到询问一位律师所得到的一个答案:"法庭应当判学生胜诉,即学生不须付费,因为他还没有赢第一场官司。这场合官司结束后,学生就欠普罗泰戈钱了,所以他回头第二次起诉学生,这次,法庭应当判普罗泰戈胜诉,因为学生现在已经赢了第一场官司。"[①]律师当然有办法处理这个官司,因为他在现实操作中,而客观实在不存在悖论。这既意味着悖论不是客观世界所固有的而是悖理性描述,又有力地论证了悖论的描述成因及描述构成。而且,半费之讼悖论既是由规定的混淆造成的悖论,也是关联描述自我冲突导致自相矛盾构成的悖论。

三、描述中规定和规定自我冲突构成的悖论

由于构成机制中方式复杂,这类悖论形式最多,主要包括四个亚类:

(1)描述因规定不相容自我冲突导致自相矛盾构成的悖论。这类悖论的描述构成机制,在上述皮亚诺曲线和门格尔海绵所表明的点、线、面和体的规定不可公度关系是典型表现,而最能说明点关联规定之间在描述中构成冲突的例子之一,是所谓"油漆

---

① Raymond M. Smullyan, *What Is the Name of This Book? —The Riddle of Dracula and Other Logical Puzzles*, p. 214.

匠悖论"。双曲线 $xy=1$ 绕 x 轴旋转,就得到"实心喇叭"旋转体。从 $x=1$ 到 $x=+\infty$ 的圆锥体,具有令油漆匠困惑的奇怪性质:他可以很轻松地将圆锥体内部充满油漆,但没有办法给其表面刷上一层漆,因为圆锥体面积无穷大。这显然自相矛盾。

油漆匠悖论说明线和面只是抽象的逻辑思维规定,而体是经验的存在。面积的无限是逻辑的无限,或者说逻辑空间中的无限;而体积的无限则是经验的无限,或者说经验空间的无限。因此逻辑上的面积的无限对应经验的体积上的有限,并不能构成真正意义上的矛盾,而是两种"无限"规定的混淆造成的同一描述中规定的自我冲突。

(2) 描述因规定粘连构成自我冲突导致自相矛盾构成的悖论。这类悖论包括连锁悖论和芝诺悖论两大系列,还包括变易悖论等。在描述因规定粘连构成的悖论中,连锁悖论和芝诺悖论最为典型。它们是这类悖论描述构成机制的典型代表,这种构成机制甚至与人类学特性密切关联在一起。"谷堆悖论"的逻辑结构是:如果 1 粒、2 粒、3 粒谷子都不构成堆,那么……一粒一粒加上去,99 999 粒谷子也不构成堆。因此,100 000 粒谷子也构不成堆。根据这个逻辑结构,"堆"与"非堆"、"贫"与"富"、"大"与"小"、"多"与"少"这些曾为古希腊人争论的话题,都可以构成悖论。

这类悖论的描述构成机制与人类学特性的关系,可以通过谷堆悖论的一种变形看得清楚:1 粒谷子落地不会响,2 粒谷子落地不会响,3 粒谷子落地不会响……因此,一袋谷子落地不会响。

谷粒或谷包落地的响声就从质的规定过渡到量的规定,因而就能觉察了,只是这种标准具有人类学特征。而我们的概念都是人类的概念,都带有人类学特征。就像秃头的定义所涉及的连锁悖论。这个连锁悖论最早叫 Falakros 之谜:可以把头上只有 1 根头发的人叫秃子吗? 能;可以把头上只有 2 根头发的人叫秃子吗? 能;可以把头上只有 3 根头发的人叫秃子吗? 也能。由此类推,也能把有一万根头发的人叫作秃子。

作为变易悖论的典型,忒修斯之船(The Ship of Theseus)悖论涉及存在的同一性(identity)问题。这种涉及存在同一性问题的悖论,明显与传统的镜式反映论有关,但同时又隐含着理解描述和规定性质的切入口。包括赫拉克利特、苏格拉底和柏拉图在内的很多哲学家都讨论过"忒修斯之船"悖论,它是一个典型的变易悖论。在忒修斯的船维护若干年之后,船上的木板一块块被置换掉,所有木板都不是原来的了,把木板全部替换后形成的那条船叫 A 船。而被转换下来的旧木板又可以重装成另一条船,把由此构成的这条船叫 B 船。那么,这一过程的最后结果形成了两条船,哪条船是原来的"忒修斯之船"?[①]这 悖论也是典型的"同一性悖论"。"同一性"之所以构成悖论,就因为传统实在论将思维对象看作是外部世界不以人的意志为转移的纯客观存在。这样,基本规定中的"船"也具有相同的性质。而从描述和规定看,"船"是我们制造的,即"船"的概念是在实践中主观规定的。两种"船"的规定自相冲突,就构成同一性问题,造成悖理性。从使用和人的需要看,这与我们的命名和时空描述有关。

人们之所以认为存在同一性问题,就因为认定规定和描述可以是纯客观的。如果把规定和描述看作是客观根据和主观张力中的产物,具有客观性因而严格的同一性问题就会松弛为具有弹性的思维规定的条件性和合理性。这样,定义就是用相对于人们理解而言的低层次语词说明相对高层次的概念。而分析则相反,通过将相对高层次的语词分解成相对低层次的语言成分。换句话说,就是将一个相对高层次的规定和描述,分解为相对低层次的规定和描述的组合,从而更好地理解、分析和认识相对高层次的规定和描述。

(3) 抽象描述在具体条件下规定自我冲突导致自相矛盾构成的悖论。这类悖论包括所谓"道德悖论""道义悖论"以及"分析悖论"等一些认知悖论。这些悖论都有一个性质,就是都涉及具体条件。因此抽象描述在具体条件下规定自我冲突导致自相矛盾构成的悖论,也包括所谓"合理行为悖论"。合理行为悖论主要是描述与其所包含的行为规定自我冲突导致自相矛盾构成的悖论。当悖论与行为相关时,往往表现为困境。"囚徒悖论"就是这种典型的困境,它由于具体条件的变化而涉及抉择的两难。

警方逮到俩疑犯,没有足够证据控罪。于是警方分开提审疑犯,并向甲乙两疑犯提供相同的选择:如果一人认罪并检举对方,而对方不认罪,则立即无罪释放,对方获刑 10 年。如果两人都不认罪,则两人同判 1 年。如果两人都认罪,则两人同判 3 年。

---

① Michael Clark, *Paradoxes from A to Z*(3ed), pp. 230-231.

甲乙两囚犯都会做出对自己最有利的抉择：如果自己认罪，即使对方也认罪，最多获刑3年；如果对方不认罪，则可以马上获得自由。如果自己不认罪，则将冒自己判刑10年而对方获释的风险。如果双方采取合作态度，都不认罪，则只各判1年，也可达到"共利"。

由于是博弈，对方也会这样想。这一抉择过程可能是无穷的推理：假如选择合作，必须相信对方也采取合作态度；假如选择背叛，对方也会选择背叛加以防范。这种推理的极限状态叫"共享知识"（Common knowledge），由于一方的选择总是必须以对象的选择为具体条件，因此无论在什么情况下，具体条件都完全不同。由于没有人能通过把握具体条件而达到这种状态，囚犯永远摆脱不了这一悖论。

囚徒悖论的两难处境在"你会杀掉我"这个悖论中简化并放大了。强盗抓住了一个商人，头目对商人说："猜猜我会不会杀掉你，如果你猜对了，我就把你放了；如果猜错了，我就把你杀了。"商人想了想说："你会杀掉我。"于是强盗陷入两难，不得不把商人放了。因为如果强盗把商人杀了，商人就猜对了，强盗就应该放了商人；如果强盗放了商人，商人则猜错了，应该被杀掉，这样又回到了前面的推理，从而构成悖论。聪明的商人找到的答案改变了强盗所处的条件，因而与强盗的规定相冲突。

囚徒悖论等合理行为悖论之所以是抽象描述在不同具体条件下自我冲突导致自相矛盾构成的悖论，就因为选择是否合理取决于对方的选择这一具体条件，因而是具体的，不是抽象的。抽象的合理性规定会导致同一规定选择在不同具体条件下自我冲突，即同样的选择由于对方选择的不同而自相矛盾。一方选择合作互利，在对方采取合作策略做相应选择时是合理的，而在对方采取不合作策略时又成了不合理的，从而自相冲突。这种悖理性虽然不像经验悖论那样是规定与经验之间的悖理性的描述，但也不像逻辑悖论那样仅仅是描述自身的悖理性的揭示，而是描述与行为之间悖理性的揭示。

合理行为悖论都表现为困境，从悖理性到困境是一个很有意义的维度，它导向最佳选择。这使悖论从悖理性的描述进到了与行为有关的抉择策略和行为优化。作为合理行为悖论，悖论与行为具有不可分割的联系，这使悖论具有实践关联。在行为选择、决策和博弈实践中,这类涉及行为困境的悖论具有越来越大的研究空间和价值。

(4) 描述因规定混淆导致自相矛盾构成的悖论。这类悖论分布最广,甚至与诡辩为邻,包括"意外考试悖论""意外绞刑悖论""预言者悖论"或"梵学者的预言""贝瑞悖论""转圈悖论""稳麻悖论"甚至"坏钟悖论"等。

关于因规定混淆构成的悖论,我们可以从一个英语翻译的特殊例子看得很清楚。英语中有句话:"my younger brother is older than I am."在这句著名的话中,只有当我们意识到这个"我"实际上有两个哥哥时,才能清楚地看到这是一个规定相混淆的特殊例子。作为小哥哥的"younger brother"自然比"我"的年龄大,所以这句话翻译成"我的小哥哥的年龄比我大"是顺理成章的。只是在英语里,brother 与汉语里的"兄弟"不完全相同,"younger brother"又有"弟弟"的意思,如果硬译过来,就构成了"我弟弟的年龄比我大"的悖理性描述,从而因常识错误而构成悖论。这个描述的悖理性就在于同一个词"younger brother"两个不同规定(弟弟和小哥哥)相混淆(不是相冲突)造成的。从这个规定相混淆的特殊例子,也可以清楚地看到由相互冲突的规定构成的悖论的性质。

由规定的混淆造成的悖论也有涉及行为的悖论,如"意外绞刑悖论"(Paradox of unexpected hanging)。20 世纪 40 年代,口头流传着这样一个悖论:一个囚犯在星期六被判绞刑。法官宣布:"绞刑时间将在下一周的七天中某一天中午进行,但具体哪天行刑将出乎你的预料,到那天上午临时通知你。"囚犯听了暗自分析:"我将不可能在下个星期六赴刑,因为这是最后一天,星期五下午我还活着,那时候我会知道我会在星期六中午被处死。这样就和法官的判决有矛盾。"根据同样道理,囚犯可以推出下个星期五、星期四、星期三、星期二、星期一和星期日都不会赴刑。囚徒由此得出结论:要在我的意料之外行刑,法官的判决将无法执行。但法官却在周四宣布执行绞刑,让囚徒不得不承认大感意外。

意外绞刑悖论涉及"意料之外"这一规定,这里的"意外"有两种含义:一种是没有意识到;另一种是"出乎意料"。囚犯的推论是在"没有意识到"定义上进行的。由于囚徒认为不可能在下周任何一天行刑,所以,法官的判决在下个星期任何一天被执行,对囚犯来说都是"意外"的。

由概念的混淆构成的悖论还有"梵学者的预言"。"预言者悖论"所涉及的也是两个相关规定的混淆,女儿的"不"有着双重含义,一种含义与字面上的"是"相反;另一种含义与实际上的"不"相反。同一"不"字事实上是两个相关但不同的规定。

毫无疑问,诡辩不是悖论。但人们之所以常常把一些诡辩命题看作是悖论,大都由于它们都是通过概念(规定)的混淆形成。这与同一描述或关联描述中规定的混淆造成的悖论的形成机制相似,两者都触及概念规定的相对性。正因为如此,作为基于成因的悖论分类,诡辩有利明确悖论边界的性质。而依据悖论成因的分类,将为悖论解决方案的制定和悖论类解提供基础性工作。

第 12 章　解悖标准和解悖方案的层次

随着人类认识的发展和悖论的研究不断深化,人们从不同的视角提出了各种各样的解悖方案。在悖论思想史上,不时有人建议通过禁止"自指"来消解悖论。但是一方面,禁止自指的方案既失之过宽,又失之过窄:不仅许多类似"本语句是中文句"这样的自指语句不构成悖论,而且包括哥德尔不完全性定理证明等在内的一些数学论证都涉及自指的本质性使用。另一方面,并不是所有悖论都是直接自指的,例如芝诺悖论,正是像芝诺悖论这样一些典型的悖论,使得人们设计解悖方案的努力变得非常艰难。但悖论成因的系统刻画,为悖论的分层类解奠定了基础。

第一节　解悖标准和悖论的分层类解

扑朔迷离的悖论和解悖方案使人们对解悖本身给予了越来越多的关注。而这种关注应当是从人们发现这样一点开始的:制定一个有效的解悖方案,首先必须有一个合理的解悖标准。而悖论成因或构成机制的区别,决定了解悖标准的不同。

最早寻求悖论消解方案的是集合性悖论的发现者罗素,因而最初的解悖方案也是针对集合论悖论的。罗素在寻求集合论悖论解悖方案的同时,首次探讨了一个良好的解悖方案的标准:

正当我在寻求一个解决办法的时候,我觉得如果这个解决完全令人满意,那就必须有三个条件。其中第一个是绝对必要的,那就是,这些矛盾必须消失。第二个条件最好具备,虽然在逻辑上不是非此不可,那就是,这个解决应尽可能使数学原样不动。第三个条件不容易说得准确,那就是,这个解决仔细想来应该投合一种东西,我们姑名之为"逻辑的常识",那就是说,它最终应该像是我们一直所期待的。①

罗素就解悖方案的标准所推出的三个条件中,第一个条件就是必须消解悖论。这是与第二个条件,即保持数学原样不动密切相关的。第二和第三个条件从两个方面证明同一个问题,那就是为数学理论消解悖论。在这里,我们可以看到悖论消解这种"本能"反应的第一个理论表达形式。罗素提出的第三个条件是最模糊的,但也是最重要、更根本的一个。"投合一种东西"就是符合一种理论,"逻辑的常识"应当可以理解为关于逻辑的基本理论,而"最终应该像是我们一直所期待的"则应当是一种悖论问题的顺理成章的解决。人们把罗素的第三个标准理解为一种不同于技术层次的哲学上的要求,这无疑是非常到位的。罗素在后来提出分支类型论解悖方案时,也明确了这一点:

类型理论提出了一些困难的关于它的解释的哲学问题。然而这些问题本质上可以从这一理论的数学发展中分离出去,而且它们像所有的哲学问题一样引入了并不属于理论本身的非确定性的因素。②

解悖方案的技术层次和哲学层次虽然层面不同,但二者是一个整体。这一点可以在德国数理逻辑学家策墨罗(Ernst Friedrich Ferdinand Zermelo)对解悖方案标准的探索中看到。策墨罗是另一个为解悖方案标准的探索做出历史性贡献的学者,正是他先于罗素发现"罗素悖论"的。策墨罗在公布其公理集合论解悖方案对首先指出:

现在这门学科的存在本身似乎受到某种可以由其基本原理导出的矛盾或"悖论"的威胁,而这些原理似乎是我们思维的必要准则。而且,对于这些矛盾或"悖论",至今没有找到令人完全满意的解决办法。特别是,鉴于"所有不以自身为元

---

① 罗素:《我的哲学的发展》,第 70 页。
② 罗素:《逻辑与知识》,第 51—52 页。

素的集合的集合"的"罗素悖论",今天,逻辑上将"集合"或"类"归为可任意定义的概念的外延,似乎都不再能被接受。……在这一问题的解决中,一方面我们必须使这些原理足够狭窄,以排除所有矛盾;另一方面又使它们足够宽广,以保留这一理论中所有有价值的东西。[1]

在这里,策墨罗虽然只提到解悖方案的技术层面,但"足够狭窄"和"充分宽广"两个要求,所指向的恰恰是哲学层面的悖论根本解决。只有这样,才可能既"排除掉所有矛盾",又"能够保留这个理论中一切有价值的东西"。

尽管罗素和策墨罗的标准主要是针对集合论悖论的,但事实上就是对整个解悖方案标准的探寻。英国逻辑学家苏珊·哈克(Susan Haack)由此所做的推展就是一种很好的说明。

苏珊·哈克清晰地阐述了解悖方案的两个标准:"形式上的解决"和"哲学上的解决"。而她对于"足够狭窄"和"充分宽广"的论述则把这两个技术层面上的具体要求推进到了哲学层面:

> 在试图评价已提出的解决方法之前,尽量搞清楚是什么东西构成一种"解决方法",这是很明智的。问题到底是什么?——从无懈可击的前提出发,通过明显无误的推理,推出了矛盾的结论。这对一种"解决方法"提出了两点要求:这种解答应该给出一个无矛盾的形式理论(语义学的形式理论或者集合论的形式理论,视情况而定),换言之,它能够阐明哪些表面上无懈可击的推论的前提或原则是不能允许的(形式的解决方法);另外,它应该解答为什么这些前提或者原则表面上是无懈可击的,但实际上却是有懈可击的(哲学上的解决方法)。……更进一步的要求涉及一种"解决方法"的范围:这个范围不应该大到削弱我们需要保留的推理的程度(即"不要因噎废食"原则),但这个范围必须足够大,以至能够堵死所有相关的悖论性的论证("不要从油锅里跳到火坑中"原则);当然,"相关的"一词掩盖了一些问题。在形式的水平上,后一个原则只不过是主张,这种解决方法必须恢

---

① E. Zermelo, "Investigations in the Foundations of Set Theory I", in J. van Heijeinoot(ed.), *From Frege to Gödel*, Harvard University Press, 1967, p. 200.

复无矛盾性。……在哲学的水平上,"不要从油锅里跳到火坑中"原则是主张所提出的解释要尽可能地深入下去。①

这从一个侧面说明,哲学上的解决是整体的。形式上的解决决定于哲学上的解决。而哲学上的解决也是最复杂的,正像罗素和哈克共同意识到的那样,它不像形式上的解决那么容易说清楚。

由罗素(Russell)、策墨罗(Zemelo)和哈克(Haack)形成的"RZH 解悖标准",一直是解悖方案的基本标准。关于这个解悖标准,陈波教授有一个简洁明了的概括和发挥:

> 一个合适的悖论解决方案至少要满足三个要求:(1)让悖论消失,至少是将其隔离。这是基于一个根深蒂固的信念:思维中不能允许逻辑矛盾,而悖论是一种特殊的逻辑矛盾。(2)有一套可行的技术性方案。悖论是一种系统性存在物,再简单的悖论也是从公认的背景知识经逻辑推导构造出来的。因此,当提出一种悖论解决方案时,我们不得不从整个理论体系的需要出发,小心翼翼地处理该方案与该理论各个部分或环节的关系,一步一步地把该方案全部实现出来,最后成为一套完整的技术性架构。(3)从哲学上对其合理性作出证成或说明。若没有经过批判性思考和论战的洗礼,一套精巧复杂的技术性架构也无异于独断、教条、迷信,而无批判的大脑是滋生此类东西的最好土壤。②

对于悖论问题的研究来说,从哲学上对悖论的合理性做出说明具有根本性意义。正是在这个意义上说,哈克的进一步努力所引出的"非特设性"要求是至关重要的:

> 这种解释应该表明被拒斥的前提或原则本身就是有缺陷的,这就是说,这些缺陷不依赖被拒斥的前提或原则导致悖论。要避免那些所谓的解决方法——这样做尽管很难,但却很重要——这些解决方法简单地给违法的语句贴上标签,这种做法表面上振振有词,实际上一钱不值。③

---

① 苏珊·哈克:《逻辑哲学》,罗毅译,商务印书馆 2003 年版,第 171—172 页。
② 陈波:《悖论:思维的魔方》,《中华读书报》2007 年 7 月 18 日。
③ 苏珊·哈克:《逻辑哲学》,第 172 页。

哈克目的就在于要求解悖方案不是专门设计用来排除悖论的,而是有比排除悖论更充足的理由,那就是在哲学层次充分阐明一种解悖方案的"非特设性"。

由此而去理解特设性则是自然而然的。罗素后来关于他第三个条件的进一步阐述,对特设性有很好的说明:

> 那些以善用逻辑而自满的人以为第三条件是不重要的。举例来说,奎因教授曾制作出一些体系来。我很佩服这些体系的巧妙,但是我无法认为这些体系能够令人满意,因为这些体系好像专是为此制造出来的。就是一个最巧妙的逻辑学家,如果他不曾知道这些矛盾,也是想不到这些体系的。①

关于特设性,从不同的哲学立场出发会有不同的理解,但从解悖方案标准的两个层面以及悖论与相关理论(如数学悖论与数学理论)的关系出发,特设性以及解悖方案的哲学层面是很好理解的。在数学发展过程中,一方面数学悖论推动了数学理论的发展,另一方面正是数学理论的发展给了这些数学悖论以合理的解决。整个悖论问题的解决和哲学的关系也一样,悖论问题本身应当推动哲学理论的发展,而悖论问题的根本解决方案也正蕴含在新的哲学理论之中。这样,解悖方案既不会有特设性,解悖也是顺理成章的。

归根结底,悖论问题也正是只有在推动哲学的发展过程中才能得到解决。而解悖方案的两个标准则应当是密切联系在一起的:

> 要正确而全面地把握 RZH 标准,除了哈克已指明的形式技术与哲学说明两个方面外,尚须在不同层面上把握一种解决方案的足够狭窄性、充分宽广性和非特设性。狭窄性是最基本也是最确定的要求。任何"跳出油锅又进火坑"的方案都不成其为合理的解决方案。宽广性是在狭窄性基础上的要求,是一种"尽可能"而非"必须"的要求。这两条要求对形式技术和哲学说明两方面同时成立。而非特设性是一种纯哲学性要求,一条非特设性理由提出后,其适当性要接受前两项要求的检验。②

---

① 罗素:《我的哲学的发展》,第70页。
② 张建军:《逻辑悖论研究引论》(修订本),第30页。

在悖论问题的研究中,不在两个层面的相互联系中考察解悖标准,不把两个方面作为一个整体来考虑,我们就不可能走出克里普克所说的现状。

克里普克把导致塔斯基语言层次论的解悖进路称作"正统进路"(orthodox approach)。由于一些哲学家认为这种进路缺乏根基,都在寻找不同的进路。但在克里普克看来,几乎所有寻索非正统进路的新近文献都总是存在严重问题。"这些文献几乎都仅仅是些建议,不是真正的理论。几乎从来没有任何关于一种语言的精确语义形式体系,至少足以谈论它自己的基本语形(直接或经由算术化),并包含自己的真值谓词。只有当这样一种语言以形式的精确性建立起来,才能说提出了一种关于语义悖论的理论。"①在这个意义上,现有解悖方案程度不同的局限性也都可以清楚地看到。"禁止自指"的方案不仅会造成"因噎废食",其最主要的缺陷,当然还在于它不能涉及所有悖论。由于直接自指只是某些悖论形成的必要逻辑条件,所以在更多不需要以直接自指为逻辑条件的悖论的解决中,这种方案毫无意义。

关于解悖方案,人们提出了从"同类悖论同类解决方案"到"所有悖论一个解决方案"(from "the same kind of solution" to "one solution to all paradox")②的构想,而悖论的描述类解则根据悖论成因将二者结合了起来,其基本解决方案是所有悖论一个解决方案。在此基础上,根据悖论成因及具体机制,不同类型的悖论具有系统的(分层)描述类解。这就又应合了"同类悖论同类解决方案"的理念,并在悖论的基本描述成因系统刻画的基础上,根据悖论的层次,为解悖方案的层次区分提供前提。

第二节　解悖方案的层次

解悖方案经历了一个从回避悖论到消解悖论和接受悖论,再到开发悖论的发展过

---

① Saul Kripke, "Outline of A Theory of Truth", in *The Journal of Philosophy*, Vol. 72, No. 19 (1975), pp. 697-698. Robert C. Martin(ed.), *Recent Essays on Truth and the Liar Paradox*, Oxford University Press, 1984, p. 62.

② Bolander, Thomas(ed), *Self-Reference*, p. 21.

程。悖论在古代被看作是不可解问题，到近代被看作是灾难性问题，主要的解悖方案是躲避。从古代经近代到现代的某些科学领域（也不排除在当代有些科学领域）都在这样做。因为在一个新的学科领域，悖论出现后，在尚未找到其成因和解决方案的特定时期，采用躲避的策略有时候可能是不可避免的。

躲避悖论往往在策略上迫不得已，但也会体现为观念上的保守。而不管哪种状态，都会无一例外地带来悖论被排除在外的领域的发展损失。以回避的方式躲避悖论给学科发展带来的后果，最典型地表现在$\sqrt{2}$带来的第一次数学危机之后。由于遇到毕达哥拉斯悖论，古希腊数学家采取了限制无理数在数学中使用的策略，只允许在几何中使用无理数。而数学发展到无理数阶段，仍然把代表毕达哥拉斯悖论的无理数排除在数学领域之外，结果不仅导致数学和几何的长期人为分离，数学畸形发展，而且造成近两千年数学发展的迟滞。

躲避悖论还谈不上是真正建立在理解悖论基础上的解悖方案。这在悖论思想史上经历了一个相对漫长的时期。罗素悖论出现前的解悖方案基本上都属于这个层次，真正意义上的解悖方案从罗素开始，那便是消解悖论的解悖方案层次。

一、消解悖论的层次

当人们在一定程度上了解悖论形成的表层原因后，就可以在特定层次上施以手术，对悖论进行消解。这是悖论形成对科学学科基础产生威胁时，人们所能采取的第一种积极的解悖方案。

悖论的消解方案立足于一个基本的悖论观，即悖论是理性的"癌变"，因而一种自然而然的倾向就是欲除之而后快。其实西方早就有关于悖论是理性病变的观点，以奥古斯丁为代表，中世纪的悖论研究者基本上都把悖论所暴露的阿基里斯之踵看作是"理性沦落的标志"。"而在奥古斯丁之前，塞克斯都·恩披里柯首先将悖论与疾病相类比。"①

---

① Roy Sorensen, *A Brief History of the Paradox: Philosophy and the Labyrinths of the Mind*, p. 287.

在对悖论的成因有浅层次认识的基础上能够形成的解悖方案是外科手术式技术，这种技术对于低层次的要求和需要是有效的，可以消解距离理性层次较远的悖论。但这种悖论消解不仅以牺牲某些领域的发展为代价，有时候甚至牺牲的是新的学科或更深层次的观念和理论出现的机会。而且把悖论看作是理性的"癌变"就决定了这种悖解方案不可能真正看到悖论的积极意义，从而不可能深入挖掘和开发悖论的价值。集合论悖论出现后，语形悖论研究的解悖方案基本上处于这个层次。

面对集合论悖论，弗雷格认识到，"集合论悖论"的成因在于无指称对象的专名。他把这些无指称对象的专名看作是"思维可靠性的灾难"：

> 对思维可靠性的灾难是：存在一种用语言创造没有相应对象的专名的倾向。……一个特别值得注意的例证是，依据"概念 a 的外延"这种模式把专名构成，譬如"概念固定的星星的外延"。这个表达式似乎是指一个对象，因为它有定冠词，但不存在能以这种方法用语言指称的对象。由此就产生了集合论悖论。我自己就被这种骗人的外表所愚弄，我企图通过把它们看作集合而给出数的逻辑基础。①

弗雷格晚年的这些思考，在某种意义上开启了悖论问题的描述致思。这种描述致思在 20 世纪的英国带来了描述问题研究的进展，形成了新的解悖方案。这一引起新进展的最高哲学成果，就是摹状词理论和分支类型论。

消解层次的解悖方案，主要是经典解悖方案，包括罗素的分支类型论、策墨罗的公理集合论、塔斯基的语言层次论。消解层次的解悖方案又可分为语形层次和语义层次。语形层次则包括分支类型论和公理集合论。

分支类型论是罗素所提出的一种解悖方案。罗素考察了其他悖论解决办法，觉得这些方案都不能令人满意。他认为"整个秘密的关键是逻辑类型的不同"，"自我指称"是所有悖论的共同特征，悖论就产生于一种恶性循环。这种恶性循环是定义其成员时要涉及集体的整体造成的。因此，只有消除恶性循环，才能避免悖论。正是根据"凡是涉及一个集体的整体的对象，它本身不能是该集体的成员"这样一个原则，罗素提出了

---

① 见 H.D. 斯鲁格：《弗雷格》，江怡译，中国社会科学出版社 1989 年版，第 364 页。

他的分支类型论。

罗素把论域分成类型,提出只有在这样的情况下才能谈到它们的全体:满足某一给定条件的所有对象都属于同一类型;因此一个类的所有成员必定全都具有同一类型。任何性质的分类都必需按照它所属的对象类型:给定的、未作逻辑分析的原始客体或个体属于第一层次类型,个体的性质属于第二层次类型,个体的性质属于第三层次类型,以此类推。同时,对于基本类型以上的类型,还要给同一类型中的不同性质作出"级"的划分:下定义时没有提到任何总体性质的性质属于第一级,下定义时用到某级性质的总体的性质属于第二级,以此类推。由于任何性质都属于一定的类型和级,而级是在类型之内划分的,所以这种理论被叫作"分支类型论"。

根据"分支类型论",每一类型中的对象都不能以这一类型的整体及更高类型中的对象定义,每一类型的性质只有当用于它之下的那个类型的对象时才具有意义;而且,每一级的性质都不能以这一级性质的总体和更高的级中的性质定义,凡是只能借助属于第 n 级的"所有性质"来定义的第 n+1 级的性质,决不能包含在第 n 级的性质中,如果不能具体指明属级,则涉及"所有性质"的表达式没有意义。由此,我们就能在整个系统中排除悖论。

这种解决方法非常好,分支类型论的确排除了一些悖论,但问题是,在排除一些悖论的同时也把许多合理的东西排除在外了,特别是一些重要的数学定理因而不能被证明,而一些必要的数学概念的定义则变成非法的。而且,一方面,分支类型论的悖论消解只是一种形式上的解决,在哲学层面,这种解悖方案始终不能令人满意;另一方面,分支类型论禁例太严,以致无法推出全部数学。因此,就 RZH 标准的"充分宽广"来说,分支类型论也遇到严重困难。正如哈克指出的:

> 无论在形式的水平上,还是在哲学的水平上,罗素的理论都陷入了困难。在形式上,罗素的做法有"因噎废食"的危险,他的限制避免了悖论却也限制了某些必要的推论。[1]

---

[1]　苏珊·哈克:《逻辑哲学》,第 176 页。

分支类型论对于解决集合论悖论有效,毫无疑问抓住了其规定(类的规定)的关键,从而在形式上富有成效地解决了集合论悖论的构成问题。但它作为哲学上解决方法的恶性循环原则却没有真正深入到哲学层面。恶性循环仍然属于悖论形成的逻辑形式方面的内容,它只是悖论而且是某些悖论形成的逻辑形式条件。违反这一原则并不一定导致悖论。而且被这一原则排除的循环并不一定是恶性的。因而罗素的解悖理论不是陷入形式上和哲学上的双重困难,而是因为其哲学的解决方法的实际缺失必然导致形式上的解决方法因不彻底而不可避免地陷入困难。

罗素解悖方案的实质是富有成效地从形式的解决方法入手,止于哲学的解决方法。这样必定导致其形式上的努力不受哲学基础的范导,或者说缺少哲学大背景、大坐标的参照和定位而"恶性"蔓延。它所制定的限制在避免了悖论产生的同时,也限制了一些必要的推论。罗素将数学还原为逻辑的努力之所以没有获得最后成功,正是因为其类和级的限制不是建立在规定的相对性的基础之上,没有注意到类是级的规定,既与客体的属性相关,也与主体的认识目的和实践需要相关,因此与人类学特性相关,从而把类和级做了纯客观化的理解,形成了一种脱离主观规定的绝对的限制,堵死了许多必定建立在相对规定基础上的重要数学内容。

类型论起作用是因为类型的区分隔离了不同语言层次间的规定,只是一种形式上的处理,因而没有理论支撑,只是一种描述限制。正如戈德斯坦指出的:

> 罗素和怀特海把他们的规则称作"类型论",但问题是这些规则后面根本没有真正的理论,就像他们自己沮丧承认的那样;对于为什么某种集合被允许而其他的不被允许,除了说如果人们允许不可允许的集合,那么他的系统里将会发生非常糟糕的事情之外,没有给出任何解释。他们的形式系统是通过法令(fiat)达成一致的。[①]

分支类型论解悖方案不能解决悖论问题,罗素本人因此最后成了一个不可知论者。他在晚年时感叹道:"我所一直寻求的数学中的光辉的确定性,在令人困惑的迷宫中丧失了。""寻求完美、最后定论和确定性的希望破灭了。"[②]

---

① Rebecca Goldstein, *Incompleteness, the Proof and Paradox of Kurt Gödel*, p. 93.
② 转引自杨熙龄:《奇异的循环——逻辑悖论探析》,第33页。

罗素的摹状词理论开启了描述的反思,由于这种反思主要只是在语词层面,虽然能在一定程度上解决一些问题,但必然受限于语词描述层面。之所以说其理论后果仍然被认为不尽如人意,除了一些浅层次原因,比如技术上过于复杂和烦琐、不符合常识和人们的直觉,以及通过技术处理把一些命题视为假命题等,更有深层次的原因:罗素仍然在传统实在论立足点反思描述的问题。局限在语词层面,不涉及判断,不涉及对对象世界的断言,因而可以把非存在的问题解决在语词和语言表达式的层面,而不会涉及传统实在论的核心观点。但也正因为如此,罗素的摹状词理论也就成了传统实在论立足点描述反思的努力所能最大限度得到的成果。

20 世纪 50 年代,反罗素的摹状词理论而因对替代理论的寻求得到发展的自由逻辑(free logic)通过摆脱(free from)一阶逻辑的存在预设(个体域非空,量词都有存在的含义,每一词项皆有所指),以此在谓词逻辑层面处理空词项和量词,也仍然是在表达式层次做文章。真正要解决存在问题,必须是在思维规定的层次,这样才不会停留于形式。

形式上的解悖方案无法从哲学层面面对悖论问题。这一点,通过"理发师定理"的漫画式放大,将变得更为清楚。

20 世纪 60 年代初,英国逻辑学家汤姆逊(James F. Thomson)提出一条"定理",试图找到"集合论悖论"的统一解。另一位英国逻辑学家麦克伊(J.L. Mackie)对其进行研究后把它叫作"理发师定理"。这条定理是这样的:

> 设 S 是一个集合。R 是一个关系,这个关系至少在 S 上有定义。则 S 中不存在这样一个元素 y,这个 y 仅仅同 S 中所有这样一些元素有关系 R:这些元素自己同自己无 R 关系。

用"理发师定理"消解"理发师悖论"很简单。在所有萨尔维村的村民这个集合中,任取两个村民 x, y,这两个村民可以是同一个人,那么,"x 给 y 刮胡子"不是真的就是假的,即是说,这表明"……给……刮胡子"这个二元关系至少在该集合上有定义。由"理发师定理"可知,在萨尔维村的村民中根本不存在这样的理发师,他给且只给所有不给自己刮胡子的人刮胡子。这样一个"捣乱"的理发师根本就不存在,也就意味着根本不存在什么理发师悖论。

关于理发师悖论的解决方案，如果只是从消解的角度给出一个答案，比如"逻辑上不可能存在任何这样的理发师"[1]，那就太不把悖论当回事了。问题在于，把理发师悖论这样的精致的逻辑结晶简单一笔勾销，不仅对思维来说太过"奢侈"了，而且更为重要的是，这里的"不可能"只是一种以形式逻辑为根据的不可能，这种不可能建立在形式逻辑的性质之上：不是真的，就是假的。在这样的层面上，用"理发师定理"消解"书目悖论"也很简单。

在书目悖论中，从所有可能的目录构成的集合，任取两个目录 x, y，这两个目录可以是相同的，则"x 收入 y"不是真的就是假的。即 "……收入……"这个二元关系至少在该集合上有定义。由"理发师定理"可知，根本就不存在这样一个目录，它收入且仅收入所有那些不把自身收入在内的目录。这样一个"麻烦"的目录根本就不存在，也就意味着根本就不存在什么书目悖论。

也就是说，像罗素所说的"理发师"即使存在，也不在形式逻辑能解释和接受的范围内，这意味着形式逻辑只能把悖论一笔抹除。由此可见，"理发师定理"是一条"局限性定理"，它企图证明逻辑悖论具有"局限性"，尽管人们认为事实上这只是证明了形式逻辑本身的局限性。但这条定理在消解悖论上有一定作用，根据"理发师定理"，汤姆逊解释了理发师悖论、形容词悖论、罗素悖论和理查德悖论。据汤姆逊论证，这些悖论都能变成"定理"，有的还可以算作是数学定理。他认为罗素的"类型论"和塔斯基的"语言层次论"等规避悖论的方法，实质上与这个方法大同小异，而这个定理还更简洁。正是简洁而又与类型论等效的"理发师定理"，集中表明了这种解悖方案处于形式逻辑层次的性质。

在"理发师定理"发表十多年后，有人提出了异议。把它称作"理发师悖论"的麦克伊就对它做了这样的评论：

> 这种证明解除了悖论吗？显然没有。它摆脱了理发师……但它不能摆脱罗

---

[1] Raymond M. Smullyan, *What Is the Name of This Book? —The Riddle of Dracula and Other Logical Puzzles*, p. 220.

素悖论或格雷林悖论,因为我们手上仍然有一个矛盾存在:一方面是"理发师定理"的适当解释;另一方面则显而易见地存在着不包含自身为元素的集合……这一个矛盾("罗素集"是又不是自身的元素),靠了否认这样的集合的存在而被解除,但一个更深刻的矛盾仍然存在;即否认这个集合的存在和这个集合的显然存在之间的矛盾。汤奶逊的解除方法自身成为这个更深的矛盾中的一方。①

而且,即使在简单消解的层次上,这种处于形式逻辑层次的解悖方案对一些关键悖论也仍然无能为力。"理发师定理"就不能直接用于"说谎者悖论"的解决。"理发师定理"像是"汤姆逊剃刀",可以消解"理发师悖论"和"书目悖论",但这把"剃刀"对"罗素悖论"却无能为力。②

"理发师定理"的实质的确就是:不但"矛盾即荒谬",而且"矛盾不存在"。③汤姆逊的做法,事实上是一种把悖论变成规定的做法。的确,规定有时候可以是"蛮横""不讲理的",但规定至少有个是否合理的问题。"理发师定理"之所以只能摆脱"给不给自己理发的人理发的理发师"而不能摆脱"罗素集",就因为"理发师"是经验的而罗素集是逻辑的。经验的东西可以存在也可以不存在,而作为特定规定基础上建立起来的关系体系,逻辑的东西是否存在则是有其逻辑必然的。"理发师定理"之所以不能用于消解罗素悖论,则是因为这两个悖论所涉及的是有限集合,而罗素悖论涉及大全集,即所有集合的集合。而大全集在现实中并不存在,它只是我们用以描述的一个基本规定。因此用"理发师定理"并不能否定"罗素集"的存在。正因为这个"定理"仅局限在理发师悖论和书目悖论的消解,所以麦克伊把它称作"理发师定理"的确是不无贬义的。

当进一步深入到描述的深层,就会看到,事实上,简单地否定"给且只给不给自己刮胡子的人刮胡子的理发师""不收入自身的目录的总目录"和"罗素集",只是对悖论的消极的消解,并没有真正进入悖论的殿堂。因为从描述的角度看,这些在相应的描述中都是一些有意义的规定。在描述中,这些规定的存在是可以有不同层次含义的,

---

① 转引自杨熙龄:《奇异的循环——逻辑悖论探析》,第44—45页。
② 参见夏基松、郑毓信:《西方数学哲学》,人民出版社1986年版,第162—167页。
③ 杨熙龄:《奇异的循环——逻辑悖论探析》,第45页。

不能简单地予以否定，即使"最大的自然数"这样的规定，也是不能简单地否定其存在及其意义的。与其说"最大的自然数是不存在的"，不如说我们不能写出一个最大的自然数。耐人寻味的是，正是仅由这一点，也可以看到"最大的自然数"的描述意义。只有不断深入到描述的深层，才可能把悖论问题的研究真正引向深入，而这已经是从描述入手探索悖论问题的开始。从描述入手，"理发师定理"就不再是一个无效排除"理发师"存在的规定，而是从一个层次向另一个更高层次过渡的界碑，人类描述（和规定）系统中分类的新依据。

"理发师定理"事实上是一把阉刀，其运用就是用规定阉割悖论。用规定来否定一个现象的存在，终究类似掩耳盗铃或鸵鸟行为，这样是回避不了悖论的。事实上，如果把"理发师定理"那样的东西看作是规定，并进一步把这一规定的地位弄清楚，就会发现这是我们描述中的正常现象。只要不是把这些规定作为阉割悖论的阉刀，而是把它作为描述的界标，我们就能意识到人类描述的特殊处境。而从这一特殊处境可以看到，正是这些规定把人类描述推向一个个新的更高层次。

正是由于没有把"给不给自己理发的人理发的理发师"等作为整个描述和规定系统中的一个新界标，罗素的类型论未能解决而只是回避了集合论悖论，诚如杨熙龄先生谈到用类型论解决书目悖论时所指出的：

> 那么，罗素的"类型论"能否帮助卡里马楚斯摆脱困境呢？能，但是那等于是建议卡里马楚斯不要编这种目录，连那第一大类："自身列入的目录的总目"也不要编，甚至连"自身列入的目录"也不要编。因为按照"类型论"的原则是："一个集合不能是这个集合本身的元素；集合不准包含它自身在内。"如果要说甲属于乙，乙必须在"类型"上比甲高一级。因此，如果有一部目录包含它自己的名目，即违反"类型论"规则，而成为"无意义"。这样当然再不会出现一部目录列入不列入自身的问题。

> 那么卡里马楚斯虽然摆脱了困境，可是也就无事可做了。卡里马楚斯将会陷入新的困惑境地；毛病出在哪儿，是出在这种区分法上？两大类一分开之后，倒弄得不可分了？……

> 同罗素的"类型论"相比，许多悖论的推理倒显得很自然、很合理。

规定不准有这样一部"总目",只显得这种规定自身的无力。目录可以有列入自身者,这是客观的事实,而罗素的"类型论"强加禁止。既有"列入自身"者,当然也会出现"不列入自身"者。这是符合"矛盾律"的,"矛盾律"要求这样划分。那么可以说后来的矛盾竟是因为执行了"矛盾律"才产生的,可是"矛盾律"又不允许这部"总目"既被列入又不被列入自身,"排中律"还规定要么列入自身,要么不列入自身,两者必居其一。这仿佛"矛盾律"和"排中律"在挑它们自己的刺儿。①

其实,不仅罗素,理查德也采用了类似的解悖办法。在发表以他命名的悖论的同时,理查德也提出了他的解悖办法:避免一个集合中包含这样的元素,这个元素本身需要借助于这个集合来定义。理查德认为,只要不允许借助于一个总体来定义一个对象,而该对象本身又属于这一总体的情况存在,就能避免理查德悖论和其他悖论。这也是典型的对悖论的形式化解决办法,是对悖论问题的消极应对,而不是真正解决。

为了消除罗素悖论,策梅罗采用把集合论公理化的方法,从而提出了公理集合论。在其著名论文《关于集合论基础的研究》中,策梅罗写道:

> 集合论是旨在从数学上研究数、序和函数等基本概念的数学分支,它通过对其原初简单形式的研究,建立整个算术和分析的逻辑基础;因而是数学科学必不可少的构成部分。……因此,康托尔关于集合的原初定义,即"我们知觉或思想中的明确对象汇集成一个聚合体",肯定要做出一定限制,虽然迄今还没有成功地用另一个同样简单而不致引起疑虑的定义代替它。在这种情况下,关于这一点我们没有别的办法,只能反其道而行之,即从认识史上给定的集合论出发,寻求建立这门数学科学基础所需的原理。②

在公理集合论中,策梅罗是把集合论变成一个完全抽象的公理化理论。集合概念的性质由公理反映出来。为此,他引进了决定性公理、初等集合公理、分离公理、幂集公理、并集公理、选择公理和无穷公理等 7 条公理。

---

① 杨熙龄:《奇异的循环——逻辑悖论探析》,第 71—72 页。

② E. Zermelo, "Investigations in the Foundations of Set Theory I", From Frege to Gödel, p. 200.

公理系统 Z 对这一包含了 7 条公理的集合作了限制。特别是其中的第 3 条,作为一种弱化的概括原则,"分离公理"规定只能利用一属性由已知集合去分出集合,从而通过回避所有"对象"等消除罗素悖论产生的条件。把集合看成满足 7 条公理的条件的"对象",就排除了产生悖论的"集合"。

集合论公理系统的提出意义重大,后经严格处理及补充,形成策梅罗(Z)、弗兰克尔(F)和斯科兰姆(S)等的严格的 ZF 或 ZFS 系统。集合论公理系统虽然得到广泛承认,但仍然存在不可达基数和序数的存在、连续统假设的证明和公理系统的协调性和独立性等问题。而作为解悖办法,公理化集合论方案在技术层面的确能解决具体悖论,但这一方案不是特设性太强,就是在哲学层面不能令人满意。

关于类型论和公理集合论解悖方案,杨熙龄先生的评价是很到位的:

> 无论是公理集合论或分支类型论解决悖论的方法,目前人们普遍认为都是"头痛医头,脚痛医脚"的办法,或者是应急的(ad hoc)办法。从逻辑学的观点来看,都没有从根本上解决问题。[1]

这话虽然是在 20 世纪 80 年代说的,但目前状况仍然没有根本不同。从逻辑学的观点看都没有从根本上解决问题,从哲学的观点看就更是如此。

公理集合论是为了解决集合论悖论而提出来的,但它通过朴素集合论形式化的方法,通过对朴素集合论原则加以限制,否定某些前提或假定,消除和避免集合论悖论。这还是处理集合论悖论的权宜之计,集合论悖论的真正意蕴还有待涉及逻辑学和哲学的数学基础理论进一步深入探索。正如美国逻辑学家巴威斯(J. Barwise)所说:"一个悖论的恰当分析必须找出悖论所揭示的问题的根源,由此帮助我们精炼所涉及的概念,使它们真正融贯。但这应当以这样一种方式进行,在正常情况下事情能照常进行。这正是在比如集合论和相对论中所发生的。但就语义悖论而言,这样的情况尚未发生,或像我们将断言的那样。"[2]事实上,为了避免悖论,主观地宣布一些直观上很明显的集合不存在,归根结底也从另一方面涉及更深逻辑层面的问题。

---

[1]　杨熙龄:《奇异的循环——逻辑悖论探析》,第 34—35 页。

[2]　Jon Barwise and John Etchemendy, *The Liar: An Essay on Truth and Circularity*, p. 4.

20世纪之后,数理逻辑的发展使人们对悖论的思考和处理有了新的形式工具,因而消解悖论更成了主要的目标和任务。作为形式逻辑的现代形式,数理逻辑解决悖论问题更凸显了形式逻辑解悖的消解性质。

语形层次解悖方案的主要特点就是立足于悖论消解,而基于相似论的解悖方案则一方面把这一点推向了极致,另一方面也正因此而不自觉地将解悖引向了对规定的关注。

20世纪末,张光鉴和张铁生教授致力于根据相似性对悖论的消解。他们运用反证法,就"悖论"特别是"语义悖论",提出了一个"统一的、非特设性的消解原理"。基于相似论的解悖方案不仅否定真正意义上的悖论的存在,而且认为悖论根本不是矛盾,更不是相互矛盾的命题。"由'悖论'不能合乎逻辑地推出两个相互矛盾命题之合取,而仅能不合逻辑地推出两个非命题语句的合取。这样,我们便有双重的理由说,'悖论'根本不包含矛盾。""语义悖论"是多义句,"集合论悖论"则是非真非假的单义句,根本就不是什么命题,更谈不到是什么相互矛盾的命题。①

说悖论不包含矛盾,就无疑把悖论问题给一笔勾销了,从而根本否认了悖论问题研究的正面意义。而进一步认为悖论不是命题,则使我们看到这种对悖论的消除仍然是外科手术式的。基于相似论的解悖方案是在描述视域之外,但它关于消解"悖论"的正确途径"应当是在预设上找毛病"的观点却是重要的,它关于预设的定义也颇具启发意义:

一个语句的预设实质上便是描述该语句为命题之必要条件的语句。②

这句话说到点子上了,这一点也的确为人们所长期忽略。只是确切地说不是在预设上找毛病,而是寻找描述与预设(规定)的冲突。必须从描述的观点出发,才能真正走进悖论的深处。

在形式逻辑范围内对待和处理悖论,悖论只能是谬误(fallacy)。作为形式逻辑创始人,亚里士多德把所有的悖论都看作是谬误。在他那里,悖论和谬误是一个意思。

---

① 张光鉴、张铁生:《相似论与悖论研究》,香港天马图书有限公司2003年版,第325页。
② 同上,第329页。

在《辩谬篇》中,由于凡是与形式逻辑相悖的论证都是谬误,因而多次出现"悖论或谬误"或者"谬误或悖论"的表述。由于把悖论当作谬误,亚里士多德关于悖论成因的理解相对比较简单。

亚里士多德认为,悖论就是将某个特定方面(in a certain respect; *secundum quid*)正确的命题看作绝对正确的命题(absolutely; *simpliciter*)。(in a certain respect with things said "absolutely".)(*secundum quid et simpliciter*)。把一方面为真的陈述当作好像绝对为真。[①]也就是说,把一定条件下为真的陈述当成无条件的真。一直到中世纪结束,人们都简单地接受了亚里士多德关于悖论——当时为"不可解问题"(insoluble)的粗略准"解决方案"。

形式逻辑层面的悖论解决方案只是在形式逻辑层面解决悖论问题,它所涉及的内容只是悖论问题与形式逻辑相关的部分。这是命题(逻辑)层面的解决方案,这种解决方案与其说是悖论问题研究,不如说是悖论的形式逻辑消解。就像"逻辑先后律"[②]只能消解悖论,这种具有特设性的消解办法既消除了悖论,也消灭了悖论这一具有重要认识价值的产物。况且,并不是所有悖论都是由逻辑先后的混淆造成的,比如芝诺悖论和所有的连锁悖论等。问题的关键在于:即使悖论的推理形式不符合形式逻辑定律,也并不意味着标准本身不合理,更不能认为该悖论毫无意义。因为悖论的意义并不建立在形式逻辑的基础之上,或者说,认识的意义并不一定以形式逻辑为衡量标准。在形式逻辑意义上,很多属于更高层次内容的逻辑的命题就会被认为没有意义,比如辩证(矛盾)关系。所以,即使通过增加形式逻辑限制(比如增加"逻辑先后律"),使得悖论得以消除,甚至否定悖论本身的意义,那也只是在形式逻辑意义上消除了悖论和否定了悖论的意义。而悖论的意义本身毫无疑问超出了形式逻辑。

形式逻辑层次的悖论解决方案只是对悖论作形式逻辑处理,这属于表层处理。正像语言层面解决语法的不恰当使用带来的悖理性表述问题属于语言问题,只涉及语法规则,不涉及语言所表达的内容,形式逻辑层次上的悖论研究和解决可以在某种程度上推

---

① Roy Sorensen, *A Brief History of the Paradox: Philosophy and the Labyrinths of the Mind*, p. 198.
② 杨六省:《悖论发生的原因和一条思维规则》,载《毕节学院学报》2010 年第 1 期。

进形式逻辑和形式科学的发展和完善,但对于悖论而言,则还只能停留在消解层次。

不管什么形式,只要仅仅在解悖的消解层次,这个层次总是意味着认识中某些东西的放弃甚至牺牲。"为了从悖论中恢复(recover)过来,必须牺牲某些东西。"①以牺牲某种东西为代价,避免悖论破坏已有知识及其结构。形式逻辑层次的解悖方案不可能通过悖论走向更广阔的领域,甚至不可能走向更高的另一个层次,也不可能解决逻辑层面的悖论问题。

形式逻辑层面不涉及经验内容,与现实的认识活动没有直接关系,只研究逻辑形式,因此主要涉及数学、几何等形式科学领域。形式逻辑层面的悖论解决方案解决逻辑形式上的相互矛盾问题,而不在根本上涉及内容。这一层次的解悖(或这个层面上的悖论解决方案)可以推进形式科学的发展,比如数学悖论所带来的数学危机推进数学的发展,但无助于悖论本身重要内涵的挖掘和研究,不能在哲学层面触及悖论问题的关键所在,更不能涉及悖论作为哲学问题的类解及其意义,只能停留在形式逻辑不矛盾律界限之内,从而不能超越不矛盾律所设定的不可能。

悖论不仅可以揭示某些经验的不可能性,而且可以揭示某些逻辑的不可能性,这是悖论具有特殊意义之所在,尤其是某些逻辑的不可能性的揭示,可能恰恰是逻辑本身发展的重要环节。形式逻辑的不可能性很难(如果可能的话)以形式逻辑的手段确定。

在很多情况下,消解悖论是悖论问题解决的消极方式。把悖论看作是形式逻辑错误推理的结果,就会得到这样的结论:有效的推理毫无疑问能推出矛盾,否则逻辑矛盾就不可能存在。因为一切得出矛盾的推理本身就是错误的,所以所有矛盾都源自错误的推理,逻辑矛盾甚至悖论均属推理错误,而且都是无意义的错误——仅此,就足以证明这样解悖的消极性。悖论研究的目的绝不只是消除悖论,更重要的是挖掘和开发悖论的重要价值。而且,通过对形式逻辑加以"合理"的限制,毫无疑问可以消解任何悖论,但那不是悖论研究的正确方向,因为形式逻辑本身不是天条,它本身就是人类在思维规定的基础上建构的产物,而突破形式逻辑的限制本身,则可以构成人类认识的重

---

① Bolander, Thomas(ed), *Self-Reference*, p. 8.

要进展。因而,解悖方案必须以形式逻辑为基础,但以形式逻辑为出发点和目的的悖论解决方案,显然具有很大局限性。正是对于这种局限性的意识,导致解悖方案由消极的消解发展到具有积极性质的规避。

二、规避悖论的层次

对悖论形成的"病理"有了一定的了解,就可以进到在某种程度上规避甚至摆脱悖论的层次。类似于对病理的了解已经达到很深的程度,悖解方案从治病发展到了预防,从对悖论的消解发展到了根据悖论的成因避免悖论。当然规避悖论并不意味着不消解悖论,而是在消解的基础上达到了规避的更高层次。从塔斯基到冯·赖特、蒯因、克里普克等语义学悖论解决方案基本上都属于这个层次。

从消解悖论到规避悖论,最早表现为由类型论到语言层次论的发展。语言层次论是塔斯基的经典解悖方案,作为类型论在语义学悖论领域的尝试,这种解悖方案仍然属于形式逻辑层次。

塔斯基的"语言层次"理论主要是针对形式语言的,但对于日常语言中的语义悖论研究也有重要意义。塔斯基认为,日常语言既包含语言表达式,又包含陈述这些语言表达式语义性质的语句,因此,在语义上是封闭的。这种语义上的封闭性是语义悖论的成因。要消除悖论,就必须建立实质上适当、形式上正确的关于"真句子"的定义,也就是必须对语言进行分层处理。属于被谈论的语句这一层次的语言是"对象语言",而属于陈述该语句语义性质的语句这样高一层次的语言是"元语言"。在其著名论文《真理的语义学概念和语义学的基础》中,塔斯基写道:

> 我们已暗含地假定在悖论被构成的语言中,不仅包含了这种语言的表达式,也包含了这些表达式的名称,同时还包含了像涉及这种语言的语句的词项"真的"这样的语义学词项;我们还假定所有决定这个词项的适当使用的语句都能在这种语言中得到断言。具有这些性质的语言以后将被称为"语义学上封闭的语言"。
>
> ......

既然我们已经同意不使用语义学上封闭的语言,我们就不得不使用两种不同的语言来讨论真理定义问题以及更加广泛地讨论语义学领域内的任何问题。第一种语言是"被谈论"的语言,是整个讨论的题材;我们所寻求的真理定义是要应用研究到这种语言的语句上去的。第二种语言是用来"谈论"第一种语言的语言,我们尤其希望利用它来为第一种语言构造真理定义。我们将把第一种语言称为"对象语言",把第二种称为"元语言"。①

这就是说,悖论在自然语言或类自然语言的描述中是不可避免的,必须用"语言层次"理论回避自然语言中的悖论。

"语言层次"理论不仅可以用来构造语义上不封闭的人工语言,而且可以用来处理自然语言:把自然语言分为多个层次,最下面一层的对象语言不谈论句子的真假,而用上一层次的元语言来谈论。元语言层次句子的真假,则用更上一层的元元语言来谈论,以此类推。这样一来,"本语句为假"之类句子就被排除在外,以说谎者悖论为代表的语义悖论便得以避免。

塔斯基描述悖论用的是"antinomy"一词,他把说谎者悖论看作是"似是而非的自相矛盾"。依据波兰逻辑学家卢卡西维茨(J. Lukasiwicz)的说法,塔斯基给出了"说谎者悖论"的"严格"推导:

(T)X是真的,当且仅当P

对任何一个语句都是成立的。换言之,将任何一个句子代入P,将这个句子的一个名称代入X所得到的(T)型等值式均成立。他给出的著名例子是:"雪是白的"是真的,当且仅当雪是白的。

于是,如用S指称"本语句不是真的",便有

S是真的,当且仅当本语句不是真的。

由于S与"本语句"指称的是同一个对象,依据莱布尼兹定理即有:

S是真的,当且仅当S不是真的。②

---

① 塔斯基:《真理的语义学概念和语义学的基础》,涂纪亮主编:《语言哲学名著选辑》,第255—257页。

② 同上,第252—254页。

通过区分"对象语言"和"元语言",毫无疑问在形式上避免了描述与作为其前提的规定之间构成的冲突,从而有效地回避了悖论;但把语义悖论的成因归结为不同语言层次的混淆,不仅仍然只是停留于形式的解决方法的层次,而且仍然只是处于避免悖论的水平。但塔斯基经典解悖方案的成功之处在于:它通过语言分层区分了语词所包含的不同规定,并通过加下标的方法加以区分,从而避免了不同规定的混淆。如,无论"'本语句为假$_0$.'为真$_0$."或"'本语句为假$_0$.'为假$_0$.",还是"'不适用于$_0$.自身'适用于$_0$.自身"或"'不适用于$_0$.自身'不适用于$_0$.自身",在语言分层理论看来都是没有意义的,应当改写为下述形式才有意义:

"'本语句为假$_0$.'为真$_1$."或"'本语句为假$_1$.'为假$_0$.";

"'不适用于$_0$.自身'适用于$_1$.自身"或"'不适用于$_0$.自身'不适用于$_1$.自身"。

这样一来,悖论就得以避免。在这里,假$_0$和假$_1$及适用于$_0$和适用于$_1$的区别就是对同一词语所内含的不同规定的区分。如果把这两种具有不同内涵的规定相混淆,就会导致同一描述或关联描述中规定之间的冲突,从而导致悖论。

而塔斯基经典解悖方案的缺陷则不仅在于只能用于语义悖论,而且不能真正解决语义悖论问题。这个方案远没有终止语义悖论的争论就是证明。更为重要的是,虽然这种解悖方案的形式的解决方法蕴含着重要的哲学的解决方法,但还是没有在真正的哲学层面研究悖论。或许这与塔斯基致力于消极地消解和避免悖论,而不是在哲学深层积极探索悖论、挖掘悖论的积极意义有关。这种努力决定了只能是消除悖论。"贝瑞悖论"的消除就是一个经典例子。

通过给"定义"加下标,把贝瑞悖论改写为:

"不能用少于二十个汉字描述$_0$的最小自然数"的确可以用十八个汉字描述$_1$。

由于这一方案只是通过对语言进行分层避免悖论,没有真正自觉地从规定的研究区分不同的规定,从而避免规定的混淆带来的表观矛盾造成悖论(比如贝瑞悖论中描述$_0$和描述$_1$的标注区分了描述的两种不同规定),从而给这种理论过度形式化的特点,让人感觉不直观,甚至违反一些重要直觉。因为它脱离了实践,脱离了人类的认识目的和实践需要研究悖论问题,具有形式化过度和特设性明显的特点。因而,这种解

悖方案运用于自然语言的分析时,遇到将真假指派到确定层面的困难。比如,克里普克曾以这样两个句子为例说明这一点:

> 考虑琼斯(Jones)所作的普通陈述:
>
> (1)尼克松关于水门事件所说的话大多(即大多数)是假的。
>
> ……而假定尼克松关于水门事件所作断言真假难辨,除了下述可疑情况:
>
> (2)琼斯关于水门事件所说的一切都是真的。①

在这种情况下,琼斯和尼克松的话都必须比对方高出一个层次,而这是不可能的。这就意味着不能为这两个语句一致地指定层次。

关于塔斯基的语言层次理论,有人认为它自相矛盾,甚至认为塔斯基是在把活生生的自然语言肢解成语言僵尸。人们通常认为,塔斯基的经典解悖方案存在两方面的问题:一是这个解悖方案具有特设性,也就是说,这一理论只是为了避免出现悖论才提出来的,此外别无其他合理的存在理由;二是这一方案本身会陷入矛盾从而根本行不通。

塔斯基的语言分层理论根源于罗素的分支类型论,而这两种理论都还没有达到能够解释悖论的程度。正如杨熙龄先生所说:

> 即使比较言之成理的"恶性循环原则"和塔斯基的语义学理论也都没有能充分地解释悖论的成因。悖论的成因是"层次的混淆"? 因此语言需要分层次? 那么,"我说的这句话是真话"明显地也是一句混淆了语言层次的句子。被论断者与论断者混而为一。但像这类"自我涉及"的语句并不是悖论,不但不是悖论,在目前的许多学科(如人工智能、计算机科学等方面)中还具有重要的实用意义。塔斯基建立"语言层次"的理论根据就是:否则会出现悖论。罗素的"恶性循环"原则,也无非是说"自我涉及"会带来悖论。但"自我涉及"事实上未必带来悖论!
>
> "本语句共用了十个汉字。"
>
> 这也是一种"自我涉及"。但按照语言层次理论是不允许的。②

---

① Saul Kripke, "Outline of A Theory of Truth", in *The Journal of Philosophy,* Vol. 72, No. 19(1975), p. 691. Robert Martin(ed.), *Recent essays on truth and the liar paradox,* pp. 54-55.

② 杨熙龄:《奇异的循环——逻辑悖论探析》,第102—103页。

语言层次论和分支类型论一样,事实上最后还是回到"自我指称";而二者的不同在于不仅涉及形式,同时涉及描述内容。这种解悖机制主要是通过语言分类或分层,避免作为描述前提的规定与描述本身构成冲突,也就是通过语言分层在冲突双方之间形成隔离带,结果只是避免(更确切地说是回避)了悖论,还没有涉入悖论的哲学层面,从而不可能对悖论有真正到位的理解,更不可能揭示悖论的重要意义。而且,由于这种隔离是形式上的,因而分支类型论已经能够比较好地达到回避某些悖论的目的,而试图进一步涉及内容层面的语言分层理论,则反而导向将活生生的自然语言肢解的结果。

在这方面,哥德尔的观点与塔斯基比较相近。他曾给出"说谎者悖论"的一个变种:

> 1934 年 5 月 4 日我所表述的陈述句全都是假的。(当天他只说过这么一句话。)

哥德尔由此断言,"英语中的假句子"不能在英语中表述。对此,逻辑学家本奇在《数学谬论和悖论》一书中有这样一个评论:"这个'证明'没有丝毫说服力!"[1]

针对"语言层次论"和"类型论"的共同特点,汤姆逊认为它们都显得"独断"、不自然。之所以如此,个中原因很多,但其中最重要的原因之一,就是主要立足于悖论的消解,从而还只处在从语言形式而没有深入到规定层面分析悖论成因的阶段。因此对于说谎者悖论,要么认为"不可能解决"[2],要么认为它没有意义。直到现在还有力图得到"语义悖论都只是些假句子"(Liar is simply false)结论的努力。[3]

悖论解决的语言分层(building hierarchies)方法可以解决具体的悖论,但可能只是把作为珍珠的悖论当作病态的语言描述处理掉了。分层理论的结果就是这样,尽管其中也显露了通过上一个层次走向描述和规定的发展的方向。无论是罗素的类型论还是塔斯基的分层理论,都只能通过对条件的限制(limit the conditions)阻扼(block)悖

---

① 参见杨熙龄:《奇异的循环——逻辑悖论探析》,第 25 页。
② Shahid Rahman(ed), *Unity, Truth and the Liar*, p. 159.
③ Ibid., p. 3.

论。而阻扼并不是解决悖论问题的主要任务,甚至不是悖论问题解决的正确方向。

类型论能阻扼一些悖论(block some paradox),但不能解决悖论问题,甚至不能阻扼亚布罗悖论(Yablo's paradox)等。[1]由此可以根据描述成因分析出哪些方案可以阻扼什么悖论及其局限。

阻扼悖论就是要规避悖论,而规避悖论的目的就是要摆脱悖论,只不过这是一个依次递进的过程。规避悖论解悖方案发展的较高阶段是摆脱悖论,冯·赖特对于悖论和解悖的理解就是这一发展阶段的代表。冯·赖特的逻辑悖论观仍然是建立在形式逻辑规则之上的,但与"不允许自我指称"和"禁止恶性循环"等相比,他的悖论观不仅有发展,而且证明了自我指称的合理性,只是这种发展仍然是在形式逻辑的基础上,因而仍然属于"摆脱"悖论的层次。因为在形式逻辑中,逻辑悖论只能是消极意义上的问题。关于格雷林悖论,冯·赖特认为"承认'他谓的'一词命名一种性质则会导致悖论,这就是不能承认它命名一种性质的理由",就明显地不仅在形式逻辑平台上看悖论,而且甚至把悖论本身看作是逻辑上能不能怎样做的根据。而关于说谎者悖论,冯·赖特认为如果用某个词或短语去表示和指称某个事物导致矛盾,那么这就是不能如此使用这个词或短语的理由[2],则更明显地是把形式逻辑的矛盾律和排中律看作是使用语言的根据。

逻辑本来是在人们思维也包括使用语言——更确切地说概念和规定等的过程中建立起来的关系体系,结果又反过来将这种关系体系作为概念和规定及其制定和使用等的衡量标准。这样一来,势必不仅约束和固化了这种关系体系所赖以建立的概念和规定基础,而且在某种程度上决定了其他相关概念和规定的发生、发展和使用,这无疑在逻辑上是二者关系的倒置。语言以及作为其逻辑基础的概念和规定的使用,不应当决定于建立在其上的关系体系——某种逻辑,而应当决定于这些语言及作为其逻辑基础的概念和规定的规定者和使用者,最终决定于这些使用(规定也是使用的一个特殊阶段)者的使用需要。

由于使用者的使用需要既与满足需要的外部对象有关,又与使用者自身需要的人

---

① Bolander, Thomas(ed), *Self-Reference*, p. 9.
② 陈波:《悖论研究》,第 225 页。

类学特性特别是在生理特性基础上发展出来的心理和精神特性有关,而需要本身又是在客观根据和主观特性的张力中形成的,因此使用者的使用需要又是建立在外部对象的客观性质和人类学特性的基础之上,包括逻辑在内的所有理论和原则都是在这一基础上形成的。

因此,冯·赖特将形式逻辑矛盾作为怎样使用语言的理由,显然是本末倒置了。这是他对悖论做出了非常重要的研究,但还没有真正涉及其根本。冯·赖特已经将悖论的成因及其意义落到了悖论的前提上,认识到正是悖论使我们看到了作为前提的某些假设、信念的性质,这已经接近了对悖论的成因甚至其意义的根本认识,但由于止于形式逻辑,他只可能把悖论所揭示的这种前提的性质定性为"假"。因此,冯·赖特所看到的只是悖论成因在形式逻辑框架中显露出来的部分,从而对悖论意义的揭示也是有限的,只是对悖论意义的消极面的积极反映。

比冯·赖特的悖论观更推进一步,克里普克的"有根基"使悖论成因的探索超越了语言形式而涉及经验内容,这是进一步深入到人类学特性的重要进展。

遵循回归自然语言的研究路线,克里普克1975年提出了一种解决悖论的新方案:"有根基的"解悖方案,方案中的核心概念是"有根基"(groundedness)。一个语句的"有根基"是不含真值谓词的语句,要判断一个含有真值谓词("真"或"假")的语句,必须找到这个根基。比如要判断"'"树叶是绿的"是真的'是假的"这句话的真假,就要看"'树叶是绿的'是真的"这句话的对错,由于这个过程终止于"树叶是绿的",而这个句子不含真值谓词,其真值必须依据经验确定,因此能够断定"'"树叶是绿的"是真的'是假的"这一句子的真值,这样的句子是"有根基的"(grounded),否则就是"无根基的"(ungrounded)。无根基的语句不能判断其真假,只有有根基的语句才可以。因而"说谎者悖论"是无根的,"无根基"是所有悖论的基本特征。"如果这一过程最后终止于不涉及真理概念的句子,因而原初陈述的真值得以确定,我们把原初句子视为有根基的;否则,就是无根基的。"[1]一个语句,本身含真值谓词,它的真值通过考察赋值过程中在

---

① Saul Kripke, "Outline of A Theory of Truth", in *The Journal of Philosophy*, Vol. 72, No. 19(1975), p. 694.

先的那个语句来确定，直到终止于不含真值谓词的语句，当人们可以肯定或否定这一语句而得以确定原语句的真值，原语句才是"有根基的"。"本语句为假"之所以是"无根基的"，就因为其所包含的真值谓词"假的"是自指的，从而它的真值不能由另一个不含真值谓词的语句确定，也就是"自我循环"。

这个解悖方案一改"正统的方法"，允许真值"间隙（gap）"（非真非假）的存在，这样就能通过使悖论性语句陷入真值间隙而避免语义悖论。克里普克通过把真值间隙理论建立在"有根基的"理论基础之上，在哲学说明层面避免了特设性。他认为，以往的解悖方案往往在形式技术上可以有效排除语义悖论，却在哲学说明上难以令人满意。因此，悖论问题研究的关键是找到关于悖论成因的哲学说明。克里普克认为自己完成了这一任务：说谎者悖论的语句并不是没有意义，而是"无根基的"。

在这个例子中，克里普克讨论到"树叶是绿的'是真的'"已经涉及经验，但还没有由此再进一步到树叶反射的光波波长和人眼对这种波长光波的感受特性，从而还没有与和这一论断有关的使用联系起来。认为句子是不是有根基的不是句子的句法或语义等的内部性质，而是依赖于经验，已经论及 agent 的使用需要所涉及的客观根据，但由此认为"悖论性语句都是无根基的，它们处于真值间隙之中"，则只适用于语言学意义上的悖论性语句，而不能包含经验意义上的科学佯谬等悖论。这样做只是把有根基与客观经验而不是我们关于外部事物的主观经验联系在一起，而没有完全建立起人类学特性的一面。

克里普克的解悖方案，包括他关于有根基和对于"固定点"的探索，也都在形式逻辑的范围内，因而仍然是在消解悖论的层次上研究悖论。因为悖论对形式逻辑而言只能是属于要消解的对象，就像癌变在生物体身上一样。其最理想的结果就是达到类似"说谎者悖论不是悖论"这样的结论。所以它的问题仍然是："一些我们通常接受的定理不再是普遍有效的"①。使一些普遍有效的定理不再普遍有效，本身就说明仍然只是规避悖论，把解悖方案定位在从单纯消解到规避悖论的层次。

---

① 陈波：《悖论研究》，第 232 页。

能够避免克里普克的解悖方案使一些普遍有效的定理不再普遍有效的是菲尔德的解悖方案，而且这个方案还可以避免"说谎者的复仇(revenge)"，只是由于它仍然只是避免卡理悖论和说谎者悖论，因而仍然属于消解和规避悖论的层次。

　　"说谎者复仇"其实反映了一个消解和规避悖论方案的极限，因为进行复仇的实际上是理性而不是说谎者。由于悖论属于我们在既定规定基础上的描述、理论(也包括逻辑理论本身)与具体条件有关的相对性和局限性本身的问题，因而在这些规定基础上的描述和作为其体系的理论的基础上消解悖论，就会出现理性的反弹。理性会尽自己所能——也就是在自己基础上可能的范围内通过逻辑学家们实施复仇。

　　在这个意义上，说谎者复仇也是在语义层面消解悖论必定带来的问题，或者说是消解和避免悖论解决方案的终极否定者(菲尔德的解悖方案虽然能避免说谎者复仇，但是以不能断定说谎者语句不是真的为代价)。这同时意味着，关于悖论问题的研究必须进到语用领域。虽然并不是语用领域就能解决悖论问题，但是在悖论问题的类解中，语形、语义和语用的综合是必不可少的。正是悖论的语用层次探索，使解悖研究开始超越经典逻辑解悖方案。

　　由于立足于形式逻辑，经典逻辑解悖方案明显具有自己的局限性。形式逻辑中的"矛盾律"建立在人类思维的基本规定之上，只是其"矛盾"是相对的，而"排中律"则建立在狭窄的二值逻辑基础之上，建立在人们当初狭隘的逻辑视界之上，因而它的扩大甚至被剔除在一些更宽广的构架中也就不可避免了。人们不可能真正违背"矛盾律"而能有效地思维，但人们的思维发展到一定水平，"排中律"就注定要退出"逻辑舞台"。与矛盾律和排中律不同，形式逻辑的"充足理由律"则是相对的，充足的程度会随着人类认识的深化而淡化或间接化。

　　在非经典逻辑方案看来，分支类型论和公理化方案等经典逻辑方案具有一个共同的前提，那就是承认形式逻辑的基本法则，从而拒斥任一矛盾等价式。而非经典逻辑方案则把这个前提放到了自己思考的焦点，这同时也多少表明经典逻辑解悖方案的局限性。通过语境解悖方案的进一步发展，经典解悖方案导向一个方向的两个方面：一是非经典逻辑方面。多值化语义学和语境敏感方案以多值化语境向排中律的挑战，以及否定矛盾律普适性的弗协调逻辑的发展,使统计描述在这一领域起重要作用。二是悖论的语用学研究。悖论的语用学研究在悖论研究史上是至关重要的,由于悖论与实践的关联由此建立,非经典逻辑解悖方案自然发生。第一个非经典逻辑解悖方案应当是直觉主义解悖方案,它认为数学由原始数学直觉的反复活动构成。以"数学存在等于被构造"为口号;由不承认排中律到怀疑整个形式逻辑。

直觉主义数学家布劳维(Brouwer)认为:"经典逻辑是从有限集合和它们的子集的数学中抽象出来的,……人们忘记了这个有限的来源,后来就错误地把逻辑看作是高于并且先于全部数学的某种东西,而终于没有根据地把它应用到无穷集合的数学上去了。这就是集合论的堕落和原罪,它正因此而受到自相矛盾的惩罚。"①

直觉主义解悖方案因不是充分宽广且特设性太强而不为人们所接受,随后提出的多值逻辑解悖方案也具有相似的处境,而语境敏感解悖方案和弗协调逻辑解悖方案则具有越来越大的影响力。

多值逻辑解悖方案通过否定经典逻辑"二值排中律",把二值逻辑系统修改为多值逻辑系统。它既没有哲学的解决方法,也没有有效的形式的解决方法,只是逃避悖论,而悖论是在形式的层面不能逃避的。因此,这种方案必定不仅因为要改变基本的逻辑原则而太过,又因为可以通过相应改变悖论的形式而不够。通过改变悖论的表达形式,如从说谎者悖论改变为强说谎者悖论,就可以"追上"逃开的解悖方案,使其难以达到逃离悖论的目的。

正是在这个意义上说,多值逻辑解悖方案仍然只是在形式上逃离悖论而还不是一个真正能够解决悖论问题的方案。而且因为其将"不真不假"作为第三种值引入,不仅解决不了类似说谎者悖论那样的语义悖论,而且实际上是消解了真假描述构成的悖论形成的基础;不仅没有看到悖论本身的意义,而且以取消悖论的办法解决悖论问题,事实上也就是取消悖论问题本身的研究。但由于否定形式逻辑的"二值排中律",多值逻辑解悖方案客观上开启了以规避而不是一味消解悖论的悖论问题解决方案。这是从

---

① 转引自克莱因:《古今数学思想》第 4 册,上海科学技术出版社 2002 年版,第 313 页。

消解悖论到接受悖论,再到挖掘和开发悖论的重要过渡环节。

三、接受悖论的层次

在悖论思想史上,第一个真正在理论上倾向接受悖论的,应当是黑格尔,这不仅因为他对悖论的反应是默认矛盾,更由于建立在思维规定内容基础上的更高层次内容的逻辑本身,凸显了悖论所具有的一个完全不同的地位。黑格尔的更高层次内容的逻辑无疑为接受悖论提供了一个重要理论基础,只是由于更高层次内容的逻辑在黑格尔那里的客观化导致悖论实际上的客观化,这种接受事实上不是主观的接受,而是客观存在的一种特殊认定。但把黑格尔的更高层次内容的逻辑再颠倒过来,就可以看到从排斥和消解悖论进到承认和接受悖论研究进路,在这一进路中,悖论便自然而然不是理性的"癌变",而是不仅具有合理性,而且至关重要的"理论事实"。

承认和接受悖论意味着跳出形式逻辑看悖论,因为形式逻辑最根本的法则就是不矛盾律,不矛盾律是形式逻辑的界限。因为超出不矛盾律,形式逻辑就没有成立的支点了。而超出形式逻辑不是意味着超出逻辑本身,而是超出形式逻辑的边界——即超越不矛盾律,进入更高层次内容的逻辑。在更高层次内容的逻辑中,人们就能更清楚地看到的悖论的本性,从而更好地"确诊"悖论。在这个意义上说,悖论的确是一种"癌变",但它不是理性的"癌变",而是根源于形式逻辑局限性的"癌变"。因而确切地说,所谓逻辑悖论事实上属于形式逻辑悖论,因为这些逻辑悖论的"逻辑"是相对于形式逻辑而言的。有许多悖论明显超出形式逻辑,不受形式逻辑限制,比如科学佯谬等。而从根本上说,在形式逻辑的框架中看,所有的悖论都是"癌变";而在形式逻辑之外看,则是既定规定、描述和理论相对性和局限性自然而然的结果和表现。关于悖论问题的这样一种视野,自然而然使悖论问题的研究成了推进逻辑学研究的重要方面,弗协调逻辑及其解悖方案就是这一发展的重要成果。

弗协调逻辑是一种能够容纳矛盾但是从矛盾却不能推出一切的逻辑理论。作为非经典逻辑的一个重要分支,弗协调逻辑认为世界是不协调的(矛盾的),而主体可以对矛盾的世界进行协调的描述。

雷歇尔和罗伯特·布兰登(Robert Brandom)在他们合著的《弗协调逻辑》一书中,就允许矛盾在其逻辑系统中有一席之地。他们断言:人们总是说不矛盾性是理性的一个绝对的要求——总是说,如果违反了"不矛盾律",就破坏了理性思维和讨论的一切可能性。实际上,这见解是没有根据的。即使在矛盾的世界图像条件下,理性仍然可以得到保障。传统的哲学观点一贯认为,在认识方面可以出现矛盾,而在本体论方面来说,是不可能产生矛盾的。而从弗协调逻辑的角度看,这种传统的对于本体论上的矛盾性(即客观世界的矛盾)加以断然排斥,在事物的系统描述中,决不是必要的,或许倒是不必要的。"自然界的无矛盾性决不是什么经验事实。而是恰恰相反!""黑格尔的矛盾学说是一个主要的历史性见解,它应该得到慎重的评价。"[1]

弗协调逻辑的这种说法显然是"堂·吉诃德战风车",误把形式逻辑的二分法概念描述导致的矛盾(包括悖论)当作是客观世界本身的矛盾或悖论。事实上,如果世界本身是矛盾的、不可理解的,人们就不可能依靠自己的理性对绝对混乱的、完全没有确定性的对象做出任何有意义的认识,唯一有意义的认识就是"不可认识"的结论。弗协调逻辑之所以有意义,不是因为它以不协调的方式在一定程度上把握不协调、(矛盾)无序的外部世界,而是在形式逻辑的基础之上,在更高层次把握了形式逻辑不能把握的对象层面。就像模糊数学在精确数学的基础上把握精确数学所不能把握的数量关系层面一样。所以它以形式逻辑的"矛盾"为起点(出发点),得出了形式逻辑由于止于矛盾而不能得出的新的逻辑成果的结论。

正因为如此,弗协调逻辑只能承认矛盾命题可以各自成立,但不能一起同时成立。这就使它不能不规定,互不相容的事物不能"合在一起仍真"。雷歇尔和布兰登认为:"我们的立场是两个互不相容的事态可以在一个非标准世界中同时实现,但一个单一的自我不协调的事态则(在非标准世界中)不能实现。矛盾能够分立地出现,但不能合并地实现,自相矛盾必须排除。我们永远不能有 P 和非 P 的合取。"这样一来,也就决

---

[1] 转引自杨熙龄:《奇异的循环——逻辑悖论探析》,第 201 页。

定了弗协调逻辑不能解决悖论问题。因为它们的"非标准世界",只是"非标准逻辑",如果是非标准世界本身存在悖论,那就不会在这种意义上不能解决。其实,由于悖论的描述性质,"非标准世界"并无助于悖论问题的解决。雷歇尔和布兰登因而承认:"虽然有了非标准世界,但这并不能自动地解除语义悖论所造成的所有困难。"[①]

因此,弗协调逻辑把悖论"禁锢"起来不做讨论,而且认为讨论悖论是"把自己的脑袋往砖墙上撞"。正是因为他们误入了描述客观化的路径,把弗协调逻辑当成非协调世界的写照或揭示。远离描述,就意味着远离了悖论。正如远离水域,就远离了鱼群。一种逻辑就是一种描述系统。

弗协调逻辑认为有许多重要的理论事实上本身是不协调的,牛顿-莱布尼茨的微积分学、康托的集合论、早期的量子力学理论和素朴集合论等都是"弗协调"理论。不少重要哲学理论,如黑格尔的辩证法也都是"弗协调"理论。因此"弗协调逻辑"具有重要研究价值。

弗协调也是就经典逻辑而不是客观世界而言的。在经典逻辑中,自以为必假的矛盾事实上只是形式逻辑的终点,而不是逻辑本身的终点。在新的逻辑看来,形式逻辑的矛盾也可以是真的,从而由"真矛盾"作为自己的起点。在弗协调逻辑学家们看来,"真矛盾"理论必然是"超协调"理论,因为如果一个有意义的理论包含"真矛盾",那么这个理论中的"真语句集"就是一个超协调理论。[②]弗协调逻辑学家们把逻辑悖论看作是"真矛盾"最典型、最有说服力的例子,就是他们认为逻辑悖论正如"真矛盾"是真实存在的,因为逻辑推理无懈可击,而结论却相矛盾。

矛盾概念是形式逻辑的极限(边界)。在这个边界之内,矛盾是假的和不可思议的。但在这个边界之外,矛盾又成了真实的出发点。悖论正是典型的真矛盾。真矛盾成了新的逻辑的起点,而出发点往往是可以不解释、不证明的。这种不用解释、不能证明的出发点就是规定。这个规定不是另设的,而是对形式逻辑规定的拓展。因而弗协调逻辑要富有成果,必须是形式逻辑基础上的进一步发展。

---

① 转引自杨熙龄:《奇异的循环——逻辑悖论探析》,第203—204页。

② 杨熙龄:《奇异的循环——逻辑悖论探析》,第209页。

弗协调逻辑必须建立在经典逻辑的基础之上，仍然不能脱离形式逻辑三大定律，正像辩证法的概念描述仍然属于形式逻辑描述的整合。它们只能在超越形式逻辑视界的意义上建构逻辑的新领域。这大概也是"真矛盾"概念似乎不是言之无物，但又很难为人们所接受的重要原因。

由于"真矛盾"是真实存在的，逻辑就必须超出协调性的束缚，逻辑就只能是"强协调"的。

通常我们认为"矛盾即假"，矛盾不可接受，矛盾破坏推理，弗协调逻辑学家们认为："这种假设必须推翻，或者至少被限制在一个合法的领域、协调的领域之内。"因此，弗协调逻辑不能包含矛盾律，因为在弗协调逻辑中会出现矛盾的定理。[①]

弗协调逻辑与辩证法具有某种内在关联，意味着一个更高的逻辑层次，但目前弗协调逻辑的三种重要形式都遇到不能解决悖论问题的情况。

弗协调逻辑的形式化形成了三种主要形式。第一种形式是所谓"不允许合取"的方式。即 A，B 可以都真，但 A，B 的合取未必真。第二种形式是所谓"添加非古典否定符"的方法。这种方法首先假设古典逻辑或直觉主义逻辑是正确的，然后给它添加一个合适的否定符。第三种形式是"相干逻辑"的态度。命题的推理关系成为相干的，就是说结论和前提有一个共同的命题变元。

以第一种形式为例，"矛盾能够分立地出现，但不能合并地实现：自相矛盾必须排除"。这样避免了可以推出任何结论的结果，避免了矛盾的扩散，但同时也意味着不允许表述同一事物的矛盾二重性，因而又不得不承认在"弗协调逻辑"系统中既不能解决"说谎者"悖论，也不能"圆满解决"罗素悖论。[②]

弗协调逻辑虽然不能解决悖论问题，但它确实朝悖论问题的解决迈出了重要一步。正如英国哲学家艾耶尔（A.J. Ayer）所指出的：

　　　　数学家竭力证明他们的系统的一致性，因为他们要保证它们不致陷入矛盾。

他们之所以把避免矛盾看得如此重要，其原因恰好不是因为矛盾必定是假的，而

---

①　杨熙龄：《奇异的循环——逻辑悖论探析》，第 210—211、212 页。
②　同上，第 215—217 页。

是因为任何命题都可以从它推导出来。因而它威胁着系统整体的功用。但是我们必须把这种威胁看得如此严重吗？为什么我们不对矛盾或引起矛盾的命题分别进行检查呢？如果我们能把它们与系统主体分离开来，如果我们发现能对余下部分作有益的利用，我们为什么不这样做呢？①

艾耶尔在此提到的把悖论与作为一个整体的系统主体分离开来，显然仍着眼于技术层面，但反过来思考，那也启示着人们对作为一个整体的系统本身进行反思。而作为一个整体的系统主体的形式化，意味着一个前提性预设：那是一个建立在完备逻辑基础之上的完整的理论，而这正是问题所在。作为悖论研究促生的逻辑理论，弗协调逻辑本来是逻辑本身从相对封闭走向开放的重要成果，但后来发展的形式化倾向，则使这些逻辑理论可能走向新的封闭。弗协调逻辑学家们往往把自己叫作弗协调形式逻辑，并企图像传统逻辑那样形式化。而弗协调逻辑的重要意义，恰恰不在于其形式而在其内容方面。

对于人类知识来说，系统的完整性正是建立在一定规定之上的知识体系触及其边界，知识之茧成熟的时候。这时候，也正是新的规定形成，从而建立在新的规定之上的知识体系形成的契机。在这个转折点上，起重要承接作用的往往是悖论。因而，一种建立在新的悖论问题理解基础上的悖论研究，并由此建立新的解悖方案，就显得非常重要。

四、开发悖论的层次

只有一个不仅不会阉割而且能挖掘出说谎者悖论(语义悖论)意义的解决方案，才是能真正理解悖论问题的根本成因，从而积极挖掘、开发悖论价值的悖论解决方案。

语义悖论——典型的是说谎者悖论——绝不只是语义麻烦而本身毫无意义，它涉及真(及与之相关的 T 模式)和真理论。无论通过限制语言的表达力，比如限制自我指称，还是改变语义学，比如改变否定词，所有这种性质的说谎者悖论(语义悖论)解决方

---

① 艾耶尔：《维特根斯坦》，陈永实、许毅力译，中国社会科学出版社 1989 年版，第 112 页。

案都只是限制悖论,属于消极的悖论消解方案。而引发对真概念(及与之相关的 T 模式)和真理论的重新思考,才是说谎者悖论的价值和意义所在。在由消解到开发悖论的发展过程中,语境敏感解悖方案具有重要地位。

在克里普克的"有根基的"解悖方案中,由于陷于真值问隙,所有"无根基的"语句都无真假可言,语义悖论便无从产生。由于承认说谎者悖论的描述是有意义的,只是"无根基",语境迟钝方案超出了塔斯基的经典解悖方案,已经是从悖论的单纯消解向积极挖掘迈出了一步。但这一努力仍然是以悖论无从产生为目标,因而又仍然是一种与悖论消解相近的解悖立场。

克里普克的解悖方案启示人们:应把语用分析引入语义悖论的研究,在语形、语义和语用分析三者的统一中考察悖论问题。但这个方案也存在难以处理强说谎者悖论和经典逻辑法则在 L 中的表达等缺陷,从而引起诸多批评。

对克里普克解悖方案的批评导致两个重要结果。一是悖论研究视角的转换;二是一系列"语境敏感方案"的出现。在悖论研究视角的转换方面,具有代表性的是赫兹博格和美国学者古普塔(A. Gupta)的研究,他们开始走出只是消解和避免悖论的传统思路,从对悖论的消极消解转向积极解决。而语境敏感方案则使悖论问题的研究走上了全新的进路。在语境敏感方案中,起着本质作用的是语境变化因素。作为语用学概念,"语境"是一个主要与语言的认知意义相关的概念。这使作为语境敏感方案的情境语义学解悖方案具有真正的"非特设性"。

情境语义学的"语言效应论"与语义悖论密切相关。

> 我们用语言的效率(efficiency)指这样一个意思:不同的人,在不同时空位置,在他们与周遭世界不同的联系中,所使用的表达式可以有不同的解释,即便他们使用同样的语言含义。[①]

在情境语义学看来,说谎者悖论的真实成因就在未被认知的"语境"。情境语义学解悖方案也由于其高度合直觉性和非特设性,不仅在哲学说明层次具有优越地位,而

[①] Jon Barwise and John Perry, *Situations and Attitudes*, The MIT Press, 1983, p. 5.

且比较符合解悖方案的 RZH 标准；更为重要的是，它从谈论"语句"进到谈论"命题"。

语用悖论中出现的情景与语形悖论和语义悖论不同。语形悖论和语义悖论是发现悖论然后寻找解悖方案；而语用悖论则是构建悖论而后提出解悖办法。蒙塔古 (R. Montague) 和卡普兰 (David Kaplan) 是在建构出头两个严格意义的语用悖论时，对语境敏感方案进行初步探讨的：

> 为避免上述矛盾，有些限制可用于知识的形式化理论。其中直觉上令人满意的最简单做法，就是在这儿像在语义学中那样区分对象语言和元语言，而前者就是后者的独特部分。特别是，谓词"知道"只出现于元语言中，而且只有在对象语言的语句中才有有意义的应用。按照这一方案，像"K 知道'K 知道'雪是白的"，或"苏格拉底知道'有苏格拉底不知道的事'"，就会被视为无意义的。一种限制较少的做法涉及一系列元语言，每一元语言包含一个独特的知识谓词，它只能有意义地应用于系列中在先语言的语句。一种动作更大的措施（这对我来说似乎明显太过）是也许通过抛弃初等语法的某些部分，否定自我指涉语句的存在。①

这是一种很奇特的情景。这种情景恰好说明，悖论问题的研究不仅不是必须以消解悖论为目的，而且具有比消解悖论更重要的内容。

由于悖论结构或成因中主要的不同是语用要素和语义要素的不同，语义悖论解悖方案同样适用于语用悖论，所以几乎所有的语义悖论解决方案都推展到语用悖论的解决，并取得同样的成效。只是越是与更高层次内容的逻辑相关联的解悖方案，在解决语用悖论时越具有优势。

在悖论和解悖的理解中，语形、语义和语用的综合直接导向描述和规定的层次。这经历了一个从不自觉到自觉的过程，蒯因的"似非而是的悖论"(veridical paradox)就是不自觉涉及思维规定的典型例子。

蒯因的"似非而是的悖论"就是由规定造成的，不过那只是在波普的"第三世界"中才可能发生的悖论。而且像"21 岁只过了 5 个生日"之类的也不是严格意义上的悖论，

---

① Richard Montaque & David Kaplan, "A Paradox Regained", in *Formal Philosophy: Selected Papers of Richard Montaque*, Yele University Press, 1979, p. 284.

只是规定基础上建立起来的关系体系内部出现的一些悖理性现象。但正是这样一种看上去很简单的悖理性现象,恰好以非常简单的方式,说明了悖理性从而悖论与思维规定的内在关联。

《彭赞斯海盗》(The Pirates of Penzance)中的主角弗里德里克(Frederic)过了5个生日后,满了21岁。若干条件的协同(conspire)使其成为可能。年龄以过去的时间计算,然而生日必须与出生的日期相吻合,而2月29日并不是每年都有的。

弗里德里克的情景的确是可能的,然而这是悖论性的吗?仅仅就一开始的悖理感。……那么,我们可以在一般意义上说,一个悖论不过是任何一开始听上去悖理但有论据支持的结论?我思考的最后结果是:这种解释完全成立。①

蒯因的"21岁只过了5个生日",再好不过地说明了悖理性构成中规定的关键地位,以及思维规定的性质。"2月29日并不是每年都有的"是这一悖理性的关键点,而其中的阳历则既有太阳系运行规律的根据,又有历法规定中人类需要的根据。这些悖理性现象因为是规定体系本身所具有而不是前提和预设间造成的,因而是真实存在的,而不是对对象描述的结果。因此,蒯因把似非而是的悖论描绘为"最终被证实的推论路线(lines of reseaning)"②,不仅推理过程没有问题,而且结论和前提都没有问题,悖理性的形成仅仅是建立在一定规定基础上的关系体系内部某种关系与另一种观念的冲突。

在某种意义上,蒯因对悖论进行了一个细致的分类。他从不同根据将悖论理解为"似非而是的悖论""似是而非的悖论"(falsidical paradoxes)、二律背反、说谎者悖论、罗素悖论、类的数学和哥德尔证明等。

蒯因的"似非而是的悖论"也不仅仅是指规定基础上建立起来的关系体系本身的内在冲突,而且也与科学佯谬相联系。他认识到,"支持一个悖论的论据可能显露一个隐含前提(a buried premise)或一些被认为对物理学理论、数学或思维过程至关重要的先入之见(preconception)的悖理性(absurdity)。因此,灾难可能潜伏在看上去最无辜的悖论之中"③。蒯因显然在悖论中看到了作为关键性成分的规定,正是在这个意义

---

① ③　W. V. Quine, *The Ways of Paradox and Other Essays*, p. 3.

②　Roy Sorensen, *A Brief History of the Paradox: Philosophy and the Labyrinths of the Mind*, p. 351.

上,他的"似非而是的悖论"表明了悖论的经验关联。

蒯因没有把"悖论"概念限于据称确立为真的情况,他把这些更特别的悖论叫作"似非而是的或说明真相的(truth-telling)悖论。因为悖论的名称同样适用于似是而非的悖论"。在蒯因的概念中,"似非而是的悖论"也包括理发师悖论等典型逻辑悖论,因为一个村庄中确实不能存在这样一个理发师。而"似是而非的悖论"是那种"其命题不仅在初看起来似乎悖理,而且是似是而非的,在其支持证据中存在悖谬(fallacy)"①。但典型的悖论与弗里德里克的生日和年龄悖论显然不同,前者建立在相对简单的规定之上,而后者完全是由规定基础上的关系体系本身构成的。它们的区别类似"分析的真理"和"综合的真理"之间的区别。

蒯因也不认为似是而非的悖论就是谬论,因为"谬论可以导向假的结论,也可以导向真的结论;可以导向令人吃惊的结论,也可以导向不令人吃惊的结论。似是而非悖论论证中总是有谬论,但那是据称确立为真的命题而且具有似乎悖谬且确实为假"②。

蒯因认为包含零作除数而得到 2＝1 等数学谜题是似是而非的悖论这种观点是正确的,但他认为芝诺悖论也属于似是而非的悖论,则明显存在问题。

芝诺悖论之所以被蒯因认为是似是而非的悖论,是因为他认为其论证过程有问题。比如阿基里斯悖论:"这一悖论所支持确立的是这样一个荒谬的命题:只要一个赛跑者保持奔跑,不管怎么慢,另一个赛跑者都永远不能超过。……这是一个收敛级数的问题。"③这就把一个源于无限规定的问题归结为一个计算问题,从而消解了芝诺悖论的深意。蒯因这样理解芝诺悖论,主要由于没有真正深入到悖论的成因,而只把论证过程看作是悖论最根本的性质。将论证过程看作是悖论形成的根本原因,典型地表明是一种从形式逻辑出发理解悖论问题的致思。由此造成的悖论问题,在蒯因自己的悖论研究中也遇到了。

蒯因把格雷林悖论看作是既不同于似非而是的悖论,也不同于似是而非悖论的第三类悖论。这类悖论的关键不同是涉及自我描述和非自我描述④。在这种悖论中,不

---

① ② W. V. Quine, *The Ways of Paradox and Other Essays*, p. 5.

③ Ibid., pp. 5-6.

④ 从格雷林自足逻辑的(antological)和异他逻辑的(heterological)用意,译为自我描述应当比自谓更合适。

存在一个像理发师悖论中那样一个可以排除的临时性前提,即那样一个理发师。蒯因由此认为:"格雷林悖论毫无疑问是似是而非的,其命题是一个自相矛盾的复合命题,其大意是我们的形容词是且不是自身真实的。"但蒯因同时也认为:"这一悖论与芝诺悖论或'2＝1'悖论等似是而非悖论形成 种奇特的对照,在这一悖论中,我们在论证中找不到荒谬所在。"[1]在这里,蒯因自己的思考已经表明,将悖论成因归结为论证过程显然至少具有局限性,而其所反映的根本问题则是悖论问题的形式逻辑研究不可能处理悖理性形成的关键要素——思维规定。

关注到思维规定就涉及思维内容,因而与现实的认识密切相关。不仅研究语言和逻辑形式层面,而且研究更高层次内容的逻辑层面,因为后者必须建立在前者的基础之上。规定层面不只涉及经验规定,更包括逻辑规定,很多思维规定不包括在只管逻辑形式的逻辑层面。思维规定的经验层面解决经验领域的问题,比如科学佯谬等科学悖论。正是这类问题的研究和解决可以推进科学的发展。

事实上,解悖方案的规定层面也是认识或认知层面的解悖方案。认知层面在语言、形式逻辑层面的基础上实质性地涉及经验内容,典型的如各种科学佯谬和不只涉及描述形式的哲学悖论。如果这里的认识指经验认识,那解悖方案就是认知层面的悖论解决方案。这个层面的悖论解决方案研究解决认知问题,可以利用甚至建构悖论推动经验科学发展,最为典型的例子是哥德尔不完全定理论证中的悖论使用。

由于在使用中探究悖论的成因,不仅能够在根本上揭示悖论的成因,因为涉及外部事物在与 agent 相互作用中表现出来的特性和 agent 的使用需要,以及作为这种使用需要基础的人类学特性,而且使人们对悖论的价值有较充分的认识,因而对于涉悖规定、理论乃至逻辑学的发展都有完全不同的前景。

只有从描述的深层入手,才能走出对悖论问题完全否定式的探讨,进入对悖论问题的描述和规定研究。认为语义悖论是多义语句,而集合论悖论则根本不是什么命题,这与其说是宣示悖论不存在,莫如说是从反面晓示了:悖论的消解不是悖论问题研

---

[1] W. V. Quine, *The Ways of Paradox and Other Essays*, pp. 6-7.

究的合理进路。只有从描述的层次，我们才能找到悖论问题研究的出路。如果说，这一点在形形色色的非经典解悖方案中已经端倪初露，那么，自觉地从描述和规定的层次探索悖论问题，则不仅可以得到更深层次的解悖方案，而且可能逐步揭示悖论开发原理。

由此可见，即便承认和接受悖论，情景也有不同，可以是被动的，也可以是积极主动的。积极主动地接受悖论就意味着在形式逻辑之外建构更高层次内容的逻辑，悖论逻辑就是最切近的一种。现有逻辑中所有非形式逻辑的逻辑都与更高层次内容的逻辑密切相关，有些就是更高层次内容的逻辑。悖论问题研究的趋势越来越清晰地表明：在形式逻辑中排斥悖论，在更高层次内容的逻辑中接受悖论。这意味着悖论的更高层次理解和解决，应当基于更高层次内容的逻辑。

第 13 章　解悖的描述方案

悖论是人类知识发展中通向更高层次的重要门枢。不仅悖论问题的研究本身,很多具体悖论的研究,都是通向更高层次未知领域的要津。因此,悖论问题的研究与哲学相关领域的探索内在联系在一起,构成了重要的知识论循环。这一耐人寻味的更深层次循环所表明的,不仅是认识发展的要求,更是悖论问题研究本身的需要,一些具有代表性的悖论,也是悖论问题研究进到更高层次的门枢。而与解悖密切相关的,就是道德悖论的抽象成因和认知悖论的无穷倒溯。在悖论理解的深化过程中,我们走进了更高层次内容的逻辑;关于道德悖论抽象成因的研究,将使我们走向生成中的使用理论;而认知悖论无穷倒溯的恶性循环,则将把我们引向双向循环描述这一全新的研究领域。

第一节　从悖论理解到更高层次内容的逻辑

当试图更深入地理解悖论的时候,我们走向了悖论逻辑基础的探索。由此在黑格尔思维规定的基础上,通过重新理解黑格尔逻辑学,进到了更高层次内容的逻辑。悖论的成因涉及新的知识领域,一些新领域的探索为解悖所不可或缺,更高层次内容的逻辑正是这样一个领域。在悖论理解和更高层次内容的逻辑之间,构成了一种双向互动发展机制:悖论理解开启了更高层次内容的逻辑的探索,更高层次内容的逻辑研究将为悖论研究奠定新的逻辑基础。

悖论问题不只是逻辑问题,而且反过来说,它本身还意味着更基本的逻辑问题。这就意味着,在关于悖论问题的研究中,不能仅仅把悖论归结为逻辑问题,而是必须反过来看,正是悖论问题本身包含了逻辑问题。我们必须通过逻辑的研究,在推进逻辑学的发展过程中来解决悖论问题。而逻辑学的发展则是从形式逻辑扩展到更高层次内容的逻辑。在思维规定内容的基础上所建立起来的更高层次内容的逻辑,蕴含着悖论问题的奥秘。悖论的成因在更高层次内容的逻辑中。因此必须在更高层次内容的逻辑研究的基础上,才能制定悖论的解决方案。

随着悖论问题研究的不断深入,人们越来越强烈地意识到,关于悖论问题,停留于寻找排除悖论的方法远远不够,悖论问题需要哲学层面的研究。由于悖论与哲学的特殊关联,人们到处寻找悖论的"哲学解释"。在这一努力中,可以看到一对重要概念:区别和规定。这对概念在根本上涉及更高层次内容的逻辑和辩证法。

一、解悖的思维规定根据

关于深入规定的层面研究悖论问题,可以在哲学史上找到一些相关的探索。中世纪意大利逻辑学家威尼斯的保罗(Paul of Venice)不仅因为对词项、命题和推论的研究而对逻辑的发展作出了重要贡献,而且在悖论研究中作了有意义的探索。他发现了"说谎者悖论"的一些变形。如苏格拉底相信"苏格拉底骗人",此外不相信其他命题。并在此基础上,总结了前人的经验,提出了自己的解悖方案。

保罗解悖方案的核心在于严格区别悖论命题的两种含义:普通涵义和"精当"涵义。

设悖论命题为A(A意味:A是假的),悖论的产生与(1)和(2)两个命题有关:

(1) 如果A意味p,则A真当且仅当p;

(2) 如果A意味p,则A假当且仅当非p。

对A来说,(1)(2)所采用的就是普通涵义。而A的"精当"涵义则是:

(3) 如果A意味p,则A真当且仅当【(i)A是真的,并且(ii)p】;

(4) 如果 A 意味 p,则 A 假当且仅当【(i)A 是真的,并且(ii)p】。

保罗的解悖方案就是:以(3)(4)取代(1)(2)。在作了这种取代后,悖论就不会发生。我觉得这种解决办法的巧妙不仅仅在已经涉及语言分层问题,更重要的是已经接触到对说谎者悖论这个命题中作为描述前提的规定的意识。保罗由此提出了一个著名见解:"每一个命题都暗示自己是真的。"这给美国哲学家和逻辑学家皮尔士(P.S. Peirce)的解悖思路以重要影响。正是在保罗的这一见解的基础上,皮尔士对说谎者悖论有比前人更深入的理解。

皮尔士曾长期从事悖论研究,先后提出过几种解悖方案。最初他认为,由于说谎者悖论"本命题为假"只说到自己,没有涉及"外部对象",没有任何"外部关系",所以它根本"没有意义",而"逻辑法则则仅仅对具备一个对象的符号发生作用"。后来他发现,这样不但解决不了悖论,甚至还会陷入新的悖论:"说此句无意义,即是说它不真;但它正是说它不真,则它又是真的了。"因此皮尔士又放弃了这一见解,转而主张说谎者悖论命题正好处在肯定和否定的交界线上,是一个"极限情形",否定与肯定的区别不复存在,因而是"既真亦假":"一张纸,一半红色一半蓝色。这张纸上的每一点,非红即蓝。……那么,在红蓝二色的交界线上,或者说这条界线本身是什么颜色?"他认为是"既红亦蓝"。与此类似,说"说谎者悖论"的命题既非真亦非假会导致逻辑上的自相矛盾,只有说它"既真亦假"才不会在逻辑上导致自相矛盾。再后来,皮尔士又意识到说"既真亦假"仍然摆脱不了矛盾,最后再度改变看法,才主张把命题分为两个方面:表面断言(explicit assertions)和内在含义(tacit meaning)。皮尔士认识到,说谎者悖论"绝不是无意义,而是自相矛盾。……每一个命题除了它所显然断言的以外,也都暗示自己是真的。……这一个命题,由于其自相矛盾,所以是假的;因此,它显然断言的是真的。但其内在含义(即关于其自身的真假)是假。"[1]皮尔士由此区分了说谎者悖论这一命题的二重性,认为"假"这个概念在这个命题中有双重含义:一是命题要断言自身为假;二是命题本身隐含着自身为真。

---

[1] 参见杨熙龄:《悖论文献访求漫记》,载《国外社会科学》1984 年第 12 期。

皮尔士提出的这种解决方法,被人们称为"说谎者悖论的悖论式解"。杨熙龄先生对这种"悖论式的解"作了深入的理解,认识到"皮尔士的意思是这个命题企图真实地表明自己是一句假话"。他把命题所"显然表明的"和"内含的"意义区分开来了。"谎话"和"假话"并不是单一含义的概念,它们同时也是"真的假话"。①这不仅再清楚不过地说明了悖论所涉及的"真""假"概念的二重性,而且深刻地揭示了描述所隐含的规定的奇异性。由此可以看到一个简明而重要的问题:一个命题不可能真实地表明自己是一句假话。这一方面表明消解悖论不是悖论问题研究最重要的任务;另一方面意味着正面研究悖论正是进一步揭示悖论意义的重要致思。

皮尔士这里的论述还有两点值得我们关注:

一是红蓝二色交界线的颜色问题。它不是既红亦蓝,而是品红。因而说谎者悖论的命题不是既真亦假,而是不能用真假衡量的自相矛盾描述。这对于集合论悖论的理解是很有意义的:"给不给自己刮胡子的人刮胡子的理发师"和"罗素集"等都是这种"品红"。这里所说的,事实上就是思维规定的内容,理发师悖论中的"理发师"和罗素悖论中的"罗素集"都没有经验事实所指,但它们又是具有逻辑事实的能指。它们不只是思维规定的形式,而且包含思维规定的内容。

二是表面上的断言和内在含义的区分,无非也是隔离描述与作为其前提的规定之间的冲突。将这两点结合起来,似乎可以看到:认为"说谎者悖论"是个假语句和说它是真语句一样是错误的。它两者都不是,它是一个与作为其前提的规定自我冲突导致自相矛盾的典型描述。而这里所说的,则是作为描述前提的思维规定。说谎者悖论作为描述前提的规定就是保罗所谓"暗示自己是真的"所指。保罗认为这是所有命题的"暗示",其实这是所有描述和言说的共同规定前提,即"所述为实"或"所言为真"的前提性预设。

说到从规定的层面探讨悖论问题,古希腊哲学家克吕西波(Chrysippus)关于说谎者悖论的观点是耐人寻味的。克吕西波认为,当一个人说"我说的是假话"这样的话

―――――――――――――

① 杨熙龄:《奇异的循环——逻辑悖论探析》,第112—113页。

时,这句话"完全丧失了语言的意义",说这句话"只是发出了一些声音罢了,什么也没有表示"。①英国哲学家斯特劳森(P.F. Strawson)对说谎者悖论的看法虽与克吕西波十分相近,但含义有很大不同。他认为说这句话就像先前什么都没说就说"同上"一样,严格说来,这并不是在作一个陈述,而只是发出了一串无意义的声音。②在这里,斯特劳森也可能意识到,这一描述前提的唯一所指就是该描述本身,因而等于没有所指。这跟克里普克的这一说法具有某种有趣的联系:"本语句为假"是"无根基的",因为根本不可能确定其真值。即是说,那个句子既非真亦非假。

事实上也正是如此,因为在这个描述中找不到"不包含'真'这个概念的语句"。描述应当有所指,其所指就是该描述的根基。而"本语句为假"这一描述以自身为唯一所指,就等于没有根基。分析哲学家齐硕姆(R. Chisholm)把这称之为"没有内容的"。

齐硕姆认为,"说谎者悖论"的句子既不是真的也不是假的,无真假可言。因为该句所表达的论断是"没有内容的",也就是说,这个论断的内容依赖于另一论断,这另一个论断的内容反过来又依赖于这个论断本身。这种论断"就其与任何事态相关而言,它就不是肯定那事态存在的信念或论断"。一个所言与任何事实无关的诗句只能是非真非假的。③齐硕姆的意思也就是说,一个描述的内容依赖于作为其所指,在有内容的描述中,这种所指往往与事实或逻辑定理相关,当这一描述以自身为所指,而且这一所指本身又不具有内容的时候,这个描述就是没有内容的了。也正是在这个意义上说,说谎者悖论极为特别。

如果说,"说谎者悖论"因其"无根基""无内容"使人们关注到导致悖理性冲突的所指,那么,"可定义性悖论"则由于其规定的混淆使人们看到规定在悖论形成中的地位。

"可定义性悖论"包括理查德 1905 年提出的悖论、"策梅罗—康尼悖论"和"贝利悖论"等。这类"悖论"有一个共同特点:根据能否用长度受到特定限制的词组定义,把对象分为可用该方式定义和不能用该方式定义两类。由此给出一个不能用该方式定义

---

① 参见杨熙龄:《奇异的循环——逻辑悖论探析》,第 45—46 页。
② 参见孙小礼等主编:《科学方法》(下),知识出版社 1990 年版,第 940 页。
③ 参见齐硕姆:《知识论》,邹惟远、邹晓蕾译,生活·读书·新知三联书店 1988 年版,第 208—212 页。

的对象的定义,而这个定义所采用的又恰恰是该方式本身;因此便有这个对象既可以用该方式定义,又不能用该方式定义的悖论。比如把"贝利悖论"改写为这样最简洁明快的形式:"用少于二十个汉字不能定义的最小的正整数。"也可以改写为:"一个不能用十四个汉字定义的数。"

"可定义性悖论"本身直接指向了作为其前提的思维规定。它们之所以被看作非典型悖论,是因为这类悖论是由描述所涉及的规定的混淆造成的悖论,不是典型的悖论。

从某种意义上可以说,人们早就不同程度地意识到,规定隐含着悖论的最终成因。正因为如此,在悖论研究中主张禁止使用某些引起麻烦的定义者不乏其人。彭加勒就认为非直谓定义是这类"可定义性悖论"的根源,要避免悖论,只能禁止使用这种定义。这也无异于说,关于"可定义性悖论",我们只能设法躲避。

其实,禁止使用非直谓定义只是把思路投向了规定,它本身非但不是解决悖论问题的办法,而且会带来新的问题。英国著名逻辑学家兰姆塞(F.P. Ramsey)后来就指出,问题不在非直谓定义,更不能归咎于非直谓定义,因为非直谓定义根本不会导致恶性循环,而且这种定义本身是不可或缺的,否则许多数学概念及相关定理和证明都无法表达。兰姆塞由此主张从澄清字句的含混性入手解决悖论。虽然他并没有拿出具体的解悖方案,但已经指向了规定的混淆。事实上,彭加勒自己由此得出的结论也足以说明这种解悖方案不可行。由于本身不可能摆脱"非直谓定义",集合论乃至符号逻辑本身都将被抛弃。这样,解悖办法无疑就成了把问题推开,甚至无异于将婴儿和洗澡水一同泼掉。

关于彭加勒对"非直谓定义"的理解,威廉·涅尔(William Kneale)和玛莎·涅尔(Martha kneale)也有不同意见。他们认为:

> 从上下文可以看出,彭加勒只是想说明为什么一些看来像是定义的短语并不定义什么。[1]

---

① 威廉·涅尔、玛莎·涅尔:《逻辑学的发展》,第811页。

由于"可定义性悖论"始终未被真正消解,迄今仍被看作是真正的悖论。

由于可定义性悖论的特定性质,这类悖论不自觉地指向了规定。"情景语义学"则通过语义情景——也就是某种规定的涉入,自觉地将解悖方案指向涉悖规定:许多语义悖论与语境密切相关。说"我正在说谎"意味着你在某种语境中作了这句话为真的断言。但说"'我正在说谎'是假的"却是在另一种语境中陈述。因此,悖论的成因不在"自我指称",而在不同的语境。只要分清语句的语境,许多所谓的"悖论"就可以消解。很明显,情景语义学指向了语境,事实上就是指向了规定的涉悖机制。规定的涉悖机制真正导向了悖论问题的哲学解释。在这一探索趋势中,可以看到一个重要交点。

在逻辑原子主义创始人之一维特根斯坦那里,人们看到他关于考虑接受一种"自相矛盾的真理"的建议。维特根斯坦认为数学家们"对于悖论抱有一种迷信式的畏惧",人们关于"悖论真有害""真会损害语言的作用"的观点值得怀疑。他认为把矛盾视为鬼怪是缺乏想象力的表现,建议人们考虑接受一种"自相矛盾的真理"。维特根斯坦声称:

> 即使在目前阶段,我也要预言,总有一天会出现包含着矛盾的数学演算研究,人们将会真正感到自豪,因为他们把自己从相容性的束缚下解放出来了。[1]

而在对形式逻辑做出过重要贡献的皮尔士那里,也有一种相似的观念:

> 逻辑让我们明白世界上会有梦幻的残余,甚至自相矛盾发生。[2]

与此相反而又具有内在联系,"无矛盾原理"认为世界上不存在矛盾,矛盾只存在于我们的头脑中。这是一条基本的思路。虽然它本身不是解决悖论问题的办法,但立起了一块防止悖论问题研究误入歧途,并启示人们从另一面寻找解决问题的正确途径的指示碑。这一点,在禅理中也可以看到。霍夫斯塔特注意到,禅宗不认为"语词"能捕捉住"真"。然而,如果文字不能表达"真",那么,这句话本身也就构成了对自己的否定,因这句话本身也是用文字表达的。"真不能用字来表达,但又不能不用字来表达。"

---

① 转引自夏基松、郑毓信:《西方数学哲学》,第 171 页。

② Charles Hartshirne and Paul Weiss(eds), *The Collected Papers of Charles Sanders Peirce*, Vol. IV, *The Simplest Mathematics*, Harvard University Press, 1933, p. 79.

这些"禅理"真的与哥德尔理论颇为类似。通过语词达到真理,的确正如依靠形式系统获得真理。形式系统有助于我们获得某些真理,但正如哥德尔定理所揭示的,无论一个形式系统看上去多么严密完整,都是不完全的,都不能让我们达到全部真理。但是数学家们除了形式系统,禅师除了语词,还能依靠什么?

因此,在禅宗的教义中包括大量悖论性质的内容。这些教义总是反对信赖语言的表达,反对理性思维的逻辑而推崇超越理性的悟性。对此,霍夫斯塔德有非常精彩的概括:

> 按照禅宗的说法,主客二分的精髓是语词——只是寻常语词。语词的使用先天是主客二分的,因为每一语词非常明确地代表一个理性范畴。因此,禅宗的主要内容就是反对语词依赖的斗争。……说文明的敌人是逻辑也许是错误的;毋宁说是主客二分,是语词思维;事实上,这样说甚至更为根本:那是感知。只要你感知一个对象,你就在它和世界的其他部分之间划了一道界线;你就人为地把世界割裂成碎片,于是你便陷入迷途。[1]

在禅学中,悖理性的存在不仅不矛盾,而且正是禅理的独特之处。

事实上,人们可以悟得道理,但如果这些是终极的而且指向悟者或悟机,则可能导致悖论。悖是描述的结果,因而悟的世界里没有悖,宗教和哲学体悟中不存在悖论。悖往往是把悟得的东西表达(描述)出来造成的。因为悟的是内容,而表达(描述)出来必须有具体形式,因而涉及事物的外延。比如,禅宗里的"得即是失"中的"得"与"失"都有两种不同的层次和理解。一个是眼光短浅的"得",比如只知道鼻子底下的蝇头小利;一个是着眼长远的"得",是得人心,得天下的"得"。一个是小"失",比如失去鼻子底下的小芝麻;一个是大"失",比如失信用,失人心。这个内容不存在悖理性,但一表述为"得即是失"就显出悖了,只是我们往往把这种超出一般表达规范的描述看作是更高的智慧表达。而在"私己成祸,私人成友,私众为王"中,则可以看到在"私"的规定在变化中阐述更深刻的道理。

---

[1] Douglas R. Hofstadter, *Gödel, Escher, Bach: An Eternal Golden Braid*, p. 251.

在《GEB——一条永恒的金带》一书中,霍夫斯塔德提到这样一个"公案"并作了下述一大段解释。

　　Shuzan 拿出短棍说:"如果你把这叫作短棍,你就背离了其真实。如果你不称它为短棍,你又无视了事实。现在,你想把它叫作什么?"

　　Mumon 的评论:如果你把这叫作短棍,你就背离了其真实。如果你不称它为短棍,你又无视了事实。它不能用语词表述,又不能不用语词表述。……

　　为什么说称它为短棍就违背了其真实? 也许因为这样归类给人把握住实在的假象,而这样一个陈述甚至连其表面都没有触及。这好比说"5 是一个素数"。我们这样说的时候省略了比这句话多得多的东西——无数事实。另一方面,不把它称作短棍的确又忽视了那一特定事实,尽管这是一个很小的事实。因此,语词能导向一些真理——兴许同时也带来一些谬误——但可以肯定的是语词不能表述全部真理。依靠语词将你导向真理,正如依靠一个不完的形式系统引导你获得真理一样。一个形式系统将给予你某些真理,但正如我们将看到的,一个形式系统不管如何强有力,都不能导出全部真理。数学家们遇到的两难是:除了形式系统,还有别的什么可以作为依靠? 禅师们遇到的两难是:除了语词,还有别的什么可以依靠?

　　Mumon 清楚地说出了这个两难:它不能用语词表述,又不能不用语词表述。[①]

悖论是描述或言说的产物,只是悖论性描述或言说在形式逻辑中因自相矛盾而非法,而在更高层次内容的逻辑中则意味着描述或言说层次的转换节点。

　　"真"不能用语言描述,但我们又不得不用语言描述,而这并不是没有意义的,因为有两条很重要:一是别迷信语言描述;二是我们应当知道什么是语言所不能描述的,知道语言不能描述什么,与知道语言能描述什么同样重要。

　　禅宗的理解具有对描述或言说的领悟,而人们最后搬出黑格尔则是试图在本体论角度解决问题。这是一种试图将悖论溶化在说不清道不明的"本体"中的努力。结果不是解决问题,而是把问题交给本体"上帝"。由此发展起来的弗协调逻辑终究还是形

---

① Douglas R. Hofstadter, *Gödel, Escher, Bach: An Eternal Golden Braid*, pp. 251-253.

式逻辑性质的,所以它本身也不允许逻辑上的自相矛盾,因此也就解决不了罗素悖论。由此以来的一些新的努力如"真矛盾理论"和"弗协调逻辑"等,只要仍然处于形式逻辑范围,就永远只能是同样的结局。问题在于:面对悖论问题,人们不应当在"本体"中寻找答案,因为这跟在上帝身上找答案没有根本区别。关于悖论问题的答案应当在人类本性中去寻找,在描述的人类学特性中寻找。甚至关于"本体"本身,人们都应当循此寻找答案。

二、解悖的更高层次内容的逻辑基础

一些新逻辑领域的探寻者们已经意识到,"矛盾"这个概念应该有一个与以往不同的地位。因为像悖论这样的"矛盾"不是反映认识谬误的逻辑矛盾,它们"极可能"是真的。

有一种解悖的努力最后归结到"矛盾才是真理":

> 我们有一个好办法,那就是让卡里马楚斯明白:"矛盾才是真理",从而跳出苦海。此外,我们也只有亚里士多德和《墨经》中说到过的一些老办法。不过好像人们还没有把这些老办法都试遍。但是我们把话说在前边,使用这些老办法,最后也仍然只能得到"矛盾才是真理"的结论。①

简单地把矛盾看作真理本身,虽然似乎仍旧只能是一种类似把困难推给上帝的做法,但这样做也许有一个可取之处,就是把悖论与真理联系起来而没有否定它,从而为悖论问题的解决留下了地盘。这可以说是现有解悖方案中最"有希望"的结果之一了,尽管它还没有真正到位地涉及悖论问题的核心。

解决悖论问题的关键在于:从整个描述系统中看待悖论,才能清楚地看到,一个悖论意味着一个层次的描述向另一个更高层次描述发展的梯阶,意味着涉及一个临界规定。当然,这样一来就有了一个"无限"或"全体"的问题。当一个特定的描述涉及"无限"或"全体"了,就不存在另一个更高层次的进阶了,描述就被逼到悖论性的墙角,这

---

① 杨熙龄:《奇异的循环——逻辑悖论探析》,第73页。

就是处于一定发展阶段的人类描述的边缘。这个边缘可能是暂时的,随着描述和认识的发展,边界会变成属地,但人类描述总是具有边缘,而且正是边缘处的描述非常重要。而一些涉及重大创新的思想者,常常就活动在这样的边缘地带,维特根斯坦和哥德尔都是这类典型的"边缘型"人物。这里的"边缘型"不是指的在学术边缘,而是指在理性的边缘。维特根斯坦在内容上达到了理性的边缘,而哥德尔则在形式上达到了理性的边缘,二者的交集应当是一个具有重要意义的区域。在这些边缘处,人们建立了一系列重要的基本假设,一些类如"无限""大全"这样的思辨预设,甚至"宇宙"这样具有经验特质的"全体"性思维规定。这些规定构成了人类描述似乎是终极的边界。由于理性本身是发展的,描述的边界是相对的,不存在绝对意义上的描述的终极边界。在发展着的理性面前,任何相对的描述边界毫无疑问也是描述反思的重要领域,只是在描述的相对边界处,我们遇到的问题既是描述问题和规定问题,更是描述和规定的交织问题。在那儿,更多的用武之地既是关于描述和规定的反思,更是关于描述和规定交织的反思,进而关于逻辑的反思。

其实,即使存在人类学意义上的描述的终极边界,也不是完全无所作为的。至少我们可以把一些必不可少的终极思维规定单独处理,而这正表明悖论问题及其解决是哲学问题。由此也可以在更深层次上看到,悖论问题远不仅是一个形式逻辑问题,而且反过来表明逻辑学更深层次的基础问题。正因为如此,荷兰逻辑学家贝思(E. W. Beth)认为:"悖论主要是威胁逻辑基础,因此,首先应该从逻辑的观点来考虑悖论的问题,这才是合理的。"①

从逻辑的观点考虑悖论问题,如果只是指的形式逻辑,那就只能是有限的。公理集合论的那种"加限制"和"不准建造太大的集"的方法正说明形式逻辑是一种"有限的"思维方法。任何形式系统都必须建立在思维规定的基础之上,而思维规定本身,原则上是不能证明的。

什么叫做"证明"? 一辆汽车开动了,即"证明"了它自己能开动。但对于形式

---

① 转引自杨熙龄:《奇异的循环——逻辑悖论探析》,第 34 页。

逻辑说来则不然,它本身就是一个"证明法"或证明手段。它是用来证明"别人"的,就如镜子只能照见自己以外之物一样。而且亚里士多德早说过,形式逻辑的矛盾律等等是不能证明的。再者,任何证明中总有一些"初始概念"是不加定义的。固然"命题演算""狭谓词演算"这些逻辑已被证明为"无矛盾"的,但这种"无矛盾"是建立在假定形式逻辑的根本法则(如矛盾律等等)和一些推理方式(如假言推理等等)无矛盾的基础上的。

......

哥德尔证明了在这类演绎系统中,他能建造一句初等数论的语句,这个语句是真的,"当且仅当"该系统不能证明它为真,这样的系统因此有漏洞,或者说"不完全",它至少漏掉了一个真理,要不漏掉这句话,那它就整个儿垮掉,因为它就将得到一个矛盾。[①]

对于一个描述或形式系统来说,必定存在的"不可证命题"就是思维规定。正是这类"不可证命题",可以让我们看到一对非常重要的概念:"区别"和"规定"。看到这对重要概念的联系和区别。

区别和规定分别表征着概念的外部关系和内部关系。早在古希腊,亚里士多德就用了"区别和规定"的方法解悖。在《工具篇》中,亚里士多德阐述了"普通观念中如何产生了矛盾——在具有实质内容的思想的不自觉的进行中(在范畴里面),思想如何经常自己陷于矛盾"。他认为"这些矛盾的解除,在乎加以区别和规定"[②]。只是在亚里士多德那里,这种区别和规定还没有在整个描述系统中研究,所以缺少整个描述的大背景支持。黑格尔在他的理论体系中对这种"区别和规定"的方法作了进一步解释。他在探讨"隐藏者"和"爱勒克特拉"两个悖论时作了非常精彩的论述:

那个隐藏者和爱勒克特拉的问题的发生,就在于提出一个矛盾:同时既认识又不认识一个人。我问一个人:你认识你的父亲吗?他答道:认识。我再问:如果我指给你一个人,他隐藏在帐幕后面,你认识他吗?——不认识。——可是幕后

---

① 杨熙龄:《奇异的循环——逻辑悖论探析》,第36—38页。

② 黑格尔:《哲学史讲演录》第2卷,第375页。

的这个人是你的父亲，所以你是不认识你父亲的。爱勒克特拉也是一样的。是不是可以说她认识或不认识站在她面前的兄弟奥勒斯特呢？这些手法看起来是很肤浅的；然而进一步加以考察却是有趣的。(1)认识的意思是：在观念中肯定一个人是这个人，——并不是不定地、一般地，而是这个人；(2)现在他被指为一个这个人，——隐藏者或奥勒斯特就是一个这个人。但是爱勒克特拉不认识他，她的观念认识他；观念中的这个人和这里的这个人对于她不是同一个人。但是事实上观念中的这个人正好不是一个真实的这个人。这个矛盾通过规定而得以解决，她在她的观念中认识他，但不是作为这个人。前面那个例子也是这样。当儿子看见父亲的时候，也就是说，当父亲对儿子是一个这个人的时候。儿子认识父亲；但是当父亲隐藏起来的时候，他对儿子便不是一个这个人，而是一个被扬弃了的这个人了。隐藏者既作为一个在观念中的这个人，就变成了一个普遍的人，并且失去了他的感性存在。在这些小小的故事中，也有了普通与个别这一较高级的对立，因为具有某物的观念，一般说来，乃是普遍性的一个要素。当这个人被扬弃了的时候，他便不仅是观念了；真理是在普遍之中，——就是对普遍的意识。因为普遍正是对立面的统一；普遍在这个一般的哲学文化中乃是本质，而这个、感性的存在则在其中被扬弃了，普遍乃是个别的否定。[①]

在这里，可以看到个别事物（人）的存在和一般事物（类）的规定所涉及的区别和规定。

杨熙龄先生认为，不仅在西方哲学中，我国古代《墨辩》中也曾用"区别和规定"的方法解悖。例如上述关于"知其所不知"的矛盾。中外悖论研究史上，人们就是采取这种"区别和规定"的"古方"来"解除"悖论的。杨先生由此得到结论：

> 我们要从哲学上来谈的"奇异的循环"问题，至此也许已找到了一点门径。矛盾双方是互相包含、互相联结的，人的认识却必须把其切开，但切开之后，所得的认识终归是片面的或片段的；而矛盾又会在已被切成的片段中出现，人的认识（通

---

① 黑格尔：《哲学史讲演录》第 2 卷，第 123—124 页。

过实践），把矛盾（片段也是矛盾）分之又分，才能逐渐接近较全面的真理。任何一门学问的发展过程无不如此。

关于"无限的循环"，那是当"知性"硬要用同样的片段来描述本来是自成循环的无限（即矛盾），从而造成的一种"无限进展"或"恶无限"。我们中国人常说的"不了了之"这句话，就有认识上从个别到全体的"飞跃"的意思，如此则恶无限被消除，而矛盾的循环被"捕捉"住，"你便全然现在我面前！"甚至我们的知性还有一种"大力"可以把这种"其无限"的矛盾固定下来，即使得圆圈儿不再转动不止而获得一个"不变的变"。①

杨先生认为，"类型论"就是一种进行区分或区别的方法。"类型论"的"区分"是一种外部的区分法，即不允许出现"自我涉及""自己同自己的区别"这样的内部关系，从而防止出现概念的"自我否定"。他敏锐地注意到，美国哲学家皮尔士早就提出过这样的观点：逻辑法则对悖论命题失效；形式逻辑是一种处理外部关系的理论；罗素更明确地提出，形式逻辑是一种处理"外部关系的学说"，而黑格尔的矛盾学说则是关于"内部关系的学说"。②在黑格尔看来，"辩证法倒是知性的规定和一般有限事物特有的、真实的本性"③。杨先生在此基础上作了进一步的概括：

逻辑悖论反映一个概念的内在区别或矛盾，但由于其内在矛盾还未"外化"，即尚未"分离"，所以它有与逻辑矛盾类似的形态。悖论的造成实际上是由于允许作外部的区分，而不允许作内部的区分。但一事物内部是都有二重性的，否定概念的自我涉及，既排除了外部关系，回到了概念自身。就暴露了这种内在的矛盾。肯定概念之所以不会这样，是因为肯定概念只有"外部否定"关系，而不能造成自身否定。④

杨熙龄先生认为，由此，形式逻辑的"知性规定"带来了逻辑悖论，概念自身的内在

---

① 杨熙龄：《奇异的循环——逻辑悖论探析》，第165页。
② 参见杨熙龄：《悖论文献访求漫记》，载《国外社会科学》1984年第12期。
③ 黑格尔：《小逻辑》，第176页。
④ 杨熙龄：《奇异的循环——逻辑悖论探析》，第225—226页。

矛盾。他认为,用区别和规定的方法来解除悖论,也仅仅是相对的"解";全面的"解"就是把它当作矛盾来理解。这样,当然就超出了形式逻辑的范围。①而这里更深刻的内容,则是关于概念的区分和分类,也就是思维规定。

关于概念的区分和分类——也就是概念的规定——是概念的内部关系问题。由于矛盾和悖论是内部关系问题,因而是更高层次内容的逻辑所要研究的,即使是更具形式特点的语形悖论也是如此,正如张建军教授所指出的:"既然哥德尔定理揭示了从形式技术上彻底解决悖论问题的不可能性,而在简单类型论和 ZFC 等公理化集合论系统中又未发现新的悖论,则目前关于集合论—语形悖论问题的研究就主要不是在其形式技术方面,而是在哲学说明与辩护方面。"②要走出这种处境,我们必须从描述和规定的研究出发,推动更高层次内容的逻辑的发展。

中世纪的人为悖论吃不好睡不香,不是因为他们意识到悖论意味着什么重大基础问题,而是意识到他们认为无可怀疑的逻辑基础上出了问题,因而魂牵梦萦地致力于解决这些问题。但由于典型的悖论问题恰恰出在描述和规定及其交织中,出在更高层次内容的逻辑上,因而又无法消解,由此造成了苦恼。这种苦恼的直接原因是区分,而深层根源则是思维规定。

当我们对外部事物进行区分,就会通过对一类事物进行概括而形成概念。这些概念之间的逻辑关系正是形式逻辑研究的内容。而当我们对这些概念的内涵进行考察,或者说当我们对作为思维规定的概念进行分析的时候,就涉及思维规定的内容。对思维规定内容的逻辑联系的研究与内涵逻辑密切相关。因此,正是对事物的区分导致外延逻辑的形成,而正是对概念的规定导致内涵逻辑的形成。外延逻辑是关于概念外在关系的逻辑,而内涵逻辑则是关于概念内在关系的逻辑。

逻辑是关于推理的学说,而狭义的逻辑则是关于推理的逻辑形式的学说。由于推理既有形式的方面,还有内容的方面;由于内容由推理形式体现,而推理形式通过语言表达,因此逻辑学必须研究语言表达式的意义。由于研究的是语言表达式的外延,表

---

① 杨熙龄:《奇异的循环——逻辑悖论探析》,第 253 页。
② 张建军:《逻辑悖论研究引论》(修订本),第 92 页。

达式的外延就是表达式的意义。词的意义就是词的所指,句子的意义就是其真值,因此,经典逻辑主要是外延逻辑。

因此自然而然地,一些逻辑学家在表达式与这个世界的对象之外,区分出表达式的涵义或表达式的内涵,由此便提出了内涵逻辑的概念。从广义上说,内涵逻辑包括模态逻辑、时态逻辑、规范逻辑、知道逻辑、相信逻辑等;狭义的内涵逻辑就是一般内涵逻辑。内涵逻辑系统包括三部分:一是谓词逻辑的算子、量词与变项;二是合式的表达式;三是其他一些对象映射到有关的模态与内涵算子。[①]内涵逻辑与思维规定的内容密切相关。

在人类认识中,关于概念内部关系的探索由来已久,只是由于不是自觉地进行内涵逻辑的研究,关于内涵逻辑的研究长期迷失在外延逻辑之中,直到现代仍然如此。事实上,作为处理概念内部关系的逻辑,内涵逻辑和辩证逻辑都是与形式逻辑完全不同的更高层次内容的逻辑,它们在人类认识中具有不同的地位、作用和任务。

研究事物具体内容是科学和哲学(在起初阶段)的事;将这些内容进行逻辑整理,就形成了各种各样的思维规定。研究这些思维规定形式之间的关系是形式逻辑的事;而研究这些思维规定内容之间的关系则是更高层次内容的逻辑的事。

如果说,形式逻辑是在形式上对事物进行逻辑加工的工具,那么,更高层次内容的逻辑就是关于这种逻辑加工本身及其产物关系的研究,因为这种逻辑加工的结果是关于我们所描述的对象的,而这种对象的性质不仅为形式逻辑加工对象所决定,也受着形式逻辑加工手段的塑造。因而,以形式逻辑加工产物为研究对象的更高层次内容的逻辑,也就理所当然地研究形式逻辑加工本身的性质和特点,从而表现为以形式逻辑加工整理本身为研究对象。总之,形式逻辑研究以思维规定的形式关系为对象,更高层次内容的逻辑研究则以思维规定的内容关系为对象。

更高层次内容的逻辑和形式逻辑不仅有不同的研究侧面,而且是两种研究对象不同的逻辑。如果从描述的角度看,形式逻辑是对事物的逻辑形式描述,而内涵描述则是以这种逻辑形式描述为对象的描述,二者处于两个不同的描述层次。因此,把更高

---

① 胡泽洪:《逻辑的哲学反思:逻辑哲学专题研究》,中央编译出版社 2004 年版,第 14—15 页。

层次内容的逻辑放到与形式逻辑相同的层次上，就会得到"既是又不是"等模棱两可的"辩证法"命题。只有明确更高层次内容的逻辑是以形式逻辑及其产物为研究对象，才能避免这样一种现象：所看到的只是更高层次内容的逻辑在形式逻辑平面上的"投影"。只有这样，才能把更高层次内容的逻辑还原为"立体"的，还更高层次内容的逻辑以不同于形式逻辑的原本面目。这里也存在某种意义上的更高层次内容的逻辑的实在化问题，因而存在一个更高层次内容的逻辑的"去实在化"任务。

辩证矛盾产生于概念的二分法规定，而二分法规定都是相对相成或相反相成的。因此，正面的规定隐含着反面的规定，从而使概念的规定本身内含着矛盾。在相反相成的概念规定中，就会出现反面的规定不仅难以摆脱正面规定，而且往往处于悖理性的处境。如"相信""可判定""知道"等正面规定的反面，在全称判断情况下都会出现悖理性。这是在涉及人类理性本身的情况下，概念的规定造成的。所谓涉及人类理性本身，也就是理性的自我涉及。

在通常所谓形式逻辑三大定律中，不矛盾律和同一律是典型的形式逻辑定律。它们是在处理思维规定的形式关系时必须遵循的思维规则，这些推理规则被人们用来处理概念的外部关系。不矛盾律就是处理概念之间的外部比较关系；同一律事实上是不矛盾律的另一种表达，是从外部关系的内部来说的不矛盾律。"A 是 B"是一种形式逻辑关系，如果同时又说"A 不是 B"就违反不矛盾律了。不矛盾律和同一律都是处理概念间形式关系的规则，也就是形式逻辑规则。它们都不能用来处理概念的内部关系，即不能用于更高层次内容的逻辑的处理。而充足理由律则是关于更高层次内容的逻辑的，这也是为什么不少人认为它不是形式逻辑定律的原因。

因此，作为更高层次内容的逻辑研究，描述和规定的研究与悖论问题的研究密切相关。辩证逻辑是一种更高层次内容的逻辑，描述和规定的研究也是辩证法研究。由此，悖论问题的研究与辩证法，与描述和规定的研究密切联系了起来。

悖论是更高层次内容的逻辑意义上的自相矛盾在形式逻辑中的表现，因此不可能由形式逻辑来解决。悖论必须在更高层次内容的逻辑的基础上解决，也就是必须通过描述和规定及其交织的研究理解。只有在描述和规定及其交织的层次，才能突破形式逻辑规则的限制,看到在更高层次内容的逻辑的参照系中,悖论在整个人类认识系统中的清晰坐标。

三、悖论的更高层次内容的逻辑理解

悖论问题出现后,人们寻求新的逻辑既是出于解决问题的需要,也是因为从悖论本身得到了应当有新的逻辑的直觉。这个新的逻辑会有比经典逻辑更广的领域,至少其中一部分的努力就是朝向更高层次内容的逻辑。

说"矛盾才是真理",显然是对下述事实的传统思维反映:矛盾是真理"生产"过程中的机制性产物,真理性认识是人们通过建构概念阶梯达到的,而概念阶梯的许多重要梯阶就是由矛盾组成的,或者就是矛盾本身。因而在这些阶梯身上,既可以看到认识是怎样达到的,也可以看到真理是怎样"产生"出来的,从而还可以看到真理在什么意义上具有这些阶梯和梯阶的性质,或至少是影响。由此也就可以看到,不是矛盾显示其为真理,而是矛盾内在于真理生产的脚手架。

由说谎者悖论命题,可以清楚地看到形式逻辑和更高层次内容的逻辑的联接和各自边界,从而看到形式逻辑和更高层次内容的逻辑的区别。正是由于不涉及概念的外部关系,而只是在形式上涉及概念的内部关系,说谎者悖论成了一个非常重要的命题(描述),它以一种最为简洁的形式,一方面表明了形式逻辑命题的极限形态,表现为准形式逻辑命题,或者说形式逻辑命题的终结形态;另一方面表明了更高层次内容的逻辑命题的初始极限形态,表现为准更高层次内容的逻辑命题,或者说更高层次内容的逻辑命题的初始形态。更为重要的是,说谎者悖论作为一个命题,正再简洁不过地表明了形式逻辑命题和更高层次内容的逻辑命题的形成机制,甚至可以说形式逻辑和更高层次内容的逻辑的(命题)结构。两种命题具有一个相同的结构,它们的不同不在于命题逻辑结构的不同,而在于所涉及关系的不同。

命题都是以描述的方式,以描述和规定的关系形式构成概念间的逻辑联系的。当它们构成的逻辑联系是思维规定形式的关系时,所构成的就是形式逻辑命题;当它们所构成的逻辑联系是思维规定内容的关系时,所构成的就是更高层次内容的逻辑命题。由于描述和规定的交织构成立体结构,这种命题往往具有循环的特性。

典型的悖论所涉及的奇异的循环,事实上是更高层次内容的逻辑所特有的。因为它涉及思维规定内容的关系,而思维规定内容的关系与区别和规定密切相关,正是概念的区别和规定造成非常复杂的概念内部关系。在这些内部关系中,有两类最为重要:由二分法规定构成的矛盾和由理性的自我涉及所构成的"奇异的循环"。这种"奇异的循环"正是理性在做规定时因自我涉及造成的。其实,在某种意义上,矛盾就意味着循环——两极来回往复式循环。随着规定的复杂化,还会有多极循环甚至更为复杂的循环,但真正"奇异的循环",必定是理性在规定过程中因自我涉及构成的循环。以形式逻辑为手段或以其思维方式处理更高层次内容的逻辑的问题,会带来规定的模棱两可甚至带来诡辩;这本身就涉及至为复杂的哲学层面。

在更高层次内容的逻辑中,"特定领域某个或某组悖论具体解悖方案"的研究,将基于"各种悖论及解决方案的哲学研究"在各个领域进行,这使悖论问题的研究出现了复杂的形势。

经过长期的历史发展,"逻辑悖论研究"已成为一个涉及多学科的边缘性、综合性研究领域;同时,由于这种跨越学科的研究涉及许多不同层面的问题,也出现了许多基本概念与研究层次的混淆亟待澄清。通过 RZH 标准的分析,我们首先可以看到悖论研究的以下两个层面的区别:

层面一:特定领域某个或某组悖论具体解悖方案研究。

层面二:各种悖论及解悖方案的哲学研究。[①]

具体解悖方案和悖论及解悖方案的哲学研究,大大超出了形式逻辑范围而进到了更高层次内容的逻辑领域。因而在更高层次内容的逻辑中,悖论具有与在形式逻辑中不同的景观。

关于形式逻辑基础上的描述中形成的令人困惑的悖论,在更高层次内容的逻辑

---

① 张建军:《逻辑悖论研究引论》(修订本),第 32 页。

(描述)中会显得非常自然,这一点可以在汤姆逊轻松的描述中感受到:

> 逻辑悖论通常被认为特别是一些哲学家认为是令人困惑费解的。然而,如果我在本文中所说是正确的,人们就没有理由这样认为。哪里有什么令人困惑的东西呢?在每一种情形下,弄清有关论证是什么并确定它本身的有效性,以及我们从有关主题中所应引出的结论,都是比较容易的。如果说像人们通常所认为的那样,这些悖论向我们提出了某种挑战,那么这就是一种很容易对付的挑战。①

但汤姆逊说这话的根据是对角线定理的应用,那也是通过一些"禁令"消除悖论,因而仍然没有把悖论看作是具有积极意义的存在。

对角线引理事实上是一种分出特殊类的方法,在序数和基数悖论中可以形象地看到其机制和性质。它是一种分类上的形式化说明,或者说是一种分类的规定的形式化。通过它可以归出一个类,使这个类与原有类中所有那些同自己没有某种关系的元素具有某种关系。因而,对角线引理是涉及关系到至小无内意义上的无限时的分类的形式化方法。运用它能够分出类似"给不给自己刮胡子的人刮胡子的理发师"那样的新的类,从而使其与据以分出的原来的分类根据发生冲突。所以对角线方法具有与哥德尔不完全性定理相似的意义。

在实质上说,对角线引理是处理无限规定的形式化工具。所谓"自己说自己"的悖论与康托的对角线方法密切相关,人们有时以"对角线悖论"来标明这类悖论与对角线方法的奇特联系。对角线引理是一个作出特殊规定的形式手段,因为它把关系弄得有序,而对角线又使得一个相关的特殊规定得以产生。正因为如此,对角线引理在悖论问题的研究中具有特殊地位。早在古希腊,芝诺在论证悖论时所使用的方法就接近"对角线证法";到现代,有的逻辑学家甚至倾向于把所有悖论都看作"对角线悖论",因此导出了"对角线引理"。

关于对角线引理,杨熙龄先生有富有启发性的思考,他认为从对角线引理可以看到,"出现矛盾是由于把外部关系转化为一个内部否定关系"。"对角线引理说明的是,对角线证法就是在一个特定的系统中构造出一个'自我否定'"。②

---

① J.F. Thomson,转引自张建军:《逻辑悖论研究引论》(修订本),第228页。
② 杨熙龄:《奇异的循环——逻辑悖论探析》,第51、56页。

的确,对角线引理将语形悖论与语义悖论联结了起来,但并不能由此认为所有的悖论都与对角线引理相关,只是"凡基于哥德尔自指定理而构造的悖论(包括在汤姆逊本人视野之外的类说谎者语用悖论),经适当的处理均可统摄于对角线引理"①。对角线引理揭示了说谎者悖论和集合论悖论这类典型悖论共有的规定的粘连,同时是村民的"给不给自己理发的人理发的理发师"和"所有集合的集合"。正是这种粘连构成了逻辑循环,造成了规定之间的冲突。对角线引理就是从一个特定系统中引出规定的粘连,并从这种规定的粘连构造出规定之间的冲突。

因此,对角线引理只能用于解决语形悖论,即使它可以在某种程度上移用于语义悖论的理解或解释,也只能在某种类比的意义上,而且作用是非常有限的。因为对角线引理所能做的是生出一个特殊的类,这个类虽然与语义相关,但只是在分类的意义上相关。由于通过拒斥逆对角线元素阻止悖论的发生,对角线引理只具有语形意义而没有真正的语义意义(价值)。因而,这类悖论的解悖方案总是与语言分层理论相联系。

在悖论问题的研究中,分层理论之所以是目前所有解悖方案所共有的要素,就因为包含在不同层次语言中的规定,在描述中构成冲突或不相容关系。在集合论悖论中更是如此,不同分类形成的不同规定本身所具有的层次性,不同层次的类的规定在描述中会直接构成冲突。规定处于不同语言层次就意味着不同的语言情境,这正是情景语义学解悖方案具有优势的内在原因。情境语义学通过情景考虑到分割前的情况,所以是内涵相关的,因此与辩证法从而更高层次内容的逻辑具有某种关联。

从描述的角度可以看得更清楚:语言层次、自我指称和否定性都只是某些悖论构成的必要逻辑条件而不是根本原因。一些涉及描述和思维的基本规定,特别是涉及人类理性根基的悖论,就不是那么简单了。"相信任何东西都是有问题的""知道是梦幻""理性本身是虚构",甚至"人类一思维,上帝就发笑"也可以改造为"人类的思维本身是悖理性的"以及"人类解决悖论问题的任何努力都是悖理性的",等等,这些都是根本意

---

① 张建军:《逻辑悖论研究引论》(修订本),第 224 页。

义上的悖论，它们中有的是自指的，有的不是——或者可以不是自指的，有的则可以不是否定性的。

描述自指只是为了要与作为自身前提的规定构成冲突；否定性也是描述为了通过否定作为自身前提的规定构成冲突。在悖理性描述中，这些涉悖规定总是处于不同的语言层次。如果相互冲突的规定处于同一语言层次，悖理性不仅依然存在，而且更为明显直观，但那样一来，人们会一目了然地看出问题所在，如"方的圆"。语句如"x是一个方的圆"不会被认为是一个悖论，甚至不会认为是一个正常的描述，而只是一种表达。因为人们非常清楚，理性不会做出这样的描述，而只有作为一种表达，才能从中看出意义。所以，区分语言层次的确能阻断规定的冲突，但这只是防止了悖论的现实发生，悖论的存在仍然不可回避。而且，如果规定的冲突被阻断，悖理性描述或者说悖论本身的意义也就丧失了。

区分语言层次可以消解——更确切地说是阻断悖论的发生，就像隔离化合物可以阻断化学反应的发生一样。但区分语言层次只能避免悖论，不可能解决悖论问题。区分语言层次不是解决悖论问题的正确方法，但对语言层次的区分的确可以防止规定的混淆，让人们看到某些悖论是怎样构成的。

事实上，类型和层次都是相通的，属于同一个问题的两个方面。类型是规定的层次，层次是语言的分层。进一步追问类型论中"类型"本身能否归入任何类型，语言层次理论中的"层次"能否纳入任何层次，暂且不论是否合理，但就悖论问题的研究看，人们对类型论和语言层次理论本身合理性的怀疑却是有根据的或有意义的。

美国哲学家菲奇(Frederic Brenton Fitch)认为，类型论不可能对"类型"一词的意义指定一个类型；塔斯基分层语言论也无法说明自身，比如把"任一语言都属于一定层次""任一语言中都有在比它丰富的元语言中可定义为真的语句"放在任何层次，都会违背分层语言论的原则。[①]

这种对类型论和语言层次论解悖方式合理性的追问，对于悖论问题的研究具有两

---

① 转引自张建军:《逻辑悖论研究引论》(修订本)，第240页。

方面的意义:一是无论"类型"还是"语言层次"都不涉及悖论的成因,而只是阻断悖论发生的形式方法的依据。虽然不能说它们是特设的,但是不是必不可少的,则的确仍然是个问题。二是由于没有涉及悖论的成因,从而就有是否必不可少的问题。由于"类型论"和"语言层次"理论的性质,人们自然而然会追问其本身的合理性;而由于没有涉及悖论的成因,它在悖论问题解决中的采用,就引发人们以追问它们本身合理性的方式追问它们的必要性。从另一个方面也就是说,任何解悖方案要在悖论问题解决中为自身的合理性说明"负责",就必须具有悖论的成因依据。它不应当是任何推论出来的形式体系,而应当是作为推论出发点的规定。这一点,在"集合论的迭代概念"中有更具代表性的体现。

作为为当代公理化集合论的分层理论进行合理性哲学辩护的努力,"集合的迭代概念"因类似于描述的指他性而具有重要意义。

> 按照集合的迭代观念,元素必须先于集合而存在,而且"汇集"的过程是可以无限制地继续下去的,从而,任何集合就都不可能成为自身的元素,而且也不可能存在所谓大全集,这样在按照迭代观念发展起来的集合理论中,集合论悖论就得到了排除。[①]

就经验事实而言,集合由"已给出的对象"构成,"元素必须先于集合而存在"。这不是一个造集原则,而是一个经验事实。因此,按照"迭代概念"自然而然地可以避免集合论—语形悖论。

> 这个集合的概念,按照它,一个集合是能从整数(或某种其他的完全确定的对象)重复的应用"的集合"(set of)这种运算而得到的某种东西,而不是通过把所有存在着的东西的全体分成两类而得到的东西——永远不会导致任何悖论。[②]

但是,一方面集合所涉及的可以不是经验事物;另一方面造集不是描述,而是规定。因而在造集活动中,"元素必须先于集合"就成了规定(原则)而不是事实。而规定是可以自我嵌套的。在这个意义上,"迭代概念"虽然是以努力为当代公理化集合论的

---

① 郑毓信:《数学哲学新论》,江苏教育出版社1990年版,第42页。
② 哥德尔:《什么是康托尔的连续统问题》,载《数理哲学译文集》,第143—144页。

分层理论进行合理性关系辩护的目的提出,但在悖论问题解决中的地位仍然与分层理论本身相近。迭代概念在语义悖论的解决中所遇到的困难就是一个很好的说明,它不能消解强化的说谎者悖论。这跟集合与一般事物系统具有根本不同有关。集合与系统不同,集合更多是从量的规定的角度把握对象,而系统则更多是从质的规定的角度把握对象。

不管是集合还是系统,这种抽象出来的一般在人类认识中具有极为重要的地位,让我们看看列宁的著名概括:

> 从最简单、最普通、最常见的等等东西开始;从任何一个命题开始,如树叶是绿的,伊万是人,哈巴狗是狗,等等。在这里(正如黑格尔天才地指出过的)就已经有辩证法:个别就是一般……这就是说,对立面(个别跟一般相对)是同一的:个别一定与一般相联而存在。一般只能在个别中存在,只能通过个别而存在。任何个别(不论怎样)都是一般。任何一般都是个别的(一部分,或一方面或本质)。任何一般只是大致地包括一切个别事物。任何个别都不能完全地包括在一般之中,如此等等。任何个别经过千万次的转化而与另一类的个别(事物、现象、过程)相联系,如此等等。[①]

在这段论述中,不仅可以看到辩证法,看到更高层次内容的逻辑,更可以看到悖论在更高层次内容的逻辑中的处境。

由辩证法与形式逻辑和更高层次内容的逻辑的关联,从逻辑矛盾的更高层次内容的逻辑视域,可以得到关于悖论问题解决的全新理解。悖论都是描述的产物,因而在更高层次内容的逻辑中,悖论的存在不仅是正常的,而且它们本身就是更高层次内容的逻辑的一些基本节点。思维规定需要分类和概括等,而分类和概括等则会"制造矛盾"。比如二分法规定本身就是在"制造矛盾"。在思维规定的形式关系和内容关系两方面,形式关系领域是形式逻辑的地盘,内容关系领域则是更高层次内容的逻辑的地盘。而悖论虽然生长在思维规定的内容关系中,却与思维规定的形式关系密不可分。

---

① 《列宁全集》第 38 卷,人民出版社 1972 年版,第 409 页。

因而形式逻辑与悖论有不解之缘，想摆脱也摆脱不了。悖论虽然与形式逻辑关系密切，但形式逻辑不能在自己的领地"处置"悖论，悖论也是形式逻辑所无力处理的，因此悖论成了形式逻辑边界处的奇特现象。

对形式逻辑来说，悖论只能是问题，只是结果，而它们的根在思维规定的内容关系中，所以只能由更高层次内容的逻辑来处理。而这些在形式逻辑领域看来是特殊现象的悖论，在更高层次内容的逻辑领域看来则正是自己领地内自然生长的产物。悖论不仅是更高层次内容的逻辑要处理的，而且它们正是由规定和描述产生。规定和描述产生悖论，因而悖论必须由更高层次内容的逻辑来处理。悖论在形式逻辑中是特例，而在更高层次内容的逻辑中则是基本现象。

哥德尔不完全性定理正是树立在形式逻辑和更高层次内容的逻辑之间的一个历史界碑。它认定的那种不能在自身体系中得到证明，甚至是不可规定的东西，就是形式逻辑领域的形式系统生长在更高层次内容的逻辑领域的根。建立在形式逻辑基础之上的所有形式系统的不完全性，都可以在更高层次内容的逻辑领域找到它们的成因。在形式逻辑领域只是隐约可见的悖论，在更高层次内容的逻辑的背景中，似乎并不是那种不受欢迎，让人欲除之而后快的东西，有时候可能恰恰相反，悖论还真成了人们的"钟爱之物"。

在人类认识发展过程中，悖论和更高层次内容的逻辑构成了一种双向循环关系。一方面，更高层次内容的逻辑是悖论生长的土壤；另一方面，悖论又启示了非形式逻辑的逻辑领域，更高层次内容的逻辑研究由此真正开启。

至少在最初或在某个发展阶段，由于形式逻辑的发展，我们的经验主要根据形式逻辑进行整理，思维规定最初主要是根据形式逻辑做出的，而形式逻辑的最基本规则是不矛盾律——即规定之间不自相矛盾，甚至在一定的关系推演范围内，即该规定所能涵盖的范围内也不自相矛盾。因而建立在形式逻辑基础上的规定及基于其上的关系体系出现矛盾，只能说明理论本身有问题。而当人们把基于某些规定建立起来的关系体系(理论就是在一定规定基础上推演出来的关系体系)等同于对象(世界)本身的写照时，悖论就只能是思想的"癌变"，只能是要被切除的东西；但如果看到理论是描述和规定交织的产物,就不仅会看到悖论的不同性质,而且可以通过悖论看到更多更深层的逻辑问题。

所以悖论不是形式逻辑的问题,因为它不同于形式逻辑中的矛盾,它是与思维规定内容关系密切相关的。因此这个相关性就有一个非常有意义的进展,那就是我们在更高层次内容的逻辑的平台上把握外部对象的时候,随着对世界认识的深入,我们既有的更高层次内容的逻辑平台不再能够像过去那样起作用。因为作为关于思维规定内容关系的逻辑,平台的建立是有条件的,只能在一定范围内适用,不是无条件的、绝对的。在这样的情况下就可以在更深层次清楚地看到,为什么悖论本身绝不是没有意义的、纯粹游戏性的东西,因为它事实上是我们进一步走向外部未知世界一个非常重要的端口,一个突破以往的认识视域,也就是突破现有逻辑平台局限的重要门枢。

第二节　从道德悖论到使用理论

当我们试图解决抽象描述在具体条件下构成自我冲突的问题,关于规定的使用自然而然走向了生成中的使用理论(use theory)。如果说,从悖论理解到更高层次内容的逻辑涉及解悖的逻辑基础,那么,作为由抽象描述构成具体条件下规定自我冲突的典型悖论,道德悖论成因和解悖的探索则通向了描述的使用理论。以道德悖论为典型代表,悖论涉及描述中思维规定的使用问题,而描述的使用理论正是一些悖论理解甚至解悖的重要基础;描述的使用理论在悖论研究中将扮演重要角色。

一、描述的使用理论及其意义

在哲学史上,使用理论早有渊源。在《法哲学》中,黑格尔关于耕地使用者就实际上拥有这片地的观点,已经包含使用理论的萌芽。在现代哲学中,使用理论则集中体现在弗雷格的意义理论和维特根斯坦的语言游戏中。语言哲学特别是日常语言哲学,"使用(use)"概念无论对于理解还是创构都至关重要。

当弗雷格批驳洛克和休谟的观念论时,他即是在试图依靠逻辑(有时候借助语言)建立一种客观的意义理论,一种经典实在论意义上的意义理论。但弗雷格是一个交叉路口式的哲学家,他的处境使他的哲学研究(approach)不会是单一导向的。在其致思可能导向客观主义结果的同时,他也提供了使用论意义理论(use theory of meaning,一般译为"功用论意义理论")的某些基本观点。这种状况使得后人在他那里通过对客观主义倾向的否定,自然导向了使用论意义理论。

这种使用论倾向经过维特根斯坦那个更大的交叉路口,透过更复杂的可能路径,走向了知识人类学。要明确一个词的意义,有时还必须在使用和使用所处的非语言情景中,因此事实上应超出语境,置放于更广泛的使用环境。正因为如此,维特根斯坦把语言游戏看作是"生活形式的一部分"。当维特根斯坦说"语言游戏"这个词就是要强调语言是生活形式的一部分时,就明显以"语言游戏"等方式走向使用论意义理论。在维特根斯坦那里,"'语言游戏'概念是为了强调这一事实:语言的言说是活动的组成部分,或生活形式的组成部分",因此他也把"由语言和行动交织而成的整体称为'语言游戏'"①。在《哲学研究》中,维特根斯坦在遣词造句的时候,几乎每一个概念的使用,每一个句子的表达,每一个思想的呈现,都自觉地尽可能采取最符合人类学特性的"使用",因而读起来在感觉思想深刻的同时,又感觉有血有肉,非常平易亲切,只管领悟他的思想,不用太费力去理解他表达这些思想所使用的那些词句和概念。维特根斯坦认为:"在大多数情况下——虽然不是全部——我们所使用的'意义'一词可以这样定义:一个词的意义就是它在语言中的使用。"②这种使用论观点通过"语言游戏"等走向了更深层次的具体,他甚至反对把意义本身看作一个实体,主张不问词的意义而只问其使用。

维特根斯坦和弗雷格之所以认为"一个词只有作为一个句子的组成部分才有意义",也是因为一个词的使用就是置放于一个句子中。一个词只有在句子中才能确切理解,但一个词的意义不一定能在一个句子中完全确定其涵义,而且有时候不仅必须在上下文中,实际上还要在语言的整个具体使用中。因为文字表达不可能是完全的,

① Ludwig Wittgenstein, *Philosophical Investigations*, pp. 11, 5.
② Ibid., p. 20.

总是得借助具体情景以获得言外之意,而人们之所以能够理解没有在文字中表达的意思,实际上是因为具备语词使用的相近情境经验。

由维特根斯坦等哲学家从弗雷格出发所走出的这条道路,弗雷格本人并没有选择,其意义理论的使用论倾向在后期已经几近放弃,但这一重要观念在日常语言哲学中作为意义理论得到承继。维特根斯坦的使用理论思想,在其所开启的日常语言哲学中,明显走向了超越语言哲学的使用理论。从赖尔的使用论意义理论到奥斯汀和塞尔的言语行为理论,再到蒯因对观念论的行为主义批评,都表明了这一点。

赖尔的使用论意义理论已经把观念引向主体,而当其强调语词使用的正确与否时,观念已经变成只作为基础起作用,关注点已经转向主体的语言使用了。从语词的客观功能到语词的主体使用,完成了从更客观的观念到更主观的主体使用之间的转换。使用论对语境的关注,所强调的是语言活动与生活实践甚至与人类学特性的内在关联。因为无论是语词的功用还是人们的使用,都必定导致关于语词形成及其使用的人类学特性。蒯因对观念论的行为主义批评则将使用论只是与人类相联系的连接点进一步扩展到人类行为。

无论是使用论还是行为论,都只是在使用和行为方面涉及描述,而没有真正涉及作为描述前提的规定,使用理论的意义因而没有得到应有的扩展。因此,新近使用论意义理论与规定的关联研究,就是一个重要研究动向①,尤其对于悖论问题的哲学研究。悖论问题的哲学研究进一步凸显了使用理论意义扩展的迫切需要。从着眼于"语句"和"命题"到着眼于"描述",使思维规定的描述使用成了更需要使用理论的领域。因此,基于语言哲学中的使用的意义理论,提出描述的使用理论(the use theory of description)就非常必要,主要研究描述中思维规定的使用,规定在描述中的使用语境,思维规定作为描述前提的使用,特别是描述和规定的交织中思维规定使用的整个语境。描述的使用理论所涉及的语境甚至与人类学特性相联系。这无论对于悖论成因的理解还是描述解悖,都至关重要。

---

① Mark Textor, "The use theory of meaning and semantic stipulation", in *Erkenntnis*(2007) 67, pp. 29-45.

在当代认知理论看来,模糊术语的确具有清晰的界限,包含模糊术语的陈述非真即假。当代使用理论反对认知理论的这一根本观点,认为"语词具有我们给定的涵义;一个术语的涵义则为我们如何使用它所确定"。对于这一观点,认知理论的回应是:"涵义为使用所确定伴随着涵义依附于使用的观点。"使用理论由此进一步提出:"同样的使用意味着同样的涵义,也就是说,没有使用上的差别,就可以没有涵义上的差别。"①当代使用理论的这些观点,应当是非常重要的,但仍然面临认知理论的挑战。

在认知理论的辩护者看来,使用理论关于使用和涵义的上述观点,与这样一种假设的理论没有任何区别:没有使用上的不同,模糊术语的涵义可以没有差别。即使对于精确术语,也没有从其使用计算其术语含义的解决办法。特别是,无论普遍公认还是大多数人认可,都不能保证一个术语或真理的正确应用。如果没有在模糊的上下文之外为从使用萃取含义的已知方案,不能表明怎样从其使用导出一个模糊表达的含义,就几乎完全不能非难认知理论的批评。因此,问题仍然存在:认知理论使为模糊术语给出关于含义和使用之间关联的解释原则上不可能了吗?②对此的回答是:不能将"使用"抽象出来考虑,只有在使用中才可能。因为任何事物只有在关系中存在,任何关于事物的规定只有在关系中才具有意义。

所有的事物属性和性质都是关系范畴,这就是规定的关系性(主体间性只是其中的一种),而意义和价值的关系属性就更为明显。作为关系范畴,意义就是需要的存在和满足的价值认可,或存在得到价值认可的需要就是意义。满足需要的过程就是活动的意义,而需要的满足就是意义的实现。只要有得到价值认可的需要,人生就有意义。因为如果必须有意识到的意义,那么意义就成了一种需要。即使在还没有意义的生活中寻找意义,寻获意义本身,也就是一种有意义的活动。而其他一切派生的意义——比如语词的意义——就必须在需要者的使用过程中才有谈论的基础。

价值与意义一样,可以作同样的表述。价值是意义的具体化,因而,价值就是需要的存在的具体化。任何具体事物的意义与其说在它们自身,不如说在它与其他事物的

---

① Doris Olin, *paradox*, pp. 182, 183.
② Ibid., pp. 183-184.

关系中,就像任何东西的价值与其说在它自身,不如说在它与其他事物的关系中一样。而涉及人类的关系,相对于人类主体而言则就是在使用中。

描述的使用理论所具有的意义,在悖论问题的研究中尤其得以凸显。在描述中,使用理论之所以具有重要意义,就因为作为对象的思维规定是使用的结果,这方面最为典型的正是语言。使用生成的东西不仅必须从使用角度理解,而且必须用使用理论研究对象的使用与使用者的使用需要之间的关联,并由此从使用者的需要通向哲学的出发点——人的需要;通向哲学的终极目标——人的需要的满足。

二、抽象普遍性和使用的具体性

处于使用关系中的主体可以更确切地称作 agent;而在认识的原初阶段,agent 所处的关系则处于一个从自然的具体关系到人为的抽象关系的发展过程中。

抽象关系是达到普遍性的有效方式。这种方式之所以有效,一个重要之点就在于通过抽象普遍性的追寻,可以在尽可能高的层次上对对象有一个整体把握,或者在更高层次整体中把握对象。而这种更高层次的整体把握,对于更确切、更到位地认识所涉及的具体个别事物是必不可少的,它为具体个别事物的认识提供整体观照。

抽象普遍性对于理解和创构的发展非常重要。没有抽象普遍性成果,就不可能创构出近代以来的科学理论。没有规定的抽象普遍性发展,就不会有现代"抽象社会"的发展,甚至不会有已经实现的那种现代化。而后现代主义思潮只是对抽象事实实体化(事实上就是抽象事物具体化)乃至以抽象普遍性为终极追寻的反叛,正是抽象普遍性的终极追寻而不是抽象普遍性追寻本身,预设了本质主义和基础主义等。

关于抽象普遍性认识的社会建构功能,还集中体现在人们的社会交往上。没有抽象普遍性认识所提供的语言手段,不仅很多内容我们就不可能在交往中交流,而且没有可能通过社会交往建立起更高层次社会所必需的共识,甚至连价值无涉的共同理解和协商的平台都不存在。

抽象普遍性整体观照不仅是近代以来人类认识,而且是人类创构社会和人工世界不可或缺的重要机制。更确切也是更彻底地说,如果我们理解的结果也是一种特殊的创构活动,那么这不仅就是实践本身,而且所有退离的过程都是整体观照的过程。或者说,整体观照的退离就是创构活动的主体机制。因为与理解相比,创构更需要有一个确定的整体图景,而且还不能像在理解中那样,随时有那么方便的修改和再选择的机会。即使在艺术创作活动中,也需要这种整体观照或整体理解,否则所得到的关于具体个别事物的认识,就可能是些毫无意义的东西。人的生活的意义就是最为典型的例子。一个人的生活意义、存在价值都在其和他物、他人的关系之中,而不完全在这个人自己本身。他或她自己只是作为这个关系中最重要的因素,而这个因素再重要,也只有和其他必要相关因素进入相互作用,才能实现意义和价值,也就是才有所谓意义和价值。所以这个价值只能存在于和他人、他物的关系中,这种关系的最典型形式就是使用关系。

由于我们在认识论上的自以为是,就对象(包括世界)说了许多自以为是的话(大概就是人们所说的上帝会发笑的话),但不管是不是为上帝所发笑,只要能为我们的生存和生活所用,就达到了我们自己的目的,因为我们不是为了上帝,而是为自己的生存和生活而认识。——这正是描述的使用理论解悖的关键所在。

使用总是具体的,它不能抽象,即使是使用具有抽象概括性的语词,使用本身仍然是具体的。这就为抽象普遍性的终极追寻奠定了一个实实在在(不是实在)的基础,也就是为抽象普遍性的使用——提供整体观照——找到了立足点,或将抽象普遍性的使用落到了实处。这样一来,不管语词具有怎样的抽象普遍性,它在使用的时候或在使用中总是只能提供整体观照而不能成为终极追寻的目标。

使用理性一开始可能主要是在语用意义上,而事实上在实践中都一直如此。只是到柏拉图那里,认识和实践出现了真正的分离。而在抽象普遍性成为终极追寻的哲学中,这种分离则几乎走向彻底。事实上,从石器时代开始,使用就在工具制造中体现得淋漓尽致,只是到观念工具——典型的是概念出现后,以工具性的东西为终极追寻的现象才随之系统地出现。离开使用——不是不在使用中,而是脱离了使用——的工具(不管是实体的还是观念的),就只能是陈列品。其使用如果超出陈列品的范围,从而自然当成不是工具性的终极存在,抽象普遍性的终极追寻就在所难免。

由此可见,虽然在具体认识过程中,宏大叙事是不可缺少的。宏大叙事如果成为某种意义上的终极追寻,而不是在人类认识过程中提供整体观照的努力,那么必定沦为类似传统形而上学抽象普遍性的终极追寻。

正是从这个角度看,反宏大叙事是反传统形而上学更具体的形式。然而,如果不分条件地反宏大叙事,则毫无疑问又走向了另一极端,将作为正常过程的重要一面置于荒废,这也是极端危险的。语言分析哲学走向细枝末节,应当是这样一种危险倾向的直接后果。而语言分析哲学对形而上学的完全拒斥,则已经在当代哲学发展中表露出了其失误所在。

从过程看,无论走向抽象普遍性终极追寻的宏大叙事,还是走向细枝末节的语言分析,都是只顾一面未及循环双向整体过程的偏向。只有二者结合起来,才是哲学和人类认识的正常推进机制。当然,作为同一过程的两个方面,宏大叙事和细枝末节以一定的方式交替前行,兴许也是在双向循环认识过程中具体相互起作用的社会形态。

三、描述的使用理论与人的需要

描述的使用理论与 agent 的使用需要密切相关,正是 agent 的使用需要,使得基于其上的理性可以免于逻辑上自相矛盾的不可解后果。

离开具体条件,脱离人的需要,悖论完全可能成为对人类理性的嘲笑。"布里丹的驴子"就是需要(人类学特性,甚至动物性)对理性的一种嘲笑。一头又饥又饿的驴子坐在两堆干草边,每堆干草边还有一桶水,但由于驴子感觉没有理由选择一边而不是另一边,所以它坐在那儿等死。[1]驴子的选择如果换成电脑,那样的条件下的确是不能选择的,除非程序在此设计为随机(Random),但随机是非理性的,也就是说,理性的选择在这里遇到了问题。当然电脑不会饿死,因为它没有饮食的需要。而现实中的驴子

---

①   Peter Cave, *This sentence is false: An Introduction to Philosophical Paradoxes*, pp. 1-2.

之所以也不会因难以作出选择而饿死，一个简单的原因就是它有吃的需要。它的选择很简单，那就是只要能吃到——也就是能满足需要，怎么都行，它甚至恨不得两边一起出动。而在人那里，这就是以人的需要为出发点和以人的需要的满足为最终目的活动的机制。理性是为需要服务的，只是理性本身也可能意味着某种需要。

Agent 的使用需要当然又与其内在需要及其发展密切相关，这在语言游戏中可以得到典型揭示。语言游戏建立在说话者的需要之上，所有的游戏规则都建立在主体的主观需要之上，都是以人的娱乐、交流需要为出发点和目的的。由此推进，所有的发明和创造都以客观事物为基础，即使虚拟技术也是如此，但都是以人的需要为出发点，以这种需要的满足为最终目的。由此再推进，即使不能简单地说认识世界，我们也可以说，所有改造世界的活动都是建立在客观存在基础之上的、以人的需要为出发点和最终目的的活动。因此，衡量创造发明活动必须在客观可行的基础上，完全以人的需要为标准，认识活动的标准归根结底取决于人的需要。

使用与人的需要的关联，在作为语言游戏的翻译活动中有典型体现。完全的翻译（radical translation）是不可能的，不仅"翻译的这种不确定延伸至解释世界的问题"[1]，而且翻译的不确定与关于现象世界解释的不确定是等价的。事实上，几乎所有认识处境都是如此。人们之所以能在这众多甚至无限可能性中做出选择，绝不是依靠某种位于对象中的标准。依靠纯客观的标准，人们无从选择，他们靠的是自己认识的目的和实践需要，归根结底就是通过使用，在使用中才可能选择。

使用与人的需要的关联不仅体现在社会活动中，甚至同样体现在人和自然的相互作用中，"新的归纳悖论"就是典型的体现。新的归纳悖论不仅涉及空间范围，而且涉及时间变化。而归纳和"与自然种类（natural knids）相符的谓语"之间的关系，则既反映了客观根据的特点，又与人的需要——使用相联系。因为"自然种类"并不是完全自然的，其分类与人类学特性甚至主观需要密切相关，所以才有原则上存在无限种自然种类，而利用哪些种类和怎样利用它们，却与人的需要从而使用密切相关。在这方面，

---

[1] Roy Sorensen, *A Brief History of the Paradox: Philosophy and the Labyrinths of the Mind*, p. 360.

索伦森对蒯因悖论定义的批评是正确的。

四、解悖的使用理论层面

解悖方案的使用理论解悖层次,就是将相关悖论还原到具体条件之中,恢复其在具体条件中的逻辑关系。

描述的使用理论解悖方案的层次涉及实践。实践层面涉及人的生活规则的制定,也就是涉及规则本身,涉及规则和规定的社会约定机制。由于同时又涉及认识目的和实践需要,因而可以通过社会约定或其消解悖论。最常见的是消除左右为难的行为处境,更多的则是通过制定规定在社会生活中利用悖论。在实践层面的悖论解决方案中,语言游戏理论有重要意义。在实践层面,使用理论解决现实生活和人的生存和发展中的问题,比如民主悖论、发展悖论等。这些悖论的研究和解决可推动现实中人和社会的发展。

由于涉及人的生存和发展,解悖方案的使用理论层次涉及更为广泛的内容,不仅涉及涉行(涉行行为)悖论,还涉及与人的创造本性密切相关的形象描绘造成的悖论,比如不可能图形。作为艺术品,它们是利用悖论或悖理性创造出来的,因此实践层面的悖论不仅可以通过建构成为艺术创作,也可以在生活和各种交往中用作生活和交往艺术。语言作为逻辑的文字表达,也反映了不同的逻辑层次。语形反映了逻辑的形式层次;语义反映了逻辑的内容层次;语用反映了逻辑的使用层次。

使用理论用于悖理性分析,可以在中国传统哲学中看到某种雏形。从更高层次内容的逻辑看,"白马非马"涉及对"马"的规定的分析,因而涉及抽象普遍性规定和具体个别事物之间的关系,也提出了语言使用中规定的意义问题。

当官吏说"马不许过"时,"马"可以理解为马这个类,这个集合,也可以理解为"马"这个抽象概念(规定)。只是在日常使用中,有一种自然的语境,一般这样的表述都是指一个类或集合,而不是指其抽象的规定。因而在"马"的规定的日常使用上没有问题,对使用效果没有影响,能达到语言使用的目的。这也体现了抽象的整体性规定在具体使用中的意义所在。否则我们必须穷尽所有具体的马,才可以做类似"马不许过"

这样的进一步规定。由此可见,不仅抽象普遍性理论体系,甚至其终极追寻都有对局部认识的观照价值,而且抽象普遍性规定对于日常语言使用是不可或缺的,越是在"抽象社会"中越是如此。但如果不是关于放马过关,而是与马的具体特征相联系,比如说的是一个逃犯所骑的一匹具体的马,"马不能过"中的"马"就会理解为一个抽象的规定,因此就存在不能笼统地说"马不能过"的问题。这里不可能理解为标志一个类的马的集合,因此显然所说的不可能是马的集合不能过,而只是一个从抽象到具体的问题——什么样什么样的马。

关于描述的使用理论解悖,最有利于说明问题的例子是"问题悖论"和"自我欺骗悖论"的使用理论理解。

问题悖论是说提出和回答以下问题是很有用的:

Q:哪一对问题和回答是最有用的"问题—回答"对偶中间的一对?

假如我们回答说:

A:这个问题 Q 和这个回答 A。

我们就会面临复杂的情况,如果 A 是一个正确的回答,由于 A 没有给出任何信息而是无用的,因而它又是一个不正确的回答。但是,如果 A 是一个不正确的回答,那么就导致悖论:对 Q 的回答 A 是正确的,当且仅当 A 是不正确的。

"问题悖论"本身就涉及"有用",因而是一个以描述的使用理论解悖的最好例子。一个具有正确答案的"问题—回答"对偶,对于不以其为前提或基础的研究者来说可能没有用,但对于急需答案中的知识或信息的人来说,则是很有用的。因此,一般地说,在一个"问题—回答"对偶中,认为"如果 A 是一个正确的回答,由于 A 没有给出任何信息,因而是无用的,因而它就是一个不正确的回答"①,就是典型地脱离具体条件的多样性,而固着于某种特定具体条件。同样,断言一个不正确答案的"问题—回答"对偶有用与否也是如此,比如"自我欺骗悖论"。这个悖论很简单:

自我欺骗如何可能?②

---

①② 陈波:《悖论研究》,第 311 页。

这一悖论则与"欺骗"规定的心理条件密切相关。跟具体条件密切相关,也就是跟使用密切相关,因为在使用中必定涉及具体条件。

由于悖论涉及规定,而规定是认识和社会活动中的基本需要、行为和产物,因而越是严格的规定活动领域,越是必定涉及悖论相关的问题,尤其是在法律领域。比如美国宪法第五条的自我指涉问题就在这样的处境中。

描述的使用理论解悖方案是程度不同地在语言、理论、概念规定甚至悖论本身的使用中探索悖论的成因,并将悖论用于论证和认识所形成的解悖方案。这种解悖方案,对于由规定的粘连形成的悖论具有特殊意义。

造成规定粘连的一个重要原因,是具体条件的抽离使本来在不同具体条件下有别的规定抽象成了无差别的规定,从而造成一种特殊的规定粘连。由于描述的使用理论是具体的,描述的使用理论解悖方案正适用于具体条件抽离造成同一规定在不同具体条件下构成自我冲突导致自相矛盾形成的悖论。由描述抽离具体条件造成的规定粘连形成的悖论,最为典型的形式有道德悖论、连锁悖论、归纳悖论和认知悖论以及合理行为悖论等相关语用悖论,这些悖论的解悖主要是在描述的使用理论解悖层次。

第三节　从认知悖论到双向循环描述

面对陷于无限追溯恶性循环的认知悖论,我们"不得不"走向循环的奥秘。如果说,在悖论理解和更高层次内容的逻辑、道德悖论和使用理论之间,还只是相对简单的双向互动关系,那么,认知悖论的成因和解悖,则不仅意味着通向循环的奥秘这一新领域的枢机,而且走向了一个十分耐人寻味的更深层次循环。从认知悖论的恶性循环到双向循环描述,呈现出重要的循环关系。

一、走向未知领域的门枢

认知悖论是最具生产性的悖论类型,但其所陷入的无限倒溯恶性循环,极大地障碍了通向未知领域的门枢。认知悖论所陷入的恶性循环漩涡,也正是诠释循环研究遇到的关键问题,而在诠释循环的双向理解中,则可以看到理解的更深层次机制。通过这一更深层次机制,可望消除这一障碍。虽然在本书中只能对双向循环描述做一简要探讨,但这对于推进涉及无限倒朔的认知悖论甚至整个悖论问题,都是重要的基础性工作。从认知悖论解悖通向新的双向循环理论,当属典型的生产性解悖。

在悖论问题的研究中,目前认识意义最为凸显的是一些认知悖论和涉及无限倒溯的悖论,它们典型地隐含着走向未知领域的重要门枢。

认知悖论和无限倒溯悖论与关于"知"的思维规定密切相关,归根结底关涉到归纳。认知悖论是认知过程中"知"的不同层次之间自我冲突构成的自相矛盾式悖论。苏格拉底的"无知"可以理解为对他人自以为确知的东西——比如一些定义本身——并不能完全明确的更深层次"知"的状态,就像量子力学的不准确恰好是比牛顿力学的精确更深的"知",甚至是更高层次的准确。在这个意义上,即使苏格拉底说自己"一无所知"不是误读,也仍然具有更重要的意义。知道自己对这些定义不像有些人所认为的那样自以为知道得很确切,当然不仅是一种更深刻的"知",而且也是更确切的"知"。这与认知过程中无穷倒溯悖论的循环机制密切相关。

无穷倒溯悖论也涉及循环,但这种循环不是封闭的循环,而是开放的生成循环。这类悖论的描述解悖,应当是从中找到走向未知领域门枢的典型体现。无穷倒溯悖论的经典例子之一就是所谓"标准问题"(The problem of the criterion)。标准问题是一个典型的知识论问题,甚至是认识论的基本问题。"标准问题锁死于(locks into)一个典型的无穷倒溯(infinite regress)。""知识论的大部分工作可以看作是消除(extinguish)这个关于映证(justification)的无穷倒溯悖论的努力。"[①]这里将"justification"翻译为"映证",所谓"映证"即实践回应的映射点集,比如发现一只黑色的乌鸦,既不是"证实",也不是"确证""所有乌鸦都是黑色的"这一命题,而只是表明这一判断的实践回应的映射点增加。对于归纳悖论和认知悖论中的这一基本思维规定来说,这一

---

① Roy Sorensen, *A Brief History of the Paradox: Philosophy and the Labyrinths of the Mind*, p. 155.

理解至关重要。由一些认知悖论的无穷倒溯可以看到,这种描述特性意味着我们对于循环过程的把握还存在关键问题,通过这方面问题的深入探索,这一问题在"诠释循环"中可以看到更形象的表现。

诠释循环一般指理解过程中在部分和整体之间的来回运动,其表述最早见于施莱尔马赫的老师、语文学家弗里德里希·阿斯特(Friedrich Ast)的《诠释学》:"对于用陌生形式(语言)撰写的陌生著作的一切理解和解释不仅以对个别部分的理解为前提,而且也以对这个陌生世界的整体的理解为前提。""即个别只有通过整体才能被理解,反之,整体只有通过个别才能被理解。"[①]从前诠释学到现代欧洲大陆哲学,关于诠释循环的基本表述都大抵一致。"'现代大陆哲学中的诠释循环'是一个具象(specific manifestation):它是这样一个事实的一种结果,这个事实即关于部分的一种理解依赖于这一整体的一种理解,反之亦然。"[②]用伽达默尔的话来说,就是"我们必须从个别来理解整体,而又必须从整体来理解个别"[③]。关于诠释循环的性质,历来有不同理解,而其意义和局限则同样引人注目。这一现象非常特别,在很大程度就由于诠释循环事实上构成了一个悖论:一方面,要理解整体,当且仅当先理解部分,因为整体由部分构成,没有理解部分,从无理解整体;另一方面,要理解部分,当且仅当先理解整体,因为部分是整体的部分,没有理解整体,不可能到位地理解其部分。这是一个在更高层次内容的逻辑得到严格刻画的悖论,即"诠释循环悖论"。事实上,这也是一个由描述折叠构成的认知悖论。

诠释循环揭示了理解的机制,为人类对于事物过程的认识提供了重要理论基础。在人类认识机制中,诠释循环具有重要地位和意义,同时也有两方面的局限,诠释循环悖论正是诠释循环这两个方面的集中体现。

诠释循环的一方面局限是主要涉及理解,而没有真正涉及生成,因而不能完全解

---

① 弗里德里希·阿斯特:《诠释学》,洪汉鼎译,载洪汉鼎主编:《理解与解释:诠释学经典文选》,东方出版社 2001 年版,第 4,9—10 页。

② John Llewelynm, *Beyond Metaphysics? The Hermeneutic Circle in Contemporary Continental Philosophy*, Humanities Press International, Inc., 1984, p. xvii.

③ 伽达默尔:《真理与方法》,洪汉鼎译,上海译文出版社 1999 年版,第 373 页。

决事物过程涉及生成机制的问题。要充分展开诠释循环的内在逻辑,必须突破其理解机制的局限,将理解机制扩展到生成机制。事实上,只是作为理解的机制,诠释循环本身最终也难免限于往复进行的自身循环,只有将关于理解机制的诠释循环扩展到关于生成机制的相应循环,将马克思的感性实践概念引入理解和生成的融合,才能推进诠释循环理论的进一步发展。

诠释循环的另一方面局限,则是没有深入展开其双向性质。由于停留于理解的循环而没有进到生成的循环,诠释循环没有由理解的循环和生成的循环结合构成超越机制。只有通过生成的诠释循环超越单纯的理解机制,才能使诠释循环不再仅仅是作为理解机制的循环,从而具备构成循环超越性的条件。在诠释学中,仅从字面也可以看到,循环只是在理解层面,从而没有表现出其所揭示的核心机制,没有体现对这种循环来说至关重要的超越性。这些涉及恶性循环的问题,表明我们对事物过程的整体描述还很不够。描述要在更高整体层次把握事物过程,必须深化事物整体过程描述的探索。在过程哲学中,可以看到这方面非常丰富的思想资源。

由于认为世界本质上是一个不断生成的动态过程,过程哲学在哲学研究中具有重要地位和影响。随着当代哲学和科学的发展,关于事物过程的描述已经可以建立起更具体的一般描述模型。量子力学和相对论是怀特海建立过程哲学的基础,而(哲学)诠释循环和感性实践概念等,则为事物过程一般描述模型的建立提供了另一方面的重要思想资源。

诠释循环揭示了理解中部分和整体的重要循环机制,但由于局限在理解机制而未扩展至生成,必定会陷入由此所造成的封闭性。解释世界如果不与实践活动联系起来,永远只能构成一个理解的循环。这个理解的循环是非常有限的。停留于理解的循环,就只能停留于解释对象和我们自己,而且由于没能突破实践的节点,这个循环会终止于理解的循环的环距趋向于零的运动。这正是有学者认为哲学诠释学的发展在当代看不到太大发展前景的原因。

如果突破单纯理解的循环,将诠释循环扩展为不仅仅包括解释机制的双向循环,诠释循环的内在密码就会进一步展现,其意义就在根本上得以扩大。只要突破实践的节点,将诠释循环机制扩展到更多活动乃至所有过程之中,单纯的解释机制就扩展为事物过程的生成和发展的基本机制,它的生命力就得到更大程度发挥。

将感性实践纳入诠释循环,提供了将理解机制和生成机制融合的契机,这就完成了一个富有意义的推进:从认识的诠释循环到实践的诠释循环。传统的诠释循环能解释认识和理解中的诠释循环发展机制,比如解决抽象普遍性和具体个别性的关系问题。由于源自文本的理解,传统诠释循环只能在认识机制意义上理解,但不能处理理论和实践的关系问题,不能解决实践的解释功能问题。因此,诠释学必须纳入实践同时也是理解的观念。人的生存本身就是理解活动,这在海德格尔那里已经有深入探索。在此基础上就能更好地理解为什么马克思立足于感性实践,强调哲学既解释世界又改变世界,而且是解释世界和改变世界的内在统一,而不是二者的简单结合,由此可以认识到马克思感性实践概念的更深层次内涵。

实践的诠释循环不仅能够在实践意义上解决理论和实践的关系问题,解决实践的解释功能问题,而且能够超越诠释循环的理解机制,跨越到"生成的诠释循环",并在此基础上构成双向循环描述。

二、双向循环描述及其折叠和展开

通过认知悖论和悖论的奇异循环,可以通向认识的双向循环描述模型:从整体到部分的循环与从部分到整体的循环两个方向相对的循环构成更高层次的双向循环。由此可以相应建立起双向循环描述模型。

双向循环描述是理解和描述复杂事物过程的模型,就像系统论是以系统的方式理解和描述对象的方式,不是意味着对象就是系统或者对象事物过程就是典型双向循环的。作为描述模型,双向循环过程不管多么形象,始终难免是画布上的实物投影。而投影就有信息被折叠,这正是人类描述的特性。但描述模型的价值在于其合理性,这种合理性与思维规定密切相关。事实上,在人类认识中,描述和规定本身构成了更深层次的双向循环关系。

描述和规定的交织,不仅包括基于规定的描述及其发展,而且包括基于描述的新规定设置,这样就在认识过程即对象的描述和规定交织把握中构成了一个双向循环过程:一方面,从规定到描述再到规定;另一方面,从描述到规定再到描述。描述是根据整体对局部的分析性知识,而整体则是在规定的基础上建构的,因而,从整体到局部的过程属于描述的向度,而从局部到整体的过程则属于规定的向度。正是这两个向度的内在整合,构成了描述和规定联系和发展本身的双向循环过程。也正是在这个意义上,描述的向度就是分析的向度,分析的向度就是演绎的向度,演绎的向度就是从整体到局部的向度。与此相对,规定的向度就是综合的向度,综合的向度就是归纳的向度,归纳的向度就是从局部到整体的向度。

双向循环描述模型以形象的方式,表明悖论意味着枢机,悖论本身是走向未知领域的枢纽。而且,双向循环模型本身,又是进一步研究悖论问题的重要方法——这就构成了悖论问题研究本身的双向循环。只有把诠释循环悖论和认知悖论所涉及的无穷倒溯放到认识的双向循环过程中,才能通过退离,把一个被锁死的无穷倒溯转换为一个双向循环过程。双向循环描述的这一重要意义,集中体现在其对于描述折叠更完整的理解和展开。

由双向循环描述,可以对由描述折叠形成的悖理性机制有一个更形象完整的理解。把"鸡蛋悖论"理解为描述的折叠造成双向循环过程时序维度压缩的结果,就更为确切和具体。作为对涉及进化过程横截面描述的结果,它是由于双向循环时序过程被压缩形成的。由于双向循环过程包含时空维度,由时空描述的折叠造成的悖论都可以纳入双向循环过程考察。

由双向循环过程的描述折叠构成的悖论是对事物过程开放循环结构横截面的描述,这类悖论仍然由描述所包含的规定之间的冲突构成,其成因是描述造成的折叠使不相容规定在描述关联中自我冲突,从而构成自相矛盾。这种规定冲突的根源,在双向循环过程中可以看得很清楚。

在经验领域,复杂过程的描述都是四维的:空间三维,再加时间过程。现在所知的复杂实体过程都是四维过程,而且在复杂过程中构成多重循环,但是在 agent 的描述或视野中往往是被压缩,从而是折叠形态的。

(1) 当双向循环两个相对方向的循环过程断裂,就都是单向循环。单向循环会造成空间方向和时间方向上的形而上学形态,带来过程上的类似二律背反式的悖论。

(2) 当单向循环过程在时间轴方向被压缩,就形成开放循环过程的一个横截面。时间维度被压缩或时间成了死循环,开放循环的投影就成了死循环。如果把双向循环过程投影成三维(这在我们的思维中就能想象和进行),会是什么结果?那就是一个静态的双向循环(立体)结构。这是一个精妙的结构,一个四维循环过程的投影。"鸡蛋悖论"是将一个四维循环过程变成立体结构投影的结果;这也是很多同类悖论的形成机制,诠释循环悖论正是这样形成的。

(3) 死循环压缩为非循环的体。当死循环压缩为一个非循环的体,即相当于一个环的侧面投影,循环就变成了三个维度的无限,带来一般意义上二律背反式的悖论。

(4) 体压缩成面。当体压缩成面,三维物体的二维投影则带来不可能图形类悖论。把双向四维(超)循环过程投影成二维(这必须借助三维物体的二维投影类比),那可能就是一个充满悖论甚至形式逻辑意义上的矛盾的平面,一个折叠了很多序的平面景观。但景观平平,却并不意味着内涵"常常"。这一投影,把很丰富的信息折叠成了大量"秘密",不仅没有了过程的秩序,而且没有了结构的有序,只留下一个奇怪甚至不可能的图形,或者是在具体过程中不时流溢出悖理性的"潘多拉魔盒"。

这时候,不仅没有了前移,更没有了退离(back away)的影子。作为对当下关系的思考结果,我们拥有的可以不包含对象本身的具体内容。由此可见,在这种情况下,不仅对象的具体内容,而且思维规定本身的内容也被投影折叠了。在折叠的景观中,我们就只能有形式逻辑关系,不可能有更多逻辑关联内容。只有当我们从二维投影回到三维结构,由于思维规定的内容变得更为重要,也更为清楚,才有可能得见具有更高层次内容的逻辑。

(5) 面压缩成线。当面压缩成线,二维物体的一维投影就是线性思维的原型。

上述描述形成的 5 个层次折叠,正是悖论构成的更完整描述折叠机制。

作为语言(描述)的"短路",悖论本身是一个封闭的循环结构。只要正向错开旧规定,就能变成开放的循环,从而把死循环变成发展的过程。如果通过分层阻扼(block by stratifying)悖论,就等于同时阻断了循环开放的可能性。因而分层理论可以避免一些悖论,但却以抹杀悖论的重要意义为代价。

因此在亚卜罗(Yablo)看来:"建立分层不足以避免悖论,人们必定还要确定这些分层的建立基础牢固(well founded)。"[1]而我则认为,对于悖论问题的解决,仅仅建立基础牢固的分层(hierarchies)以避免悖论是远远不够的。悖论问题研究的真正意义不在避免或消解悖论,而是廓清悖论的坐标,在我们对未知领域进行描述的方位和合理方式的发展方面,让悖论充分发挥其独特的重要作用。

第四节　描述解悖方案

悖论的描述成因,意味着新的解悖理念、解悖方式和解悖方案。基于悖论的基本描述成因,描述解悖可以形成相对统一的方案。虽然描述和规定的交织可以十分复杂,即使在描述类解的意义上,也不存在一个解决所有悖论的方案,但将悖论问题作为描述问题研究,就可能在哲学层次达到这样的理解:不存在开所有锁的万能钥匙,但存在开锁的基本原理。悖论的描述成因使统一地理解、展开和处理悖论成为可能:描述解悖通过在更高层次内容的逻辑中理解悖论,在描述和规定的交织中展开悖论的描述折叠,深入到描述的规定前提处理悖论。

一、在更高层次内容的逻辑中理解悖论的具体成因

在描述解悖方案中,首先是理解悖论,在更高层次内容的逻辑的基础上,解悖也意味着主要是理解悖论的具体成因。由于必须在哲学层次深化悖论的研究,因此解悖方

---

[1]　Thomas Bolander(ed.), *Self-Reference*, p. 24.

案的基本也是主要的内容就是悖论的理解。在这里,"解悖"的"解"不是单纯"消解"意义上的"解",而更是理解的"解"。在这个意义上,解悖就是在更高层次内容的逻辑中理解悖论的成因及其意蕴。理解了悖论,就能明确悖论在人类知识体系中的地位,从而才能明确其性质,挖掘其意义。所以有悖论所要求的部分工作是确定描述必须如何作出、清晰刻画或精练[1]的观点,由此可见在描述层次理解悖论的重要性。

人类知识体系生长出的悖论之"树",不仅长在关键部位,而且根系很深。在形式逻辑中,只能看到悖论之"树"的地面部分,而悖论之根深深扎在更高层次内容的逻辑中。因为作为描述前提的规定涉及更高层次内容的逻辑,就像海面冰山,大部分没在水下。比如作为"本命题为假"的前提性规定,"所述为实"关乎的不是形式逻辑,而是更高层次内容的逻辑。正因为如此,描述解悖的基本原理,深藏于更高层次内容的逻辑,解悖首先必须在更高层次内容的逻辑中理解悖论的具体成因。

悖论中的自相矛盾,事实上是更高层次内容的逻辑中的正常描述在形式逻辑中的特殊表现,更确切地说是更高层次内容的逻辑描述在形式逻辑上的平面投影,因此,解悖的主要任务就是到更高层次内容的逻辑展开中理解悖论。反过来说,这就意味着悖论隐含着更高层次内容的逻辑中走向更高知识层次的契机,甚至具体机制。解悖正是在悖论的更高层次内容的逻辑理解基础上,通向更高描述和知识层次的契机发现,甚至具体途径揭示。在更高层次内容的逻辑层次,悖论中的一些涉悖规定会在更大范围、更高层次的参照系中显露其适用条件范围,甚至其局限性,从而在新视野中融化。悖论涉悖规定的这种融化场景,在爱因斯坦关于广义相对论的思想实验中,表现得最为经典。当想象自己在公共汽车上以接近光速驶离大笨钟时,牛顿的绝对时空规定就在接近光速的运动中模糊甚至融化了。正是经典物理学基本思维规定的融化,显露了牛顿时空规定走向相对论时空规定的契机。

在更高层次内容的逻辑中理解悖论,呈现悖论的原生形态,从而得以确定悖论在其所处知识体系中的坐标,这正是描述解悖的第一步。更高层次内容的逻辑是解悖的

---

[1]　Doris Olin, *paradox*, p. 11.

逻辑基础,解悖在更高层次内容的逻辑的基础上进行。正是在更高层次内容的逻辑中,可以将描述和规定联系起来,在描述对于规定的使用关系中明确悖论的具体成因,明确涉悖规定的具体描述性质,理解具体悖论的描述地位。只有在更高层次内容的逻辑中,才能看到悖论的全貌。

更高层次内容的逻辑中的鸡蛋悖论与形式逻辑中完全不同,形式逻辑只是显露了鸡蛋悖论的逻辑形式冲突,而更高层次内容的逻辑则把鸡蛋悖论置放于生物进化过程的背景之中。在那里,"鸡"是由爬行动物逐渐进化而来的,正是在这个进化过程中,逐渐进化出"鸡",也正是在这一进化过程中,逐渐有了"鸡蛋"。更高层次内容的逻辑接通了鸡蛋悖论和生物进化过程,作为描述产物的悖论在更高层次内容的逻辑中还原为自然进化过程。

二、在描述和规定的交织中展开悖论的描述折叠

描述解悖其次是在更高层次内容的逻辑基础上,展开描述和规定的交织,在描述和规定的交织中展开描述折叠。这一环节主要是在描述和规定的交织中展开悖论,揭示其意义和可能的预示。将折叠的描述展开,就不仅可以解锁悖论,而且可以由此进一步推进知识的发展。

作为悖理性描述,悖论在描述中处于折叠状态,只有在描述和规定的交织中才可能展开。在描述和规定的交织中,可以自然打开形象描绘和抽象描述的折叠,而双向循环描述模型则为空时描述折叠的打开奠定了基础。空时描述折叠在双向循环过程中展开,就是时序折叠和空序折叠的描述还原。在双向循环描述中,通过打开描述折叠,不仅可以更好地理解悖论,达到悖论解锁的目的,而且还可以通过悖论的描述理解走向知识的更深层次。这是一个通过深入到描述的前提性规定,将描述和规定的交织结构一层层展开的过程,正如将折叠的二维结构展开为三维立体。这方面,描述折叠的双向循环展开,为在描述和规定的交织中展开描述折叠提供了更完整的模型。双向循环描述折叠的展开,主要包括三个层次:

（1）在双向循环描述折叠展开中展示悖论的形成机制。在这一层次，主要是在双向循环描述模型中展示悖论形成的描述折叠，并明确其形成的投影机制及其性质。关于描述的研究有一个基本的立场，就是我们所呈现的所有实体及其过程，都只是与模拟有着根本区别的描述。它们只是描述模型，只是这种描述既可以是抽象的，也可以是形象的，但作为对事物过程整体层次更高的描述模型，双向循环描述可以在四个维度打开一般描述的折叠。

（2）在双向循环描述模型中打开描述折叠。在悖论的描述折叠展开中，可以通过把线性、平面和立体描述的空间折叠、动态描述的过程折叠以及描述和规定交织的层次折叠置入双向循环描述模型，被折叠的维度就得以充分展开，从而描述和规定之间的层次关系得以描述还原。

双向循环描述解悖之所以能将描述折叠打开，是因为它具有与前移相应的退离机制。退离的走向是对我们自己的(基本)规定和描述(方式)乃至理论(体系)的反思，因而这种描述的立足点既不是单纯地放在主体上，也不是武断地放在客体上，而是放在它们"之间"，因而是放在了既非单纯主体性亦非纯粹客观性的"间性"上。由于双向循环描述在思维抽象描述基础上达到了思维具体描述，通过开放的循环描述还原，不仅可以走出由抽象描述折叠构成的具体悖论，而且可以超越悖论所反映的问题，走向更高层次认识的门径。发现和解决这类相关问题，正是描述解悖方案的重要任务，也是描述解悖不同于其他解悖方式的重要方面。

在双向循环描述模型中打开形成"鸡蛋悖论"的描述折叠，就是将其在双向循环过程中展开，把它展开在生物进化过程中。这就打开了"先有鸡还是先有蛋"的描述折叠，完成了这一悖论的描述开放循环还原。

（3）在打开的描述折叠中展示悖论所反映的描述问题。悖论的描述成因总是指向描述问题，这些问题可以是形象、概念、命题、理论甚至逻辑层次的。明确了问题所在，就找到了悖论所指向的描述症结，而这就使悖论成了反映既定概念、命题、理论甚至逻辑问题的"苗头""症候""征兆"或"信号"，解悖则成了走向更高层次描述或理论突破的端口。

由"鸡蛋悖论"的双向循环还原,不仅可以还原"先有鸡还是先有蛋"描述折叠形成的这一悖理性问题,而且甚至由此可以看到通向生物进化论的门径,得到生物进化的结论,使人类认识走向进化论。因此"鸡蛋悖论"的双向循环描述展开,表明它可以是通向生物进化论的端门。在描述和规定的交织中,描述折叠的展升,展示了"鸡"和"蛋"的规定在更高层次内容的逻辑中的关系。"鸡蛋悖论"自然解锁。

在双向循环描述中,不再存在静态描述、过程描述的折叠,也不再存在语形、语义和语用描述的折叠,从而不存在这类描述折叠形成的悖论。双向循环描述更真实地反映了事实过程,而事实过程本身不存在悖论。因此在双向循环描述这面镜子的整体观照下,才可以照见描述甚至理论和整个知识体系本身的深层次问题。这些问题包括概念规定问题、描述方式问题、基本预设问题和根本立足点问题等。正是这些不同层次的问题,使描述解悖得以进行不同悖论的具体处理。

三、在涉悖规定的定性分析中处理悖论

描述解悖最后是在涉悖规定的定性分析中处理悖论,即深入到描述中涉悖规定的定性分析解锁悖论。"解悖"的"解"是理解意义上的"解",同时也是"解锁"意义上的"解"。在这个意义上,典型悖论的解悖就是深入到描述的前提性规定解锁,这对于以隐含思维规定为前提的描述构成的悖论特别重要,悖论研究中一些有趣而耐人寻味的情景也印证了这一点。"悖论常常可以通过揭示缺少解决的前提条件而消解(dissolved)",但问题常常在于不知道问题出在哪儿。关于芝诺的运动悖论,连孩子都知道"哪儿有问题,但不能确切指出问题所在",这最简洁形象地说明了悖论问题的深刻性。直到现在,我们仍然有理由认为:"拥有能解释(芝诺)悖论的答案将是美妙的,⋯⋯但我们唯一的答案似乎仍然是芝诺的。"不从思维规定的层次入手,就不可能真正理解和处理芝诺悖论。

在涉悖规定的定性分析中,思维规定的使用理论(use theory)分析具有重要地位。更高层次内容的逻辑涉及思维规定的具体使用,因此解悖必须在描述中借助使用理

论。不仅描述的使用理论涉及解悖的实践使用环节,而且解悖又是在思维规定的具体使用中打开描述折叠。通过打开描述折叠,在具体条件下分析描述中规定的使用,包括规定使用的具体条件,规定使用的结果以及规定使用的合理性等。"解铃还需系铃人",描述构成的悖论还须通过描述解锁。

在很大程度上,悖论的意义往往取决于涉悖规定的性质。作为同一构成机制,甚至同样性质的悖论,罗素悖论和理发师悖论中的"罗素集"和"理发师"的意义就完全不同。涉悖规定越是知识系统的基础性基本思维规定,悖论的认识意义可能越大;涉悖规定越是一般活动中的实用性具体行为规定,悖论的认知意义可能越小,而行为意义则可能越大。由于涉悖规定的重要性程度迥异,有些悖论的确类似文字游戏,其性质与形式逻辑意义上的自相矛盾没有根本区别,比如"不准执行本命令!"这类悖论的意义,在描述上主要是告诉我们描述不能与作为自身前提的规定无谓地自相矛盾,就像不能在形式逻辑意义上说一个对象既"是"又"不是"。但即使命令悖论,由于具有与行动的关联,还另具实践意义。而在描述和规定的复杂交织中,有些悖论的意义,则可能远未被我们所认识。描述解悖方案正是要解决涉悖规定在描述中所揭示的问题,明确涉悖规定的性质、合理化或更新,从而明确特定描述和描述方式的意义范围,确定涉悖规定的使用目的及其他具体条件,根据涉悖规定的性质和悖论在其所处知识体系中的地位,确定和挖掘其认识和描述意义,并据以深化悖论处理。

在打开描述折叠,理解悖论具体成因的基础上,悖论处理涉及四种情况:

(1)如果悖论或涉悖规定涉及描述、思维甚至理性本身,这个层次的悖论似乎没有具体的认识意义,但如果从描述的层次就能看到,它们不仅可能具有认识意义,而且因为是更深层次的描述意义而更加非同寻常。因为规定律表明,如果这种非常规描述不涉及具体的知识,但晓示了描述的性质,即表明此类悖论在描述研究中具有特殊地位和价值。说谎者悖论及其增强版都属于这类悖论,关于它们的处理就是明确具体条件下人类描述的有效范围或局限。作为违反更高层次内容的逻辑思维规则的结果,这样的描述是非常规的,由此造成的悖论要么是进入更高层次描述的端口,要么主要具有描述意义。如果描述或思维规定涉入与人类理性本身相悖的层次,则主要作为描述的警示处理。

（2）如果悖论或涉悖规定涉及描述方式，这类悖论可能具有重要认识论意义。因为这种悖论晓示了具体认识中描述方式的有效范围或局限，典型的如二分法描述的有效范围或局限为集合论悖论和连锁悖论等所晓示。这类悖论的处理是明确特定（具体）描述方式的有效范围或局限，并据以推进描述方式的发展，而主要和方法则是提升描述层次，通过提升描述层次，避免悖论的自我包含，比如在集合论悖论及作为其变形的理发师悖论和书目悖论的处理中，从"平常集"和"非常集"的二分法分类，提升到包含"罗素集"分类层次，或认识到具体条件下二分法分类的极限性质，进而导向二分法研究；从"给自己刮胡子的人"和"不给自己刮胡子的人"的二分法分类，提升到不用给自己刮胡子的理发师分类层次等。作为知识体系中描述与规定交织构成的自相矛盾，悖论的解决就是在更高层次内容的逻辑的更高层次理解和处理。

（3）如果涉悖规定涉及具体知识体系的基本思维规定，这类悖论可能对于相应具体知识体系或学科的发展具有重要意义。因为这类悖论在以涉悖规定为前提的条件下所得到的结论失范结果，可能启示着涉悖基本规定的问题、合理化甚至更新的方向和具体路径。作为由规定的冲突构成的悖理性描述，在这类悖论中，有的是主观规定与客观事实冲突的结果（如"自由落体悖论"）；有的是我们主观规定本身性质的反映（如"皮亚诺悖论"及所有涉及"无限"规定的悖论）；有的是我们的描述方式与经验事实相冲突的结果（如波粒佯谬）；有的则是规定和我们直觉冲突的结果（如"海岸线悖论"）。"海岸线悖论"就是把本来是有限长的海岸线"科赫化"[1]而变得无限长，这样，在无限长的海岸线内陆地面积却有限，这就与我们的"直觉"相悖。这类悖论的处理是从描述失范走向涉悖规定的合理化和更新。

（4）如果涉悖规定只是涉及非学科知识系统的思维规定，这类悖论可能具有交往和批判性思维意义或艺术价值。因为这类悖论涉及人们日常交流领域的规定使用或艺术领域的创构方式。事实上，在经验规定中，具有感性特点的直觉经验常常成为悖

---

[1] 瑞典数学家黑尔格·冯·科赫把一条线段3等分，以中间线段为底边作等边三角形，去掉底边后就变成4段折线，再每段如法操作成16段折线，不断操作就创造了一条没有边界的连续曲线，被称为"科赫曲线"。

论的重要构成因素。这类悖论的解悖主要是处理涉悖规定,根据其使用目的和使用的具体条件,区分特定具体条件下同一思维规定的不同含义,具体情况具体分析,比如道德悖论的具体条件分析等。

由此,在更高层次内容的逻辑中理解悖论的具体成因,在描述和规定的交织中展开悖论的描述折叠,在涉悖规定的定性分析中处理悖论,就构成了描述解悖方案。由于不同的具体描述成因,悖论不同,用解悖方案解悖的具体方式也可能有区别。有的悖论在更高层次内容的逻辑中理解就能消解;有的悖论要到描述和规定的具体使用条件中得到理解;而典型悖论则必须在整个解悖方案中理解和解决。因此,具体的描述解悖必须根据悖论的类型进一步细化,将悖论的描述类解建立在悖论分类的基础之上。

第 14 章 悖论的描述类解

在更高层次内容的逻辑中,悖论成因可以分成很多类,这些类决定于描述和规定的交织所构成的自我冲突导致自相矛盾的具体机制和类型。不同的冲突机制和类型决定了解决悖论问题的不同方式,因此意味着悖论的描述类解。

根据悖论成因深入描述和规定交织的程度,可以得到一个悖论系列:从描述与作为自身前提的规定自我冲突到描述中混淆规定的自我冲突导致自相矛盾,甚至导出矛盾等价式。根据这样一个系列,悖论的描述类解可以大致分为四种类型。

第一节 描述与作为自身前提的规定自相冲突导致悖论的类解

描述与作为自身前提的规定自相冲突导致的这类悖论因为有描述分别应用于和超越作为其前提的规定两种具体成因,也就对应着作为典型悖论代表的说谎者类悖论和集合论类悖论。对这类悖论的解悖也分为两种类型来探讨。

一、说谎者类悖论的解悖

说谎者类悖论的具体成因,主要是在更高层次内容的逻辑中理解描述和作为其前提的规定自我冲突。在描述和规定的交织中展开描述折叠,正是理解和解决说谎者类悖论的重要环节。

在描述和规定的交织构成的自我冲突机制中,最典型的是描述和作为其前提的规定的冲突,而最有利于理解这种造成典型悖论冲突机制的,则是所谓"布里丹语句"。在布里丹的《诡辩》中,诡辩命题 13 具有特殊意义:"苏格拉底知道写在墙的这个命题对他来说是可疑的。"这就是后来以"布里丹语句"著称的特殊语句,其典型形式是:

没有人相信此语句。

由于通常认为"知道一个语句"须满足三个条件:(1)你相信那个语句;(2)你相信它有合理的理由;(3)那个语句是真的。因此布里丹语句是悖论:如果该语句为真,则无人相信它,由于相信它是知道的三个条件之一,也就无人知道它。如果该语句为假,则至少有一人相信,但由于语句为真是知道的三个条件之一,结果是"任何人都不可能知道这个语句是真的!"[1]布里丹语句将认知的前提作为描述的前提性规定,而无论在逻辑还是历史顺序上,认知都在描述之前。这种在因果和时序上都倒置的语句,甚至使认知都不可能发生,所以会出现更不可思议的结果。这就在逻辑和时序两个方面都更深入地展示了典型的悖论形成机制:描述和作为其前提的规定自我冲突导致自相矛盾。

说谎者悖论之所以成为悖论最典型的形式之一,就因为它通过表述上最简单的结构,造成了描述与作为其前提的规定之间的自我冲突,从而造成描述要为真,当且仅当它为假的悖理性;因为描述通过直接指向自身,构成了自身与自己隐含前提性规定的循环关系,并通过自身对前提性规定的否定,构成自身的自相矛盾。

我们的任何言说或描述都以反映了事实或真实为默认——常常还是隐含——前提,除加以特别说明,任何言说或描述的预设前提都是"所言为真"(言说)或"所述为实"(描述)。因此"本语句为假"只是自我指称,而不是把自身作为自己前提的规定,即说谎者悖论的隐含规定是"所言为真",而不是这句话本身。由此可见,说谎者悖论之所以如此特别而重要,就因为作为其前提的思维规定正是人类言说或描述的前提性规定。

––––––––––––––––––

[1] 　陈波:《悖论研究》,第 281—282 页。

说谎者悖论是涉及描述和规定的交织,因层次折叠构成的悖论。由于不仅揭示了描述和作为其前提自我冲突导致自相矛盾构成典型悖论的机制,而且因涉及内容尽可能少因而方式最为简洁,因此"说谎者悖论"成了晓示描述和规定关系的独特描述现象。正因为如此,人们认为"The statement in the box is false"这个悖论引导我们追问自己关于每一陈述非真即假的基本假设。[①]在双向循环描述类解中,所有以自我指称为逻辑条件构成的悖论,都不仅不是没有意义甚至不合法的,而且具有更高层次的特殊意义。这个意义上的解悖不仅不只是消解悖论,而且是更重要的挖掘悖论的意义,甚至建构悖论。避免——甚至像中世纪那样禁止——命题的自我指称,不仅是对一些典型悖论,而且是对活生生语言的阉割及其使用的限制。这显然不是悖论问题研究的正确方向,因为这类悖论处于描述和自身前提性规定的交织之中,悖论解决方案的正确方向应当与描述和规定特殊交织造成的折叠打开相联系。

在描述和规定交织折叠的双向循环描述展开中,开放的循环还原不仅能够解悖,而且可以反过来从这类悖论看到走向未知领域的门径。"鸡蛋悖论"与进化论的关联,虽然在认知发展过程中"不可逆"了,但悖论在双向循环过程中展开的意义则一样清晰可见。正如通过进化过程的展开,将进化过程的静态投影还原为进化过程,"鸡蛋悖论"所构成的逻辑上的自相矛盾就不仅消解了,而且使悖论成为进入更深层次理解的门径。把这一简单的问题放到描述和规定复杂的交织中,就可以走向说谎者悖论的描述解悖。

"我正在说谎"是一个描述和规定交织的多层次立体结构,"我正在说谎"之下还有"所言为真"这样一个隐含的预设作为其前提性基础,即保罗所说的"每一个命题都暗示自己是真的"。正是这个隐含的预设,使这话本身具有意义。事实上,"我正在说谎"除了有"所言为真"作为其隐含前提,还可以有一系列前提的前提。如果把以这一隐含规定为自身前提的描述展开,不仅可以看到这一描述和规定的立体结构,而且可以一直从这一隐含规定更深入地一层层展开,从关于人类思维到关于人类理性的相关描述

①　Robert M. Martin, *There Are Two Errors in the the Title of This Book: a Sourcebook of Philosophical Puzzles, Problems and Paradoxes, Revised and Expanded*, p. 121.

和规定,一直深入到人类学特性。而如果只看"我正在说谎"这一命题本身,就把所有这些必不可少的隐含前提给折叠进去了,因而构成了悖理性冲突,导致悖论。这一命题之成为悖论,也正像"鸡蛋悖论"将进化过程折叠成其横截面导致自相矛盾,只是在这里,描述折叠是描述和规定交织的压缩造成的。

在这样一个多层次立体结构描述展开中,说谎者悖论的成因一览无余。人们通常认为,如果这一"悖论之王"的成因得以揭示,所有其他悖论的成因都同时得到理解。虽然这样的展示并不意味着传统意义上的悖论消解,但"悖论之王"成因的描述展示,无疑为整个悖论问题的理解和解决提供了新的进路。这一似乎没有对自身之外任何对象有所断言的描述,具有所有悖论中最深刻的认识和哲学意蕴。因此,在更高层次内容的逻辑中理解说谎者悖论,其处理就远不是一个消解的问题,而是在描述和规定的交织中展开其描述折叠,澄清和挖掘其在知识体系中的地位和意义。

由说谎者悖论的描述解悖,可以看到其地位和意义主要表现在三个方面:

首先,说谎者悖论在逻辑和经验间具有特殊地位。认为"说谎者悖论"具有动摇数学乃至理性基础本身的重大意义,肯定是夸张的,但与此相反的一些观点也毫无疑问没有看到这一经典悖论的深义所在。事实上,即便仅仅作为违反更高层次内容的逻辑思维规则的描述范例,"说谎者悖论"也具有其特殊意义。

将其从其所处描述和规定的交织中割离出来,说谎者悖论似乎的确没有什么意义。"说谎"或"假话"要有意义,必须用以指谓别的命题。在形式逻辑推理中,正如皮尔士所说,"一个断言性命题必须与一个'外部对象'有关系","逻辑法则仅仅对具备一个对象的符号发生作用",否则,"逻辑法则失效"。[1]但在描述和规定的交织中看,这个悖论并不那么简单。不同于所有具有与外部对象关系的悖论,说谎者悖论与任何外部对象无关,它以自身为唯一指称,通过循环构成与作为自身前提的规定自我冲突导致自相矛盾,并能导出矛盾等价式。也就是说,在说谎者悖论中,描述折叠就是通过把自身作为唯一指称从而应用于作为自身的前提性规定,构成自身循环实现的。正是由此

---

① 转引自杨熙龄:《奇异的循环——逻辑悖论探析》,第 117 页。

可以看到,悖论呈现出"奇异的循环",而解悖的描述循环机制则相应呈现出循环的奇异。在说谎者悖论所蕴含的悖理性描述中,通过运用于自己的前提性规定,使描述指向自身,从而与自身的前提性规定构成自我冲突,这是在一个循环中实现的。而对于由自我指称构成封闭"恶性循环"的悖论来说,解决方案就是在双向循环过程中打开折叠,并在描述折叠的打开中,找到悖论的重要描述、理论和逻辑等意蕴。也正因为如此,作为悖论的最纯粹形式,说谎者悖论最简洁明了,最少涉及其他背景知识,堪称悖论的标本。

说谎者悖论之所以特别,很重要的一个因素就是其所涉及的内容位于逻辑和经验之间。一方面,它似乎不涉及经验内容;但另一方面,不仅其来源与经验相关,特别是其典型变种"本语句为假",似乎完全与经验无关,而且它又不是纯粹的逻辑形式。说谎者悖论的这种性质,正是它在悖论中处于特殊地位的原因。

其次,说谎者悖论具有特殊描述意义。对于说谎者悖论来说,至关重要的更在于:正是因为没有自身之外的所指,作为"纯粹"的描述,"本命题为假"具有重要描述意义。没有经验内容并不意味着没有任何内容,所指没有自身之外的内容并不意味着指称没有意义。作为悖论性描述,"本语句为假"正因为所指为自身才成了一个难得的特例,以悖论的方式凸显了描述和作为自身前提规定之间的重要关系。由它的结构和形成机制,我们不仅可以更易手理解和解释其他悖论,而且能从中窥见人类描述的密码。正因为如此,关于说谎者悖论,与其说它"表现了"否定概念的自我涉及怎样反映出概念的矛盾本质,不如说它能晓示规定的性质和机制,而且在描述和规定的交织中,以一种最简洁的方式揭示了人类描述的奥秘。

说谎者悖论的意义更在于它作为一个描述特例,揭示了描述和规定的诸多特性,其中包括了描述和规定的性质甚至更高层次内容的逻辑规则,等等。正因为如此,这一悖论才不会因为只是"表现了"否定概念的自我涉及怎样反映出概念的矛盾本质而被遗忘。说谎者悖论再简洁不过地晓示了人类描述中作为描述前提的规定的存在,晓示了描述与作为其前提的规定之间关系的复杂性和重要性。皮尔士认为一个断言性命题如果没有与外部对象的关系,逻辑法则就会失效,这不仅只能是就形式逻辑推理而言,对更高层次内容的逻辑来说则不成立,而且这里要"失效"的也只是形式逻辑法则。正是在这个意义上说,"悖论也就是处理外部关系的形式逻辑现有手段的一个限度"[①]。也正是在这里可以看到,说谎者悖论所反映的正是某种介于形式逻辑和更高层次内容的逻辑之间的描述或命题。作为分界线上的命题,这个描述在形式逻辑领域看来是没有意义的,因为它没有涉及概念的外部关系,即便不违反形式逻辑规则,也只是一个特例,本身没有内容,也没有意义。而在更高层次内容的逻辑领域看来,它则是另一种意义上的描述特例。虽然没有涉及概念的外部关系,但它却是对概念内部关系的一种最简洁的涉及,一种不涉及任何可有可无要素的更高层次内容的逻辑命题。

最后,说谎者悖论具有特殊逻辑意义。就单个描述和规定的片断关系而言,作为一个命题,说谎者悖论以完全自我指称的方式构成了描述和自身的关系,从而构成了与作为自身前提的规定的自我冲突,导致自相矛盾,所涉及的只是自身,所以就没有涉及概念的外部关系。正是在这个意义上说,说谎者悖论便至少不是典型的形式逻辑命题,但它又以描述的方式涉及自身,因而又涉及概念的自身关系。

概念的自身关系既不是外部关系,也不是内部关系,而是介于外部关系和内部关系之间的关系形态。从说谎者悖论既可以看到形式逻辑命题的逻辑构成,也可以看到更高层次内容的逻辑命题。正是在这个意义上说,说谎者悖论具有重大逻辑意义:它是形式逻辑和更高层次内容的逻辑的交界,从中既可以看到形式逻辑的终点,也可以看到更高层次内容的逻辑的始点。因此,也就自然而然由它既可以看到形式逻辑的界限和范围,也可以看到更高层次内容的逻辑的端口和门径。作为一个命题,说谎者悖论是我们从形式逻辑走进更高层次内容的逻辑的一座灯塔,一个枢纽。

由此也可以想见,所有的悖论都是构成从形式逻辑通向更高层次内容的逻辑的"边界口岸"。当然,从形式逻辑通向更高层次内容的逻辑的"边界口岸"不仅仅是悖论,但说到底,形式逻辑和更高层次内容的逻辑的边界与规定本身密切相关,这也是概念的内涵规定的机制。悖论是描述中的重要现象,而规定则在其构成中具有关键地

[①] 杨熙龄:《奇异的循环——逻辑悖论探析》,第 117、119 页。

位。在这个意义上,悖论是以人类认识的发展为方向,形式逻辑通向更高层次内容的逻辑边界的一个个奇异的果实。

悖论不仅是形式逻辑最优美的产物,而且还是形式逻辑构成的通向更高层次内容的逻辑的桥梁,因而是人类思维最富有意义、最珍贵的产物。作为"悖论之王",说谎者悖论独特哲学意蕴的耐人寻味的展示,进一步展现了人类知识的形态和性质,以及人类认识的性质和特点,表明了悖论在人类认识或知识中的独特地位,展开了悖论的描述和规定意义。

说谎者悖论由于其典型且简洁的结构,可以通过将作为自身前提的规定推向人类理性的深处。比如从作为其前提的隐含规定——"所言为真"推向人类理性的根基,就能层层深入,得到不断强化的说谎者悖论。说谎者悖论越强化,越难以理解,但同时也越深入地涉及人类理性,涉及哲学,而这不仅正是悖论问题是哲学问题的深层次呈现,而且意味着人类认识越是深入,重大进展越可能得依靠悖论。

二、集合论类悖论的解悖

集合论类悖论的解悖是在思维规定从而在更高层次内容的逻辑的基础上,在具体的描述使用中,在人类学特性、人类理性和思维的基础上,展开描述和规定交织的描述折叠;在理解具体悖论构成机制的同时,把悖论置放在人类认识发展的具体双向循环过程中,置于人类认识已知和未知的整体图景。这里,主要以罗素悖论等的解悖为例说明集合论类悖论的描述类解。

罗素悖论也是通过描述折叠与作为自身前提的规定相关联构成另一种意义上的循环。在更高层次内容的逻辑中,罗素悖论的具体构成机制得到清晰呈现:通过超出自身前提性规定的有效范围,在其意义域之外与更高层次的规定(罗素集)构成立体描述,同时又把二分法分类的两个层次压缩在一个层次内,从而把一个开放的二分法分类循环压缩为一个往复震荡的死循环。

作为朴素集合论的一项基本关系,任一集合的元素属于该集合是毫无意义的,它只是对集合这一规定的一种阐释，而作为素朴集合论的一个造集原则，"任一集合都可作为元素属于一个新集合"则必须加以纠正；任一集合都可作为元素属于一个新集合，但根据某一规定构造（由某一根据概括）出来的集合，不能应用于这一规定本身，如不能问："非常集的集合是平常集还是非常集？"因为非常集的集合本身既不是非常集也不是平常集，它超越了非常集和平常集的分类（造集）根据。

这样，就不仅可以通过充分利用现有悖论，而且通过建构悖论检验理论和逻辑，更深入地了解和探索人类知识及其发展的性质和特点，从而推进人类知识的发展。从集合论悖论，可以看到概括的抽象普遍性终极追寻问题。

如果我们要在现在规定的基础上讨论问题，那么，不管罗素集是平常集还是非常集，都会构成悖论，都不能解释它与平常集和非常集的关系。如果我们超出现有规定讨论问题，那么，罗素集就既不是平常集，也不是非常集，它是一个新的分类结果，因此必须找到那个新的分类根据才能理解和解决这一悖论。而一旦找到那个新的分类根据，就不仅解释了罗素悖论，而且将推进相关学科的发展。这正是"罗素悖论"通过引发第三次数学危机，推进数学发展的实际过程。

由于一方面涉及集合论这一具体学科，另一方面涉及二分法的性质，罗素悖论不仅是一种典型的悖论，而且具有一个重要性质：在二分法描述方式中，它是不能消除的。因为集合论悖论与我们的二分法描述方式密切相关，这类悖论的处理，因而就与我们描述方式的发展联系在一起。在特定描述方式中，这种悖论的前提性规定是相应理论发展的重要节点。作为不以自身为元素的集合的集合，"罗素集"正是这样的思维规定，它不仅不能排除，而且具有重要描述意义。以后的发展也证明了，罗素悖论不仅没有被排除，而且与图灵计算机相结合，成了计算机的主要理论基础。

从描述上说，集合论悖论的解决办法既不是否定它的存在，也不是任其在描述中"肆虐"，而是把它纳入一个新的类。任其"肆虐"无疑是消极的，而通过规定来否定它的存在是描述中的独断行为，只是回避问题，解决不了问题。从描述和规定交织的整体中看待这个临界规定，使其成为描述和规定的一个定律，结果就有根本的不同：例如"给不给自己刮胡子的人刮胡子的理发师"那样的一个思维规定便从让人们左右为难的"怪物"变成了人类描述和认识中的一个新的梯阶,而不是只能回避的一个无从下手的难题。

悖论性因素如"所有集合的集合"和"给不给自己理发的人理发的理发师"等,事实上意味着超出原来定义域的新的定义域。如果只停留于原来的定义域,描述永远只能停留在悖理性中,处于"无意义"的状态。只有超越原来的定义域,才能走进更高层次的描述,使悖理性的存在变成新的定理的存在,从而具有新的意义。

由于深入涉及描述,集合论悖论等的双向循环描述解悖涉及描述层次的提升,从而深深涉入哲学研究:把"罗素集"放在"非常集"和"平常集"两类集合之上,或把萨尔维村庄中这个独特的"理发师"单独放在"给自己理发的人"和"不给自己理发的人"这样两类人之上,把"总目"放在"列入自身"和"不列入自身"的书目之上。对于一些提升到更高层次的项,杨熙龄先生看作既非"红灯"也非"绿灯"的"黄灯":

> 那么"总目"编成之后又放在哪个书架上呢?是放在第一类架子上,还是放在第二类的架子上?那就只能放在两个架子的中间,让它成为一座桥梁,或者一盏"黄灯"。①

"总目"是目录,但它不是普通的目录,而是目录的目录。"目录的目录"在分类上显然在"目录"之上。只是这样一来,我们可能会到达类的边缘处。这样,我们就没有办法再往上置了,那就只有通过描述和规定本身的研究来处理,导向作为描述方式的二分法研究。

无论是把悖论中的"理发师"置于"给自己理发的人"和"不给自己理发的人"这样两类人之上,还是把"总目"放在"列入自身"和"不列入自身"的书目之上,都是描述折叠展开基础上描述层次的提升。至于由此达到更高层次的"类"的规定,甚至类似"宇宙大全"那样的规定,则不仅不会使我们在悖论问题研究中束手无策、无所作为,而且有利于悖论研究深入到哲学的深层。正是在这里,可以看到真正意义上的悖论问题的哲学研究。

第二节　描述与自身所含规定自相矛盾导致悖论的类解

这是第二种类型悖论的描述类解,主要针对科学佯谬等由基本思维规定或描述方

---

① 杨熙龄:《奇异的循环——逻辑悖论探析》,第74—75页。

式的局限性导致的悖论。在人类思想发展史上，这类悖论往往与重大理论进展相联系。

这类悖论的类解，主要是通过在更高层次内容的逻辑中理解描述与其所包含的规定自相冲突的悖论成因，在描述和规定的交织中打开描述折叠，对描述所包含但不能涵盖的思维规定进行定性分析，了解这些显性规定的性质及其与描述的关系。在揭示这类悖论的具体成因和形成机制的基础上，通过两方面的探索，发现悖论或佯谬所反映的现有理论存在的问题：一是反思涉悖思维规定，考察用以描述特定现象的思维规定的合理性问题；二是反思描述方式，考察我们描述特定现象的方式的合理性问题；从而通过以新的描述方式将过程的规定变成更高层次整体中的描述提升。一些认知悖论所引发的研究是前者的典型例子，而贯穿这两个方面的典型例子则是量子理论中的波粒二象性悖论所引发的研究。

认知悖论几乎都是由描述与其所包含的思维规定自相冲突导致的自相矛盾，它们的关键都是描述所包含的思维规定。诠释循环悖论中的"循环"、知识论悖论中的"映证"等，都是这样一些涉及认知问题的重要思维规定。在双向循环中展开这些悖论的描述折叠，往往能导向认识的突破。

诠释循环悖论是对发展过程的横断面描述造成的。盲人摸象被视为只知局部不知整体的形象例子，事实上它更是一个说明诠释学原理的生动例子。无论摸到腿还是鼻子、耳朵、背；无论是"柱子""扇子"还是"墙壁"的错觉，都因为没有关于"象"这一整体的观照。不知道象这一整体，就不可能知道象的腿、耳朵和背到底是什么。因此这是一个诠释循环悖论：一方面，要知道象必须先知道其腿、耳朵和五脏六腑等；另一方面，要知道象的部分，还必须先知道象这个整体——这就构成了一个看上去无限循环的悖论性结构。

知识论悖论中的双向循环，涉及人类理性本身的悖论。知识论的无政府主义者（epistemological anarchists）之所以反对"有些信念是被映证的"，乃是因为它不以抽象普遍性为终极追寻，即使认为"没有信念是被映证的"，也可以并不意味着"自我否证（自否）"（self-defeated）。因为它可以是这样的意思表示：没有信念是被映证的，我们所表达的就是没有得到映证的信念，而且这正是我认为存在的那种信念。这里也存在

(或在知识论的无政府主义者的信念和映证的信念之间可以建立起来的)一个双向循环过程。这个过程所表明的是从传统的映证的信念向知识论的无政府主义不能被映证的信念发展或变化的过程。

与知识论的无政府主义相反,基础主义者(foundationist)反对"一个信念只能由另一个被映证的信念来映证"①,则是因为基础主义以抽象普遍性为终极追寻。对于基础主义来说,有一个现象背后的本质作基础,不需要建立一个由映证的信念支撑的信念(系统)。所有的信仰都有支撑自己的基础,而且这个基础意味着一些真理是自明的。

基础主义"拒绝通过论证为他们的自明的命题辩护"②,这的确是独断,但也是无奈之举,因为在对象中通过论证是找不到所需要的客观依据的。通过论证找依据本来就不是像在一堆客观存在的东西中找某些东西,只有在客观根据和主观需要之间——而且最终在终极意义上只能在 agent 的使用中找到依据。在这样的情景中,拒绝通过论证为自明的命题辩护是"明智的"。

融贯论者(coherentists)反对不存在"映证的循环链",是因为从逻辑上说,映证必须是一个双向循环过程,只是他们主要局限在形式逻辑中,只能在与形式逻辑意义上的"循环论证"(circular reasoning)相区别的层次讨论。他们同意人们不能通过一个类似"A,所以 A"的小循环(small circle)映证一个命题,但他们认为"某种大循环(large circles)可以映证一个信念"。③古德曼(Nelson Goodman)将反思平衡法(the method of reflective equilibrium)描述成"良性循环"(virtuously circular):我们构设出一个普遍原则,看它是否符合我们关于特殊实例的判断。当发现有冲突,我们就必须决定保留这一原则还是我们关于那个特殊实例的看法。如果我们修改原则,便继续考虑其他实例。我们在普遍原则和特殊实例之间来回往复,设法获得一个越来越好的适配(fit)。虽然我们一直在一个扩展的环(an expanding ring)内推理,但这个过程映证了我们所反思的信念。④

---

① Roy Sorensen, *A Brief History of the Paradox: Philosophy and the Labyrinths of the Mind*, p. 154.

②③ Ibid., p. 155.

④ Nelson Goodman, *Fact, Fiction and Forecast*, Harvard University Press, 1979, pp. 65-68.

这已经是走向双向循环的一种努力了,只是这儿主要局限在形式逻辑,而局限于形式逻辑是没有办法达到双向循环认识的。因为在形式逻辑基础上,只能是封闭的循环论证,只有在更高层次内容的逻辑中,才可能使封闭的论证循环变成开放的双向循环。局限于形式逻辑,就不可能打开封闭的论证循环,更不可能找到 agent 的"使用"这一"托底"。因为在形式逻辑中,不可能进入客观根据和主体需要的张力之中。

无限论者(Infinitudists)反对"所有映证链都有一个有限长度",这表明所持的基本立场仍然是传统实在论的。谁都知道一个无限延伸的映证链意味着什么,但问题是映证链怎么可能是有限的? 按照镜式反映的观点,按照认识的纯客观标准,映证链归根结底只能是无限的,只有将立足点移到客观根据和主观需要之间,以 agent 的使用为基点,映证链才可能是有限的。之所以"第一个几乎也是唯一一个"支持所有映证链都有一个有限长度的哲学家是皮尔士[1],就因为皮尔士的信念以行动效果为标准。

知识与信念的不同主要在于,知识建立在明确规定的基础之上,而信念则与隐含甚至非理性的规定密切相关。知识为信念提供观念,而信念由在观念的基础上与情感和意志等非理性因素融合而成。知识虽然也以某种方式建立在某些信念的基础上,但一般是较为理性的信念。因此信念特别是信仰是可能具有——也在不自觉的状态允许——矛盾的,而知识则在某种范围内遵守不矛盾原则。悖理性意味着涉及建立在一定逻辑基础上的知识的边界。超出这种边界,会达到不同范围或层次的知识。在涉悖规定与信念相关的层次,悖论甚至与我们的心智密切相关,"悖论迫使我们以高度结构化的方式改变我们的心智"[2]。

在现实中,有不少无穷倒溯式的循环,构成了这些事物过程的结束,但在思维中,所有的无穷倒溯式恶性循环性质都是因为只看到一个方向,而没有建立起双向循环造成的。"标准问题"是如此,关于被映证的信念问题,甚至"没有定律的定律""不是办法的办法"等,也都是如此。这些问题无一不是将一个开放的双向循环问题作了单向的无穷倒溯理解的结果。任何标准都存在一个该标准以什么为标准的问题,这样就必定

---

① Roy Sorensen, *A Brief History of the Paradox: Philosophy and the Labyrinths of the Mind*, pp. 155, 156.
② 陈波:《悖论研究》,第 303 页。

陷入无穷倒溯。解决这个问题的关键在两个方面。一是在双向循环过程中理解;二是把标准放到使用中理解。

一般而言,作为衡量事物的准则,标准都是指明确而且精确的衡量规定,但一个再明确再精确的规定的形成过程,都是双向循环的,而且是一个其依据不断明确的过程。在"标准问题"中,"标准的标准的标准……"不是一个无穷倒溯的过程,而是构成一个双向循环过程的结构。"标准的标准的标准……"是一个明确和精确程度不断弱化的排列。因为越是作为更基础的标准或依据,越是不明确,越是不精确,但这个过程的另一面却是不断明确并精确的过程,我们制定标准的过程正是如此。而追索制定标准的依据时所看到的,才是一个相反性质的过程。而事实上,这两个方向相反的过程正好构成一个开放的双向循环。如果具体地刻画,就是一个标准和依据的双向循环过程结构。

在这个双向循环过程中,不再存在一个抽象普遍性追寻意义上的最终基础。任何双向循环过程都是如此,都建立在客观根据和主观需要的张力之中。没有客观根据,就没有一个标准的可靠性;不与主观需要相联系,标准就没有着落。而主观需要又往往和 agent 的使用密切相关。在这里,"标准问题"仍然是最为典型的。规定标准的目的就是为 agent 的使用,离开 agent 使用的标准是没有任何意义的,因此也没有办法在纯粹的客观性上说清楚其依据。在双向循环描述中,与 agent 的使用密切联系起来,标准问题就不会是无穷倒溯的。因为一方面它有了回路;另一方面又有 agent 的使用"托底",不会有一个无限倒溯的无穷无尽的单向过程。

知识或信念的映证问题也是如此。一方面,任何信念映证的依据都永远存在一个进一步映证的问题;另一方面,这一永无完结的映证和依据的循环又存在必须有一个结束的问题。映证和依据的关系正如标准问题中标准和依据的关系,它们构成一个双向循环过程,最终由知识或信念的使用"托底"。这就逃出了知识特别是信念以纯客观依据为支点的无穷倒溯,而回到由 agent 的知识和信念使用为"托底"的双向循环过程。

在思维规定和更高层次内容的逻辑的基础上,在使用过程中,双向循环描述解悖同样能用于涉及无限规定的悖论解悖。"如果存在一个无限的过去,那么,就需要花费无限量的时间达到现在这个时刻,而一个无限的等待是没有尽头的。但这时我们已在现时刻!所以,过去一定有一个开始。"[1]这是一种思辨,其中赖以进行的"无限"和"时间"等概念实际上只是一些思维规定。而在思维活动中,凡是作为思维规定的内容总是暂时的约定。这种思维规定还可以更系统化,以使我们能更好地把握"无限"。比如我们将这个"无限"进行数字化描述,把"目前时刻"规定为"0",把昨天规定为"-1",前天"-2",再把明天规定为"1"后天规定为"2",等等,我们就得到了一个似乎可以把握的"无限"。

"为什么一个关于过去的无限会比一个负整数的无限系列让人迷惑?"[2]同样是规定,为什么一个可以理解,而另一个却给人们带来那么多困扰?

面对对象,人们最基本的把握不是去解释,而是去描述。描述是人类把握对象最基本的方式,而在人们只能进行描述而不能进行解释的领域,描述就不仅是最基本的,甚至可能(至少在某些条件下)是唯一的把握方式。量子力学的数学形式体系就具有这样的性质,而且这种性质被量子力学的实验支持安置在不可置疑的地位。

描述为什么就能成为一种最基本的把握呢?因为描述是建立在一定规定的基础上的,而规定不是完全出自莫测的外部存在,而是同时出自我们自己。所以我们把对对象的把握建立在自己思维规定的基础上,就用我们的思想建构起了一个关于对象的理论模型(在这里是数学模型),而这个理论模型可以给我们提供关于对象的某些确定性回应,因此就能不仅给我们某种程度的确定性;这种确定性也不仅是安全感的来源,而且可以为我们所用,即在与对象打交道的实践过程中为我们所用,从而能在一定程度上满足我们的需要。关于无限的数学描述虽然没有给我们提供"过去"这个"无限"的真实内容,但却通过一个理论模型给了我们关于"过去"的某种确定性的把握。

的确,"这个数学模型似乎更适合一个无限的未来。……你可以想象遇到一个预定的永恒存在去数永远。每一正整数都被这个数字神所数"[3]。这一定会给我们带来把握感和安全感,并且能够为我们所实用(比如计量温度)。只是在这里,人格神为"数

---

①②③　Roy Sorensen, *A Brief History of the Paradox: Philosophy and the Labyrinths of the Mind*, p. 2.

字神"所取代。因为作为在原则上可以数无限的理性之"神",在应对无限上不仅完全可以给我们带来人格"神"所能带来的精神安慰,而且能够带来人格"神"所不能带来的实际使用价值,而这是人们更需要的——更能满足人们的需要或能满足人们更多的需要。我们能生产出无限描述,是不是就是面对和把握无限的一种最能让人类自己信服的方式? 至少对我们自己来说是这样的。至于上帝,不能管的时候那就不管他了。

在这里,存在一个起源的悖论(paradox of origin)①。从起源的悖论,的确可以至少看到"鸡蛋悖论"等的成因。在这个意义上,所有的悖论似乎都源于事物过程横断面的描述,结果是描述的折叠。这类悖论一纳入双向循环整体描述中,描述折叠就被展开了。在双向循环描述中,"悖论"就变成了进到更高层次循环的端口,它本身也就成了认识新旧疆域的界碑。

在这几个例子中,双向循环的两个方向都有一个量的递增关系。一个方向是标准的明确和精确程度的递增,或者知识或信念的明确和可靠程度的递增。另一方向则是依据的明确性和可靠性的递增。递增的量越大,双向循环结构中偏离切线的角度越大,双向循环中相邻圆的直径扩展量也越大。

同样,在"不是规律的规律"或"没有定律的定律"中,则是一个作为思维规定的传统意义上的"定律"或规律,不断退离到现代意义上的"定律"或"规律"的双向循环过程。这一双向循环过程造成这样的结果:与传统意义上的"定律"或"规律"相比,现代量子力学中的"定律"或"规律"含义相去甚远,甚至面目全非,以至在传统意义上看来,这种"定律"或"规律"已经完全不是像原来的定义那样,甚至与原来的定义完全不是一回事了。比如原来在牛顿力学中发生几率可以看作是"1"的事件,其几率在量子力学或更深层次领域中变成了"0 到 1 之间"。如果这个几率趋向零,那就意味着趋向与经典力学几乎相反的情景了。经典力学条件下作为客观规律依据的"定律",成了与agent 的使用密切相关的现代科学中的"定律"。如果我们用两个概念作一表述,那就是没有定律1的定律2,也就是从几率为1的必然关系,变成了几率小于1的或然关

---

① Roy Sorensen, *A Brief History of the Paradox: Philosophy and the Labyrinths of the Mind*, p. 3.

系。而"不是办法的办法"则是在传统意义上的标准的"办法"中,不能再找到原本意义上的解决思想和言行等问题的明确门径和程序,只能使用门径和程序很不明确的方式,甚至几乎谈不上什么门径和程序的试错方式处理事情或解决问题。这就涉及"办法"的规定本身。

与经典的办法相比,运用近乎试错或机遇方法的办法几乎可以看作"不是办法的办法",但在没有其他办法的情况下,这仍然不失为一种比手足无措、什么也进行不下去的情况要好的"办法"。或者说,相对于手足失措、什么也进行不下去,试错也不失为一种办法。在这里,不仅"办法"的规定不是一个有抽象普遍性终极追寻意义的纯客观标准,而且典型地是以 agent 的使用为重要依据或"托底"的例子。在双向循环描述解悖层次,这些悖论所展示的,则是人类认识中概念规定的进化过程,意义深远。而规定的进化,则深层次涉及归纳。

自休谟以来,归纳问题一直被看作是对哲学的挑战。"归纳法是自然科学的胜利,却是哲学的耻辱。"但由于表明了人类特定的处境,归纳法也是人类的骄傲,它基于人类学特性。认为"归纳问题在逻辑上无解"[1]是有根据的,归纳问题只能在人类学特性中得到理解。在归纳悖论中,这一点因很有意义而得到强调。

归纳悖论涉及逻辑等值原理形式逻辑意义上的等值和更高层次内容的逻辑意义上的等值两种不同逻辑等值在同一归纳过程中的自我冲突。这在归纳悖论最典型的例子亨佩尔悖论中可以清楚地看到。这个由德国逻辑学家亨佩尔(Carl Gustav Hempel)提出,但由于著名的乌鸦例子而名之为"乌鸦悖论"(Raven paradox),因简洁而形象被广泛引用和讨论。

为了说明归纳法违反直觉,德国逻辑学家亨佩尔提出了乌鸦悖论。按照"归纳法原理":如果一个实例被观察到和一个论断相符合,那么这个论断正确的概率增加。归纳法原理所陈述的事实上正是一种"映证"机制。乌鸦悖论的关键在于:"所有乌鸦都是黑色的"和"所有不是黑色的东西不是乌鸦"两个论断在逻辑上等价。[2]由于二者在形

---

① 陈波:《悖论研究》,第 369 页。

② Carl G. Hempel, "Studies in the Logic of Confirmation", in *Mind*, Vol. 54, No. 213(Jan., 1945), pp. 1-26.

式逻辑上等价,发现一黑乌鸦与发现一非黑的非乌鸦都能给"所有乌鸦都是黑色的"以某种证明,这明显与人们的直觉相悖,因而存在悖理性。对于乌鸦悖论,人们或者质疑"等价原理",或者主张对推理加以适当限制。而目前最能让人接受的说法是,非黑的非乌鸦无疑也能给"所有乌鸦都是黑色的"以某种意义上的证明,但所提供的论据太少,因而因果关系不明显。而在更高层次内容的逻辑中看,由于乌鸦悖论是一个涉及证据性质的悖论,因而更与更高层次内容的逻辑密切相关。归纳法原理所陈述的事实上是一种映证机制,无论是观察到一只黑色的乌鸦还是非黑的非乌鸦,其所表明的都是实践回应的映射点增加。每发现一只黑色的乌鸦,都会增加映证的映射点,同样,每发现一只非黑色的非乌鸦,也会增加对"所有不是黑色的东西不是乌鸦"映证的映射点,两者都使关于"所有乌鸦都是黑色的"确信更进一步。但是,这两种不同归纳机制所增加的映射点可以有很大区别,确切地说,非黑的非乌鸦可以增加映证,但所增加的映射点要比发现一只黑色的鸦少得多。假如宇宙中只存在十只乌鸦,那对于"所有乌鸦都是黑色的"这一描述来说,发现"一非黑色的非乌鸦"和发现"一黑色的乌鸦"的映射点就要少得多,因为非乌鸦比乌鸦在量上要多得多,甚至多至无限。"一条红鲱鱼可能确实证实了'所有乌鸦是黑色的',但是仅仅在一个无穷小的程度上提供了证实,因为非黑色的东西太多了。……一条红鲱鱼为'所有乌鸦是黑色的'提供的证实相当于1/无穷大。"[1]正因为如此,二者在形式逻辑上等价,而在更高层次内容的逻辑上则不等价。因为二者在质上等价,但在量上不等价,而"质"和"量"涉及思维规定的内容。归纳悖论构成了等价原理在形式逻辑上和更高层次内容的逻辑上的自我冲突,从而表现为逻辑上的自相矛盾。因而,归纳悖论是自相矛盾的悖论。

事实上,不用说这样的等价可以不成立,即使一个证据映证一个假说,都有可能是或然的。就像一种功能的某种结构解释可以看作是结构的映证,但这种功能也完全可能对应另一种结构,或者是另一种结构的功能。因为同一种功能可能源自不同的结

---

① 威廉姆·庞德斯通:《推理的迷宫:悖论、谜题及知识的脆弱性》,第46页。

构。庞德斯通认为,考虑到证据的总体性,检验非黑色的乌鸦是浪费时间,确定"所有乌鸦都是黑色的"的真假,最好的办法是观察乌鸦及其亲属,研究生物差异。[①]而"古德曼悖论"认为简单枚举法可以从同样的观察事例甚至可以得到自相矛盾的预测,则是对这一点的更深层次说明。

由于源自等价原理在形式逻辑和更高层次内容的逻辑意义上的自我冲突,归纳悖论的解悖不仅可以把逻辑等价原理放在更高层次内容的逻辑上理解,以达到对归纳悖论的更深层次理解,而且可以通过由归纳和规定的内在关联,从使用理论的角度有效进行具体归纳悖论的解悖:来自归纳的规定似乎主要根据客体对象做出,但由于归纳的不完全性,事实上是貌似完全客观的具有明显主观因素的规定。这类规定在不同具体认知条件下有不同的含义,因而只有在语言使用的具体情景中才能得到理解。由此在归纳悖论理解深化的基础上,可以推进归纳问题的理解和解决。

由于语用分析的重要推进,描述中关于涉悖规定的使用理论分析具有非常重要的(认知)意义,以可以从两个方面分析成因的意外考试悖论的认知解悖为例。从一般意义上说,意外考试悖论就是 expect(更多通过逻辑推理)和 surprise(更多为心理过程)两种规定混淆造成的。但这只是就一般的认知主体,忽略不同主体的认知差异而言的。如果要从主体具体认知的角度考虑,则这个悖论还不仅涉及不同学生的不同认知水平和深度及其对"意外"的理解,涉及老师的不同认知水平和深度及其用意,而且涉及师生间复杂的相互理解和博弈问题了。在这个意义上,意外考试悖论就不仅仅是一般意义上的悖论问题,而是与一个复杂的群体认知有关的问题。

从 1948 年首次发表意外考试悖论的英国学者奥康诺(D. O'Connor),到科恩、蒯因、克里普克,都把意外考试问题作为认知问题讨论。这种讨论和一般悖论的讨论有一个很大的不同:一般悖论问题的讨论是把涉悖规定作了大家都认同和接受的既定理解,而作为认知问题讨论,则事实上还针对涉悖规定及其相关规定的不同理解。比如意外考试悖论关于"意外"以及与之密切相关的"期待""知道""相信"等规定的不同理

---

① 威廉姆·庞德斯通:《推理的迷宫:悖论、谜题及知识的脆弱性》,第 50 页。

解。这一方面使悖论问题复杂化了，即把悖论问题推进到了规定所涉及的心理、社会、历史文化因素；另一方面使悖论问题的研究越来越密切地与一些相关学科的前沿研究联系在了一起。比如意外考试悖论与认知研究。这种联系，与悖论和各学科发展的传统联系不一样。比如在量子力学中，波粒二象性悖论只是标志着从经典力学进入量子力学的端口或门径，而在认知逻辑中，意外考试悖论则已经与认知研究成了同一个进程。关于认知的研究和关于意外考试悖论的研究交织在一起，从而成了悖论问题对于认识发展的一种新的意义：悖论成了一些领域——特别是与认知和行为等主体活动相关的领域认识推进的某种"滚轴"机制。在这种机制中，悖论成了类似齿轮咬合的装置，能够作为认识推进的"渡船"甚至"桥梁"或中介。在这里，悖论以一种特殊的方式承担着认识推进媒介物的作用。这一点，始终贯穿于考试悖论的当代研究。

奥康诺考虑到老师的宣布对意外考试本身的影响(有人同时也将学生的推导对错纳入考虑)；蒯因深入到涉及学生是否知道老师的宣布为真；克里普克事实上则通过意外考试悖论在进行知道逻辑研究；威廉姆森(T. Williamson)甚至由意外考试悖论引出"存在着不可知的真理！"这样的认识论观点。这些都已经大大超出悖论问题的研究本身，而是将悖论作为"车轮"安置在学科研究——比如认知逻辑甚至哲学的战车之上，使悖论具有了认识"战车车轮"的意义。而在逻辑学中，悖论的意义则更为特殊。

按照对悖论与逻辑学关系的一般理解，从形式逻辑来说，悖论虽然不能说是理性本身的"癌变"，但至少可以说是形式逻辑理论的"癌变"。就更高层次内容的逻辑而言，悖论是从形式逻辑到更高层次内容的逻辑的某种"转换子"，这种"转换子"即使不是唯一的，但经悖论从形式逻辑到更高层次内容的逻辑是最可能和微妙的门径。而对于形如"知道者悖论"等悖论来说，悖论则不仅是"转换子"或门径，而直接就是知道逻辑，甚至是整个认知逻辑和认知科学发展很长一段通道的重要组成部分。蒙塔古和卡普兰认为，知道者悖论可能"导向重要技术进步"[①]，这个技术可能还不仅仅限于逻辑技术。因为越到涉及 agent 更深的学科领域，关于规定的复杂性就越明显。而作为悖论

---

① Richmond H. Thomason, *Formal Philosophy: Selected Papers of Richard Montague*, p. 271.

成因的关键因素,规定的研究随着 agent 本身作为对象的卷入程度的提高,而使规定问题更为复杂和重要。这就决定了在关于规定的研究中,悖论问题的研究必定会居于越来越重要的地位。悖论问题的研究是所有领域涉及规定研究"战车"的重要"车轮",甚至是主"车轮"。

与认知悖论相似,波粒佯谬和二律背反则是分别涉及描述方式和基本思维规定的典型例子。由于一般都涉悖规定往往与具体学科的基本思维规定或描述方式密切相关,这类悖论的类解不仅关乎描述层次的提升,甚至还涉及通过建构悖论推进认识的发展。

在量子理论中,不仅有对"粒子"和"波动"这些基本思维规定的反思,而且还在此基础上,将描述方式从单一描述推进到互补描述。正是波粒二象性悖论在量子理论中的理解和处理,成了这类悖论解悖富有启发意义的范例。

在经典概念中,波动和粒子所描述的是两种不同的实物形态,波是实物的散开形态,而粒子则是实物的集中形态,二者无法统一于同一物体。人们曾试图把波统一于粒子,德布罗意就曾尝试通过波—粒综合解释波粒二象性,提出构成物理实在的既不是波也不是粒子,而是波和粒子。由此,德布罗意提出了"导波"概念。"导波"有点像粒子骑在波上,并随波运动,正如木块浮在水面随水波运动。但问题在于:我们所看到的水波是由水激荡而形成的,只有水和波才是有机的结合,而小木块或冲浪运动员却是附在波上,并不是波的不可缺少的构成,所以,导波概念是不符合量子世界波粒二象性的实际的。与此相应的努力是把粒子统一于波,即把粒子看作是波的凝聚;由此人们提出了"波包"等概念。但是,波并不能真的构成粒子。因为波是不断动荡的,即使有可能凝集起来,但随即就扩散开了。这样形成的粒子是极不稳定的,自然界的实际情况也并非如此。在基本粒子中,像电子、中子和质子等都是非常稳定的,"波包"的说法也和事实不符。两方面的努力都归于失败,量子领域的"波粒二象性"构成了一个特殊的悖论。

无论是"导波"还是"波包"概念,都是把量子领域的"波粒二象性"看作是微观客体本身所具有的特性。把波粒二象性看作微观客体本身的特性,那就意味着量子客体本身具有某种悖理性。而对于具有内在悖理性的物理对象,我们是没有办法用理性加以把握的。而且，如果"波粒二象性"是微观客体本身所具有的特性，那它就不是一种"佯谬"。因而，作为科学史上最典型的悖论，量子理论中的波粒佯谬具有极为特殊的意义。这种特殊意义，可以在哥本哈根学派量子物理学家们建立量子理论的思路中清楚地看到。

面对波粒佯谬，哥本哈根学派的量子物理学家们事实上是从描述出发作出理解和解释，从而建立起量子力学的。他们深刻地看到，由于通常的语言都是为了描述日常经验的目的而形成的，而日常经验所反映的，都是包含大量原子的过程，因而，我们的语言不能描述发生在原子领域的过程。由于自然语言的词语和句子只能描述在思维中能形成具体图景的东西，而量子领域的过程远不像在日常经验中那么直观，我们没有对于原子过程的任何直觉。试图通过修改我们的日常语言来描述原子过程也是很难做到的。所幸数学语言完全不需要像日常经验中那样的直觉，因此通过数学手段，人们建立起量子理论的形式体系，用以处理所有原子物理实验。然而，数学虽然不需要直觉，但同时也不能为人们提供任何直观图像。为了能想象微观客体，我们就只好满足于用波动图景和粒子图景进行的不完备的类比。从把波粒佯谬当作对自然界本身特性的描述，到认识到它是一种与主体的概念描述密切相关的表观佯谬，就带来了完全不同于经典物理学的量子力学描述，大大推动了物理学描述的发展。

量子理论的发展本身表明：描述构成悖论，而对描述所构成的悖论的挖掘，又推动了描述系统的进一步发展。当描述系统发展到一定程度，就会涉及人类描述方式的转变。

如果说，波粒佯谬的一般认识论意义与其他悖论大抵相同，那么，它的描述论意义则极为特殊。一方面，波粒佯谬揭示了"波动""粒子"规定和单一描述的局限性。波粒佯谬的存在本身意味着，我们无论用"粒子"还是"波动"概念，都无法完备地描述量子对象。这就说明来自经典物理学的"粒子"和"波动"概念是宏观尺度条件下的思维规定，当我们深入到量子尺度，这两个思维规定就不再适用。这种对经典物理学概念规定局限性的揭示，具有重要的哲学意义。它不仅表明规定具有重要的主观因素，是相对于一定具体条件的，而且"波动""粒子"概念规定的相对性，事实上也揭示了单一描述的局限性。

在宏观领域,我们关于客体的任何描述都是自洽的,因而都是单一描述。所谓单一描述,就是用一套在一个体系中不矛盾的概念进行和谐一致的描述,也就是用一个单一的图景来描述对象,或者把关于对象的描述建构为一个单一的图景。譬如在牛顿力学中,我们或者用"波动"的概念去描述对象,或者用"粒子"的概念去描述对象。无论我们用"波动"还是"粒子"去描述,都可以得到一个自洽的图像。在这种情况下,用"波动"或用"粒子"去描述对象,都是单一描述,但波粒佯谬揭示了这种单一描述的局限性。

波粒佯谬对单一描述方式局限性的揭示,促成了人类描述方式的转变。单一描述局限性的揭示,表明人类描述方式有待进一步拓展。在量子领域,不管现象超出经典物理解释的范围有多远,所有证据的解释都必须用经典概念表述。但量子物理学的发展表明,用任何经典概念对量子现象进行单一的描述都是不完备的,为了用经典概念对微观对象做出完备而自洽的描述,就不能不引入互补的描述方式。互补描述方式的提出和运用,正是波粒佯谬所引发的对人类描述方式的重大推进。相对于单一描述来说,互补描述本身具有对传统观念的巨大颠覆性。

互补性概念成功地把自然现象描述的完全客观性和在这种描述中明确考虑观察条件的必要性调和了起来。①波粒佯谬所导致的互补描述的提出,是人类描述方式发展的一个具有划时代意义的里程碑。无论从历史还是从未来发展看,互补描述的提出本身已经足以说明波粒佯谬具有极为特殊的描述意义,它具有非常重要的哲学后果。

涉及描述方式本身的悖论是反思我们描述方式的切入口,将可能带来描述和规定——从而科学和哲学理论的革命性变革。在哲学中,这类悖论最为典型的是二律背反,它是我们反思知性描述方式的重要端口。在悖论研究发展的整个进程中,康德关于二律背反与理性关系的理解,黑格尔对悖论的默认甚至接受,应当是悖论研究的重要转折点。

---

① R.S. Cohen & Jom J. Stachel(eds.), *Selected Papers of Leon Rosenfeld*, D. Reidel Publishing Company Inc., 1979, pp. 507-508, 479.

的确,无论是康德还是黑格尔,都没有把悖论看作是辩证矛盾。在康德那里,矛盾概念只有一个含义,那就是逻辑矛盾。在他那里,二律背反是逻辑矛盾,这种矛盾是人们试图在现象界得到完全无条件的对象造成的,而事实上这种完全无条件的对象只存在于"物自体"。实际上,康德本人对二律背反的逻辑矛盾性质作了清晰的论述。他认为有多少个概念就有多少个二律背反,二律背反必须消除,而且也能够通过区分现象和自在之物加以消除。

> 如果人们把现象看作是自在之物,要求从现象中依照条件的序列得到完全无条件的东西,那么就陷入了明显的矛盾。只有通过指明:完全无条件的东西不在现象之中,而只是在自在之物那里,这些矛盾才能消除。①

黑格尔高度评价康德的二律背反,但认为康德只是把它放置在不可知的物自体之中。二律背反的解决应当是把握"对象作为相反的规定之具体的统一"。"真正的解决在于……认识到真理只在于两者(对立面)的具体的统一。"②

由于悖论与辩证矛盾的复杂关系,这方面一直存在着争论。早在 20 世纪 80 年代,杨煦龄先生就提出了"悖论是形式逻辑系统中出现的辩证矛盾"的观点,张家龙先生认为"这就把悖论看作是辩证矛盾,就把辩证法变成逻辑矛盾的庇护所,从而严重地歪曲了辩证法的本性"。③这是两个相互对立的具有代表的观点。事实上,只有把悖论和辩证矛盾在更高层次内容的逻辑中联系起来,才能得到二者关系的合理理解。

二律背反在康德那里作为知性描述的结果,仍在形式逻辑中;而在黑格尔那里则被放置在更高层次内容的逻辑(比如辩证法)中。邓晓芒先生认为:"辩证矛盾与逻辑矛盾所讲的(逻辑的)矛盾,实际上就是同一矛盾。"④这是有道理的。事实上,悖论应当是在形式逻辑出现的更高层次内容的逻辑判断。在形式逻辑中矛盾是形式关系;而在更高层次内容的逻辑中,矛盾则是内容关系。这种内部关系不是内部两个对立统一的

---

① 《康德书信百封》,李秋零译,第 90 页。
② 黑格尔:《康德哲学论述》,第 42—43 页。
③ 张家龙:《论语义悖论》,载《哲学研究》1981 年第 8 期。
④ 邓晓芒:《思辨的张力——黑格尔辩证法探析》,湖南教育出版社 1992 年版,第 383 页。

方面,而是二分法概念描述中规定相反相成的两个方面的冲突。正是在这个意义上说,悖论是更高层次内容的逻辑中相反相成的规定(自否定)在形式逻辑中的平面投影。

由此可见,在这类具体悖论解决方案的制定中,就主要不是消解悖论而是挖掘悖论所标示的信息,找到其所反映的理论问题。因此,这类悖论的描述类解不仅是利用现有悖论或佯谬,甚至要通过建构悖论发现思维规定或知识体系的问题,找到推进理论发展的思路和途径。利用悖论或佯谬发现更高层次的科学事实,最经典的例子之一就是上述爱因斯坦利用"光速悖论"得到时空相对性的结论,而更为形象的简单例子则是"小儿辩日悖论"。而关于建构悖论得到科学发现,典型的例子则如"伽利略悖论"。

"小儿辩日悖论"可以是一个通过悖论从日常经验进到科学事实的有趣例子。日常经验和科学经验是相对的,二者可以在一定条件下相互转化。在"小儿辩日悖论"中,小儿根据近大远小的道理,认为早上太阳离我们近,因为早上的太阳看上去比中午的太阳大;而根据近热远凉的道理,他们又认为中午的太阳比早上的太阳近,因为中午的太阳比早上的太阳更热。小儿辩日还不是严格意义上的悖论,但如果把它刻画为悖论,则是一个通过建构悖论推进认识发展的简单例子。

根据视觉原理,东西看起来近大远小,由此便认为早上的太阳比中午更近;而根据热辐射原理,热源感觉中近热远凉,由此又认为中午的太阳比早上更近。二者分开看,都各有道理,对错难分,但把它们关联在一起,就可以构成悖论,从而出现自相矛盾。因此根据这两个原理判断太阳在早上和中午与观察者的距离,就会得到物理学原理中自相矛盾的结论。正是通过这样的悖论建构,有利于使经验事实上升为科学事实。

虽然太阳在早上和中午与观察者的距离已经不成问题,但早上的太阳为什么看起来比中午大的问题,小儿辩日悖论却有助于得到更合理的答案。由近热远凉得出早上的太阳比中午远的结论,可以得到天文学知识印证,但根据近大远小的视觉原理,从早上的太阳比中午大,得到早上的太阳比中午近的结论,则不仅构成自相矛盾,而且与天文学知识相悖。因此促使人们对早上的太阳看上去比中午大另寻解释。

小儿辩日所反映的是小儿之见,有的大人认为这事实上是由参照物不同造成的。

人们看到早上的太阳比中午的大，其实是因为早上的太阳有山树小物体参照显得大，中午天穹之大参照之下太阳显得小。无论小儿之见还是大人的理解，两种解释都是日常经验事实问题。这个悖论也可能转化为真正的科学解释。大人的参照解释甚至与小儿之辨具有相同的性质，月亮的同样情景说明这并不是一个参照问题。黑夜不存在参照，但人们看月亮和人们看太阳是同样的现象。事实上，无论太阳还是月亮，这种现象都表现为平视大仰视小，问题就迎刃而解了。因为平视透过的大气是下密上疏，从而有凸透镜折射效果而造成了放大效应；而仰视时大气是均匀的，大气层由于像平板玻璃，没有放大作用。这就通过利用现有悖论，使日常经验转化成了一个科学事实。

"伽利略悖论"则是一个通过建构悖论导致科学发现的史实。伽利略怀疑亚里士多德自由落体定律，这条定律断言物体自由下落的速度和物体的重量成正比。为了否证这条定律，伽利略根据它设计出一种悖理性描述：因为大石头比小石头的下落速度快，所以如果把一大一小两块石头捆在一起，其下落的速度应当比大石头的下落速度更慢。因为根据亚里士多德的自由落体定律，大石头下落速度比小石头快。由于小石头比大石头下落速度慢，所以捆在大石头上的小石头会减慢大石头的下落速度，大小石头捆在一起的下落速度应当处于大石头下落速度和小石头下落速度之间，所以小于大石头的下落速度。但是另一方面，大小两块石头捆在一起比原来的大石头更大，所以应当比原来的大石头下落更快，下落速度更慢的描述与作为其前提的规定——"物体自由下落的速度和物体的重量成正比"在描述中自我冲突导致自相矛盾。把伽利略悖论刻画为一个更高层次内容的逻辑上严格的悖论，通过建构悖论达到更高层次认识的机制便一目了然：一块大石头和一块小石头绑在一起，下落的速度比大石头更快，当且仅当小石头比大石头下落速度慢。

这一描述之所以构成自相矛盾的悖论，就因为一块大石头和一块小石头绑在一起，其下落速度可以得到两个相反的结论。所以就有了自相矛盾：一块大石头加一块下落速度更慢的小石头反而下落速度更快。更简洁地说就是：下落速度更快当且仅当下落速度更慢。正是这种自相矛盾揭示了亚里士多德自由落体定律的内在矛盾，从而否证了亚里士多德的自由落体定律。

第三节　关联描述自相矛盾导致悖论的类解

这是第三种类型悖论的描述类解,这类悖论的类解主要涉及矛与盾悖论、卡片悖论、半费之讼悖论等。由于同样的构成原理,这类悖论也可以包括两种描绘(不相容透视或投影关系)之间的冲突构成的不可能图形。而从"方的圆"这样的不相容关联规定,则可以看作这类悖论的简化形式。

"方的圆"让人思考"圆"的规定和"方"的规定的关系,就像"点""线""面"和"体"的规定之间的关系,甚至"化圆为方"问题。"化圆为方问题"是古代"三大数学难题"之一。1925 年塔斯基提出一种"化圆为方"的方法:把圆切成若干块,组合成一个等面积的正方形。1989 年,匈牙利数学家米克洛什·拉茨科维奇(M. Laczkovich)以下述思路"证明"了塔斯基的"化圆为方"法:把圆分割成大概 1 050 块各种几何元素,就可以组合成一个等面积正方形。塔斯基这种意义上的"化圆为方"本身肯定不会是一个悖论,但意味着更深刻的问题:规定之间的关联。

由于"方"的规定和"圆"的规定是不相容的,一个方的形状不可能是圆的,一个圆的形状也不可能是方的,"方的圆"这一关联规定造成了它所涉及的两个规定之间的冲突。而关于关联描述构成的自我冲突,则可以在描绘折叠构成的不可能图形中看到形象展示。

作为三维物体二维平面描绘的结果,不可能图形是透视规律超常规运用形成的折叠描绘。这种非常规描绘一方面是描述的形象方式,另一方面正是描绘超常规导向的新的艺术形式。不可能图形不仅可以由对透视规律的超越达到更高层次的艺术创造,而且内含走向透视规律的路径。由此也可以得到关联描述自相冲突导致自相矛盾的更高层次内容的逻辑理解,看到这类悖论的解悖路径。

这类悖论的描述类解主要是描述折叠的展开和关联描述的解锁。将关联描述解锁,卡片悖论自然不再成悖,因为关联本身纯粹是描述问题。关联描述的解锁的确能在一定层面消解悖论,比如半费之讼悖论的描述折叠展开,不仅是这类解锁描述关联的典型例子,而且也是描述和规定的交织展开的形象说明。

按照律师的专业建议,这个案子可以分开成两场官司,第一场官司法庭先判学生胜诉,学生便因为没有赢第一场官司而不用付费;第二场官司普罗泰戈拉再起诉学生,法庭便可以因为学生已经赢了第一场官司而判普罗泰戈胜诉。虽然在这里,半费之讼悖论在描述上仍然没有解决问题,但却是将关联描述解开处理悖论的一个形象说明。只是仅仅关联描述的解锁,并不是这类悖论解决的积极方案,因为这样一来,同时会破坏悖论的意义。

仅仅关联描述的解锁并不就意味着悖论的解决,只是将悖论分解了。而关联描述自相冲突导致自相矛盾的悖论一分解,就明显表明:关联描述构成的悖论或者是描述与作为自身前提的规定自相冲突的悖论(比如谎者悖论)的变形,或者是描述与自身所含规定自我冲突导致自相矛盾的悖论(比如上帝悖论)的变形。前一种情况事实上是把典型悖论的隐含规定作为一个描述翻开来的结果;后一种情况则是把涉悖规定提升到与描述同一个层次。因此关联描述之间自我冲突导致自相矛盾的悖论及其最终解悖,归根结底分别与作为典型悖论的说谎者悖论和上帝万能悖论相同。

作为说谎者悖论的变形,柏拉图—苏格拉底悖论已经在某种程度上避免了句子的自我指称。在两句关联对话中,每一句都不是自我指称的,都不自相关,但只要把它们关联起来,就会出现悖论。由此,可以更清楚地看到几个重要内容。

首先,自我指称并不是悖论形成必不可少的条件,自相关并不是悖论的根本特点。正如马丁·加德纳在《从惊讶到思考——数学悖论奇景》一书所说:

> 就连古希腊人也已知道即便避免了自关联也不足以消除矛盾。这里有一段对话可以证明这一点:
>
> 柏拉图:下面苏格拉底说的话是假的。
>
> 苏格拉底:柏拉图说了真话!
>
> 逻辑学家简化了柏拉图—苏格拉底悖论。不管你让哪一句话是真的,另一句总与之矛盾。两句话谈的都不是它本身,但放到一起,仍会出现说谎者悖论。说谎者悖论的这一翻版古时候的逻辑学家已讨论得很多了,它之所以重要就在于它

证明;在真实性悖论中产生混乱的根源远不是自关联所能解决的。①

其次,我们又可以从悖论的共同基本成因,从描述和规定的交织看到自我指称和源自自相关的循环的原生结构,从而更深入地理解自我指称和循环的原生形态。柏拉图—苏格拉底悖论就是说谎者悖论的双极化,即结构的改变:从一个点变成两个点的循环。其形式已经包含在说谎者悖论的类推中,比如在"除此言,言尽悖"中。通过这种类推,我们可以把自身循环的说谎者悖论变成任意多个点的循环的悖论,而其根源是"自语相违"。

说谎者悖论的这种变形具有重要意义,一方面它表明,即便避免了句子的自我指称,"悖论"也仍然存在;另一方面,对于悖论来说,最根本的是描述和规定的交织构成的自我冲突,而不是自我指称或否定判断等。自我指称的命题之所以并不一定造成悖论,就因为这类自我指称的命题不构成自我冲突。由于不构成自我冲突,因而命题"本语句不是包含十二个汉字"不导致悖论,而只是一个语法正确、逻辑上错误的句子。它自然也是自指的,而且也是否定的,但由于没有构成描述和作为其前提的规定之间,或描述所涉及的规定之间的冲突,因而不构成悖论。

最后,作为经典悖论的变形,关联描述构成自我冲突导致自相矛盾的悖论还表明,由于悖论的基本成因是共同的,不同形态的悖论之间可以相互转换。这表现为基本成因基础上具体悖论区别的相对性。关联描述自我冲突导致自相矛盾构成的悖论的区分也是相对的,比如上帝万能悖论也可以是一个关联描述作为互为前提的规定自我冲突导致自相矛盾的悖论。上帝能不能创造出一块自己举不起来的石头? 事实上是"万能的上帝能不能创造出一块自己举不起来的石头?"这正是一个关联描述作为互为前提的规定自我冲突导致自相矛盾的悖论。一个描述是:上帝万能,所以能创造出一块谁都举不起来的石头;另一个描述是:上帝万能,所以能举起任何石头。这里是"万能"这个规定将两个描述关联了起来。而且,作为关联描述自我冲突导致自相矛盾的悖论,它还是基于不可公度关联规定构成的自相矛盾。如果上帝是全善的,那么,他就愿意消除世间所有的罪恶;如果上帝是全能的,那么,他就能够消除世间所有的罪恶。而

---

① 马丁·加德纳编:《从惊讶到思考——数学悖论奇景》,第8页。

事实上,世间存在罪恶,所以,上帝要么不是全善的,要么不是全能的,这是利用两个关联极限规定论证一个对象某些属性不可能存在的例子。这类悖论的意义主要构成破坏式的二难推理,以及理论模型之间的内外部关联和协调等。

由此可见,这类悖论的解悖一方面与这两类悖论联系在一起,另一方面又涉及这两类悖论解悖的重要悖论变形。

第四节　描述所含规定自相矛盾导致悖论的类解

这是第四种类型悖论的描述类解,所涉及的悖论种类最多,相应的具体描述类解也有多种类型,主要包括三个亚类。

一、规定粘连类悖论的类解

这类悖论的描述类解主要用于连锁悖论和芝诺悖论,特别是涉悖规定为有限规定和无限规定、定量规定和定性规定等的悖论。根据成因分类,这里把这类悖论称作规定粘连类悖论。

关于连锁悖论,解决方案主要是在思维规定从而更高层次内容的逻辑的基础上,通过语形、语义和语用分析,揭示连锁悖论及其涉悖规定的性质,以描述的使用理论说明传统的抽象普遍性终极追寻的问题,以使用为标准理解这类悖论的性质,发掘利用这类悖论的性质和特点。在涉悖规定定性分析的基础上,通过相关规定性质的揭示,制定连锁悖论的描述类解策略:描述中规定粘连的使用理论还原。通过揭示我们所采用的概念形成的一种类型,以及这种类型的概念所造成的悖理性冲突,在了解涉悖规定性质的基础上,由这种规定本身的性质和局限性,了解所造成的相应悖论的性质和局限性,通过包括对涉悖规定的性质和形成机制等的理解,揭示这类悖论形成的相应具体机制,根据其在相应知识体系中的地位理解和处理悖论。

连锁悖论的根源是规定的粘连,其成因则是用粘连规定进行描述。它不是二值逻辑的描述工具问题,因而多值逻辑无力应对连锁悖论。同样道理,区分真值度也不是解决连锁悖论的办法。①

连锁悖论的一个解悖方向是消除模糊性,但它所揭示的模糊性既不是客观对象本身的模糊性,也不是主体认识不可避免的模糊性,而是就使用而言的合理模糊性。因此试图用多值逻辑和真假度理解和解决连锁悖论,不是把问题之"的"误为对象本身的模糊性,就是误为主体认识不可避免的局限性。在连锁悖论研究中,高阶模糊性(higher-order vagueness)、原子模糊句的真值度埋论(degree theories)和超赋值理论(Supervaluationism)都带来了问题。高阶模糊性涉及这样一种现象:模糊性的界线本身是模糊的。它意味着我们描述一种模糊语言的模糊性的元语言本身是模糊的。"二阶模糊性现象使将所有模糊命题区分为真、假和不真不假三类同样困难。""如果两个值不够,三个值也不够。"②真值度理论诉诸量的差别,但"某事物可以明显地真或假而不是相关意义上完全真或假。这给真值度理论的连锁悖论解释造成了麻烦"③。超赋值理论认为,一个命题可以有一个确定的真值,即使其本身构成没有,而"对超赋值理论的主要挑战之一是为高阶模糊性提供合理位置","超赋值理论不能消除高阶模糊性"④。这些问题都说明,对象本身的模糊性和主体认识不可避免的模糊性都不是真正的问题之"的"。真正的问题之"的"是这种模糊性在使用上的合理性——这种具有模糊性的规定正是相对于这种合理的模糊性作出的。"我们不能通过规定排除不完全性(by stipulating all the incompleteness away)净化我们的语言,因为我们必须用来作出规定的术语本身是不完全的。"⑤就像工具设计的合理性依据是使用,而不是它本身的形态有多真,或主体能把它打造得在理想化意义上有多美。

真值度理论解决连锁悖论的方案,无论是使连锁悖论的前提不能成立,还是使肯定

---

① 韩雪涛:《数学悖论与三次数学危机》,湖南科学技术出版社 2006 年版,第 57, 61, 78—79 页。

② Timothy Williamson, *Vagueness*, Routledge, 1994, pp. 2-3, 111.

③ Ibid., p. 127.

④ Ibid., pp. 156, 162.

⑤ Timothy Williamson, "Imagination, Stipulation and Vagueness", in *Philosophical Issues* (1997), Vol. 8, pp. 215-228.

前件式(modus ponens)失效而使整个连锁悖论的论证失效,都是连锁悖论的外科手术式消除。比如放弃谷堆悖论的条件前提——"头上掉多少头发也不算秃头"消解"秃头悖论"。

超赋值理论以模糊性本身为问题之"的",把模糊性定位于模糊谓词在语义上的不完整或不确定,这对模糊性本身的研究具有价值,但对于连锁悖论的研究却由丁"的"的定位错误而价值有限。它只是通过模糊性的确认消解连锁悖论,这不仅几乎是以无关的证据宣判连锁悖论的"死刑",而且更为重要的是把连锁悖论所表明的认识的人类学特性信息一笔勾销,把连锁悖论之"矿"的掘进坑道也给封堵死了。而这对于作为一种科学观点的认知主义来说,则是自然而然的。的确,认知主义关于"我们的模糊谓词具有明确边界的论点不值得认真考虑,认为光谱上存在一个由红转橙的精确点是荒谬的"[1],但这正是我们知识人类学特性的反映。认知主义关于模糊性的认知解释及其连锁悖论解决,从一方面看是囿于科学立足点;从另一方面看则是对认知的人类学特性的另一种揭示。

在连锁悖论的理解和处理中,描述的使用理论更具合理性。从"谷粒和响声"悖论和"小数字悖论",就能看到从描述的使用理论理解和处理"谷堆悖论"和"秃头悖论"等连锁悖论的效果。

"谷粒和响声"悖论把谷堆变成声音,从 1 粒谷子落地无声,这样一粒一粒逐渐增加,可以同样推到 1 整袋谷子落地无声。而"小数字悖论"则以更简洁的数字方式呈现了这一悖理性:

> 1 是小数字
>
> 如果 1 是小数字,那么 2 也是小数字
>
> 如果 2 是小数字,那么 3 也是小数字
>
> ……
>
> 如果 9 999 是小数字,那么 10 000 也是小数字
>
> ————————————————————
>
> 10 000 是小数字[2]

---

[1]　Rosanna Keefe, *Theories of Vagueness*, Cambridge University Press, 2000, p. 64.

[2]　Timothy Williamson, *Vagueness*, p. 22.

从"如果 1 是小数字,那么 2 也是小数字;如果 2 是小数字,那么 3 也是小数字……",这样一个一个增加,依此推至"10 000 是小数字",得到相关规定的冲突。由于涉及人类听觉,这个悖论甚至可以从描述的使用理论一直联系到作为使用理论基础的人类学特性——声音的感觉阈限与我们身体的感受能力有关。同样,"大小""多少"则与我们思维的运演(计算)——就人类学特性而言的使用方便与否有关。因此,连锁悖论的使用理论类解既与客观根据有关——没有客观根据的使用无效;又与主观需要有关——不能满足人的相关需要甚至跟人的主观需要无关的使用没有任何意义;更与人类学特性有关——使用必须建立在相应人类学特性的基础之上。

连锁悖论本来就与我们使用过程中的具体条件——包括我们使用的主观需要和方便有关,但解悖方案却误以为由于"我们并没有被赋予知道绝对界限的能力"[①],因此将连锁悖论的描述性质理解为根植于某种神秘的客观实在性质,建立在传统实在论基础之上。从传统实在论出发,连锁悖论是没有办法解决的。正因为如此,为了解决连锁悖论,彼特·昂格尔(Peter Unger)甚至提供了否定实体存在的方案。在连锁论证的基础上,他坚持关于实在的常识观点是错误的,认为不存在像"石头"这类的实体。[②]对于由规定的粘连造成的悖论来说,这无疑是实在论解决方向走向极致的结果。这一结果不仅表明此路不通,而且背书了相反方向——悖论的描述类解。

从描述的角度看,在更高层次内容的逻辑中,在思维规定的具体描述使用中,连锁悖论正好揭示了定性思维规定和定量思维规定及其相互关系的性质,而关于连锁悖论的这种理解所表明的,则是人类认识从传统实在论到描述理论的哥白尼转向;它带来对经典语义学和经典逻辑的革命性挑战。比连锁悖论更典型,"忒修斯之船"悖论甚至涉及实在论和描述论两种相对的研究(approaches)。

从"忒修斯之船"悖论到"卡特勒爵士的袜子"悖论,可以更清楚地看到使用的分量和描述的使用理念的重要性。"卡特勒爵士的袜子"正像"忒修斯之船","一双非常喜

---

①   Stephen Read, *Thinking About Logic: An Introduction to the Philosophy of Logic*, Oxford University Press, 1995, p. 173.

②   Peter Unger, "There Are No Ordinary Things", in *Synthese* 41(1979), pp. 117-154.

欢的袜子"不断织补,最后袜子原先的纱线全部被新纱线所替换,当纺织材料上完全是一双新袜子时,这双袜子还是原来的那双袜子吗?①从传说中的一条船到实际生活中"一双非常喜欢的袜子",袜子还与人的喜好联系在一起——这是与心理需要相联系的,"蒯因悖论"不仅与人的心理需要有关,而且是由人的心理造成的 与对痛疼的畏惧放大了痛感有关;而"颜色悖论"则既与谷粒和声音一样与感官特性有关,而且由于颜色的"第二性质"地位,更与描述联系在一起。

在这类悖论的描述解悖中,不仅连锁悖论,芝诺悖论也是适用在更高层次内容的逻辑基础上运用描述的规定使用理论类解的典型悖论。芝诺悖论及其所有现代变体——超级任务中的"抛球机器"和"汤姆逊灯"——都是同类逻辑规定和经验规定自相冲突造成的。

抛球的无限机器(infinite machine)是美国哲学家布莱克(Max Black)提出的思想实验,可以简洁而形象地表述为无限机器在左右两个盘间抛一球,第一次从左到右用时 1/2 分钟,再从右到左用时 1/4 分钟,这样不断继续 1/8、1/16……匀加速左右抛球,问抛球 1 分钟后球在左盘还是右盘? 这也是描述中规定粘连的一种情况,其实布莱克在论文中已经涉及,他认为"行动的无限系列"是自相矛盾的,没能看到这一点源于两者的混淆:行动系列和产生自某种数学定律的数字系列。行动系列是实在的,而数字系列是描述的。我们关于无限机器的描述涉及一个矛盾。②事实上,"数无数弹球"(counting an infinite number of marbles)本身就已经是一种实在和描述的混淆。毫无疑问,存在无数的数字,但不存在同样意义上的无数的弹球。

汤姆逊灯则是汤姆逊设计的另一个思想实验:假如开关一盏灯,灯亮 1/2 分钟时关灭,灭 1/4 分钟后打开,再开 1/8 分钟后关灭……这样均匀加速不断开和关,问当时间 1 分钟后灯是开的还是关的? 这方面更有利于说明问题的是作为汤姆逊另一种表述形式的"电灯问题":一盏电灯,开 1 分钟,接着关 0.25 分钟,再关 0.125 分钟……这样开关 2 分钟之后,电灯是亮的还是不亮的? 事实上,按这个速度,2 分钟后开关数已

---

① 参见陈波:《悖论研究》,第 72 页。

② Max Black, "Achilles and the Tortoise", in *Analysis*, Vol. 11, No. 5(Apr., 1951), pp. 91-101.

经是无穷多,不可能判定最后一次是开还是关了。这也都与描述中规定的粘连从而与人类学特性有关,从汤姆逊在论文中的表述可以清楚地看到这一点:"这个问题似乎不可能回答。灯不可能是开的,因为我不立即把灯关掉就永远不可能打开它。灯也不可能是关的,因为我一开始把它打开,此后我不立即打开它就永远不能关掉它。但灯必定不是开的就是关的。这是一个矛盾。"[①]在汤姆逊的叙述中,作为基于经验规定的"亮"和"灭"已经涉及人类视觉,这与基于逻辑规定的"开"和"关"已经不相匹配。在逻辑意义上,开和关可以无限地交替,逻辑意义上的"开"和"关"交替到一定程度,已经不能与经验意义上的"亮"和"不亮"建立起一般意义上的经验联系。因而,说灯最后是"亮"还是"不亮"已经没有任何意义了。如果说灯丝是不是有电流通过可能还能说得更远些,但随着开关交替趋向无限,以有没有电流衡量也会失去意义。这正是芝诺悖论描述性质的典型表现,也是这些在经验意义上具有永恒魅力的悖论对人类学特性的深刻揭示。

从描述的角度看,芝诺悖论都是两个"无限"规定的粘连造成的悖论。阿基里斯悖论的成因并不只是简单的无限分割空间的办法使人们无法跳过这个"无限",甚至也不是将运动中的无限过程与"无限时间"相粘连,而是因为不同的"无限"规定的粘连。这不仅与思维规定的性质有关,而且与认识的人类学特性具有深层次联系。

从定量规定来说,"无限"有两种,一种是"至大无外",一种是"至小无内"。前者是任何有限都在其中,都小于这个"无限",而后者则是任何有限都在其外,都大于这个"无限"。阿基里斯悖论正是"至小无内"的"无限"规定与"至大无外"的无限"规定"之间的粘连造成的。而就前一个"无限"来说,"无限"可以小于有限,但我们不能由此得出结论:无限个有限可以小于某个有限。只有向内的无限个有限是这样的,向外的"无限"则在任何情况下都大于有限。而从描述的角度看,"无限"和"有限"本不包含大小的确切描述。这种无限规定与其说是量的规定,不如说已经是质的规定了,只是从量的规定的角度去看,可以与其他无限规定相区别。正如索伦森所说:"有限事物的加合只能产生有限事物。……无限不是减去有限事物的结果。"[②]

---

①　J. F. Thomson, "Tasks and super-tasks", in *Analysis*, Vol. 15, No. 1(Oct., 1954), pp. 1-13.

②　Roy Sorensen, *A Brief History of the Paradox: Philosophy and the Labyrinths of the Mind*, p. 218.

其实,阿基里斯悖论与空间是否可以无限分割没有关系,与量子力学的发现也没有关系,因为我们完全可以把阿基里斯和乌龟的设计变成纯粹的数列形式。这样我们就可以清楚地看到,这里的悖理性源自思维规定的冲突,而不是人类对外部世界认识的局限。因此,用阿基里斯每次到达上次乌龟到达的位置这样一个循环过程"实际"测量本身就是源自某种混淆,由此测得的所谓"芝诺时"毫无意义,而用数学方程计算阿基里斯追上乌龟的时间,这种"实际"证明更是文不对题。芝诺的二分法悖论就已经是一个很好的证明:这些都属于思维规定在描述中造成的问题。

从概念的规定来说,中国古代惠施的"山与泽平""卵有毛""鸡三足""犬可以为牛""火不热""矩不方""白狗黑""孤驹未尝有母"等悖论均属此类。这些都属于概念规定而不是客观世界本身的问题。作为客观事物,温度是连续的,只是为计量的方便,我们规定一个大气压下水的冰点为摄氏零度,从而有了零上零下的相对区分。这是典型的描述和规定问题,只是当我们涉及无限规定时,情况就变得极为复杂。从这里我们可以看到,认为"芝诺走在自己时代的前面"[1]不仅是有根据的,而且其超前的程度耐人寻味。

规定粘连造成悖理性冲突的更深层次例子,当属同类逻辑规定和经验规定的混淆。这种规定混淆深入逻辑和经验的关系,因而涉及人类理性和认识的人类学特性。

二、规定混淆类悖论的类解

描述中规定的混淆不仅包括有意混淆和无意混淆,而且存在一定认识发展阶段难以避免的混淆。构成悖论的主要是无意的、不自觉的,特别是一定认识发展阶段难以避免的混淆。根据成因分类,这里把这类悖论称作规定混淆类悖论。这类悖论的类解主要是描述中规定混淆的使用理论澄清,即在更高层次内容的逻辑中分析规定的使用,辨明其混淆所在,并在描述和规定的交织中,通过对涉悖规定的语言和逻辑定性分析,明确涉及规定及其混淆的性质,并进一步深入了解其认知关联和意义。

---

[1] Joseph Mazur, *Zenos' Paradox: Unravelling the Ancient Mystery behand thd Science of Space and Time*, Penguin Group Inc., 2007, p. 6.

由于思维规定形成的复杂过程，不仅同一思维规定有时用不同符号表征，不同思维规定有时用同一符号表征，造成了规定使用混淆的各种可能，而且更为重要的是，一些思维规定在描述使用中的混淆具有深刻的规定粘连甚至认知根源。作为悖论，抛球机器和汤姆逊灯不仅涉及规定的粘连，而且涉及经验规定和逻辑规定的使用混淆。在人类知识体系中，由于粘连规定的混淆使用，这类悖论可以非常复杂。阿基里斯追乌龟悖论中存在的两个关于"无限"的思维规定，不仅都是质的规定，而且二者的含义有质的不同。一个是向外的"无限"，至大无外；一个是向内的"无限"，至小无内。而"至大无外"和"至小无内"的混淆则是涉及表现为描述混淆的规定混淆了。由此可见，用对阿基里斯追乌龟这样的实在事件的描述与数学二分法无限可分的描述相比较，自然会由于这两种"无限"规定的混淆导致悖论。认识到无限规定的质的规定性质，在规定使用的具体条件下避免与量的规定的混淆，不仅是芝诺悖论解悖的有效方式，而且可以此深化对无限规定的认识，更清楚地看到以无限规定为前提的描述的性质，认识到无限规定及以其为前提的描述的哲学意蕴。而在"意外考试悖论"(unexpecting exam paradox)和"美诺悖论"(Miele paradox)中，规定混淆和认知问题结合得如此密切，以至人们认为它们也是认知悖论。描述中规定的混淆造成的悖论的类解，以它们为例应当最为典型。

在意外考试悖论中，涉及两个"意外"规定的混淆。

一位教师在他的班上告诉学生："下周的某一天将会有一场考试，但考试在哪一天进行我会在当天上午八点告诉你们，那将是一次意外的考试。"于是学生做了如下推理：考试不可能在周五进行，因为到了周五上午，就知道周一到周四没有考试，因此考试必定在周五进行，如果那样，就不是一场意外考试。如果考试不可能在周五进行，那么由于同样的原因，它也不可能在周四进行。因为如果考试在周四进行，那么我们周四上午知道周一到周三没有考试，周五又不可能，因此考试必定在周四进行，所以也不是一次意外考试。如此类推，最后断定这样一场意外考试不可能进行。因此，当老师在宣布周二考试时，学生大感意外，成了一场真正的意外考试。

这里其实涉及两个含义不同的"意外",一个是相对于有没有意识到的意外,另一个是相对于与预期不符或相反的意外。前面一直说的都是相对于有没有意识到的意外,即"是不是意识到"意义上的"意外";后面宣布考试所生"意外"则是相对于与预期相反的意外,即"是不是出乎意料"意义上的"意外"。在意外考试悖论的另一个版本中,这一点已经被关注到。当一学生要求老师给出"意外(surprise)"的定义时,意外考试悖论的规定混淆成因就不在意料之外了,老师说:"一次意外考试是这样一次考试,你不能提前算出其日期。在我让你们开始考试之前,你们不会知道开始考试。"[1]这里明显混淆了"unexpected"和"surprising",因而关于意外考试悖论,英文有两种表达:"paradox of unexpected examination"和"surprising exam paradox"。[2]在"surprising"意义上,不用从周五推导,任何两天都可以。而在"unexpected"意义上,则一周中哪天都不是。

美诺悖论的规定混淆涉及更深:一个人不会寻找他所知道的东西,因为他已经知道了;也不会寻找他所不知道的东西,因为对于他所不知道的东西,他不知道要寻找什么。这显然是由规定混淆的一种情况——同一规定(概念)的歧义造成的悖论。这里的"东西"可以是问题,也可以是问题的答案。第一个"东西"是问题的答案,如果是问题就不成立;第二个"东西"是问题,如果是问题的答案也不能成立,余类推;第三个"东西"是问题的答案,最后一个"事情"是问题,否则也不成立。

在这里,三个"东西"是同一个词,在字面上是同一个概念,但却有不同的含义,属于不同的规定。而"事情"与其中的一个"东西"是两个不同的词,在字面上不是一个概念,但含义上却是同一个规定。由此可见,语词只是概念的标志,尽管谓词的字面表观含义与概念的内涵可以有密切联系(联系越密切概念的规定越合理),但二者间终究没有必然联系,更不是唯一联系。也就是说,语词和概念之间的联系具有偶然性。正因为如此,一个语词不在具体的句子和上下文中,我们就不能完全确定它所标志的是哪

---

[1]　Robert M. Martin, *There Are Two Errors in the the Title of This Book: a Sourcebook of Philosophical Puzzles, Problems and Paradoxes, Revised and Expanded*, p. 117.

[2]　Eric Lawrence Gans, *Sighs of Paradox*, pp. 46-49.

个概念,即不能完全确定其含义。

那在句子和上下文中,怎样确定一个语词的含义呢? 那就是语词的使用。语词之所以只有在句子和上下文中才能确定其含义,就在于句子和上下文确定了语词的使用。我们之所以能确定美诺悖论中"东西"的不同含义及"东西"和"事情"的相同含义,就因为有了句子和上下文所表明的语词的使用情景。

因此,由语词歧义造成的混淆其实也就是规定使用的混淆,即离开其具体使用对语词作表观字面理解,这与有意混淆造成的诡辩完全不同。对于由描述中歧义规定的混淆造成的悖论,其描述类解就是在思维规定从而更高层次内容的逻辑的基础上的使用理论解悖。即在更高层次内容的逻辑的基础上,通过对其使用的分析明确其确切含义,理清字面的表观含义,从而消除规定的混淆,消解悖论,并从中得到这种规定混淆的认识论意义。

在这里,规定的混淆就表现为同一语词表征着不同的规定。在美诺悖论中,就是"东西"既表征着问题,也表征着问题的答案。理清这类概念规定字面静观含义与具体使用情景中的内涵之间的区别,不仅是美诺悖论解悖的关键,而且对于规定的发展和合理化具有重要意义。

关于思维规定的使用,具有复杂的不同层次。句子是最简单最直观的,句子之外是上下文,上下文之外还有作者的意图,作者的意图之外还有更高层次的人类学特性、社会环境,社会环境之外还有历史文化关联等。这是由描述中的无意混淆(由含糊或混同、混合造成,而有意混淆专指诡辩的形成)造成的悖论分层类解可能要涉及的复杂过程,而当规定的混淆过程复杂到一定程度,就必须通过双向循环描述展开。

从这类具体悖论的描述类解可以看到,由于涉及人类学特性、社会环境和历史文化等情景,这类悖论所涉及的还不只是一个简单的概念混淆问题,而是涉及规定的形成、发展和性质,从而在根本上涉及人类认识的机制和发展。柏拉图从美诺悖论发展出"学习就是回忆"的观点和理论,就是这一悖论认识意义的最早具体表现。

规定的无意混淆绝不纯粹是一个认知失当的问题,而是可以具有深刻的认知根源,因而可以具有重要认知意义和价值。这种规定的混淆具有从规定本身的含糊性和歧义性到主体的局限,再到思维规定分化本身的复杂性这样一个连续系列,这既关系到认知发展的性质,也与思维规定的性质有关,因而与认知有特殊关联。

由于形成过程的复杂性,思维规定越基本,其分化越复杂。在认识过程中,思维规定有时候会处于难以辨识的状态,因而具有含混性,很容易被混淆。这样的规定混淆不是由于简单的认知错误或问题,而是与思维规定发展的复杂性联系在一起。当一个名称有确定的外部对象指称时,其所标志的相关规定相对不容易有含糊性和歧义性;当名称或概念没有明确的外部对象指称时,则相对容易使规定出现含糊性和歧义;而当规定没有外部对象指称,只是关于 agent 的认知状态,与知识、信念、证据,特别是与知道、相信、怀疑、映证(justification)等认知行为和态度相关,属于内涵性表达式时,在外延语境中最容易出现不可避免的含糊性和歧义性,而且这种含糊性和歧义性是根本的。因为在这样的情况下,这些规定所处语境中"经典逻辑的外延性原则失效",这意味着涉悖规定在某种意义上超出了经典逻辑——形式逻辑。经典逻辑中的名称和语句的涵义及所指属于外延性原则,而外延性原则只在外延语境中适用。知道、相信、怀疑、映证等表达式生成的认知语境是内涵语境。[1]正是在内涵语境中外延性原则不适用,因而由此发展出了认知逻辑(epistemic logic)。这是一种更属于基于思维规定内容的逻辑,也就是关于知道、相信、怀疑、映证等思维规定的逻辑。在认知逻辑中,认知悖论的生成就是自然而然的。因此认知逻辑对认知悖论的类解具有重要意义。而认知悖论则是认知逻辑发展的重要动因,这类悖论的类解往往具有推进认识深入发展的重要意义。因此,绝不能认为规定混淆是一种低级的悖论形成机制,由于与认识过程中思维规定的分化有关,有些规定混淆源自思维规定的未分化状态,因此其机制源于规定性质的深层,从而同时可以具有重要而深刻的认识甚至哲学意蕴。

由于涉悖规定的性质有很大不同,这类悖论的意义差别极大,构成从重要认知意义到生活策略意义这样一个系列。对于一些涉悖规定与认知关联不那么密切的悖论来说,其积极意义主要是应对悖谬(比如稻草人悖谬等),因而更多在批判性思维和辩

---

① 陈波:《悖论研究》,第 275、277 页。

论技巧等方面具有理论和应用价值,这也是此类悖论中有些悖论的意义所在。规定的无意混淆与批判性思维研究和训练密切相关;规定的有意混淆则可以作为辩论技巧和策略使用,甚至作为外交甚至政治宣传手段,但这是消极使用;其积极使用就是识别这种手段,防止被忽悠,也可以作为批判性思维训练的方式和方法使用。这类悖论的类解也可以不仅是消解,还可以通过建构悖谬反驳辩论对手或质疑观点和理论,或者通过投影展开进行逆向发现和建构创作。苏格拉底的辩证法(接生术)以及此后的归谬法,就是通过建构悖论,在某种意义上利用和开发这类悖论的最早例子。

三、抽离具体条件类悖论的类解

这类悖论的描述类解主要是通过涉悖规定的性质及其相互关系的研究,在揭示其具体成因和形成机制的基础上,使抽象描述中规定自相冲突的悖论在规定的具体使用中展开。这类悖论的描述类解主要涉及道德悖论、道义悖论和合理行为悖论等。根据成因分类,这里把这类悖论称作抽离具体条件类悖论。

道德悖论都是由抽象描述造成的,这类悖论的描述类解就是更高层次内容的逻辑理解基础上描述的使用理论解悖。这类悖论的更高层次内容的逻辑理解,最为根本的就是从"应当"推出"能够",因此可以从康德哲学中找到相应理论根据。在康德看来,"纯粹几何学拥有一些作为实践命题的公设,但它们所包含的无非是这一预设,即假如我们被要求应当做某事,我们就能够做某事,而这些命题就是纯粹几何学仅有的那些涉及一个存在的命题"[①]。由于所涉及的具体条件不同,从"应当"推出"能够",必须在"应当"已经成为人的需要时才是既具合理性甚至合规律性,又是可能的。这也才是真正意义上的从"应当"推出"能够"。也就是说,真正要从"应当"推出"能够",甚至推出"想要",必须经过内化为人的需要的环节,否则只能依靠外在约束而不是内在动力。

在康德那里,"应当"已融入或纳入理性的规则,是"客观上被规定了"的,这跟几何

---

① 康德:《实践理性批判》,邓晓芒译,第40页。

学中"作为实践命题的公设"联系在一起。因此，它不仅仅意味着"一个人只有做自己能够做的事情的义务，没有做自己不能做的事情的义务"①，更重要的是意味着"应当"本身就已内含并因此表明"能够"了。就像在几何学中，明白几何关系"应当"是怎样的，那么就一定意味着我"能够"做基于这种关系的推导等。

"道义悖论"具有与道德悖论相似的性质。"道义"像"道德"一样，是一个具体的、历史的概念。因而一方面，具体的概念就是一个在具体条件中才能确定其性质的概念；另一方面，形式逻辑的使用又必须概括出对象的一般形式，所以就存在具体条件的考虑程度问题。如果从完全理想化的层次建立道义逻辑，也就是不考虑具体条件，建立相对抽象的道义逻辑，会得到和考虑具体条件时的道义判断不同甚至相反的结果。由此就会导致自相矛盾的"道义悖论"。而道义逻辑发展的合理方向则是尽可能考虑具体条件，也就是建立相对的道义逻辑系统。

从道义逻辑，可以看到形式逻辑和更高层次内容的逻辑的关系。由于道义总是与其相关的具体条件联系在一起，不能完全脱离所处具体条件讨论逻辑关系，这就使得关于思维的逻辑与对象事物本身的客观逻辑有了越来越密切的接触和关联。这种关联越密切，所建立起来的逻辑就越具有更高层次内容的逻辑的性质，不仅仅是完全抽离具体条件的形式逻辑。关于这类悖论，在现实的具体使用中就意味着在更高层次内容的逻辑中；而在更高层次内容的逻辑中，它们就恢复了其在具体条件中的真实逻辑关系，从而达到自然解悖的目的。

由于描述的使用理论解悖也就是在具体条件中理解悖论，理解描述和规定的交织造成自我冲突导致自相矛盾的具体机制，因此对于一些合理行为悖论的理解和解决具有特殊意义。有的合理行为悖论突出了涉悖规定的具体条件，在抽象的合理性和具体的合理性之间，常常会发生冲突。究其原因，一是看上去更具合理性的方案或选择，可能在不同具体条件下会有不同合理性程度，因此很可能造成抽象合理性与实际合理性之间的冲突。以描述的使用理论类解决策和合理行为悖论，可以通过对涉悖规定的抽

---

① 陈波：《悖论研究》，第 406 页。

象性和具体性,结合具体条件作出合理分析。区分涉悖规定的抽象合理性(无条件的合理性)和具体合理性之间的关联,这样不仅能够解决决策和合理行为悖论,而且可以具体指导决策和行为,就像语义学悖论对于思维本身,认知悖论对于认知具有指导意义一样。

在一些合理行为悖论中,由于有些不仅涉及外部具体条件,而且涉及人的心理和需要等内部具体条件,因此更为复杂,所谓"胆量比赛悖论"就是一个典型的例子。

两未成年人飞速驾车窄路相逢,各有两个选择:向右避让或迎头相撞。[1]由于这一悖论关系到对手的选择,因而涉及考虑对方选择的决策。这也属于抽象描述构成不同具体条件下思维规定自我冲突构成的悖论,涉及对于"赢"这一规定的不同理解,也就是涉及规定本身的相对性。如果都一直往前,就避险结果而言是双输,但就拼勇气而言则是双赢;如果都往右转则相反。而一人直冲一人右转,从驾车来说是直冲者赢,右转者输,而从更高层次需要——比如情感、自我实现、创造等需要来说,直冲则为不值,右转则为明智,输赢又有不同。这类悖论的使用理论解悖需要涉入更深层次、更为复杂的具体条件。但尽管这类悖论更为复杂,只要将其还原到具体条件之中,就能还原悖论的逻辑关系,达成这类悖论的使用理论解决。

而在另一些合理行为悖论中,则由于源自知识生长点规定的未分化状态,其解悖对于进一步明确新规定,或者对于发现相关问题所在,具有重要价值,"分析悖论"及其解悖就是典型例子。

分析悖论涉及一个两难,兰福德(C.H. Langford)对此作了分析:让我们把被分析的叫作分析对象(analysandum),并把进行分析的叫作分析者(analysans)。那么,分析就是分析对象和分析者之间恰当的等值关系。而分析悖论则是这样一种结果:如果代表分析对象的文字表达式和代表分析者的文字表达式具有相同的含义,分析所陈述的就是单纯的同一性,因而就失去了分析的价值;而如果这两个文字表达式不具有相同的含义,那就表明分析出了问题,这样分析又是错误的。[2]从规定的混淆可以清楚地看

---

[1] Nicholas Rescher, *Paradoxes: Their Roots, Range and Resolutions*, p. 258.
[2] C.H. Langford, *The Notion of Analysis in Moore's Philosophy*, in *The Philosophy of G.E. Moore*. p. 323.

到,分析悖论的成因就在于相对高层次的规定和描述与相对低层次的规定和描述组合之间是否等价——也就是二者的同一性。如果将分析对象和分析者看作是对象的客观反映,分析悖论就是存在的;但如果看到它们的思维规定性质,这个悖论就表明关于分析者和被分析者性质的认识存在问题。

从思维规定的角度看,相对高层次的规定和相对低层次的规定是在不同条件下对同一对象的描述,它们提供的是对该对象从不同角度出发的描述,而在相对较高层次的规定和相对较低层次的规定之间,具有整体和部分的关系,而且二者间构成理解的双向循环描述。这个双向循环描述对于我们理解对象具有重要价值,而分析就是充分利用这一双向循环关系的价值。在这类悖论的解悖中,一方面通过相对较高层次的规定和描述,得到更深入理解其部分(相对较低层次规定)的整体观照;另一方面通过相对较低层次规定和描述的分析,得到更到位理解相对较高层次的规定,这样就构成理解的双向循环机制。而这正是通过综合和分析进行的,故分析在其中具有无可置疑的意义。

分析者和被分析者之间的关系就是整体和部分组合间的关系。在分析中,应当尽可能保持它们在含义上的同一,但这种同一也不是客观意义上的,不是以客观性而是以客观根据和主观需要张力中的使用为标准。分析悖论的意义就在于让反思分析者和被分析者的性质的认定,由此也就涉及对分析对象性质的反思,从对对象的镜式反映推进到客观根据和主观需要之间的思维规定理解。

由此可见,分析悖论的主要症结是把对象的性质看作是质点而不是关系。因为作为质点,甚至连转换角度看它都不能得到不同的信息,因而同一性解释就不可能有认知意义,即不可能是认知解释。只要我们不把事物对象的性质看作质点,它就处于具体的关系中,就不像质点那样处于无条件的完全抽象的状态。只要把对象的性质看作是关系而不是某种类似质点的东西,那么就可以建立起关于同一对象在不同关系中的不同描述,因而也可以作关于对象在不同关系状态中的分析。正因为如此,越是基本的规定,具体条件的抽离越完全,也就是越处于简单或抽象的关系中,因而越不可能进行分析。而当对象性质抽象到完全抽离具体条件,就意味着抽离了所有的具体关系。

在这个意义上,分析悖论的解悖与关于对象性质的规定有关。一方面,在同一性解释上将对象或其性质看作是(规定为)质点或某种类似质点的东西;另一方面,在认知解释中则实际上将对象或其性质置于具体的关系之中。这两种不同规定的未认清状态,正是构成同一描述中两个规定自我冲突,从而导致自相矛盾形成分析悖论的原因。

由分析悖论可以看到,悖论本身可以是规定或规定的区分不明确造成的。原因是这些规定涉及研究的前沿问题,或本身处于未认识清楚的状态。因而悖论问题的研究本身就是这些未明确问题的研究,而且正是悖论为这些问题的研究提供了具有张力的特殊信息场,非常有利于这些问题争论的展开,为这些问题的研究提供重要思想或理智动力。比如作为一个最好的例子之一,分析悖论的研究是探索弗雷格之谜的重要场所或非常有利的情景。在"a=b"中,如果"a"和"b"表示同一质点或对象,那就不可能提供任何有意义的新信息。只有 a 和 b 作为对同一对象的不同规定,正像对同一对象的不同角度描述,才能既是对同一对象的描述,同时又能提供新信息。这样,对象就必须是规定的结果,而且它们是怎样规定的就成了一个重要问题。如果把对象规定为某种质点式的东西,就不可能提供存在不同信息的不同侧面,因而就不可能同时具有认知解释的性质。只有把对事物对象的规定看作是对其所处关系的描述,才可能为认知解释提供可生成新信息的不同侧面。

第 15 章　描述解悖：从消解到建构

在历史形成的解悖要求中，第一是要有形式的解决方法解决悖论形成的逻辑成因，要求阐明哪些形式上无懈可击的推论的前提是不能允许的。第二是要有哲学上的解决方法，阐明这些前提表面上无懈可击，事实上有懈可击的原因。只有深入到悖论的描述成因和规定的深层，才能既避免只是简单地以非常规描述为判决词，宣告悖论的诊断结果和处理方案，又可以合理地确定悖论解决方法的范围。它一方面"充分宽广"到不会损伤我们要保留的有用的东西；另一方面又"足够狭窄"到能甄别所有相关的悖论性描述。这样就不仅既不"因噎废食"，又能避免"从油锅里跳到火坑中"，而且通过描述和规定的交织，将悖论置放于人类思维、人类理性以及人类学特性的联系之中，真正进入悖论问题的哲学研究。

第一节　解悖的客观实在基础

由思维规定内容关系的逻辑，可以得到这样一个结论：如果说只要有事物存在，只要有不同的事物，只要有事物的内部结构和外部关系，就可以看到具有客观性的关系体系，或者说，就可以建立起具有客观性的关系体系，那么，同样道理，不管是什么性质的思维规定，只要有规定就可以建立起具有客观性的关系体系。而这种关系体系的客观性,既不意味着我们所说的外部世界客观存在或实在意义上的客观,也不意味着传统意义上的主观,而是在这二者之间建构起来的一个关系性质。这方面,康威的"生命游戏"(Game of Life)就是一个耐人寻味的典型例子。

生命游戏是英国数学家约翰·何顿·康威(John Horton Conway)在 1970 年发明的元胞自动机,最初由当代著名数学科普作家马丁·加德纳(Martin Gardner)于 1970 年 10 月在《科学美国人》杂志的"数学游戏"专栏推出。游戏的设计几与真实的生命进化无异。在 ·个二维矩形世界中,每个方格居住着一个或活或死的细胞。游戏只是做出了细胞在下一时刻是生还是死的规定,游戏一开始就会在这些规定的基础上演化出各种生命形态。①游戏规则是规定的,但在这些规定的基础上,元胞自动机所生成的"生命"——一种关系体系——却是客观的,而且像生物进化那样演化出各种"生命"形态。

我们还可以从很多这样的场合看到,"纯客观性"和"纯主观性"的性质以及它们之间非常重要的关系。作为两极的极端抽象,"纯主观性"和"纯客观性"之间才是现实的对象所构成的一个连续系列。在这个连续系列中,许多看似模棱两可,不能很确定言说的东西和对象,就都可以在这个区间里找到它们的位置,而这恰恰就是人类描述的一个重要特点。

如果认为我们在一定外部对象的规定性的基础上建立起来的关系是客观的,不可能是主观的,那么,我们就有可能想到,这里不会有一个绝对分明,使其相互分离的界限,它们之间有一个连续系列的重要性质,构成一个连续系列。假如说建立在事物之间的关系体系是客观的,甚至被认为是"先天"的,比如认为自然规律、社会规律所表现的关系是客观的,甚至可以说是纯客观的,那我们似乎不再能够在这种客观的意义上认为一个圆周和直径之比这样一种关系是完全客观的。这样的关系显然不同于所说的外部世界客观存在的事物之间的关系,这就是经验科学和形式科学之间的不同。当然,在这里我们常常会把经验科学的关系看成是经验的,反而把形式科学,像几何学那样的关系,比如"π"所表示的关系,甚至看作是"先天"的,因为它既非主观自生,显然也

---

① 详见 Martin Gardner, "The fantastic combinations of John Conway's new solitaire game 'life'", in *Scientific American* 223(October 1970), pp. 120-123。

不是外部世界后天存在的。因此正是在这个意义上说,可以进入另一种意义上的"客观性"。

如果我们认为圆周率 π 所表示的关系,仍然具有客观性,甚至不仅仅是经验意义上的客观性,而且还可以在一定意义上意味着"先天""先验"那样更深层次的超验关系,那么,我们对许许多多游戏的性质,看法也会有很大不同,这与维特根斯坦的语言游戏密切相关。我们作出几个简单的规定,就可以建立起一套游戏规则。而这些规则的制定有些是主观的,但基本的关系是客观的。如果所有游戏规则(关系)都是主观的,那么游戏必定会失去其意义。因此,关于游戏的有些规定是主观的,比如在象棋游戏中,棋盘的关系,规定马走日,象走田,车走直线,卒走单步等是主观的,但是这些线和交叉点以及这些规定之上的一些关系,比如各棋子之间的关系,像车可以在直线上不限制距离地吃卒,而卒则不能,只能走一步吃其他子,诸如此类,则都是客观的。这样就可以看到,这里有很多棋盘和棋子的规定,使得在它们基础上可以建立起许多客观的关系,正因为有这些客观的关系下棋者必须遵守,才有了棋类游戏的意义。

由此我们也可以看到,对于游戏来说,真正具有意义的,总是把客观根据和主观需要联系在一起的东西。只有在客观根据和主观需要之间做出的规定基础上,才能建立起具有客观必然性的关系体系,从而建构出游戏的意义。纯粹客观的东西与人无关,不存在相对于人而言的意义;纯粹主观的东西只是自己和自己的关系,没有与外部事物之间建立起具有实践价值的意义。正是客观和主观之间建立的关系,也就是在任意性和确定性之间建立的这样一种"场",才使人在其中的活动具有意义。再比如体育活动,像篮球、乒乓球的场地或桌台大小,球架或球网高低,球的直径,等等,这些体育活动本身以及体育比赛中的一些规则都是人为规定的。比赛规则都建立在人为规定的基础之上,但一旦这些规定确定以后,就形成一个关系体系,这个关系体系就具有某种客观必然性。因此,任何游戏都具有一个客观关系构成的空间,这个空间的基础是规定的;这些规定是人为的、主观的。因此,正是根据人的需要所设计的主观规定,构成了有意义甚至有客观意义的游戏。

如果认为游戏规则仍然是具有客观性的关系,那么肯定也不能否认在艺术创作中的主观性。在艺术创作中，比如像雕刻家将一块大理石加工成石雕，如果创作有原型，有对象，只是对对象的临摹，可能存在某种客观性；而如果是完全凭艺术家自己的想象创作出的艺术品，就可能完全突破了传统意义上的"客观性"概念。我们通常都说艺术品是人创造的，创造就意味着主观能动性，或者某种程度上的主观任意性。

也许还可以说，我们不能否认一件艺术品的物质原料是客观的。这不错，但是同一块石料，不同的艺术家可以创造出完全不同的艺术品，这就是在一种客观性空间中，怎么能够做出具有主观创意作品的典型情景。其实任何一件艺术品的创作都是这样一个过程，都是在某些规定的基础上建构起来的关系体系。在这个意义上，非常有趣的一件事是：作为关系基础的规定是具有主观性的，而在规定的基础上建立起来的关系及其体系，则反而具有客观必然性！不仅如此，建立在这种关系体系之上的进一步规定，比如说关于游戏规则的一些更高层次规定，就又具有主观规定的性质。这里就意味着关于客观性的另一种意义、另一种理解，这种理解在爱因斯坦和哥德尔的实在观中有经典展开。爱因斯坦和哥德尔都是实在论者，但他们所得到的最重要成果——相对论和不完全性定理，却恰恰是对传统实在论立场的一种讽刺。

"数学柏拉图主义者"或"数学实在论者"是最有利于说明实在本身性质的一种称谓。事实上，这种意义上的实在论恰好说明其与此完全不同的物理实在论的不同性质。数学"实在"被人们理解为实在，但它却与物理实在那么不同。数学实在的"实在"概念与物理实在的"实在"概念的共同点不是它们是不是能感觉到的客观存在，也不是不以人们的意志为转移的客观存在，而是某种相对人来说的确定性的存在。这个"确定性"与人的主观任意性相对。数学实在正是这样一种相对于人的主观任意性而言的客观确定性。正是在这个意义上说，人们的实在概念说到底不是能感觉到的实在，而是没有主观任意性的确定性存在，不管这种存在是物理经验的，还是数学逻辑的。

我们把实在概念从物理实在推到了数学实在，现在再来看数学实在。这是一种很有意义的推演。数学柏拉图主义者或数学实在论者认为，数学实在与物理实在是一样的：

> 自然数（规则而古老的计算数：1、2、3，等等）的结构不依赖于我们而独立存

在，正像根据物理实在论者的观点，时空结构不依赖于我们而独立存在一样；而数字 4 和 25 的属性——比如说，一个是偶数，另一个是奇数，二者都是完全平方数——就像物理实在论者眼里的光和万有引力的物理属性一样客观。①

然而，数学实在又毫无疑问与物理实在完全不同，因为在人们看来，物理实在与我们的规定无关，而数学实在则都有我们规定的影子。如果不能认同数学是人类的创造，那么至少我们不得不承认数学的进步是人类创造的，确切地说是规定的。当人们规定了比如自然数及其进制后，它们便具有了一系列的客观性质。比如数字的素数和偶数，等等。几乎可以说，不管人们做出什么样的任意规定，都可以由此规定"发现"很多性质，"发现"这些规定本身以及由此规定而有的相互关系体系。即使完全出于我们主观需要作出的法律规定，也具有它本身的性质，更有它所意味着的相互关系体系。一旦有了规定，基于其上的这些性质和相互关系体系就是确定存在着的。哪怕是再主观任意的规定都是如此，游戏比如棋牌的规则就是完全主观的，只是并非所有的随意规定对人来说都是有意义的。

数学规定之所以有意义，是因为它对应着经验领域的事实（数量）；法律规定之所以有意义，是因为它对于人类社会关系的维持，因而也就是对于社会存在是有意义的；而游戏规则的规定之所以有意义，则是满足了人们达到某种有意义的（如博弈）结果的需要。但问题在于，原则上说基于任何主观随意的规定，都可以"发现"其具有"不以人的主观意志为转移"因而不可置疑的性质及其相互关系体系，而后者又与数学实在没有本质上的不同。这就等于说，建立在任何主观任意性规定基础上的性质和相互关系体系，都可以具有数学实在意义上的实在的意谓。这里存在的只是规定的主观任意性与其性质和相互关系体系的客观确定性。由此，我们可以看到两个相对的概念：主观任意性和客观确定性。

思维规定是可以具有主观任意性的；而思维规定一旦确立，其性质和相互关系体系就具有了无可置疑的客观确定性。当然，在实践中，由于实践的需要，思维规定总是

① Rebecca Goldstein, *Incompleteness, the Proof and Paradox of Kurt Gödel*, p. 45.

程度不同地根据客观需要和客观事实作出的,实践的需要是规定的最终根据;但从理论上说,人们关于主观和客观的区分、人的意志和客观实在的区分、人的精神的存在和世界的客观存在,甚至实在论和非实在论,实际上最终都来自主观任意性和客观确定性。或者说,这些概念的相对性质,最终都可以归结为主观任意性和客观确定性。而这两者的不同并不像我们所认为的那样,一个来自客观世界,一个来自我们的心灵,而是都来自人类心灵,只是不同的规定具有不同的客观根据。这些具有不同客观根据的主观"创造",都有着相同的主观机制和根据,而这些机制和根据则都与人类学特性密切相关,这倒是不以人的意志为转移的。爱因斯坦和哥德尔都是铁杆实在论者,但他们的最重要成果恰恰都导向了这种人类学特性。

哥德尔的数学观念,他对数学实在客观独立存在的肯定,也许构成了他生命的本质(the essence of his life)。这也就是说,毫无疑问的是:他的确是一个怪人。他的哲学观点不是他的数学的表达;而他的哲学观点,他的柏拉图主义却是他的数学的表达。因而这是他这个人最深刻的表达。正因为如此,这就不是一点点讽刺了:正像爱因斯坦,他的工作不仅一向被解读为与背离客观性相一致,而且还被认为是最具说服力的根据之一。①

由于规定一建立,其性质和相互关系体系的客观确定性就不可置疑,这种"确定性"本身就是人们必须接受的,不管是唯物主义者还是唯心主义者,实在论者还是非实在论者。也许所有的唯物主义者和唯心主义者,实在论者和非实在论者,不管他们相互走开得有多远,都可以在这种"确定性"中找到共识,找到彼此都能接受的基本观念,甚至"肆虐(hawking)的后现代不确定性"②,也可以通过对规定的约定找到主体间的根据。由此可见,主观任意性(自由)和客观确定性(必然)应当是一对最基本的哲学范畴。由此可以建立起一套具有不同含义的范畴体系。比如"必然和自由"就会改写为"自由与必然"。当"自由"的规定一旦建立,其性质和相关关系体系就成"必然"。不仅自由就是对必然的把握,而且必然也是自由的建构。

---

① Rebecca Goldstein, *Incompleteness, the Proof and Paradox of Kurt Gödel*, pp. 47-48.
② Ibid., p. 49.

通常在所谓客观研究领域(如物理学和数学),越是深刻的理论越与人性密切相联。其实这种趋势不用担心,因为这不是一种走向主观任意性的趋势,而是相反。人们寻求确定性的途径,可能以各种方式自认为是向着客观的对象世界,其实归根结底是向着人们自己。人类寻求确定性的努力,向来是在思想中。人们应当向自己的思想,而不仅仅是对象世界寻求确定性。对象世界只是为确定性提供某种意义上的验证。确定性应当通过规定,到人的内心去寻找,到人的思想深处去寻找。客观对象世界只是我们寻找这种确定性的试验场。这是不以人的意志为转移的。许多自以为是在外部世界(包括柏拉图的理念世界)寻求确定性的思想家,在他们最重要的思想成果中总是幽默(不是讽刺)地导向与他们的主观意愿相反的方向,就是很好的证明。

有时候一个人的基本观点与他的主观好恶并不一致。维特根斯坦否定哥德尔的不完全性证明,声称"我的任务不是比如去谈论哥德尔的证明,而是绕开它"[①]。但他的"对于不能说的我们就应当保持沉默",事实上就是他的"逻辑哲学"系统的不完备性。哥德尔不完全性定理事实上也是描述的不完全性定理。这是不完全性最终表现在任何知识系统的人类学特性上。或者换一个方式说,任何人类知识系统的根都扎在人类学特性之中。人类知识的不完备性的成因在于人类学特性,这不是人们可以反对的,因为它一方面是一个与我们自身的存在密切相关的基本事实;另一方面也是这种不完备性的成因。正是在这个意义上说,哥德尔和维特根斯坦对"人是万物的尺度"的一致反对似乎违背了他们的初衷,但事实上,他们是以某种方式把这个"尺度"客观化了,至少哥德尔是如此。

描述必须有客观依据,但描述必须有客观依据并不表明描述是客观对象的原本写照。

堪称人类证明大师的哥德尔应当是相当理性的,但他在后来曾试图论证上帝存在。

像莱布尼茨一样,哥德尔相信声名狼藉的"上帝存在的本体论证明"的某个版

---

① 转引自 Rebecca Goldstein, *Incompleteness, the Proof and Paradox of Kurt Gödel*, p. 190。

本是可能的。这是一个试图从上帝的合理定义推出上帝存在的证明。他至少和他研究院的同事——哲学家莫顿·怀特(Morton White)提到过一次,他关于上帝存在的本体论证明的新版本只差一步就可以完成并发表了。①

在这里,不管哥德尔是不是真的信仰上帝,事实上他都在把"上帝"作为人类存在——或者描述的不完备性的证明。

在经过慎重斟酌后,哥德尔发表了这样一个关于数学实在与物理实在之间关系的论述:

> 超限集合论的对象……明显不属于物理世界,甚至它们与物理经验的间接联系也非常松散……

> 但是,尽管它们距离感官经验很远,我们也的确具有某种与集合论对象类似的感知,正如从这样一个事实所看到的:公理将它们自己作为真理强加于我们,我没有看到有任何理由应当对这样一类感知更没有信心,比如感觉基于数学直觉的感知不如感官知觉可靠,感官知觉引导我们建立了物理理论并可以期待以后的感官知觉将与之一致,而且相信一个现在不能判定的问题具有意义并可能在将来可判定。集合论悖论给数学造成的困难,几乎不比感官的欺骗性给物理学造成的困难更多。②

在这个论述中,有两个问题值得关注:一是哥德尔认为——或者说感觉——两种实在应当是等价的。二是悖论是某种类似感官欺骗性的东西。

关于第一个问题,肯定不能在实在论的意义上等价,但在描述论意义上应当是等价的。不管数学和逻辑的对象与物理学对象有什么样的不同,它们在描述的意义上都是一样的。

关于第二个问题可能更复杂。在关于物理世界的描述中,我们主要的依据是物理实在,而在关于数学、逻辑世界的描述中,我们的主要依据可以更多是思维规定(当然

---

① Rebecca Goldstein, *Incompleteness, the Proof and Paradox of Kurt Gödel*, pp. 209-210.

② 哥德尔:《什么是康托尔连续统问题?》,转引自 Rebecca Goldstein, *Incompleteness, the Proof and Paradox of Kurt Gödel*, p. 216。

有同样来自外部客观存在的依据,只是这个依据不是事物质的规定本身而是事物的量的属性)。在数学和逻辑描述中,由于我们没有了物理世界描述中的客观事件根据,因此会遇到描述的相容性问题(而物理世界不存在这样的相容性要求)。由于这种描述的相容性受人类学属性的深刻影响,因而在跨越基于一定规定的描述边界时,可能会遇到悖论等自相矛盾或不相容现象。这样的描述现象,事实上与我们在关于物理世界的描述(如量子论和相对论)中发现佯谬的现象具有很大不同,它们是涉入人类理性的悖论。这种描述是从一个相对点出发的,人们必须根据以后遇到的情况不断校正整个描述框架。诚然,关于物理世界的描述也要随着物理实验的情况校正描述框架,但这种校正有观测支撑,因而始终具有自己的支点,而逻辑空间中的描述则没有这样的支点。它如果不是靠着柏拉图主义意义上的直觉,就是靠的思维的逻辑规则:不矛盾定理本身。

由此,可以看到一个新的整体基本框架。在这个基本构架中,甚至可以看到逻辑是怎么起源的,因此就不难达到更高层次内容的逻辑基础上的悖论理解。

无论是悖论的基本成因还是一系列具体成因,实质上都反映了我们赖以描述和规定的逻辑平台本身这一脚手架的问题。这个脚手架在一定的条件下可以把握对象,但是仅仅能够把握一定条件下的对象。对一定对象的认识,在一定条件下建立起来的逻辑平台,随着认识的发展将会遇到更大的空间,遇到更多的进一步的新的现象。每当这种时候,既定逻辑平台就不再能支撑进一步的解释,就如牛顿力学不能解释超光速现象,也不能够解释——更确切地说是整理——经验现象,而且,这个关口就可能出现悖论。

在这个意义上说,悖论正好暴露了一定条件下所建立的更高层次内容的逻辑的局限性,也就是暴露了关于走向未知领域的脚手架或平台的局限性。由此,就有了一个关于悖论的更准确结论,真正把悖论定位在走向未知领域的端口和门枢。

由于是关于思维规定内容关系的逻辑,因而既不是纯粹关于思维规定形式关系的逻辑,也不是关于事物本身的逻辑;既与思维规定的形式有关,也与客观对象内容有关,但更为重要的是:既不是纯粹思维规定形式的,也不是纯粹客观对象内容的。这就不仅能很好地理解黑格尔哲学的颠倒,而且这样才能找到我们真正的立足点。立足于关于思维规定内容关系的研究,当然在哲学立场上就头足倒置了(但那仍可能是更合理的立足点)。而且更为重要的是,由此有了我们立足于关于我们自己思维规定内容关系的逻辑——这是我们所能找到的唯一可能的立足点、出发点、阶梯和桥梁。正是由此,我们才得以通过描述和规定的交织,构成未知领域的可能图景(其中包括这个世界的终极本质这样的种种目标)。如果我们没有意识到描述和规定的交织的性质,仍然认为那是对对象本身的纯客观写照,甚至是镜式反映,我们的认识就可能走向作茧自缚。明白这一点,就不仅一方面有了一个关于我们自身处境的清楚意识和把握;而且更为重要的是,另一方面才能清楚地意识到,悖论正是描述和规定的这种交织所构成的重要节点。

第二节　悖论:描述的节点

面对认识的未来进程,最基本的可能性有两种:经验的可能性和逻辑的可能性。经验的可能性是由现实、现存、既存经验条件所决定的,经验的可能性空间就是现实、现存、既存条件所构成的可能性空间。逻辑的可能性则不是由任何现实的外部存在所决定,而是由我们自己的思想(思维方式)等构成的。这就意味着:与现实的(既定的、既存的)经验条件所构成的经验的可能性相反,作为我们的思想所构成的不可能性,悖论既是我们描述的结点,又是思想的节点。

所谓"结点",就是建立在一定规定基础之上的描述构成一个"圆通"体系,它在作为前提的基本思维规定所确定的范围内有效;同时也正因为有确定的条件和范围而能使特定描述达到某种结点,即在既定规定的基础上,就会使描述失效,使基于特定思维规定的既定描述体系走向终结。这样,一方面,这种结点集中反映了这一"圆通"描述体系的内在矛盾,从而表现为自相矛盾的悖论;另一方面,超出作为其前提的基本规定,则可能带来描述层次的提升,这时候,悖论就从结点——终结点,变成描述发展过程中,从一个层次发展到另一个更高层次的节点——拔节的生长点。因此,这种节点既是某种意义上的终结点,又是走向下一环节的转折点。

在罗素悖论中,"罗素集"既不是"平常集",也不是"非常集";在理发师悖论中,"理发师"既不是"给自己理发的人",也不是"不给自己理发的人";骡子既不能归为马,又不能归为驴,但它是马和驴的"节点"。如果说因为骡子没有繁殖能力而成了一个死结,那么我们可以在生物进化树上找到无数这样的"活的""节点"。人们从来不会因为这些节点而使生物分类限于悖论,我们之所以在描述中陷入悖论,一方面是因为我们没有这样看抽象事物的分类,就像在进化树那样的整体系统中看生物分类;另一方面则是因为抽象概念系统与作为经验事实存在的生物系统不同,它存在终极边界,或者更确切地说,人们依靠自己的思维很容易达到抽象概念系统的终极边界(比如我们永远无法达到经验世界的"终极边界",但似乎可以达到"宇宙""大全"等概念所规定的终极边界)。这些终极边界是人类在特定具体条件下达到的,在这些终极边界处,由于理性本身的局限性,人类描述必定会走到描述、规定甚至理性的基础本身,因而注定要走向悖理性。

作为思想的节点,悖论可以是:

(1) 某种概念描述的节点。特定的概念具有特定的描述或思想前景,同时也决定了基于这种概念的描述节点。而突破这些节点,悖论将是我们自然而然走向各个新领域的枢机。正如哥德尔所说:

> 可以合理地假定:每一个概念,除对某些"奇异点"(singular points)或"极限点"(limiting points)之外,是处处有意义的。这样,悖论看起来就类似于用零作除数的某种东西。这样的一个系统在以下方面将是最令人满意的:我们的逻辑直觉直至经过某种小的修改依然是正确的,它们可看成是给出了一个本质上正确的、只是有点"模糊的"实在状况的图画。[①]

(2) 某种具体思路或理论架构的节点。在认识过程中遇到悖论,不仅表明按照原来的逻辑此路不通,更为重要的是同时预示与此相反或不同的思路,比如"以太"思路。

基于这种概念的描述遇到悖论,表明这种概念的描述达到了节点。这种节点一方面意味着到了终结点;另一方面同时可能预示着一个转折点,比如"波粒"描述和牛顿"时空"描述。

---

① 哥德尔:《罗素的数理逻辑》,载《数理哲学译文集》,第181页。

（3）某种描述方式的节点。特定的描述方式由特定的思维方式所决定，当基于一定思维方式的描述遇到悖论，就意味着达到这种描述方式的终点，同时可能预示着进入不同描述方式的转折点。

（4）理性的结点。某些悖论意味着逻辑上无条件的不可能，当遇到这种意味着逻辑上无条件的不可能——终极悖论时，则表明我们达到了思想或描述的边界。由于这种思想或描述的边界决定于理性本身的性质，这种悖论表明：对于我们一定发展阶段的理性来说达到了其极限。这是一种真正意义上（人类理性发展的局限）的"路之尽头"，同时这样的悖论必定预示着某个方向的可能性——如果不是一定预示着相反方向的可能性。通常情况下，在可能性空间中走进了一个死胡同，只意味着在一定可能性或具有无数可能性的可能性空间中对某种可能性的否定，并不一定而且往往不是预示着某种确定的可能性。与此不同，悖论所表明的不可能恰恰预示着相反方向的可能性。因而不仅表明一个方向的不可能，同时预示确定方向的可能。

由此可以得到一个相应的结论：与经验的可能性由客观对象既存经验条件构成不同，逻辑的可能性由我们主观世界的概念、观念、理论构架、描述方式和思维方式及一定发展阶段的人类理性本身构成。正因为如此，在这四个层次，悖论是描述思想的节点。它们对于我们来说具有不是转折点就是终结点的意味，或者是概念描述的转折点，或者是理论架构的转折点，或者是描述方式的转折点，或者是我们一定发展阶段的理性本身的边缘——终结点。在前三种情况下，悖论是描述中的重要节点；在第四种情况下，悖论则是终点。正是这些节点（转折点和终点），构成了人类思想世界的结构。而在人类的思想世界中，哲学处于特殊的地位，这也使哲学具有相应的独特性质。"哲学是由其问题而不是答案结为一体的。哲学基本问题来自我们通常概念构架的困境（troubles）。这些悖论以共同的问题以及关于这些问题不断激增的回应将一代一代人连接在一起。"[①]这可以理解为，在描述和规定的交织中，悖论作为重要节点，连接着一代一代人。

作为节点（转折点和终结点）的悖论，建立在人类学特性和基于这种特性的描述特

---

① Roy Sorensen, *A Brief History of the Paradox: Philosophy and the Labyrinths of the Mind*, p. xi.

性的基础之上。作为转折点的悖论建立在描述的特性基础之上；而作为终结点的悖论则建立在人类学特性的基础之上。

由此，一方面可以得到一个进一步的结论：人类理性基于人类学特性；另一方面可以看到悖论作为描述节点的重要性，它甚至在人类理性的根基处，在人类学特性的层次，与我们关于"真""假"的判断联系在一起。

在描述和规定的交替发展中，"真的"和"不可能是假的"或者"真"和"不可能假"的逻辑关系是："真的"是以某种方式证明了其真，而"不可能假"则并未以任何方式完全证明其真。二者的这种区别绝不是无关紧要的，其至关重要的意义在于：它们的区别还表明，存在真假之外的情况。

"不可能假"具有丰富的含义，甚至比"真的"含有更丰富的信息。因为"真的"只告诉我们在既定的论域或条件下，或在既定的描述系统和规定基础上的"事实"，而且这个"事实"不一定是客观的事实，它也可以是规定的事实（stipulative facts），而"不可能假"则告诉人们在既定的论域或条件下，或在既定的描述系统和规定基础上的可能情况。除了可能真，还有更大更重要的一种可能性：对象或所讨论的问题已经超出了既定的论域或条件，或超出了既定的描述方式和规定的基础。它所意味着的不仅可能是既定描述系统或规定基础的局限性，而且可能是一个新的对象，一个为我们的既定描述方式或规定基础所未能把握的领域或对象。哥德尔不完全性定理就是处于这种层面的成果。由于哥德尔定理是将形式系统作为对象或内容的，因而肯定达到了形式系统研究的某种边界区域。这意味着到了必须突破形式逻辑的规定基础，在更高层次内容的逻辑的层面进行新的探索的领域了。局限在形式逻辑范围内讨论问题，自然会将悖论论证为纯粹的逻辑谬误，甚至会得到否证哥德尔不完全性定理的结论，但这种努力是在形式逻辑领域走向更高逻辑层次的重要工作。关于悖论用于论证问题的讨论，非常典型地涉及形式逻辑和更高层次内容的逻辑的性质和相互关系问题。

在形式逻辑中，悖论用于论证具有特殊的意义。一方面，悖论具有一种与形式逻辑矛盾相类似的性质，因而作为矛盾运用，意味着"不可能"。这种不可能的形式逻辑意义当然可以用于论证。另一方面，悖论本身又是更高层次内容的逻辑概念，用于形式逻辑论证只能取其与形式逻辑矛盾相类似的"不可能"含义。这就意味着其更高层次内容的逻辑内涵,不但必定被排除,而且还可能被视为对论证的有效性构成损害。而作为更高层次内容的逻辑概念,悖论则不仅是形式逻辑与更高层次内容的逻辑相联系的环节,而且是通向形式逻辑范围之外的更广大逻辑领域的门枢。因而,从形式逻辑规定的基础上看,杨六省先生对哥德尔不完全定理的否证[①],只是以形式逻辑的规定为根据,并不能构成对哥德尔证明的否证。正如以牛顿力学的规定为根据,不能构成对相对论的否证一样。而从更高层次内容的逻辑规定的基础上看,以悖论否证哥德尔不完全性定理的悖论证明,则事实上是在形式逻辑和更高层次内容的逻辑的交接或交叉领域讨论问题。如果不自觉地局限在形式逻辑立场,自然也不能有效否证不自觉地涉足更高层次内容的逻辑的哥德尔的证明,但这种分别立足于形式逻辑和更高层次内容的逻辑的"交战",绝不是只具幽默意义的"关公战秦琼",而正是虽然方向相反,却都走向打通二者间关联的目标。

第三节　逻辑解悖和描述建悖

逻辑主义试图把数学还原为逻辑的努力未果,直觉主义解悖的成败,形式主义解悖方案的努力和哥德尔不完全性定理,都表明把数学建立在逻辑的基础上需要有对规定的关注和研究。

直觉是规定的重要人类学基础,一方面,只有在以此为基础的规定的前提下,才能有形式化系统建立的可能性;而另一方面,由于必须以依赖直觉因素的规定为基础,形式化系统就不可能是自身完全的。这就是描述以规定为前提,研究悖论必须由描述深入到规定的原因。

深入到规定,就是真正深入到悖论问题研究的哲学层面。在悖论问题研究的哲学层面,讨论悖论的描述成因还有一个更有意义的根据,那就是积极自觉地由描述构成

---

① 杨六省:《对哥德尔不完全性定理的质疑》,载《前沿科学》2014 年第 1 期。

悖论。也只有这类悖论，才是人类认识中自己自觉创造的财富，这类悖论和具有游戏性质的"悖论"是完全不同的两回事。

在理论中，走向悖论可能走向某个领域(观念，理论体系)的边缘，走进悖论可能是走近一个新的领域。正是在这个意义上说，悖论不仅不可怕，不仅不一定意味着一种路之尽头，而且可能走向一个更有生命力(因为涵盖面更广)的理论。悖论使理论不能自圆其说，甚至使既定逻辑自相矛盾，那正是悖论为理论甚至逻辑晓示的问题，而这些问题正是理论或逻辑发展的重要指引。越是在人类知识发展的关节点，悖论越可能意味着幸运，遇见悖论是遇见命运之神。因而，自觉建构悖论——描述建悖——就成为理所当然的事情了。

一、从理性的"癌变"到"描述贝壳中的珍珠"

关于悖论，人们向来看作一种不正常的思维现象。有的人认为悖论是一种逻辑体系中的 bug，甚至认为"悖论是理性的癌变"。如果悖论是逻辑体系中的 bug，甚至理性的"癌变"，那就不只是个避免的问题了，而是要彻底消除。但实际上，在人类认识史上我们越来越清楚地看到的，却是一个重要事实和一种重要的趋势。面对"怪异"的悖论，有的人力图避免甚至消解；有的人则相反，甚至刻意设置悖论。这种趋势随着人们对悖论本身认识的深化而不断加强。

说悖论是理性的"癌变"，根据是悖论源自"有限""无限"以及二者的交织。哥德尔定理认为：任何封闭的形式体系至少有一个命题在体系内部不可证明，因此任何封闭的形式体系都是不完全的。这意味着，要在形式体系内部变不完全为完全，使每个命题都得到证明，就必然导致悖论。

在悖论"癌变"论者看来，有限正是悖论产生的源头之一，这是哥德尔所揭示的。如果把有限封闭体系变成无限开放系统，同样会导致悖论，所以"无限"正是悖论产生的另一个源头；而导致悖论的第三个原因，则是"有限"与"无限"的并存互扭。正是这三个原因，导致悖论的三种基本型号。

悖论的第一种基本型号是有限封闭型。这种悖论具有语言形式上的自我满足,基本上与事实无关。其最早形式是古希腊的"说谎者悖论"。悖论的第二种型号是无限开放型。这种悖论在有限范围内相对正确地反映了一部分事实,只是在无限推论中使一个相对有效的命题走向了反面。其最早形式是芝诺悖论。悖论的第三种型号是有限无限混合型。这种悖论可以称为"诡论"。源自混合产生双重标准,双重标准导致诡辩。其最早形式是"半费之讼悖论"。①

所谓"有限封闭"的悖论和"无限开放"的悖论都是逻辑悖论。"有限封闭型"自不待言,"无限开放型"仍然是逻辑悖论,因为它们之中有些虽然看上去与经验事实相悖。但与科学佯谬不同,这种悖论导源于"无限"规定,事实上就是"无限"规定的运用与经验事实或形式化体系的冲突。而在这里,经验事实并不是不能与悖论相分离的。"康托悖论"则与经验事实毫无关系。"康托悖论"是描述所涉及的两个规定自我冲突导致自相矛盾的悖论的典型形式,其性质和"方的圆"一样。"方的圆"只是两个不相容规定的冲突,还是悖论,而"康托悖论"则是这类悖论的典型例子。

所谓"有限无限混合型"的悖论也是由描述所涉及的规定之间自相冲突产生的悖论,只是这种冲突是由规定的混淆造成的。因此,这类悖论也常被称为"诡论"。这种混淆可以是通过自我指称实现的,如半费之讼悖论中的"讼事"可以指这场诉讼本身;也可以是从不同立场和高度看同一规定,从而得出不同的理解,如"秦赵之约悖论"。

论文《万千说法:理性的癌变——悖论》写得智慧机智,也透出诸多至理,但最后结论却像医生给绝症病人下诊断。确诊病症无疑对治病很重要,推而广之,于人的健康有益,但终究没有把悖论视为宝藏挖掘那样的积极意义。更不用说充分利用和自觉构造悖论,以推进认识发展的重要功能。

说"悖论是理性的癌变"显然不确,因为即使是纯粹形式化的逻辑悖论,也是一种客观存在的描述现象(至少是语言现象)。就像两面镜子相对互照生出一个无穷的镜像系列,它是不可思议的,但不是荒诞无稽的,更不是"理性的癌变"。如果"悖论是理

---

① 张远山:《万千说法:理性的癌变——悖论》,载《书屋》1999 年第 5 期。

性的癌变"有正面意义,那就是作为失控的细胞,癌并不是传统意义上的病变,它可能在一定意义上意味着生命力更强的细胞。正如伯奇所说:

> 悖论最好作为理解我们语言和概念的深奥莫测的资源来研究,而不是把它们看作其矛盾或不相容的病状。就尚未解决的悖论而言,它们是我们关于语言和概念的假定中混乱或谬误的病状。由于这些假定向来似乎是显而易见的,这些悖论是理论启迪的源泉。①

事实上,悖论不仅不是理性的"癌变",而且可以是描述贝壳中的珍珠。在某种意义上说,悖论是描述的某种"畸形"结晶。关于悖论基本观点的这一重要转变,应当说肇始于把悖论与辩证矛盾相联系。

如果说悖论是"癌变",它也不是思想或思维本身的"癌变",而是在一定规定基础上推演出来的,关系体系——理论组织的"癌变",这是因为关系推演超出了作为其基础的规定的承载力而发生自身(在既定规定的基础上的或范围内)不能承受的构变,从而发生"理论地震"。它意味着必须扩展或深化既有规定,而这有两方面重要后果:一方面,必须将理论与对象分离开来,加以区别对待,否则悖论问题就只能是悖论本身的问题,而不是一定规定基础上关系推演出的问题,因而只能消解悖论,而不能看到悖论通向更深层次的规定,从而走向更深层领域的性质。另一方面,由此可以看到逻辑本身的问题。由于悖论以形式逻辑矛盾的方式表达了一种不可能,而形式逻辑不管客观存在的对象世界,因而要么把悖论本身看作是必须消解的形式逻辑矛盾,要么必须承认它不属于形式逻辑的管辖范围。

前一种是传统悖论问题的处理致思和方式;而后一种则必定指向非形式逻辑的逻辑内容,或者说超越形式逻辑的逻辑领域。形式逻辑建立在不矛盾律基础之上,而不矛盾律意味着非真即假,正因为如此,哲学家和逻辑学家们担忧得到这样的结论,因为"一些明显有意义的陈述既非真又非假"②。这也说明超出形式逻辑的必要性。问题在

---

① Tyler Burge, "Epistemic Paradox", in *The Journal of Philosophy*, Vol. 81, No. 1(1984), p. 7.

② Robert M. Martin, *There Are Two Errors in the the Title of This Book: a Sourcebook of Philosophical Puzzles, Problems and Paradoxes, Revised and Expanded*, p. 125.

于,超越形式逻辑的这个逻辑领域在逻辑中具有一个什么样的定位? 由于这个领域只能位于从作为思维规定形式关系的逻辑到作为外部世界的客观规律之间,这种逻辑不可能是纯客观的,因为客观对象不存在悖论。这种逻辑也不可能是纯粹主观的,因为纯粹主观的逻辑就是关于思维规定形式关系的逻辑。如上所述,介于二者间的逻辑形态只能是更高层次内容的逻辑,而悖论问题存在于更高层次内容的逻辑之中。

由此,关于悖论问题的这种理解导向两个结论:

(1) 理论只是建立在一定思维规定基础之上、基于一定思维规定的推演关系,而不是对象的镜式反映甚至结构式反映。只是关乎经验的理论在推演和编织时,将经验现象作为不可缺少的经线或纬线,而且这个"经验现象"是现象学意义上的"现象"。

(2) 悖论是在一定思维规定基础上,关系推演超出作为自身前提规定的悖理性描述;这种悖理性描述是关系体系在更高层次内容的逻辑中生长出来的,因而在形式逻辑的标准中,它们是思想的"癌变"。这跟生物体的癌变还真有相似之处:癌细胞是更强大的体细胞,只是因为特定机体不能把这些更强大的体细胞有序控制在自己的系统内,结果不仅不能使其参与原本系统的功能,而且使它们成为机体中的失控细胞而对机体起破坏作用,因此在旧机体中是要被消解的对象。而理论不像生物体,由于建立在逻辑的基础上,可以通过逻辑本身的调整和发展不仅消除悖论,而且由此使理论发展到更高的层次。

通过明确无误的认识和严密无误的逻辑推理,却得到一个自相矛盾的命题,说明前提和逻辑推理过程没有问题,因而问题不在客观对象本身,就在自己的思维深处——基础之中。

如果把悖论看作是客观对象的某种性质的反映,那么悖论就是富有启发性的思想成果;如果把悖论看作主体思维的问题,那么悖论就是思维的迷失,就应当无一例外地加以消解。由于无论归结为客体还是主体本身,都不太能让人接受,因而最初把悖论看作无关紧要的语言游戏,认为其价值充其量只是语言策略,如说谎者悖论。这也是为什么直到集合论悖论出现,人们才意识到悖论绝不仅是语言游戏,它们跟人的思想密切相关,甚至具有根本关联。

人们用自己的思想建构理论贝壳，但他们却以为自己在用具有绝对普遍性的逻辑建构世界的逻辑结构，因而有时会把悖论看作是客观世界本身的矛盾。殊不知这只是在作茧自缚，结果在不自觉地走向自我封闭。只有返回到自己的立足点，才能看到自己思想的本性，因而才能看到悖论的真正描述性质：悖论是描述贝壳中的珍珠，只是同时还是思维的魔方。

悖论的确是神奇的思维魔方。在人类认识的现实发展中，悖论会影响科学的发展——思想的生长。无论如何，悖论是值得把玩的魔方。随着认识的发展，悖论这一思想的魔方逐渐溢出逻辑，漫延到所有思想领域，不仅日益显示出自己越来越重要的地位，而且在思维的深处晓示着人类思想本身的性质。这意味着悖论问题的研究进入了一个完全不同的层次，由此悖论研究从消"悖"进到掘"贝"。悖论是宝贝，因此与单纯形式逻辑矛盾完全不同。

形式逻辑矛盾不是客观对象，而是只与思维的形式逻辑规则相关。不仅在实在事物中不存在形式逻辑矛盾，在更高层次内容的逻辑中也没有形式逻辑矛盾，客观世界并不存在"矛与盾"的故事中那样的"矛"和"盾"的自相矛盾，概念辩证法中也不存在自否定的相反相成规定的矛盾。黑格尔绝不是有意要"颠倒""两千年来西方人已习以为常的形式逻辑思维框架，使表达与语义处于最尖锐的矛盾之中"，而是在形式逻辑语言中阐述更高层次内容的逻辑关系。他的悖论性语言也不只是具有修辞意义，而是更高层次内容的逻辑中的命题在形式逻辑描述方式中的自然表现。而这一点，我们可以由"悖论逻辑"这个令人惊异的概念产生微妙的联想。作为非经典逻辑，"悖论逻辑"不仅认为矛盾律只是准有效的，而且采取了承认悖论的态度。

在某种程度上说，弗协调逻辑是与解决逻辑悖论相伴而生的。作为一种更高层次内容的逻辑努力，弗协调逻辑无疑要把形式逻辑中的悖论作为自然的描述特例。作为一种更高层次内容的逻辑的努力，弗协调逻辑的基本精神是对逻辑矛盾采取某种容忍态度，主张把严格的悖论作为"真矛盾"接受并"圈禁"起来，防止其"有害的灾难性扩散"。悖论能不能作为"真矛盾"接受，要看这个"真矛盾"的具体含义。有一点是非常清楚的，那就是不管人们在什么逻辑中思考，都必须遵守保证思维一致性意义上的不矛盾律,否则思维将一无所获。在任何意义上使用"不矛盾"律意义上的"矛盾",都不可能是客观存在意义上的"真矛盾"。

弗协调逻辑之所以表现出一种相对自然解悖的特点,就因为其更高层次内容的逻辑性质。悖论生长在更高层次内容的逻辑中,因而更高层次内容的逻辑中的开拓和耕耘自然而然就将悖论从根基上呈现了出来,就像农民在田地里将土豆从土里翻出来一样。这里不仅不存在任何特设性,而且暗示了解悖理论的特设性正是其途径错误的证明。

普利斯特关于以往所有解悖方案都由于其特设性而未能成功的观点不是没有根据的。和许多逻辑学家、哲学家一样,普利斯特认为所有解悖方案都受损于其特设性。从非特设性这一标准看,"几乎所有已知的对悖论的'解决'都未能成功,从而使我可以断言,还没有发现任何解决方法"。通过变换思考问题的方式,普利斯特给我们带来了一个新的视野:"大家通常都认为,我们不会在一个悖理性情景中推理:当遇到矛盾时,我们把它看作一个出了什么问题的标志而拒绝继续。(……我们有一个假前提。)而当我们真的继续往前走的时候,总是熟悉的世界消失了,我们发现自己身处陌生的新环境。新大陆显然有待探索。它导向何处不得而知。而数学史上的一个后果赫然眼前。罗素发现的一个既属于自身又不属于自身的集合,是自$\sqrt{2}$发现以来数学史上最伟大的发现。"[1]可以看出,普利斯特的想法与赫兹博格"不压制悖论,让悖论自己暴露自己的内在原理"的思想是相通的。

的确,特设性就意味着途径错误。作为更高层次内容的逻辑中自否定式相反相成规定在形式逻辑中的平面投影,悖论只有在更高层次内容的逻辑中才能得到自然而然的解释和合理对待。这一点,弗协调逻辑的性质和处境是一个形象的说明。

"悖论逻辑"以特设性否定以往所有解悖方案,但其本身的特设性亦非常明显。在这种逻辑中,悖论被作为隔离的病毒予以保留,而悖论"保留地"对于人类认识活动并没有多少积极的意义。悖论逻辑正像拥有悖论囚笼的逻辑,以其"相容"的特质包纳了

---

① Graham Priest, "The Logic of Paradox", in *Journal of Philosophical Logic*, Vol. 8(1979), pp. 219-241.

"悖论"这个不受欢迎的东西,使它不能祸害人类思维,以保证人类认识不受悖论损害。它在多值逻辑的基础上,不仅否定了排中律,并把不矛盾律降格为准有效的思维规则。悖论逻辑虽然变压制为容留,但仍然囚禁悖论,这说明还是一种禁锢悖论的策略,只是更开明地容忍了"油锅"和"火坑"。它付出了牺牲思维规则的代价,却没有把悖论的积极意义挖掘出来。保证思维一致性的思维规则在任何逻辑领域都是必须坚守的,只能说悖论逻辑是形式逻辑走向更高层次内容的逻辑过程中一种具有过渡性的阶段性特设形态,其价值远不仅是增加了对"矛盾"的特设性隔离。正如拉卡托斯就研究纲领所说,不能认为"发现一个矛盾或反常就必须立即停止发展一个纲领,对矛盾实行某种暂时的特设性隔离,可能是合理的"①。

作为弗协调逻辑应用于悖论解决的产物,悖论逻辑的得失与这一点有关:弗协调逻辑虽是一种更高层次内容的逻辑的努力,但还不是真正意义上的更高层次内容的逻辑。这是它作为形式逻辑和更高层次内容的逻辑之间的某种中间形态,运用于悖论解决局限性的理所当然的表现。从消除悖论到承认悖论,悖论逻辑是为了解决悖论问题,对悖论的有条件接受。由于"反乎根深蒂固的俗见",普里斯特等强调"真矛盾"理论的重大意义,但"真矛盾"理论很难为人们所接受。作为一种解悖方案,"悖论逻辑"在形式技术和哲学说明两方面都受到不断质疑。质疑"悖论逻辑"作为一种解悖方案的"资质"是有道理的,但这并不意味着完全否定"悖论逻辑"解决悖论问题的有效性,只是这种方案再不是单纯地消解悖论,而是不自觉地开始了悖论问题解决的全新走向。

国内外一些学者给予弗协调逻辑以高度评价,有人甚至认为"真矛盾"就是对"辩证矛盾"的一种刻画,弗协调逻辑就是辩证逻辑的形式化。目前国内弗协调逻辑学派的主要代表是桂起权先生,他在用弗协调逻辑解释悖论方面做了很好的工作。之前,桂起权先生曾反对把悖论等同于辩证矛盾,只是认为"悖论可以理解为对它背后的辩证矛盾的间接的曲折的反映","悖论中的形式矛盾被澄清的过程,也就是悖论背后的

---

① 拉卡托斯:《科学研究纲领方法论》,上海译文出版社 1986 年版,第 80 页。

辩证矛盾被理解的过程",并强调"那种以为追求形式逻辑的确定性似乎是产生悖论的一个重要原因的猜想是没有根据的"①。在研究弗协调逻辑解悖方案后,桂起权先生把"辩证矛盾"看作弗协调逻辑中有意义的"形式矛盾"的一种现实原型,认为"形式悖论作为'有意义矛盾'之所以具有合法性,是因为非经典逻辑发动了革命,重建了逻辑中的'法律和秩序'"②。

弗协调逻辑学派明确打出"辩证"旗帜,有的成员认为辩证逻辑和弗协调逻辑之间的相互影响可以"看作一条双行道,其中每一领域都显示了另一领域的可能性"。③而在其代表人物普利斯特的《矛盾之中——一种超协调研究》一书导论一开始,甚至可以看到引自黑格尔《小逻辑》中的这样一段论述:

> ……照康德的说法,当思维要去认识无限时,思维自身的本性里便有陷于矛盾(二律背反)的趋势。……但……康德……没有更进一步达到对于理性矛盾有真正积极的意义的知识。理性矛盾的真正积极的意义,在于认识一切现实之物都包含有相反的规定于自身。……而旧形而上学,……在考察对象以求得形而上学知识时,总是抽象地去应用一些片面的知性范畴,而排斥其反面。康德却与此相反,他尽力去证明,用这种抽象的方法所得来的结论,总是可以另外提出一些和它正相反对但具有同样的必然性的说法,去加以否定。④

弗协调逻辑与辩证法的关联是内在的,因而将二者联系起来是自然而然的。它们都是通向更高层次内容的逻辑的过渡形态,而辩证法则更为典型。唯物辩证法是马克思主义哲学解决悖论问题的理论基础。

> 若干年以前,在美国的一次马克思列宁主义哲学家的聚会上,有人提出了这样的问题:"在我们的哲学中什么是最重要的需要澄清的问题?"大家的回答是一致的:辩证矛盾的本质。⑤

---

① 桂起权:《当代数学哲学与逻辑哲学入门》,华东师范大学出版社1991年版,第177—178页。
②③ 桂起权:《次协调逻辑的悖论观》,载《安徽大学学报》1992年第1期。
④ Graham Priest, *In Contradiction, A Study of the Transconsistent*, Introduction, expanded edition, p. 1. 中译文引自黑格尔:《小逻辑》,商务印书馆1980年版,第133页。
⑤ 马奎特:《21世纪马克思主义哲学的任务》,载《不竭的时代精神——步入世纪的马克思主义哲学》,第216页。

"辩证矛盾的本质"的确是马克思主义哲学中需要澄清的最重要问题,其重要性对于悖论问题的研究尤为明显。正是在这个意义上说,张建军教授的呼吁是具有深意的:

> 由于种种原因,自黑格尔以来,辩证哲学的发展与数学和现代逻辑脱节的现象一直未有较大的改观,……悖论研究的发展应该使双方都认识到这种脱节的遗憾,认识到协力攻克悖论这个科学难题,对于双方学科发展以及对于整个科学与人类认识发展的必要性和紧迫性。[①]

通过上述讨论,我们对悖论可以有一个更精确的定位:悖论是结在基于一定思维规定的描述贝壳中的珍珠,它们结在形式逻辑和更高层次内容的逻辑的边界处。

形式逻辑具有自身的范围,这一范围常常由悖论标示。悖论在形式逻辑领域看是矛盾,在更高层次内容的逻辑领域看则是证明。"在数学中,你认为是悖论的,可能是一个证明。或者你当作一个证明的,会引出悖论。有时往往不容易看清是悖论,还是证明。""要解决一个悖论,只有用归谬法把它变成一个证明,证明某种新奇的真理。……例如,ZF 系统把罗素悖论转变为一个证明:某些谓词没有外延集合。"[②]作为局限性定理,"理发师定理"的根在更高层次内容的逻辑之中。从这个角度看,悖论在人类认识中具有一种极为特殊的地位。这一点维特根斯坦早就意识到了。

关于悖论,维特根斯坦上述那段话是非常耐人寻味的。他预言"总会有一天出现包含矛盾的数学演算研究",其中"包含矛盾的数学演算研究"应当是对更高层次内容的逻辑的形式逻辑描述。

在世界本身不存在矛盾的意义上说,"无矛盾原理"是正确的;但在我们的世界只能是我们所能描述的世界的意义上说,"无矛盾原理"则是错误的。在人类描述领域,矛盾不仅是基本的,而且是思维规定的必然产物。悖论只是在形式逻辑领域遥遥可见,生长在更高层次内容的逻辑领域的最为璀璨的描述珍珠之一,只是它们以负面的方式呈现。这就更清楚地表明:悖论问题的解决并不是一个排除和消解的问题,甚至

---

① 张建军:《科学的难题——悖论》,第 251 页。
② 哈特:《罗素和兰姆赛》,转引自杨熙龄:《奇异的循环——逻辑悖论探析》,第 40 页。

不是一个回避的问题。悖论问题并不是抛弃某种造成悖理性的因素就解决了，"理发师"可以抛弃，而"罗素集"的存在抹杀不了。正如蒯因所说：

> 罗素悖论是一个真正的悖论，因为它迫使我们抛弃的集合存在的原则，是一条根本的原则。也许在未来的世纪里，这个原则的荒谬性会成为一种常识……[①]

这也说明了具有客观内容的经验悖论与具有形式性质的逻辑悖论的不同，这与涉悖规定的性质密切相关。经验领域的规定可以根据对客体了解的信息不断改变，如果不合理就抛弃它；但形式规定有时候就不完全是一个主观选择的问题，它们具有逻辑的必然性。所谓逻辑的必然性也不神秘，就是指当你有了一些基本的规定之后，就可以逻辑地建构起一个形式体系。在这个形式体系中，由其基本规定所决定，有些由此推出的次级规定，就像这些基本规定之间的关系那样，成了一种逻辑的必然，而不是可以随主观意愿随意选择甚至断言其不存在的。比如，用任何一个规定元素的条件，都可以将符合这一条件的事物作为一个集合的元素构成这个集合。如果在规定元素的条件时不允许再用到"元素"这个概念，那么就可以避免罗素悖论等集合论悖论。只要采取这种限制，集合就是数学的一种有效而协调的辅助工具。但是，在"一般集合论"（general set theory）中，如果在集合的运用中加上这种限制，像"康托定理"这类重要定理就不复存在。我们面对悖论问题的关键悖论的确就在于：我们在消除悖论的同时，又不得不用悖论来证明定理！[②]

的确，有些悖论的地位是如此特殊，不是抛弃了造成冲突的关键规定从而避免了悖论就完事了。在一些学科领域中，如果这样处理，那么一些基本定理的成立都受到威胁，比如在一般集合论中避免罗素悖论，则"任意集的子集基数必大于该集的基数"的"康托定理"就不再成立。在这里，悖论之所以一方面是要排除的麻烦；另一方面又是证明定理的"宝贝"，就因为当描述运用于作为自身前提的规定时，会面临失范。在这一规定适用的范围之内，描述有意义；超出这一范围，描述就失去意义了。而作为以这一规定为前提的描述所构成的悖论，则在范围之内是麻烦，但超出了这一范围，它则

---

① 转引自杨熙龄：《奇异的循环——逻辑悖论探析》，第27页。

② 杨熙龄：《奇异的循环——逻辑悖论探析》，第27—28页。

成了通向新的更高层次描述和认识领域的枢机。

正是在这个意义上说,悖论是描述贝壳中的珍珠。哥德尔定理的证明是利用悖论这种逻辑边界的珍珠的范例:通过证明自己说自己不可证的命题来证明它的真。先构造出一个说谎者悖论的类似物——命题G:"当前这个陈述在这个系统内不可证。"哥德尔证明的技巧就在G构成两个不同的陈述,一个是算术断言;另一个是说自身不可证。

> 当然,G是一个纯粹的算术陈述,但它同时也在谈论它自身,并且它所说的正是它不可证。它所说的是真的吗? 是的,它几乎不可能是假的,因为那样它必定可证,从而又无论如何都是真的。……这样一来,G就既不可证,同时因为这正是它所说的,它也是真的。……通过表明正是它说的G不可证,我们证明了G是真的。①

也就是说,哥德尔的证明运用了一个类似说谎者悖论的命题G,它断言自身不可证。如果G可证,那么一个可证的命题就是真的;但与它断言自己不可证相悖,因而又是假的。所以,如果在一个具有一致性的系统中G可证,那么G既为真也为假,这一矛盾表明G不可证。而G所说的就是自身不可证,因此G既为真又不可证。这正是哥德尔所要证明的。如果系统是一致的,那么在系统中就存在一个既为真又不可证的命题。这样就论证了形式系统的不完全性。这是一个从描述的不完备性证明形式系统的不完全性的证明策略。描述具有不完备性,因为描述具有自身的边界。而描述具有自身的边界,则因为描述可能超出作为自身前提的规定,当这个作为自身前提的规定就是自身时,则达到了自身的边界。因而说到底,悖论在这里是证明形式系统不完全性的重要工具。涉及描述自身规定的悖论本身就是描述的边界,而这边界当然就表明了形式系统本身的不完全性,正如我们说巴黎的米原器是还是不是一米长达到了米制描述的边界,因而表明了米制描述的不完备性一样。米制描述的不完备性就在于必须有一个米原器的规定,而这个规定是超出米制描述本身的。它是一种经验的东西,而经验的东西和直觉的东西一样,都构成了形式系统之外的根据。

---

① Rebecca Goldstein, *Incompleteness, the Proof and Paradox of Kurt Gödel*, pp. 182-183.

二、理论有效性边界的标示

悖论是这样一个典型的例子:其意义不在本身而在它所标示的领域,就像路标的意义一样。在规定的交界处,悖论是认识机遇,是探索契机,悖论是思想的里程碑式路标,那是思想的路标。想想我们在思想时做了多少无用功,就能清楚地感觉到悖论的重要性。在这个意义上,建构悖论就是建构思想的路标。而这种思想的路标绝不只是标志一个死胡同所在,它们往往还预示着反方向的机会通道,因而有时候几乎就是一个反向的指路牌。

人类思维是一座真正的迷宫,在逻辑形式上,矛盾是逻辑问题;在更高层次内容的逻辑中,矛盾则反映了思维规定之间的关系。这种关系如果不是形式逻辑矛盾,就是涉及矛盾的思维规定所参与构成的理论或逻辑本身的问题,它们预示着理论或逻辑某个层次甚至整体上基本重构的需要。

如果我们的规定和描述都是客观对象的镜式反映,那么就不会构成悖论,既使镜子反映镜子造成的无限循环,那也只是影像而不是无限的镜子的对称叠加。正是在这个意义上,悖论恰恰表明了我们是在自己的逻辑基础上所建立起来的关于对象的编织,不仅这种编织越来越是模型化的,而且恰恰是这种模型化编织造成的悖论,表明了我们编织模型的问题,从而也就指明了后续编织应当是一个怎样的走向——而这是至关重要的,因为人类认识的进程无非两个:一是对未知领域的把握;二是决定这种把握的工具的合理性。

由于一方面就是自己所意味着的不可能的根据,另一方面又是人类思想的建构,因而悖论所包含的不可能既是就人类思想而言真正的不可能,又是人类自己思想生长的契机和转折点。

在形式逻辑领域,悖论始终只能是某种要消除的障碍;只有在哲学领域,悖论才可能是要建构的梯阶。因此,悖论问题的解决,就有两种全然不同的方式。前者的解悖是消解意义上的清除悖论,而后者的解悖则是建构意义上的开发悖论。

因而关于悖论问题，解决方案就有一个新的进程：从思想的障碍到走向新领域的梯阶。悖论是我们思想建构的重要环节或产物，在封闭的作茧自缚者里，它是前路的障碍，甚至"此路不通"的标志；而在开放的不断超越者那里，它则是通向新领域的梯阶。——其实，不仅悖论，普通概念也是如此，只不过概念的根据不在自身。在被折叠的抽象描述中，在形式逻辑领域，悖论永远是难以超越的噩梦；但在具体的使用中，在更高层次内容的逻辑领域，悖论则全都是不同层次认识或知识的边界标示。

事实上，几乎在悖论诞生以来，人们就以各种形式在使用悖论。在《辩谬篇》中，亚里士多德甚至就已经讨论到关于悖论的使用。"回答者正在陈述的是谬误，他正在使其论证导向悖论……人们在漫无边际地交谈时最容易陷入错误的境地，而当人们没有一个确定的论题时谈话便会漫无边际。提出许多问题（即使某人所驳诉的论点已被限定），并且要求回答者说出他的思想，这就提供了一个充足的机会使一个人陷入悖论或谬误，而且，如果有问题，他即使对任何问题回答'是'或'不是'，这也会使得他陷入这一论点，而别人则有丰富的材料就这一论点对他进行非难。这种不公正的方法并不比前一种更切实用；因为人们要问：'这和原来的问题有什么关系呢？'导致谬误或悖论的要则，并不是直接提出论点，而是假装由于想知道而提问，因为这种追问的方式就提供了进行非难的机会。"[①]如果说这还只是悖论的策略性使用，而且只限于辩论，那么伽利略特别是哥德尔就是在更深层次上使用悖论了。

自觉建构悖论推翻或改造已有描述的作用机制在于，对一个理论（或描述）产生了疑问，通过自觉地根据这一理论或描述（即以这一理论或描述为作为其前提的规定）设计出一种描述，使其与作为自身前提的规定构成冲突，从而推翻或完善已有理论或描述。这方面最典型的例子就是"自由落体悖论"和哥德尔证明不完全性定理过程中悖论的妙用。

哥德尔在证明不完全性定律时，所使用的是通过建构悖论进行证明的完美例子。虽然他不是自己建构一个悖论，而是将一个现成的悖论用于不完全性定理的证明，但悖论在认识过程中的工具性应用则典型地反映了建构悖论推进认识发展的精髓。

---

① 《亚里士多德全集》第一卷，第577、578页。

建构悖论不仅可以推进认识(如自由落体悖论),而且可以进行其他手段不可比拟的证明。也就是说,悖论不仅是一种奇妙的描述,可以推进人类描述的发展(比如说谎者悖论作为描述的标本性范例对于描述的意义),而且也是一种奇妙的认知方式,可以推进认识和思维的发展(比如说谎者悖论在哥德尔证明中的运用)。

在描述过程中,建构悖论以推进描述的步骤一般是:以一种待检验预设或不确定的规定为前提,建立一个悖理性的描述,如果描述结果是一个悖论,那规定或预设可能就是相反的。这可以叫作"悖论式认识",适用于关于对象的思维规定的检验,特别是二分法规定。

在理性上,悖论的使用价值在使用理论中也可以得到另一侧面理解;而在情感上,悖论甚至可以与激情相联系。克尔凯郭尔就将"paradox"比作激情(passion),认为人们一定不能把悖论当成病态的,因为悖论是思想的激情,思想者没有悖论就是恋爱者没有激情,只能是一个平庸的家伙。[①]无论作为描述贝壳中的珍珠,还是通向更高层次理论的门枢,悖论都与理性的激情内在相连。作为思想的激流和旋涡,悖论与激情的关联在不可能的图形中可以看到形象的表达。从描述和规定交织发展的观点看,规定的设立、描述和理论的建构本身也具有诗意的一面,而悖论则是这种诗意的集中体现。在这个意义上,悖论具有激情的一面就是十分自然的事了。正是悖论不仅透露了哲学和科学与艺术内在关联的更多秘密,而且展露了通往未知领域的枢机,使悖论研究从消极消解走向积极建构。

三、悖论的消解、挖掘和建构

如果把黑格尔的"矛盾"概念去实在化,那么他的辩证法就是描述反思的重要成果。在辩证法中,我们就可以把悖论与逻辑矛盾区别开来,从而使关于描述的研究从形式逻辑层次进到更高的辩证逻辑层次。从而通过更高层次内容的逻辑研究达到对于悖论的辩证法理解。

---

① Bolander, Thomas(ed.), *Self-Reference*, p. 1.

在人类认识史上，我们有很多研究都是描述意义上的，但不少被实在化，正如许多认识论研究被本体化一样。这种实在化往往把一些重要的描述反思成果葬送在实在论过时的理论废墟中。因此，现在就有一个把这些成果去实在化的任务，由此我们甚至可以重新描述哲学史。

去实在化之所以重要，是因为存在描述问题的实在论理解，存在描述问题的实在论研究。由此可见，亟需去实在化的最重要领域之一就是黑格尔的辩证法。这一领域的去实在化不仅可以解救出黑格尔的许多重要成果（黑格尔哲学被人们认为远不如康德哲学的重要原因之一，就是其辩证法的实在化理解和研究、阐释倾向），使黑格尔辩证法重新"颠倒"过来，呈现出我们所习惯的形象（像人们从倒立再双脚立地正过来），而且具有重要的方法论意义。

作为一种描述方式，用黑格尔的辩证法去理解悖论无疑是一个比形式逻辑层面的理解更高的层次。这方面，黑格尔有不少经典的表述。他说：

> 既然两个对立面每一个都在自身那里包含着另一个，没有这一方也就不可能设想另一方，那么，其结果就是：这些规定，单独看来都没有真理，唯有它们的统一才有真理。……作为否定的东西的自身联系就是自为存在着的东西，……但这种规定性不再是有限的规定性，有如某物与别物有区别那样的规定性，而是包含区别并扬弃区别的无限的规定性。①

列宁将这些思想简洁地概括为："在对立面的统一中把握对立面"。②这简短一句话，对于悖论问题的哲学研究意义重大。

悖论问题的哲学研究与其说是解悖，不如说是对悖论问题的理解和哲学对待，包括对一些消极悖论的消解，对一些积极悖论的哲学意义的挖掘，以及对在认识过程中具有重要认识功能的悖论的必要建构。由此可见，一方面，悖论问题的哲学研究的确就是把辩证法作为一种描述方式，从中吸收关于区别和规定的丰富思想，解决作为规定之间相冲突或不相容描述的悖论问题；另一方面，它又远不止如此。黑格尔的"否定

---

① 黑格尔：《小逻辑》，贺麟译，第 208、211—212 页。
② 列宁：《哲学笔记》，人民出版社 1974 年版，第 97 页。

的东西的自身联系"和"否定概念的自我涉及"具有某种关联,而他的"无限的规定性"如果可以理解为"矛盾两方面互为前提,在一事物内部是无限循环的"①,那的确可以在黑格尔的辩证法中找到解决悖论问题的丰富思想;但这里不应当是否定概念的自我涉及,而是自我涉及的规定的否定,也就是规定的自我否定。

黑格尔的辩证法是内容丰富的,同时也是迷人的。而这"迷人",既是在人的感受意义上,也是在迷惑人的意义上说。只有在形式逻辑和更高层次内容的逻辑的背景中吸取黑格尔辩证法的丰富思想,我们才能在这个宝库中找出宝藏,而不至于被其实在化倒置弄得头昏脑涨。比如把悖论的成因归于"否定概念",不是在形式逻辑意义上,而应当在更高层次内容的逻辑意义上,否则就会在这座宝库中迷失方向,找不到出口甚至将迷途视为归宿。杨熙龄先生的循环解悖方法就是一个例子。

在黑格尔的辩证法宝库中,杨熙龄先生找到了"区别和规定"的正确路标,但却受了循环的诱惑,迷失在了实在世界和概念描述之间。他被这个"奇异的循环"所吸引,走向了正确的悖论理解,但由于在循环问题上迷失于实在世界和概念描述之间,并在"奇异的循环"的诱惑下放大了它的解释力,走离了正确的解悖途径,最终迷失在黑格尔实在化的概念辩证法迷宫之中,认为"奇异的循环"是客观事物的本质,只是在括号中加上了"包括人的概念在内":

> 但正是要求这种一刀切式的简单划分"是、否"的做法,却使形式逻辑陷进了"奇异的循环"。形式逻辑在目前还暂时不能对付这种圆圈儿。所谓"不可判定"一类的事,大半倒是出在这种无限循环的结果上。

> 但是形式逻辑是它自己造成这种奇异的循环的。这正是形式逻辑值得自豪之处。悖论就是一个例子;事实上形式逻辑推理得出悖论,却是已经走到了真理天堂的大门口。这只需意识到或理解到这种循环并非"强无限",不过是世上一切事物(包括人的概念在内)的内在本质。

> 悖论是形式逻辑自己造成的。②

---

① 杨熙龄:《奇异的循环——逻辑悖论探析》,第95页。

② 同上,第158—159页。

在黑格尔的辩证法中,杨熙龄先生找到了大量的珍宝,而且进行了精妙的加工应用,但还没有能够把它完全正过来,从而走出这一宝藏。事实上不是客观世界具有奇异的循环,因而使人的概念也具有这种循环的性质,否则就会得到客观世界具有悖论的结论,这显然有违杨先生的初衷,因为他其实还是认为,悖论是形式逻辑造成的。具有这种奇异循环现象的,事实上是人类的描述。悖论是描述的结果;描述才具有这种悖理性。

如果认为客观世界本身具有这种"奇异的循环",那悖论问题就不可能解决。结果正是如此,在杨先生看来,解悖的结果就是证明悖论不可解:"'以不解解之',则'不可解'中包含着'可解',就像有些数学难题被证明为'不可解'就是'解了'一样。"①这与其说是一个结论,不如说是一个在更高层次上由描述中规定混淆构成的悖论。

一道数学题,发现它不可解从而以"不可解"为解,这应当涉及两个不同的规定。前一个"解"是说解出具体答案(值),后一个"解"是说判定其是否有解。不可解的数学题都不可解了,哪儿来的"解"? 这也是与"没有办法的办法"一样的描述。

消解悖论的辩证矛盾方案只有在将辩证法去实在化以后,才会有积极成果。否则正好把悖论问题的研究引向相反的实在化方向。悖论问题研究的实在化方向,无疑是葬送悖论研究成果的方向。这种实在化甚至会把"奇异的循环"简单化,甚至把"相互作用"看作是这种"奇异的循环"。如"磨墨人"就是一例:"人写字,过去总要磨墨的吧。人是人,墨是墨,两者间虽有关系,也只是一方面的:即人在使用墨。怎么说,也看不见什么'循环'的影子。但是等到苏东坡忽然说出了一条'半'真理:'非人磨墨墨磨人',则循环或圆圈儿就形成了。原来这是两方面的一个矛盾,是循环的。人固然在消耗着'胡开文'或什么店的墨,墨可是也确确实实在消耗着人的精神(不必说生命了)呀!"②如果"奇异的循环"成了简单的"相互作用"了,而相互作用是所有事物的相互关系都具有的,因此所有的相互关系都可以解释为循环。而且,如果在严格意义上说循环,则大多数悖论都不涉及循环,更不用说"无限的循环"。

---

① 杨熙龄:《奇异的循环——逻辑悖论探析》,第143页。
② 同上,第149页。

由于意识到悖论是形式逻辑造成的，虽然迷失在黑格尔辩证法的实在化迷宫中，杨熙龄先生总是常常会在黑格尔混沌的辩证法河水中捞上来不少大鱼，只是这些鱼身上常常带有点混沌的泥水。比如对"全体大于部分"的理解："请再想一想'全体大于部分'这个判断；现在有了康托的集合论，大家知道这是一个片面真理。但是要从这个'片面真理'朝着与它正好相反的方向转化，即认识到另一个方面，'全体未必大于部分'，却得要具备许多条件，这些条件包括伽利略的认识、康托的认识……'全体大于部分'这个片面真理内部就蕴含着它自身的对立面或自身的否定，'全体并不大于部分'，'大于'包含着'不大于'。"[1]事实上，这与其说是个真理问题，不如说是个规定问题。

抓住循环只是抓住了某些典型悖论的必要逻辑条件而不是悖论的"牛鼻子"，因此结果必定是走向迷失：

> 为什么会出现无穷无尽的重复还达不到"全面"，为什么会出现无休止约循环？

> 就是因为一定要排除两方互相渗透、联结、"你里有我，我里有你"的真实矛盾，而非得用片段的东西来表示完整的无限之故。

> 如果不把那些造成悖论的概念当作"对方即自身"的矛盾概念或真无限来理解，而仅凭形式逻辑的"区别和规定"的方法来解陈悖论，那是必然会得到一个"无穷的往外伸展或推移"的。[2]

"辩证矛盾"的确是走向悖论理解的重要指路牌，但把悖论归结为"辩证矛盾"了事，事实上是把问题封存起来。如果把辩证法作客观化的理解，问题也只有封存。只有从描述的角度，才能从（概念）辩证法看到悖论的描述成因，从而才能更深入地理解悖论，更合理地对待悖论。

把辩证法作客观化的理解，最严重的后果之一就是把具有主观性的思维规定客观化。这可以从对"斗争"一词的理解看得很清楚："有一个时期人们往往把哲学上的'斗争性'这一重要概念了解得非常片面，甚至非常简单化，认为'斗争'就是残酷打击，别

---

① 杨熙龄：《奇异的循环——逻辑悖论探析》，第167页。
② 同上，第154、155页。

的流毒且不说，这就大大影响或阻碍了人们对于什么叫作'矛盾'的正确认识。须知不但二军打仗有斗争性；有病的人吃下一顿饭是一场斗争，美食家垂涎三尺地想吃，而且吃上了山珍海味，也是一种斗争，食物消灭了他的口腹之欲，他的口腹之欲也消灭了厨师辛苦烹调出来的食物。不但仇人之间有斗争，即使是亲密的友谊，也包含有一种斗争性，因为双方互相消灭了对方的渴念，否定了对方对友情的饥渴一般的需要。不但批判是一种思想上的斗争，即使潜移默化的娱乐和消遣，朋友之间的劝说，甚至一般的友好谈天，等等，也无不包含着相反相成的关系，即矛盾。所以'斗争性'这个哲学上的、辩证法的重要概念不可简单地解释成冲突、打架、杀伤、损害，等等，否则会阻碍我们解释世界上的诸种矛盾现象，而不自觉地陷入那种'无矛盾原理'。记得早在五十年代时期，苏联的哲学家图加林诺夫就曾说过，夫妇关系是'差异'，而非矛盾。我看这是违反了列宁的正确观点的。须知'差异就是矛盾'。从我们上边的简略分析中已可看出，即使友谊也可说是一种斗争，夫妇之间的爱情关系更显然地包含着互相'否定'又互相成全的特殊的矛盾关系。不要误以为'否定'都是可悲的事，欢乐的事也都是否定。哲学上的所谓'斗争性'就是一种否定性罢了。"[1]在这里，"斗争"已经和更广泛含义的"相互作用"几无区别了。这种"较真"就来自辩证法（描述）的客观化理解。

"斗争"作为一个概念，是一种规定。如果要对"斗争"作客观化的理解，就会把这个相对的规定的内涵，作没完没了的联系和扩展，而不顾所有规定都具有的确定性和约定性。对规定的评判固然有个真实性问题（典型的如在经验科学中），但更有个合理性的问题。

很多所谓"辩证判断"，如"这辆车在前进，也在后退""运动是间断的，又是非间断的"，等等，事实上是把对一个对象的不同方面的规定纳在同一个描述中。这里的"前进"和"后退"中的运动，"间断"和"非间断"中的"间断"，都是两个不同的规定。因此，辩证判断事实上就是对同一事物从不同方面作出的判断。当这样两个判断正好是相对甚至相反的时候，就构成所谓"辩证矛盾"。因而，从描述的角度看，这些也不离奇。

---

[1]　杨熙龄：《奇异的循环——逻辑悖论探析》，第173—174页。

辩证描述就是对同一事物多个方面描述的集合,它建立在知性描述的基础之上。它所构成的"矛盾"不仅跟逻辑矛盾完全无关,跟悖理性更是毫无关系。其实质是:我们对同一事物可以作出不同、相对甚至相反的规定。如同一个人既是父亲,又是儿子;同一个人既是坏的,又是好的。如果把这些规定纳入同一描述,就构成了规定之间的冲突。这些冲突之所以不会构成悖论,就是因为我们知道这是相对区分的结果。因而,辩证描述更全面,但它只是更全面的描述,只是片面描述的集合。

当谈到奇异的循环时,杨熙龄先生把悖论中自指造成的循环与概念规定的两极或关联构成的循环套在了一起。这种联系指向了悖论问题的描述成因,同时也由于概念描述的实在化理解走向了悖论问题的纠缠不清。

通常认为,逻辑矛盾是假的,它肯定是对思维的破坏。而普里斯特和罗特列(Richard Routley)则认为:"通常的见解是矛盾即假,即不可接受,即破坏推理。……这种假设必须推翻。"杨熙龄先生认为,作为谬误,逻辑矛盾必须排除。排除逻辑矛盾并不是因为它是矛盾,而是由于逻辑矛盾破坏概念间正确关系的表达,由于它混淆或取消了概念间正确的外在区别。①但由概念描述构成的"既是又不是"则不是逻辑矛盾,而是对事物的非片面描述造成的"矛盾"现象。这种只有在片面描述关系中才呈现的"矛盾"现象,具有这样的形成机制:如果形式逻辑的片面描述是平面的,那么概念辩证法所揭示的那种辩证描述则是立体的。立体的辩证描述投影到平面上,就会形成逻辑矛盾的错觉,正如马克思在《资本论》中的那段描述所揭示的那样。马克思曾经指出:

> 当我们把事物看作是静止而没有生命的,各自独立、相互并列或先后相继的时候,我们在事物中确实碰不到任何矛盾。我们在这里看到某些特性,这些特性,一部分是共同的,一部分是相异的,甚至是相互矛盾的,但是在这种情况下是分布在不同事物之中的,所以它们内部并不包含任何矛盾。如果限于这样的考察范围,我们用通常的形而上学的思维方式也就行了。但是一当我们从事物的运动、变化、生命和彼此相互作用方面去考察事物时,情形就完全不同了。在这里我们

---

① 杨熙龄:《奇异的循环——逻辑悖论探析》,第219—221页。

立刻陷入了矛盾。运动本身就是矛盾……①

毫无疑问，悖论不是简单的逻辑矛盾，但由此把悖论归结为"辩证矛盾"本身，那肯定至少失之笼统，不仅可能将悖论客观化，而且没有真正揭示悖论的成因，并在悖论问题的研究中导致描述问题的实在论理解，从而使悖论问题的研究走进实在化的迷宫或死胡同。悖论问题的研究必须从概念的内部关系着手。

从概念的内部关系着手，也就是从概念的内涵着手。而概念的内涵是一种规定，因而也就是从规定着手。事实上，辩证法就是从概念的内部关系着手建立起来的逻辑，所以是更高层次内容的逻辑而不是形式逻辑。辩证法的研究就是辩证描述的研究。在描述中，概念的规定往往是描述的前提。因此描述和作为其前提的规定之间的关系，以及描述或关联描述中规定之间的关系，不是简单的外部关系，而是规定和规定之间的关系，是概念之间的内部关系。只有从规定的关系（也就是概念的内部关系）入手，才能真正在哲学意义上解决悖论问题。

正是由于悖论是更高层次内容的逻辑中的描述问题在形式逻辑层面的表现，所以悖论问题应当在概念描述（概念辩证法）范围内解决，而不需要超出这一层面。这些研究都是描述反思的新领域。在这个领域中，"界限事例"往往是非常重要的，而"关于界限事例，至今还没有制定任何规定"。②

悖论，特别是经验悖论所涉及的规定，会随着时代的发展而发展。随着人类认识的发展，悖论会像莎士比亚的《哈姆雷特》中所说："这曾经一度是个悖论，但现在，时代已予以证实。"③即便"难缠"如芝诺悖论，在描述和规定的交织中也是如此。

在哲学史上，很少有人明确接受芝诺悖论。德国哲学家布拉德雷（F. H. Bradley）大概是个例外，他把运动、时间的空间看作幻象，认为"时间与空间一样，已被最明显不过的证明为不是实在，而是一个矛盾的假象"④。这种理解与芝诺不谋而合。

---

① 《马克思恩格斯选集》第 3 卷，人民出版社 1995 年版，第 461—462 页。

② 卡内和希尔：《逻辑述要》，转引自杨熙龄：《奇异的循环——逻辑悖论探析》，第 141 页。

③ 《莎士比亚全集》（中英对照）第 32 集，梁实秋译，中国广播电视出版社，远东图书公司 2001 年版，第 138 页。

④ 转引自吴国盛：《芝诺悖论今昔谈》，《哲学动态》1992 年第 12 期。

大多数哲学家都认为芝诺悖论结论荒谬,论证有误。然而耐人寻味的是,人们在试图找到其失误所在的过程中,反而往往发现芝诺悖论的深刻之处。常常是自信满满"征讨",疑惑重重"收兵"。在芝诺悖论研究史上,常常出现这样的情况,人们自以为消解了这些悖论,但不久后又发现这种消解反而成了这些悖论成立的更有力证据。芝诺悖论想证明运动不可能的一面,既是悖论实在化的荒谬性,也是悖论描述特性和描述意义的典型揭示。而将芝诺悖论的描述特性和意义揭示出来,本身就是芝诺悖论的一种解。这正是关于芝诺悖论,大家都知道其荒谬,但总觉得另有含义的深意所在,正是它常常使传统解悖方案面临跳出"油锅"又进"火坑"的命运。

塔斯基的语言层次说、"悖论性语句""无意义说"和"非真非假说"及克里普克的"无根基说"等著名解悖方案,一方面似乎解决了老"悖论";另一方面又陷入针对它们而构造出来的新"悖论"。而对于悖论问题的描述解悖方案来说,关键是由于涉悖规定的不同性质及规定的冲突构成的悖理性特点,悖论问题在更高层次内容的逻辑中具有不同的性质。

在更高层次内容的逻辑中,悖论的自然而然解释和合情合理对待意味着三种情况:(1) 作为自否定式相反相成规定在形式逻辑中粘连甚至混淆造成的冲突,悖论在更高层次内容的逻辑中会自然消释,典型的如连锁悖论。(2) 作为封闭语句中描述通过自指与作为自身前提的规定自我冲突导致能推导出矛盾等价式的自相矛盾,悖论是描述的特例。这类悖论没有直接的经验认识意义,但具有更为重要的描述意义,如"本语句为假"。(3) 作为更高层次内容的逻辑中自否定式相反相成规定的自我冲突在形式逻辑中的平面投影,悖论是认识的枢机,典型的如各式各样的科学佯谬。

哥德尔不完全性定理表明,一个足够复杂的理论不能证明自身不包含悖论,这揭示了一个基本事实:足够复杂的理论都有自己的"肚脐"。这些肚脐构成了人类处于不同层次的各种描述体系之间的"虫洞",都隐藏着由此走向另一番天地的枢机。找到这些枢机,可能是人们更加自由地游弋在各种描述层次之间的法门。悖论总是出现在不同层次的理论之间,往往是不同层次理论"错位"的产物。这种错位也发生在两个既存基础性的理论(比如相对论和量子论)之间,但这种情况往往发生在一个新的层次的理论没有建立起来的时候。在这种情况下，悖论就成了迈向新的理论层面的重要门径。由此，我们不仅可以看到悖论问题研究的本体意义和认识论意义，还可以看到其实践甚至生活意义。

最近雷歇尔提出的"似然性"（plausibility）和"认知优先性"概念，就是一种具有实践意义的语用学倾向的典型表现。"似然性"是一个相对于"probability"具有明显主体和主体间性色彩的概念，它甚至比"rationality"（理性、合理性）更具主观性。从 probability 到 plausibility，乃至出现 plausibility 与 rationality 争锋的局势，反映了一种从侧重客观根据的实在论立场到侧重主体可接受性的描述论立场的转变。

雷歇尔的"认知优先性"概念，正是这一转变在悖论问题研究中的表现。具有更高似然性的命题有认知优先性，即在认识中优先选择具有认知优先性的命题。当悖论发生，我们必须选择时，就可以放弃认知优先性低的命题，因而悖论的规定可以变为另一种方式："当从某种似然前提推出某结论，而该结论的否定也具有似然性时，则悖论就发生了。……对'悖论'这个术语的另一种等价的定义方式就是：对 B 产生了由单独看来均为似然的命题组成的集合整体上不相容之时。"①

当代悖论研究从语形到语义再到语用的发展趋势和悖论实际上是一个语用学概念的认识，充分表明了悖论研究从形式逻辑到更高层次内容的逻辑发展，从逻辑的形式化到规定的人性化发展的趋势。在这种趋势中，我们看到的不仅是某些悖论消解的可能性，还是悖论发掘的重要性，即悖论研究从解悖到掘"贝"（悖）的紧迫性，更是在认识过程中建构悖论的重要性。

一些悖论的必要消解自不待言，从解悖到掘"贝"（悖）是解决人类认识难题的枢机。弄清了悖论的描述成因，就更有利于我们在日益复杂的认识中顺藤摸瓜找到关键悖论，从而更好地推动科学和哲学的发展。而在悖论研究中从消解悖论到建构悖论，则是我们从消极地回避悖论进到积极地挖掘悖论，并从被动地挖掘悖论进到自觉地建构悖论，充分利用悖论，主动破解认识难题。因此，作为描述的结果，悖论不仅不是描

---

① Nicholas Rescher, *Paradoxes: Their Roots, Range and Resolutions*, p. 5.

述的"癌变",而且是描述的重要成果。认识到这一点,具有重要哲学意义。

这样,悖论研究就涉及两个不同的方面:通过分析消解悖论和发掘悖论的哲学意蕴。也就是一方面,从描述的角度出发解决悖论本身,如波粒佯谬、小儿辩日和相对论佯谬(追光悖论)、薛定谔的猫等。另一方面,从描述入手,建构悖论推翻已有观念,更新思维规定,推进认识的发展。

总之,悖论问题的描述解悖的"解"不是消除,而是理解;悖论问题的描述解悖也不只是消解悖论,而且是从解悖进到掘"贝"(悖),并进一步到建构悖论。在悖论问题哲学研究的基础上,通过进一步具体探索描述和规定的交织,可以更好地利用、发掘和开发悖论宝藏。

主要参考文献

一、中文部分

《马克思恩格斯选集》,人民出版社,1995 年。

《马克思恩格斯全集》第 1 卷,人民出版社,1995 年。

《马克思恩格斯全集》第 4 卷,人民出版社,1958 年。

《马克思恩格斯全集》第 46 卷(上),人民出版社,1979 年。

马克思:《1844 年经济学哲学手稿》,人民出版社,2000 年。

马克思:《资本论》,人民出版社,2004 年。

《列宁选集》,人民出版社,1993 年。

《列宁全集》第 55 卷,人民出版社,1993 年第 2 版。

《爱因斯坦文集》第 1、3 卷,许良英等编译,商务印书馆,1977 年。

艾耶尔:《维特根斯坦》,陈永实、许毅力译,中国社会科学出版社,1989 年。

北京大学哲学系外国哲学史教研室编:《西方哲学原著选读》上卷,商务印书馆,1981 年。

大卫·玻姆:《量子理论》,侯德彭译,商务印书馆,1982 年。

尼尔斯·波尔:《原子论和自然的描述》,郁韬译,商务印书馆,1978 年。

尼尔斯·波尔:《原子物理学和人类知识》,郁韬译,商务印书馆,1964 年。

尼尔斯·波尔:《原子物理学和人类知识论文续编》,郁韬译,商务印书馆,1978 年。

雅·布伦诺斯基:《科学进化史》,李斯译,海南出版社,2002 年。

陈波:《逻辑哲学引论》,人民出版社,1990 年。

陈波:《逻辑哲学导论》,中国人民大学出版社,2000年。

陈波:《悖论:思维的魔方》,《中华读书报》2007年7月18日。

陈波:《悖论研究》,北京大学出版社,2017年。

陈孟麟:《墨辩逻辑学》,山东人民出版社,1979年。

陈忠:《规则论》,人民出版社,2008年。

P.C.W. 戴维斯,J. 布朗:《原子中的幽灵》,易心结译,湖南科学技术出版社,1992年。

P.C.W. 戴维斯,J. 布朗:《超弦——种包罗万象的理论?》,廖力等译,中国对外翻译出版公司,1997年。

D. 德雷克等:《批判的实在论论文集》,郑之骧译,商务印书馆,1979年。

哥德尔:《什么是康托尔的连续统问题?》,载《数理哲学译文集》,商务印书馆,1988年。

哥德尔:《罗素的数理逻辑》,载《数理哲学译文集》,商务印书馆,1988年。

丽贝卡·戈德斯坦:《不完备性——哥德尔的证明和悖论》,唐璐译,湖南科学技术出版社,2008年。

约翰·R. 格利宾:《寻找薛定谔的猫——量子物理和真实性》,张广才等译,海南出版社,2001年。

桂起权:《当代数学哲学与逻辑哲学入门》,华东师范大学出版社,1991年。

桂起权:《次协调逻辑的悖论观》,《安徽大学学报》1992年第1期。

苏珊·哈克:《逻辑哲学》,罗毅译,商务印书馆,2003年。

维纳·海森堡:《原子物理学的发展与社会》,马名驹等译,中国社会科学出版社,1985年。

韩雪涛:《数学悖论与三次数学危机》,湖南科学技术出版社,2006年。

黑格尔:《小逻辑》,贺麟译,商务印书馆,1982年。

黑格尔:《逻辑学》,杨一之译,商务印书馆,1976年。

黑格尔:《哲学史讲演录》第1、2卷,贺麟、王太庆译,商务印书馆,1983年。

黑格尔:《康德哲学论述》,贺麟译,商务印书馆,1962年。

黑尔:《道德语言》,万俊人译,商务印书馆,2005年。

胡泽洪:《逻辑的哲学反思:逻辑哲学专题研究》,中央编译出版社,2004年。

《胡塞尔选集》下卷,倪梁康选编,上海三联书店,1997年。

史蒂芬·霍金、列纳德·蒙洛迪诺:《大设计》,吴忠超译,湖南科技出版社,2011年。

史蒂芬·霍金:《果壳中的宇宙》,湖南科学技术出版社,2002 年。

E.B. 霍尔特等:《新实在论》,伍仁益译,商务印书馆,1980 年。

约翰·惠勒:《物理学和质朴性》,安徽科学技术出版社,1982 年。

伽达默尔:《真理与方法》,洪汉鼎译,上海译文出版社,1999 年。

马丁·加德纳编,《从惊讶到思考——数学悖论奇景》,李思一等译,科学技术文献出版社,1986 年。

科殷:《法哲学》,林容远译,华夏出版社 2002 年。

康德:《纯粹理性批判》,邓晓芒译,人民出版社,2004 年。

康德:《实践理性批判》,韩水法译,商务印书馆,1999 年。

康德:《未来形而上学导论》,商务印书馆,1982 年。

康德:《康德书信百封》,李秋零译,上海人民出版社,1992 年。

克莱因:《古今数学思想》第 4 册,上海科学技术出版社,1981 年。

S.C. 克林:《元数学导论》,上册,莫绍揆译,科学出版社,1984 年。

H. 赖欣巴赫:《科学哲学的兴起》,伯尼译,商务印书馆,1982 年。

雷昂·罗森菲耳德:《量子革命》,戈革译,商务印书馆,1991 年。

斯蒂芬·里德:《对逻辑的思考——逻辑哲学导论》,辽宁教育出版社、牛津大学出版社,1998 年。

卢鹤绂:《哥本哈根学派量子论考释》,复旦大学出版社,1984 年。

韦恩·莫里森:《法理学:从古希腊到后现代》,李桂林等译,武汉大学出版社,2003 年。

罗素:《逻辑与知识》,苑莉均译,商务印书馆,1996 年。

罗素:《我的哲学的发展》,温锡增译,商务印书馆,1982 年。

马佩:《哲学逻辑》,上海人民出版社,2008 年。

马佩:《关于悖论的几个问题》,载《中州学刊》1997 年第 2 期。

马佩:《再论悖论的几个问题》,载《中州学刊》2001 年第 1 期。

弥尔顿:《失乐园》,朱维之译,上海译文出版社 1984 年。

尼采:《希腊悲剧时代的哲学》,周国平译,商务印书馆,2006 年。

威廉·涅尔、玛莎·涅尔:《逻辑学的发展》,张家龙、洪汉鼎译,商务印书馆,1985 年。

帕思卡:《思想录》,何兆武译,商务印书馆,1986 年。

庞德斯通:《推理的迷宫:悖论、谜题及知识的脆弱性》,李大强译,北京理工大学出版社,2007年。

罗斯科·庞德:《法理学》,邓正来译,中国政法大学出版社,2004年。

培根:《新工具》,许宝骙译,商务印书馆,1984年。

R.B. 培里:《现代哲学倾向》,傅统先译,商务印书馆,1962年。

《莎士比亚全集》(中英对照)第32集,梁实秋译,中国广播电视出版社、远东图书公司,2001年。

沈跃春:《论悖论研究中的两个问题》,载《现代哲学》1998年第4期。

沈有鼎:《两个语义悖论》,《沈有鼎文集》,人民出版社,1992年。

H.D. 斯鲁格著《弗雷格》,江怡译,中国社会科学出版社,1989年。

舒远招:《如何理解"质是事物的内部规定性"》,载《林业科技大学学报》2008年第4期。

塔斯基:《真理的语义学概念和语义学的基础》,载涂纪亮主编:《语言哲学名著选辑》,肖阳译,生活·读书·新知三联书店,1988年。

涂纪亮主编:《语言哲学名著选辑》,生活·读书·新知三联书店,1988年。

涂尔干:《孟德斯鸠与卢梭》,李鲁宁译,上海人民出版社,2003年。

王浩:《哥德尔》,山东人民出版社,1979年。

王天思:《理性之翼——人类认识的哲学方式》,人民出版社,2002年。

王天思:《微观认识论导论——一种描述论研究》,江西人民出版社,2003年。

王天思:《哲学描述论》,上海人民出版社,2009年。

维特根斯坦:《逻辑哲学论》,郭英译,商务印书馆,1985年。

维特根斯坦:《哲学研究》,汤潮等译,商务印书馆,1992年。

亚里士多德:《物理学》,张竹明译,商务印书馆,1962年。

亚里士多德:《形而上学》,吴寿彭译,商务印书馆,1959年。

《亚里士多德全集》第一卷,苗力田主编,中国人民大学出版社,1990年。

《亚里士多德逻辑论文集·工具论》,李匡武译,广东人民出版社,1984年。

杨国荣:《论规范》,载《学术月刊》2008年第3期。

杨世昌:《微观哲学初探》,华东师范大学出版社,1995年。

杨熙龄:《奇异的循环——逻辑悖论探析》,辽宁人民出版社,1986年。

杨熙龄:《悖论文献访求漫记》,载《国外社会科学》1984年第12期。

威廉·詹姆士:《实用主义》,陈羽纶、孙瑞禾译,商务印书馆,1997年。

张光鉴、张铁生:《相似论与悖论研究》,香港天马图书有限公司2003年。

张建军:《逻辑悖论研究引论》(修订本),人民出版社,2013年。南京大学出版社,2002年。

张建军:《科学的难题——悖论》,浙江科学技术出版社,1990年。

张建军:《关于悖论实质的几个问题——答马佩、黄展骥教授》,载《人文杂志》1998年第1期。

张建军:《集合论悖论的辩证分析》,载《河北大学学报》1984年第1期。

张远山:《万千说法:理性的癌变——悖论》,载《书屋》1999年第5期。

中国社会科学院哲学研究所逻辑研究室编:《数理哲学译文集》,商务印书馆,1988年。

周礼全主编:《逻辑——正确思维和成功交际的理论》,人民出版社,1994年。

二、西文部分

Aharonov, Yakir, *Quantum Paradoxes: Quantum Theory for the Perplexed*, Wiley-VCH, 2005.

Audi, Robert(ed.), *The Cambridge Dictionary of Philosophy*, second edition, Cambridge University Press, 1999.

Barris, Jeremy, *Paradox and the Possibility of Knowledge*, Susquehanna University Press, 2003.

Barwise, Jon and Etchemendy, John, *The Liar: An Essay on Truth and Circularity*, Oxford University Press, 1987.

Barwise, Jon and Perry, John, *Situations and Attitudes*, the MIT Press, 1983.

Beall, J.C., *Liars and Heaps: New Essays on Paradox*, Oxford University Press, 2005.

Beall, J.C. (ed.), *Revenge of the Liar: New Essays on the Paradox*, Oxford University Press, 2008.

Bohm, David, *Quantum Theory*, Prontice-Hall Inc., 1951.

Bohm, David and Hiley, Basil, *The Undivided Universe: An Ontological Interpretation of Quantum*, Routledge, 1993.

Bohm, David, *Wholeness and the Implicate Order*, Routledge, 1995.

Bohr, Niels, *Atomic Theory and the Description of Nature*, Ox Bow Press, 1934.

Bohr, Niels, *Atomic Physics and Human Knowledge*, John Wiley & Sons, 1958.

Bohr, Niels, *Essays 1958-1962, On Atomic Physics and Human Knowledge*, Richard Clay and Company Ltd. 1963.

Bolander, Thomas(ed), *Self-Reference*, CSLI Publications, 2006.

Borchert, D. M. （ed.）, *Encyclopedia of Philosophy*, 2nd edition, Thomson Gale, 2006, vol. 3.

Born, Max, *Casualty and Chance in Modern Physics*, Routledge and Kegan Paul LTD, 1957.

Born, Max, *Physics in My Generations*, Adlard and Son Limited, 1956.

Born, Max, *My Life and My Views*, Charles Scribner's Sons, 1968.

Buck, Pearl S., *A Bridge for Passing*, from Brian Clegg, *A Brief History of Infinity: the Quest to Think the Unthinkable*, Constable & Robinson Ltd., 2003.

Bunch, Bryan, *Mathematical Fallacies and Paradox*, Dover Publications Inc., 1982.

Bunge, M(ed.), *Quantum Theory and Reality*, New York, 1967.

Burge, Tyler, "Epistemic Paradox", in *The Journal of Philosophy*, Vol. 81, No. 1(1984).

Cave, Peter, *This sentence is false: An Introduction to Philosophical Paradoxes*, Continuum International Publishing Group Ltd., 2009.

Chisholm, R., *Theory of Knowledge*, 3rd edn, Englewood Cliffs, Prince Hall, 1989.

Clark, Michael, *Paradoxes from A to Z*(3ed), Routledge, 2012.

Clegg, Brian, *A brief history of Infinity: the Quest to Think the Unthinkable*, Constable & Robinson Ltd., 2003.

Cohen, Jonathan & Callender, Craig, *A better best system account of lawhood*, *Philosophical Study* 145(2009).

Craig, E. （ed.）, *Routledge Encyclopedia of Philosophy*, Routledge, 1998, vol. 7.

Davies, Paul, *God and the New Physics*, Simon and Schuster, 1983.

Davies, P. C. W., Julian Brown, *The Ghost in the Atom: A Discussion of the*

Mysteries of Quantum Physics, Cambridge University Press, 1986.

Derrida, Jacques, *Writing and Difference*, Routledge & Kegan Paul, 1978.

Dilworth, Craig, *The Metaphysics of Science*, Kluwer Academic Publishers, 1996.

Dyvik, Helge, *The universality of f-structure: discovery or stipulation? The case of modals*, Miriam Butt and Tracy Holloway King(Ed.), *Proceedings of the LFG99 Conference*, The University of Manchester, 1999.

Ferrero, Miguel(ed.), *Fundamental Problems In Quantum Physics*, Kluwer Academic Pulishers, 1995.

Feyerabend, *Philosophical Pappers*, I, Cambridge, 1981.

Field, Hartry, *Saving Truth from Paradox*, Oxford University Press, 2008.

Gabbay, D. M. and Guenthner, F. (eds.), *Handbook of philosophical logic.* Volume IV, second edition, Springer Science+Business Media Dordrecht, 2002.

Gans, Eric Lawrence, *Sighs of Paradox*, Stanford University Press, 1997.

Gardner, Martin, "The fantastic combinations of John Conway's new solitaire game 'life'", Scientific American 223(October 1970):120-123.

Goldstein, L., The Barber, Russell's Paradox, Catch-22, God and More: A Defence of a Wittgensteinian Conception of Contradiction', in G. Priest et al. (eds.), *The Law of Non-Contradiction*, Oxford University Press, Oxford, 2004.

Goldstein, Laurence, "False Stipulation And Semantical Paradox", in *Analysis*, Vol. 46, No. 4(1986).

Goldstein, Rebecca, *Incompleteness, the Proof and Paradox of Kurt Gödel*, W.W. Norton & Company, Inc., 2005.

Goodman, Nelson. *Fact, Fiction and Forecast*, Harvard University Press, 1979.

Haack, S., *Philosophy of Logics*, Cambridge university press, 1978.

Haines, Fiona, *The Regulatory Paradox*, Edward Elgar Publishing Limited, 2011.

Hare, R.M., *The Language of Morals*, Oxford University Press Inc., 1952.

Hartshirne, Charles and Weiss, Paul Ed., *The Collected Papers of Charles Sanders Peirce*, Vol. IV, *The Simplest Mathematics*, Harvard University Press, 1933.

Hawking, Stephen W., *A Brief History of Time, From the Big Bang to Black Holes*, Bantam Doubleday Dell Publishing Group, Inc., 1988.

Heal, Jane, "Moor's Paradox: A Wittgenstein Approach", in *Mind*, Vol. 103, No. 409(Jan., 1994).

Heisenberg, Werner, *The Physical Principles of Quantum Theory*, the University of Chicago Press, 1930.

Heisenberg, Werner, *Philosophical Problems of Quantum Physics*, Translated by F.C. Hayes, Ox Bow Press, 1979.

Heisenberg, Werner, *Physics and Philosophy, the Revolution in Modern Science*, George Allen and Unwin, 1959.

Heisenberg, Werner, *Physics and Beyond, Encounters and Conversation*, George Allen & Unwin Ltd. 1971.

Heisenberg, Werner, *Encounters With Einstain*, Princeton University Press, 1983.

Hellerstein, Nathaniel S., *Diamond: A Paradox Logic*, World Scientific Co. Pte. Ltd., 2010.

Herzberger, H., "Native Semantics and the Liar Paradox", in *The Journal of Philosophy* Vol. 79, No. 9(1982), pp. 479-497.

Hetherington, Stephen Cade, *Epistemology's Paradox: Is A Theory of Knowledge Possible?* Rowman & Littlefield Publishers Inc., 1992.

Hoffmann, Banesh, *The Strange Story of the Quantum*, Dover Publications, Inc., 1959.

Hofstadter, Douglas R., *Gödel, Escher, Bach: An Eternal Golden Braid*, Basic Books Inc., 1979.

Honner, John, *The Description of Nature: Niels Bohr and the Philosophy of Quantum Physics*, Oxford University Press, 1987.

Husserl, Edmund, *Logical Investigations*, London, Routledge, 1970.

Jammer, Max, *The Philosophy of Quantum Mechanics*, John Wiley & Sons, Inc. 1974.

Kripke, Saul A., *Naming and Necessity*, Basil Blackwell, 1980.

Kripke, Saul, "Outline of A Theory of Truth", in *The Journal of Philosophy*, Vol. 72, No. 19, (1975). Martin(ed.), *Recent essays on truth and the liar paradox*,

Oxford University Press, 1984.

Kulp, Christopher B., *The End of Epistemology*, Westport, Conn., Greenwood Press, 1992.

Langford, C. H., "The Notion of Analysis in Moore's Philosophy", in *The Philosophy of G. E. Moore*. Ed. P. A. Schlipp. La Salle, Ill. : Open Court. 1968.

Mandin, Tim, *Truth and Paradox*, Oxford University Press, 2004.

Mann, Thomas, *The Magic Mountain*, Translated by H. T. Lowe-Porter, McGraw-Hill, 1955.

Martin, Robert M., *There Are Two Errors in the the Title of This Book: a Sourcebook of Philosophical Puzzles, Problems and Paradoxes*, Revised and Expanded, Broadview Press, 2012.

Maudlin, Tim, *Truth and Paradox: Solving the Riddles*, Oxford University Press, 2006.

Mazur, Joseph, *Zenos' Paradox: Unravelling the Ancient Mystery behand thd Science of Space and Time*, Penguin Group(USA) Inc., 2007.

Mills, Eugene, "A Simple Solution to the Liar", in *Philosophical Studies*, 89: 197-212, 1998.

Milton, John, *Paradise lost*, An illustrated edition with an introduction by Philip Pullman, Oxford University Press Inc., 2005.

Moore, George Edward, *A reply to my critics*, Paul Arthur Schilpp(ed.), The Philosophy of G. E. Moore, Open Court, 1942.

Morrison, Wayne, *Jurisprudence: from the Greeks to Post-modernism*, Routledge Cavendish, 1995.

Nagel, Ernest and Newman, James R., *Gödel's Proof*, Routledge, 2005.

Olin, Doris, *Paradox*, Acumen Publishing Limited, 2003.

Omnes, Roland, *The Interpretation of Quantum Mechanics*, Princeton University Press, 1994.

Omnes, Roland, *Quantum Philosophy: Understanding and Interpreting Contemporary Science*, Princeton University Press, 1999.

Plotnitsky, Arkady, *Complementarity: Anti-Epistemology after Bohrand Derrida*, Duke University Press, 1994.

Popper, K., *Quantum Theory of the Schism in Physics,* Hutchinson & co. (Publisher) Ltd. (Publisher) Ltd. 1982.

Popper, K., *The Open Universe: An Argument for Indeterminism,* Hutchinson, 1982.

Poundstone, William, *Labyrinths of Reason: Paradox, Puzzles, and the Frailty of Knowledge,* Penguin Books Ltd., 1991.

Presberg, Charles D., *Adventures in Paradox: Don Quixote and the Western Tradition,* The Pennsylvania University Press, 2001.

Priest, Graham, "The Logic of Paradox", in *Journal of Philosophical Logic,* Vol. 8(1979).

Priest, Graham, *In Contradiction, A Study of the Transconsistent,* expanded edition, Oxford University Press, 2006.

Priest, Graham, "The Paradoxes of Denotation", Thomas Bolander ed., *Self-reference,* CSLI Publications, 2006.

Prigogine, Ilya, *From Being to Becoming: Time and Complexity in the Physical Sciences,* W. H. Freeman and Company, 1980.

Quine, W. V., *The Ways of Paradox and Other Essays,* Harvard University Press, 1966.

Rahman, Shahid(ed), *Unity, Truth and the Liar,* Springer, 2008.

Ramsey, Frank Plumlan, *The Foundations of Mathematics and Other Logical Essays,* Routlege & Kegan Paul Ltd., 1978.

Read, Stephen, *the Truth Schema and the Liar,* Unity, Truth and the Liar, Shahid Rahman etc. Ed. Springer, 2008.

Rescher, Nicholas, *Paradoxes: Their Roots, Range and Resolutions,* Open Court Press Company, 2001.

Richman, Robert J., *Truth by Stipulation,* Philosophical Studies, Vol. XII, April 1961, No. 3.

Rosenfild, Leon, *Selected Papers of Leon Rosenfild,* D. Reidel Publishing Company, Inc., 1979.

Rosenkranz, Sven and Sarkohi, Arash, "Platitudes Against Paradox", in *Erkenntnis,* (2006) 65:319-341.

Russell, B. , "Mathematical Logic As Based on the Theory of Types", in *American Journal of Mathematics* 30, 1908.

Sainsbury, R. M. , *Paradoxes*, 3rd edition, Cambridge University Press, 2009.

Slater, B. H. , Sensible Self-Containment, in *Philosophical Quarterly* 34(135): 163-164.

Smith, Wolfgang, *The Quantum Enigma, Finding the Hidden Key*, Sherwood Sugden & Company Publishers, 1995.

Smullyan, Raymond M. , *What Is the Name of This Book? —The Riddle of Dracula and Other Logical Puzzles*, Prentice-Hall, Inc. , Englewood Cliffs, 1978.

Sorensen, Roy, *A brief history of the paradox*, Oxford University Press, 2003.

Sorensen, Roy A. , "Philosophical implication of logical paradox", Dale Jacquett ed. , *A companion to philosophical logic*, Blackwell Publishing Ltd. , 2006.

Textor, Mark, "The use theory of meaning and semantic stipulation", Erkenntnis, (2007) 67:29-45.

Thomason, R. (ed.), *Formal Philosophy, Selected Papers of Richard Montague*, Yale University Press, 1979.

Visser, Albert, *Semantics and the Liar Paradox*, D. M. Gabbay and F. Guenthner(eds.), *Handbook of philosophical logic.* Volume Ⅳ, second edition, Springer Science+Business Media Dordrecht, 2002.

Whitaker, Andrew, *Einstein, Bohr and the Quantum Dilemma*, Cambridge University Press, 1996.

Williamson, Timothy, *Vagueness*, Routledge, 1994.

Williamson, Timothy, "Imagination, Stipulation and Vagueness", in *Philosophical Issues*, Vol. 8, Truth(1997), pp. 215-228.

Wright, Von, G. H. *Philosophical Logic*, Blackwell, 1982.

Wright, Von, *Norm and Action—A Logical Enquiry*, Routledge and Kegan Paul, 1963.

Wittgenstein, Ludwig, *Tractatus Logico-Philosophicus*, Routledge & Kegan Paul Ltd. , 1955.

Wittgenstein, Ludwig, *Philosophical Investigations*, The Mcmillan Company, 1964.

Wittgenstein, Ludwig, *Philosophical Remarks*. Ed. R. Rhees. Trans. R. Hargreaves and R. White, Basil Blackwell, 1964.

Wittgenstein, Ludwig, *Remarks on the Foundations of Mathematics*, Ed. G. H. von Wright, Rush Rhees and G. E. M. Anscombe, trans. G. E. M. Anscombe, Basil Blackwell, 1975.

Zellini, Paolo, *A Brief History of Infinity*, translated by David Marsh, Penguin Group, 2004.

Zermelo, E., "Investigations in the Foundations of Set Theory I", J. van Heijeinoot(ed.), *From Frege to Gödel*, Harvard University Press, 1967.

图书在版编目(CIP)数据

悖论问题/王天恩著.—上海:上海人民出版社,
2023
ISBN 978-7-208-18229-5

Ⅰ.①悖… Ⅱ.①王… Ⅲ.①悖论-研究 Ⅳ.
①B81

中国国家版本馆 CIP 数据核字(2023)第 060646 号

责任编辑 陈佳妮　任健敏
封面设计 陈绿竞

悖论问题

王天恩　著

出　　版　上海人民出版社
　　　　　(201101　上海市闵行区号景路 159 弄 C 座)
发　　行　上海人民出版社发行中心
印　　刷　上海商务联西印刷有限公司
开　　本　720×1000　1/16
印　　张　28.5
插　　页　3
字　　数　420,000
版　　次　2023 年 6 月第 1 版
印　　次　2023 年 6 月第 1 次印刷
ISBN 978-7-208-18229-5/B·1685
定　　价　118.00 元